2018 年度陕西师范大学研究生教材建设项目(GERP-18-34)

U0735014

成人教育学

主　　编　董　雁

审　　校　史志谨

编写人员　董　雁　李　娟　张　菡

　　　　　押　男　徐盟盟　刘邓可

　　　　　李恩艳　田　璐

陕西师范大学出版总社

图书代号　JC21N2121

图书在版编目（CIP）数据

成人教育学／董雁主编．—西安：陕西师范大学
出版总社有限公司，2021.11
ISBN 978-7-5695-2353-9

Ⅰ．①成…　Ⅱ．①董…　Ⅲ．①成人教育—研究生—
教材　Ⅳ．①G72

中国版本图书馆 CIP 数据核字（2021）第 148206 号

成人教育学
CHENGREN JIAOYUXUE
董　雁　主编

责任编辑 /	张俊胜	
责任校对 /	王东升	
封面设计 /	鼎新设计	
出版发行 /	陕西师范大学出版总社	
	（西安市长安南路 199 号　邮编 710062）	
网　　址 /	http：//www. snupg. com	
经　　销 /	新华书店	
印　　刷 /	西安日报社印务中心	
开　　本 /	787mm×1092mm　1/16	
印　　张 /	22. 375	
字　　数 /	424 千	
版　　次 /	2021 年 11 月第 1 版	
印　　次 /	2021 年 11 月第 1 次印刷	
书　　号 /	ISBN 978-7-5695-2353-9	
定　　价 /	52. 00 元	

读者购书、书店添货或发现印刷装订问题，请与本社高等教育出版中心联系。
电　话：（029）85303622（传真）　85307826

序

为了深化和拓展成人教育研究，构建健全的成人教育学理论体系，推动成人教育学研究生教材的建设，由陕西师范大学成人教育学研究生导师董雁担任主编、院内其他教师参编的陕西师范大学 2018 年度研究生教材建设项目《成人教育学》终于完成了。在此，我衷心祝贺本教材的出版！

《成人教育学》这本教材，旨在对终身教育体系与学习型社会中的成人教育学进行定位，探索其在国内外的发展历程；尝试对成人发展与教育、成人教育参与、成人教育形态、成人学习理论、成人教育研究等基本理论进行阐述；对成人教育的科学管理、专业建设与课程研发、质量保障等管理保障体系进行探索；对成人高等教育的转型发展、现代企业培训的发展、社区成人教育的探索进行总结；同时，对近年来学界颇为关注的老龄化社会中的老年教育、新生代进城务工人员教育、基层中小学教师教育等具体问题进行探讨。

本教材有以下几方面特色：（1）系统性。本教材力求完整表达成人教育学应包含的知识体系，反映其相互联系及发展规律，并注重各部分内容之间的内在逻辑。（2）前沿性。本教材对国内外前沿问题研究的重要成果以及学科新知识、新成就有重点介绍，有助于研究生的学习与科研。（3）应用性。强调理论联系实际，对我国成人教育发展中的突出问题有具体分析，有助于指导成人教育的实际工作。本教材创新点在于：（1）在以往的成人教育学研究生培养中，比较注重培养研究生对系统专业知识的掌握，而对成人教育学的前沿成果、研究选题、研究方法以及学术论文的基本规范等方面有所忽视。本教材系统阐述成人教育基本理论及成人教育研究的新理念、新方法，以期能够对成人教育学研究生科研能力和学术品质的培养有所裨益。（2）关注成人教育活动的主要领域，如高校、企业、社区等领域成人教育的基本问题，突出成人学习者中的弱势群体，如老龄化社会中的老年人群、新生代进城务工人员、基层中小学教师等，努力建构具有明确成人意识与人文关怀的成人教育学理论体系。

自 20 世纪 70 年代以来，终身教育与学习型社会理念已成为国际社会和教育界的普遍共识。构建终身教育体系，建设学习型社会，不仅是当今时代教育变革的主题，也是当今世界社会转型的重要内容之一，同样也是未来我国教育发展和改革的重要奋斗目标。为了实现这个目标，《国家中长期教育改革和发展规划纲要（2010—2020 年）》明确指出，加快发展继续教育，建立健全继续教育体制机制，构建灵活开放的终身教育体系。《纲要》不仅为我国成人教育事业的改革与发展指明了方向，也为成人教育学学位点的建设提供了良好契机。这需要成人教育研究者和实践者要努力建立和完善具有中国特色的终身教育理论体系。因此，培养成人教育高层次人才，拓展和深化终身教育理论，已成为成人教育学专业学位点承担的重要使命。

1993 年，我国第一个成人教育学专业硕士学位点在华东师范大学诞生，至今已经风雨兼程二十七载。目前，我国高校的成人教育学专业高层次人才培养发展步入快速发展时期，从以前的不为人知，到现在有不少本科、硕士毕业生主动选择报考成人教育学专业研究生，这个动态趋势是比较明显的。在这种发展形势下，迫切需要推动能够适应当前和未来成人教育学发展的研究生教材建设。本教材可作为成人教育学专业研究生教材，也可供从事教育学，特别是成人教育学教学、研究的教师和管理者参考。

当前，我国已进入重要的转型升级发展时期，社会的发展离不开终身教育。作为终身教育体系中的重要一环，我国的成人教育事业既面临严峻挑战，更有难得机遇。我作为成人教育界的一员，衷心希望成人教育学专业的研究生，立足国情，放眼世界，思考未来，理论与实践相结合，为促进我国成人教育进一步专业化，创建具有中国特色的成人教育学理论体系而坚持不懈地努力！

薛东前

2021 年 3 月于西安

目　录

管理保障篇

实践探索篇

专题讨论篇

绪论
成人教育学的发展历程

成人教育实践活动具有悠久的历史，而作为一个研究领域的成人教育学，其快速发展只是近六十年的事，至今依然存在诸多有待解决的问题和难题。但是，伴随着成人教育的广泛实践以及终身教育、学习型社会观念的传播，成人教育学的重要性已经被越来越多的人所认识。本章对成人教育学在国内外的发展历程分别进行简要的介绍。

第一节　成人教育学的历史追溯

国外成人教育学源于欧洲早期成人教育实践。从柏拉图的 Academy（学园）开始，成人教育思想即开始萌芽，而成人教育实践在英国工业革命的推动下获得了孕育的土壤。1798 年，英国诺丁汉成人学校成立，标志着现代成人教育的产生。1833 年，德国文法学校教师亚历山大·卡普（A. Kapp）在柏拉图思想的启发下，首先提出 Andragogik（成人教育学）的概念。自此，国外成人教育学开始了漫长而稳步的发展。

一、"成人教育学"概念的提出

从词源学来看，"成人教育学"（Andragogy）一词起源于希腊语，由 andros（成人、成熟之人）和 agein（引导或教育）构成。这说明，这个学科产生之初就与儿童教育学（Pedagogy）有明确区别，表明其研究对象是专为成人提供的教育。

1833 年，亚历山大·卡普在其《柏拉图的教育理念》（*Plato's Educational Ideas*）一书中，依据柏拉图的分期教育思想，首先使用了 Andragogik（成人教育学）一词。但柏拉图本人仅使用了 Padagogik 这一术语，并没有进行深入研究，加之当时德国著名教育学家约翰·赫尔巴特（J. F. Herbart）的杯葛，Andragogik 一词并未在德语圈流行开来。在赫尔巴特看来，只有儿童具有可塑性、可教性，能够通过教育使之形成预期的人格或德行；确立成人教育学的概念，"将会导致一般人过度依赖保护与监督"[1]。

由于赫尔巴特的反对，Andragogik 一词沉寂了近一个世纪，但成人教育的研究与实践活动并没有因此而终止，仍有不少学者对成人教育不同于普通学校教育的观点进行论述。1851 年，英国学者哈德逊（J. W. Hudson）出版了《成人教育史》（*The History of Adult Education*）一书，他认为成人学习不同于儿童学习，将成人教育与儿童教育不加区分是不合适的；成人教育不仅仅限于课堂上的传授活动，还应包括各种非正规的成人学习形式。1873 年，英国剑桥大学扩展课程体系，开设了成人教育课程，促进了成人教育思想的传播和研究的开展。1919 年，英国成人教育复兴委员会主席史密斯（A. L. Smith）发表《1919 报告书》（*The 1919 Report*），建议大学建立培训中心，为成人教育人员提供培训，以解决成人教育发展引起的教师匮乏的问题。该报告指出："成人教育是国家永久需要，是公民权利不可分割的一部分。因此，它必须是永久性和开放性的。"

Andragogik 这一术语再获新生是在 1924 年，当时德国法兰克福劳工学院成人教师罗森斯托克（E. Rosenstock）在一份报告中强调，把儿童教育的见解和方法实施到成人教育中的做法是不可取的，"成人教育需要特殊的教师、特殊的方法和特殊的观点"，并重新使用 Andragogik 一词来指称这些特殊需要的集合。罗森斯托克表示，"无论是在过去、现在还是未来，随着这一理论逐渐运用于实践，成人教育学终将会成为一门不可或缺的学问"。[2] 1926 年，美国著名成人教育家林德曼（E. C. Lindeman）在《成人教育学：一种成人教学的方法》（*Andragogik：The Method of Teaching Adults*）一文中首次将 Andragogik 概念引入美国。1927 年，他在与安德森（M. Anderson）合著的《经验教育》（*Education Through Experience*）一书中也使用了这一术语，并明确指出："教育学是教育儿童的方法，成人教育学是成人学习的真正方法。"[3] 从一开始，美国"成人教育学"这一术语就是关于"成人学习"或"自我导向学习"的概念，与欧洲主要指称"成人教育的科学"存在一定的差异。

此后，"成人教育学"一词首先在欧洲一些国家广泛流传开来。1951 年，瑞士学者汉塞尔曼（H. Hanselman）出版其著作《成人教育学：成人教育的本质、可能性和界限》（*Andragogy*：*Nature*，*Possibilities and boundaries of Adult Education*），全书以 Andragogy 这个术语为中心，论述了成人的再教育问题。1957 年，德国教师波格勒（F. Poggeler）在其《成人教育学导论：成人教育的基本问题》（*Introduction to Andragogy*：*Basic Issues on Adult Education*）一书中认为，Andragogy 一词不仅表示成人教育学科和实践，而且代表了该领域的一门学说。此说被德国学者雷施曼（J. Reischmann）称为 Andragogy 这一术语的"第三次复兴"。雷施曼本人则在《成人教育学：历史、意义、语境、功能》（*Andragogy*：*History*，*meaning*，*context*，*function*）一文中明确将"成人教育学"定义为成人终身教育和终身学习的科学，指出"成人教育学是由成人终身教育和终身学习相关概念和范畴所构成的知识体系"[4]。1954 年，荷兰学者哈维（T. Have）在一次讲演中使用了 Andragogy 一词，五年后他出版了《成人教育学纲要》（*The Outline of Andragogy*）一书，推动成人教育学在荷兰迅速兴起。1959 年，南斯拉夫学者奥格瑞佐维奇（M. Orgrizovic）出版了《成人教育学的问题》（*Problems of Andragogy*）一书，专门对 Andragogy 进行论述，此书的出版在世界范围内产生广泛影响。到 20 世纪 60 年代末，欧洲以外的许多国家开始构建各具特色的成人教育学理论体系。

二、理论体系的初步建构

尽管"成人教育学"作为一个独立概念，自提出以后被越来越多的学者所认识和使用，但是这与作为一个专门学术研究领域的成人教育学的建立尚有相当一段距离。林德曼、桑代克、霍尔、诺尔斯等人对成人教育学理论体系的初步建构做出了重大贡献。

林德曼依据进步主义哲学理念，对成人教育的意义和本质进行研究，为成人教育理论建构奠定了基础。1926 年，他在《成人教育学：一种成人教学的方法》（*Andragogik*：*The Method of Teaching Adults*）一文和《成人教育的意义》（*The Meaning of Adult Education*）一书中明确指出，成人教育以学习者的志愿参与为基础，是成人学习和评估自己经验的过程，能够实现学习者的基本权利与正常期望，成人教育学是用来研究成人学习的真正方法。尽管林德曼在美国第一次系统论述了成人教育，但他仅仅两次使用过 Andragogy 相关术语，这一概念在当时的美国没有产生较大反响。直到 1970 年，著名成人教育学家诺尔斯（M. S. Knowles）出版《现代成人教育实践》一书后，Andragogy 一词才在美国流行开来。

1928 年，桑代克（E. L. Thorndike）出版《成人学习》（*Adult Learning*）一书，开启了成人学习心理和学习能力研究的先河。传统观念倾向于认为，成人不是"受教育者"，学习是青少年的专利，成人已不具备支持持续学习的生理特质。

桑代克通过大量的实验和研究，率先打破了这种偏见，认为人的年龄不是影响学习的主要因素，人的学习能量永远不会停止，成人的可塑性和可教性仍然很大。1935 年，桑代克又出版了《成人兴趣》（*Adult Interests*），更为具体地研究了成人学习的问题。在桑代克之后，马斯洛（A. Maslow）的自我实现需要层次理论（1954）、舒尔茨（T. W. Schultz）的人力资本理论（1961）也分别为成人教育学的发展提供了心理学和经济学的支持。

1961 年，美国学者霍尔（C. O. Houle）在《探究心智》（*The Inquiring Mind*）一书中提出了成人学习动机指向理论，对成人学习动机的研究产生了重大影响。通过访谈方式研究成人学习动机，将学习动机归纳为目标指向、活动指向和学习指向三类。[5] 目标指向是指学习是实现学习者个人目标的手段；活动指向是指学习主要出于人际交往的需要，与内容或目标无关；学习指向则是指学习是一种求知的需要。霍尔在成人学习动机方面的开创性研究，对成人教育学研究范式产生了重大影响。1962 年，约翰斯通和瑞沃拉（J. W. C. Johnstone & R. J. Rivera）对成人学习活动进行了大规模普查，并于 1965 年发表的论文中强调，成人注重学习那些与生存密切相关的东西，这可视为霍尔研究路径的延续。[6]

美国学者诺尔斯是第一位试图建构完整的成人教育学的教育家。成人教育学的概念很早就由林德曼引入美国，但是真正让诺尔斯认识到 Andragogy 这一概念的，却是南斯拉夫成人教育家赛维斯维克（D. Savicevic）。1967 年，诺尔斯从赛维斯维克那里了解到 Andragogy 一词的含义及其在其他国家的使用情况后深受启发，他尝试使用 Andragogy 一词将先前的一些零散研究整合在一起。1970 年，诺尔斯在《现代成人教育实践：成人教育学和儿童教育学的对照》（*The Modern Practice of Adult Education：Andragogy Versus Pedagogy*）一书中明确指出成人教育学是"帮助成人学习的艺术和科学"[7]。基于成人学习者与儿童学习者的不同特征，诺尔斯提出了成人教育学自我概念（Self Concept）、学习经验（Experience）、学习准备（Readiness）和学习倾向（Orientation）等四个理论假设，以此作为构建其成人教育学的基础。1980 年，《现代成人教育实践》再版时，诺尔斯将其副标题修订为"从儿童教育学到成人教育学"（*From Pedagogy to Andragogy*）。

三、其他学科的理论支撑

随着相关学科理论研究的发展，成人教育学不断获得相关学科的理论支持。一批学习心理学家如琼斯和康拉德（E. Jones & C. Z. Lorenz）、韦克斯勒（D. Wechsler）、卡特尔和霍恩（R. B. Cattell & Horn. M. B）、麦尔斯（W. R. Miles）等人对成人学习能力及智力等方面的研究成果，以及人本主义心理学家和教育学家卡尔·罗杰斯（C. Rogers）提出的"以学生为中心"的教学理论的研究成果，对成人教育学的建立提供了丰富的可资借鉴的材料和论据。

琼斯和康拉德在英格兰做了相应试验，并发表研究报告指出，人在 21 岁以前学习能力的曲线是上升的，随后到 60 岁前呈缓慢下降的状态。韦克斯勒通过研究认为，人的学习能力在 30 多岁以前，呈上升态势，30-50 是平稳的高原期，50 岁以后开始下降，到 60 岁相当于 20 多岁时的 90%，到 70 岁相当于 20 岁时的 80%。琼斯、康拉德和韦克斯勒的研究都表明，成人学习能力的增长不因生理成熟而终止；成人学习能力不随年龄增长而明显下降。

卡特尔和霍恩认为人的智力可以分为两种智力成分：流体智力与晶体智力。流体智力是指不依赖于文化和知识背景而对新事物学习的能力，是受先天遗传因素影响较大的智力，主要表现在对于新奇事物快速的辨认、记忆和理解能力上。晶体智力是指在后天经验影响下发展起来的智力成分，主要表现为运用已有的知识经验去吸收新的知识或解决问题的能力方面。晶体智力的发展与环境、教育密切相关，其中，知识经验和技能是其基础。

麦尔斯从智力和年龄的关系出发，对智力所包含的知觉、记忆、理解能力、动作反应等四种主要能力进行了比较性研究。他发现，30 和 50 岁年龄段的成人，记忆虽有所降低，理解能力却达到了顶峰，且四方面的综合分值和青少年不相上下，学习能力仍然比较强。成人的学习能力，以发展的目光看，由于成人的大脑已完全发育健全，具有较为丰富的社会和生活经验，其思维能力、比较能力、抽象概括能力、想象能力等都比青少年强，容易把握事物的本质和内在联系。此外，成人具有较强的自制能力和理解能力，有比较稳定的学习情绪，持之以恒的学习意志和毅力等，这些良好的学习心理品格和能力，是成人学习获得较好的效果的有力保障。

卡尔·罗杰斯对成人教育学的贡献主要表现在以"学生为中心"的教育思想的倡导。他把学生看作学习的主人，教师是激发学生学习的促进者、指导者，教师要重视学生的认知、情感、兴趣、动机以及潜能的发挥，强调学生的意义学习、全面发展、主体地位和情感陶冶。他还提出以题目为中心的课堂讨论模式、自由学习的教学模式以及非指导性教学模式。教学过程中教师要帮助学生明确学习的目标是什么，帮助学生安排适当的学习活动和材料，但不能代替学生思考。"以学生为中心"的教学理论将教学的中心完全置于学生身上，强调了学生的"自由"。这个教学理论震撼着传统的教育模式的同时，也给人们带来了新的思考。就其实质而言，罗杰斯"学生为中心"的教学思想是对杜威"以儿童为中心"教育思想的一种复归。

四、终身学习时代的新进展

20 世纪 60 年代以来，终身教育、终身学习和学习社会理念的提出，为成人教育学的发展提供了足够的信念。1965 年，时任联合国教科文组织成人教育局局长的保罗·朗格朗（P. Lengrand）提交了终身教育提案，得到了联合国教科文组织的采纳。1968 年，美国教育家罗伯特·赫钦斯（R. M. Hutchins）出版了《学习社会》（*The Learning Society*）一书，作为推进终身教育思想的一种新构想，书中提出了"学习社会"理念。1972 年，时任联合国教科文组织国际教育发展委员会主席的埃德加·富尔（E. Faure）在所提交的报告《学会生存——教育世界的今天和明天》（*Learning to Be*：*World of Education Today and Tomorrow*）中再次勾勒了"终身教育""终身学习"和"学习社会"三个基本概念，明确指出："我们再也不能刻苦地一劳永逸地获取知识了，而需要终身学习如何去建立一个不断演进的知识体系——学会生存"，"人的生存是一个无止境的完善过程和学习过程。"[8]

在终身学习理念的影响下，艾伦·塔夫（A. Tough）对成人的自我导向学习进行了系统研究，其研究成果主要集中在《没有教师的学习》（*Learning without Tutor*，1967）和《成人学习项目》（*The Adult's Learning Projects*，1971）这两份报告中。研究表明，成人普遍存在一种自我导向的学习过程，只有少数成人的学习项目与教育机构有关。他还发现，在自我导向学习的过程中，成人总是要求助于他人的帮助；当成人求助于教师的帮助，教师总是用儿童教育学的方法来指导，这无异于干扰他们的学习。塔夫的研究证明了成人自我导向学习普遍存在，且在成人自我导向学习中需要用成人教育学的方法来指导。

不少学者认识到，陈旧的社会体制是全面实现终身学习的障碍。20 世纪 70 年代，巴西教育学家保罗·弗莱雷（P. Freire）在《被压迫者教育学》（*Pedagogy of the Oppressed*）、《作为自由实践的教育》（*Education as the Practice of Freedom in Education for Critical Consciousness*）等著作中，极力主张教育的首要任务是要促进社会和政治的变革，这为成人教育学的进一步深入研究提供了新思路。其后，一些学者运用马克思主义观点来诠释成人教育的社会功能和作用。他们认为，教育是社会文化再生产的过程，成人教育要培养学习者推动社会变革的品质。弗兰克·杨曼（F. Youngman）的《成人教育和社会主义教育学》（1986）一书被认为是运用马克思主义观点系统阐述成人教育的开创之作。

20 世纪 80 年代以来，成人教育学的发展进入黄金时期。麦基罗（J. Mezirow）、克兰顿（P. Cranton）、泰勒（J. Taylor）等人提出并完善的转化学习

（Transformative Learning）理论，是继成人教育学概念和自我导向学习理论之后的第三大理论。这些学者关于转化学习的研究著作丰富与发展了成人教育学的理论，他们认为成人学习者需要通过某种方式和途径，检视、质疑和修正原有的观念，以适应新情境，学习新经验。转化学习应该成为成人重要的学习方式之一，成人学习者只有挣脱或超越以往经验的种种限制，尝试发现另类思考或选择，才会通过学习使其观点发生深刻变化。

自 20 世纪 90 年代前后起，国际教育学研究领域更加关注学习的研究，成人学习理论发展很快。由于转化学习理论和其他一些成人学习理论的发展，成人教育学、自我导向学习两方面的研究开始衰退。研究者关注更多的成人学习理论除了转化学习外，还有非正式学习（Informal Learning）、偶发性学习（Incidental Learning）、女性学习（Female Learning）、身体亲历学习（Embodied Learning）、叙述性学习（Narrative Learning）、经验学习（Experiential Learning）、协作学习（Collaborative Learning）、情感学习（Affective Learning）、情境学习（Context Learning）、反思性学习（Reflective Learning）以及工作场所学习（Workplace Learning），等等。

五、大学、协会和研究机构等的科研发展

1921 年，英国诺丁汉大学最早创立成人教育系，并开设了英国第一个"成人教育文凭"和"成人教育证书"课程，不仅为当时不断发展的成人教育项目培养了大量师资，而且奠定了成人教育教学和科研在大学中的地位。1922 年，美国哥伦比亚大学首次开设成人教育课程，不久又推出成人教育合作硕士学位课程。1930 年，哥伦比亚大学创建了成人教育系，并于 1935 年授予了第一个成人教育学博士学位，不少大学纷纷仿效，俄亥俄州立大学、芝加哥大学和密歇根大学也分别开设成人教育学博士学位课程。此后，美国越来越多的大学将成人教育学纳入自身的学科体系建设中。20 世纪 60 年代初，美国有 15 所大学设立成人教育学硕士、博士学位课程，几十所学校开设成人教育专业方向的课程。在美国的影响下，加拿大不列颠哥伦比亚大学于 1957 年开设了成人教育概况课，并于 1960 年开始授予硕士学位，1962 年又开始授予博士学位。1965 年，北美获得成人教育学博士学位者约有 500 多人，而截至 1989 年，获得博士学位者已超过 4000 人。至 20 世纪 90 年代初，北美多数大学均已开设成人教育学研究生学位课程。不仅在北美，欧洲的南斯拉夫、波兰、匈牙利等国的大学中也较早设立成人教育专业，至 20 世纪 80 年代，欧洲不少国家都开设了成人教育学研究生学位课程。

随着成人教育专业在大学里的不断发展，美国成人教育协会（American Association of Adult Education，AAAE）于1926年成立，将成人教育作为一个专门领域进行研究，并取得了丰硕的成果，极大地促进了成人教育理论研究的开展。1934年，美国成人教育协会出版了第一本《成人教育手册》，之后每隔几年出版一本，记录了成人教育学不同阶段的研究重点与热点话题。1964年，美国成人教育协会的分支机构成人教育教授委员会（Commission of Professors of Adult Education，CPAE）出版了《成人教育：一个新兴的大学研究领域的概况》（Adult Education：Outlines of an Emerging Field of University Study）一书，俗称"黑皮书"（Black-Book），对成人教育概念、成人教育课程、成人教育与其他学科的关系、成人教育实践以及成人教育研究等基本问题进行了系统论述。此书与1970年出版的《成人教育手册》（Handbook of Adult Education）成为成人教育领域的两本经典之作，为成人教育研究的奠基与发展提供了重要的学术支持。

随着成人教育的不断发展，不少国家的政府还成立了成人教育研究机构，开展多方面的调查与研究。1967年，美国成立教育情报研究中心，全面收集有关成人教育的研究报告和文献资料，对促进成人教育研究起到了重要作用。在北欧，一些国家政府用于成人教育研究的投入快速增长，成人教育研究的地位获得极大改善。挪威于1976年成立成人教育研究和发展专门机构。在瑞典，国家教育局研究和发展基金中用于成人教育研究的份额从1969年的1%增加到1980—1981年度的20%。法国成立了国立大众教育研究所，德国成立了民众中等学校教育中心，这些研究机构都重视成人教育学科体系的基础理论研究。各国成人教育学者在借鉴和吸收相关学科理论用以发展和丰富成人教育学科的同时，加速创建相对独立的、体系完整的成人教育学及其各分支学科，如成人教育哲学、成人教育心理学、成人学习理论、成人教育经济学、成人教育管理学、成人教育社会学等。

通过以上追溯可以看出，成人教育学的快速发展，其动力来自学科知识的迅速增长以及研究领域的不断扩大。成人教育学在欧美的产生与发展过程中所形成的关注重点和研究领域，一直是成人教育学赖以拓展和深化的基础。当前，国外成人教育学正在向着确立独特的研究对象、较为完善的理论体系以及适用的研究方法稳步迈进。

第二节　成人教育学的本土探索

早在先秦时期，从孔子的"有教无类"到庄子的"吾生也有涯，而知也无涯"，我国已出现成人教育的思想，但现代成人教育学的发展则肇始于20世纪80年代。1986年，在国外成人教育学与本土成人教育实践基础上，我国开始走向成人教育学理论体系建构之路。梳理30余年来我国学者探索成人教育学理论体系的建构之路，大致可分为三个发展阶段。

一、初始阶段（1986—1991）

1986年第一次全国成人教育工作会议的召开和1987年《关于改革和发展成人教育的决定》的颁布，是我国成人教育学发展进程中的里程碑，标志着我国成人教育学建设进入初期发展的阶段。在这一阶段，我国成人教育学理论体系的建构主要以初期成人教育实践为主，研究处于教育学影响下的成人教育实践以及孕育在教育学母体中的成人教育学思想。

在学科创建之初，成人教育学理论体系的建构侧重于对教育学框架体系的模仿和借鉴，一些学者在教育学原有框架体系的基础上，阐述了成人教育学的基本内涵、基本特点、基本规律和成人院校的基本职能，探讨了成人教育的起源和发展；阐明了成人教育对象、类型、工作者、理论、立法等与成人教育相关的问题；并提出了成人学校教学过程的特殊性及其教学原则体系等一系列教学论思想。与此同时，成人教育学的分支学科如成人高等教育学、成人教育社会学、成人教育经济学、成人教育哲学、成人教育心理学、成人教育管理学和成人教学论等也建立起来；以岗位培训为中心的问题研究也开始成为我国成人教育学科发展的主流。

这一时期开展了大规模的研究，翻译、引进了一批国外成人教育的研究成果，成人教育研究也被纳入全国教育科学规划。据《成人教育大辞典》的不完全统计，这一阶段共出版各类成人教育著作近200种。其中，介绍国外成人教育的译著有达肯沃尔德和梅里安的《成人教育——实践的基础》（1986）、诺尔斯的《现代成人教育实践》（1989）、伊利亚斯和梅里安的《成人教育的哲学基础》（1990）等，这些著作全面介绍了国外成人教育学的发展状况。还有大量尝试构建成人教育学学科体系的基本理论著作（代表性著作见表一）。工具书则有徐学楷的《英汉成人教育词汇》（1988）、关世雄的《成人教育辞典》（1990）等。这一阶段开展相关课题共26项，如关世雄的《成人教育体系和成人教育学科建设理论研究》和高志敏的《当代世界教育科学发展与成人教育》等。研究者从不同角度探讨了成人教育的概念、对象、方针原则、基本规律、内容形式等，初步形成了我国成人教育学理论体系的框架。

表一　1986—1991 年成人教育主要著作及其章节内容

作者专著	出版时间	章节内容
关世雄《成人教育的理论与实践》	北京出版社1986 年 9 月	学习与贯彻党的教育方针政策，成人教育的特点和规律，成人教育的体制改革，全员培训，成人高等教育与继续工程教育，高等教育自学考试制度，广播电视教育与函授教育，农民教育，社会力量办学，成人语文教学与职工教育电视剧，北京成人教育简史，国外成人教育借鉴
熊华浩《成人教育的理论与实践》	湖北教育出版社1987 年 9 月	成人教育的概念和特征，成人教育的起源和发展，成人教育的地位和作用，成人教育的方针和任务，成人教育的目的和内容，成人教育的教学，成人教育投资，成人教育的经济效益，成人教育理论研究，未来成人教育的展望
王文林《成人教育概论》	湖南教育出版社1988 年 7 月	绪论，成人教育的性质、特点与作用，成人教育的方针和目的，成人教育制度，成人教育的经济意义，成人教育的办学形式，成人教育的教学内容和教学原则，成人教育的教学组织和教学方法，成人思想政治教育，成人学校的教师，成人教育管理体制，成人学校（教育中心）管理
王茂荣朱仙顺《成人教育学基础》	职工教育出版社1988 年 1 月	现代成人教育的历史发展与成人教育学基础研究，成人教育的概念范畴，成人教育的社会属性与社会功能，成人教育的培养目标和教育内容，成人教育与终身教育，成人、成人的发展与学习，成人学习者，成人教育工作者，成人教育的教学理论，教学的组织形式和教学方法，检测和评价
叶忠海《成人高等教育学》	辽宁教育出版社1989 年 1 月	绪论，我国成人高等教育的历史考略，成人高等教育的社会属性和基本特征，成人高等教育的地位和作用，我国的教育目的和成人高等教育的培养目标，成人高等教育的体系和结构，成人高等教育的对象，成人高等教育的德育，成人高等教育的教学，成人高等教育教学效果的考核与综合评价，我国高等教育自学考试，电化教育，成人高等学校的教员，成人高等学校的科学管理，成人高等教育的经济效益
孙世路《成人教育》	黑龙江教育出版社1989 年 8 月	什么是成人教育，成人教育的产生和发展，终身教育与成人教育，成人教育与现代社会，成人教育与人的终生发展，成人教育的目的和任务，成人学习者，成人文盲与扫盲教育。成人的学校教育，成人的社会教育，从业人员的岗位培训，成人教育工作者，成人教育管理

作者专著	出版时间	章节内容
余　博 《成人教育基础》	气象出版社 1990 年 8 月	成人教育的概念，成人教育的地位和作用，成人教育的方针和任务，成人教育的产生，新中国成立前我国成人教育的发展，新中国成立后我国成人教育事业的发展，我国成人教育的发展趋势，我国现行成人教育的结构体系，成人教育结构体系的改革，成人教育管理概述，企业职工教育管理，农村成人教育管理，继续教育管理，远距离高等成人教育管理，成人学习概述，成人学习的心理特征，成人学习能力的培养，成人学习方法指导，成人学校的办学条件，成人学校的办学原则，成人学校的组织管理，成人教学的基本特点和教学原则，教学计划、教学大纲与教材，成人教学内容与教学过程，成人教育的教学组织形式，成人教育的教学方法和教学手段，成人教学效果评价，成人教育人员概述，成人教育管理人员，成人教育教学人员，成人教育科研人员与理论研究，等等

二、发展阶段（1992—2001）

1992 年，"成人教育学"被纳入国家标准《学科分类与代码》（GB/T 13745-92），成为"教育学"下面的二级学科，这标志着我国正式确立了成人教育学的学科地位，也标志着我国成人教育学学科建设基本成型。在此一阶段，我国成人教育学的理论体系在本土成人教育实践的基础上，借鉴模仿教育学著作体系，挖掘成人教育自身的要素，致力于成人教育学科发展的形上之思。

这一阶段，我国成人教育方面的专著、译著、工具书和论文不断涌现。成人教育方面的著作 140 余部（代表性著作见表二）；成人教育课题研究有 40 项，如黄尧的《面向二十一世纪中国成人教育发展研究》（1996）和高志敏的《成人教育科学体系的构建与发展研究》（1996）等。研究者对成人教育学学科的概念、范畴、理论、原则、方法等基本理论问题进行研究，基本形成了成人教育学理论体系的框架结构。译著有杜塔（S. C. Dutta）的《第三世界的成人教育》（1994）等。工具书有纪大海的《成人教育百科全书》（1992）、齐高岱的《成人教育大辞典》（2000）等。华东师大组织编写的《成人教育理论丛书》（1997），以及河南大学组织编写的《成人教育研究丛书》（1999）的出版，在我国成人教育理论界影响较大。

需要指出的是，国外尤其是美国的成人教育学更强调"关注学习者""以学习者为中心"的概念。成人教育学的实质，与其说聚焦的中心在于成人"教育"，不如说其关注的焦点在于成人"学习"。但是,这一特质在此阶段国内的研究中还未明显体现出来。

表二　1992—2001 年成人教育主要著作及其章节内容

作者专著	出版时间	章节内容
毕淑芝 《比较成人教育》	北京师范大学出版社 1994 年 12 月	成人教育的发展动机和运行机制,成人教育发展的历程,成人教育的职能,世界成人教育结构体系,成人学习的理论,成人教育与学习的现代手段与组织形式,成人教育工作者,成人教育管理,成人教育的立法
韩宗礼 《成人教育学》	河北教育出版社 1995 年 1 月	绪论,成人教育与社会发展,成人教育方针与培养目标,成人教育的特点,成人教育体制,成人教育类型,成人教育结构与办学形式,成人教育的心理学问题,成人教育的教学过程,成人教育的教学原则,成人教育的教学内容与教学方法,成人教育的教学组织形式,电化教育,成人教育中的思想政治教育,成人教育教师,成人教育计划与招生管理,成人教育管理,发达国家的成人教育
张维 《成人教育学》	福建教育出版社 1995 年 8 月	成人教育科学理论的发展,成人教育学的研究对象和任务,成人教育的目的与任务,成人教育的性质和功能,成人教育结构,成人教育的特点和规律,成人教育教学论,成人教育的思想政治教育,成人教育科学研究,成人教育工作者,成人学校管理,成人教育行政管理
叶忠海 《成人教育学通论》	上海科技教育出版社 1997 年 12 月	绪论,成人教育的内涵、属性和特征,成人教育的功能,成人教育目的,成人教育德育论,成人教育教学论,成人教育课程发展理论与实践,成人教育教员,岗位培训,现代企业教育,社区成人教育,农村成人教育,自学考试,面向 21 世纪成人教育发展的特点和趋势
王北生 《成人教育概论》	河南大学出版社 1999 年 1 月	绪论,成人教育体系制度论,成人教育目的论,成人教育功能论,成人教育课程论,成人教育教学论,成人教育教师论,成人教育学员论,成人教育德育论,岗位培训论,社区成人教育论,农村成人教育论,自学考试论,终身教育论,成人教育科研论,成人教育学科论,成人教育如何迎接知识经济
叶忠海 《社区教育学基础》	上海大学出版社 2000 年 6 月	绪论,社区教育的内涵、特性和基本目的,社区教育理论依据,现代社区教育体系,现代社区教育功能,社区教育的发展目标——学习化社区,现代社区教育的教学理论和实践,现代社区教育的课程设计和开发,学校和社区的沟通结合,现代社区工作者的素质和专业化

三、成熟阶段（2002—）

2002 年以来，随着成人教育实践的进一步丰富和多样化，成人教育自身的特色愈益显现，成人教育学者对我国成人教育实践的各方面问题进行了深层次挖掘和思考，成人教育学逐渐步入"成人教育学"的发展阶段。从成人"教育"之学到"成人教育"之学时期，相关著述大都是对成人教育实践发展和演变的梳理，更多从经验出发去演绎这一时期的成人教育，较少站在理论的高度去进行思辨研究。到"成人教育学"时期，开始从理论的高度去反思我们丰富的成人教育实践中存在的一些问题，一些具有理性思辨的著述相继涌现。虽然所探讨的大都是具体的、应用性的问题，但已经具有较强的理论学术性（代表性著作见表三）。

在此期间，研究者们对基本理论的研究，除进一步探讨成人教育的本质、内涵、特点、功能、结构等基本问题外，还围绕国家建构学习型社会的中心任务，对成人教育重点问题进行深入研究。此外，通过与世界先进国家的成人教育学接轨，聚焦成人学习，在成人教育学习论、课程论等领域的研究取得了新进展。成人教育分类研究也不断走向深入。从教育类型看，对非正规成人教育、非正式成人教育有了较多的关注研究，尤其是社区成人教育研究、企业培训研究；从教育对象看，突出关注社会弱势群体，如农村进城务工人员、老年群体、欠发达地区中小学教师、低学历女性群体等，成为成人教育类别研究的重要对象；从教育手段看，随着我国信息化进程加快，现代远程教育研究日益受到重视。

在终身教育体系与学习型社会建构方面，研究者们围绕"成人教育与终身教育体系构建""成人教育与学习型社会建设""成人教育与和谐社会建设""成人教育与社会主义新农村建设""成人教育与创新型国家建设"等国家中心任务展开研究。不仅研究了成人教育在实现上述中心任务中的地位和作用，还研究了成人教育与中心任务的内在关系，以及成人教育借助中心任务进行大力发展等问题。

这一阶段，研究者们不断尝试打破原有的架构体系，转向对成人教育主体"成人"的关注。最为典型的就是叶忠海的《现代成人教育学原理》一书。该书扬弃了传统的成人教育学理论体系，对成人教育学的框架结构和基本内容进行了大胆的变革创新，把"成人的成长和发展"作为贯穿全书的发展主线，以"以成人为本"的人本理念为指导，以成人的终身发展为最终价值取向。

同时，研究者们还以"成人学习"为逻辑起点，重新架构我国成人教育学的理论体系，研究焦点涉及成人学习诸多方面。其中，"社会变革与成人学习""成人学习理论的探索""成人学习特点及其应用""成人学习需要及动机""成人学习策略及非智力因素培养""成人学习障碍及其消除"等问题是研究热点，取得了可喜成果。

在成人教育课程论方面，研究者展开了在学习型社会背景下企业培训、社会培训、社区教育、农村成人教育及远程教育等多种课程类型研究。更重要的是，树立了成人教育课程的"自我意识"，着力探讨成人教育课程理论及课程开发，初步确立了成人教育课程理论体系。

表三　2002 年以来成人教育主要著作及其章节内容

作者专著	出版时间	章节内容
娄弘毅 宋尚桂 《成人教育学》	齐鲁书社 2002 年 6 月	绪论，成人教育的组织形式，成人教育教学过程，成人教育教学原则，成人学习理论，成人学习过程，成人教育评价，成人教育学校管理，成人教育研究
黄　健 《成人教育课程开发的理论与技术》	上海教育 出版社 2002 年 9 月	前言，课程领域的形成及其研究对象，成人教育课程的界定，成人教育课程的理论基础，成人教育课程开发的流程和策略，国内外成人教育课程开发的模式，成人远程教育课程的开发，成功的成人教育课程开发案例，终身学习时代我国成人教育课程改革展望
廖其发 《当代中国扫盲和农村成人教育的回眸与前瞻》	西南师范 大学出版社 2002 年 1 月	前言，当代中国农村成人教育改革与发展的主要成就和经验教训，21 世纪我国扫盲和农村成人教育改革与发展的基本思路、目标和方向，21 世纪我国农村成人教育内容研究，农村成人教育途径与方法研究，我国农村成人教育的保障体系研究
张声雄 徐韵发 《创建中国特色的学习型社会》	江西人民 出版社 2003 年 1 月	学习型社会概念的提出，学习型社会的特征，学习型社会的基石——学习型组织，学习型组织与传统组织的比较，等等
厉以贤 《社区教育原理》	四川教育 出版社 2003 年 11 月	社区教育导论，社区教育与终身教育，社区教育与学习社会，社区教育与社区发展（社区建设），学校与社区的沟通和互动，社区教育的体制与模式，社区教育课程开发与管理，社区教育评价，我国社区教育的未来与期待
厉以贤 《学习社会的理念与建设》	四川教育 出版社 2004 年 7 月	知识经济，知识社会，学习社会，学习社会与终身学习和终身教育，学习型组织，学习型社区，学习型家庭，学习社会的学习模式，建设学习型社会的策略，建设学习型家庭的策略

作者专著	出版时间	章节内容
高志敏等《终身教育、终身学习与学习化社会》	华东师范大学出版社2005年3月	终身教育、终身学习与学习化社会的提出，终身教育、终身学习与学习化社会的定义，终身教育、终身学习与学习化社会的要义，终身教育、终身学习与学习化社会的异同，终身教育、终身学习与学习化社会的初衷，脑科学研究对三大理念的理论支撑，心理学研究对三大理念的理论支撑，医学研究对三大理念的理论支撑，经济学研究对三大理念的理论支撑，文化学研究对三大理念的理论支撑，物理学研究对三大理念的理论支撑，系统科学研究对三大理念的理论支撑，三大理念实践运作策略的整体思考，三大理念实践运作策略的分类思考
叶忠海《21世纪初中国社区教育发展研究》	中国海洋大学出版社2006年11月	21世纪初中国社区教育发展的背景，21世纪初中国社区教育发展的现实基础，21世纪初中国社区教育发展的国际参照系，21世纪初中国社区教育发展的指导思想和原则，21世纪初中国社区教育发展的目标、重点和特色，21世纪初中国社区教育发展的空间研究，21世纪初中国社区教育发展的途径和思路，21世纪初中国社区教育发展的模式，21世纪初中国社区教育发展的基本对策
吴遵民《现代终身学习论》	上海教育出版社2008年9月	终身学习——21世纪最前沿的教育理论，关于终身学习理念本质的研究与讨论，终身学习——通向学习社会的基础与路径，当代终身学习理论发展的国际路向与面临的实践课题，关于终身教育与终身学习的讨论——终身学习论的背景，终身发展与成人教育学，自我教育论和生活叙事在成人教育中的应用，关于终身学习的实践报告
叶忠海《老年教育学通论》	同济大学出版社2014年5月	绪论，老年教育的发展历程，老年教育的理论基础，老年教育的含义、性质和价值，老年教育的体系，老年教育的对象，老年教育的教学理论和实践，老年教育的课程开发与设计，老年教育的评价，老年教育的发展趋势
叶忠海《现代成人教育学原理》	中国人民大学出版社2015年4月	成人教育学的发展历程，成人教育的哲学基础，成人教育的经济学基础，成人教育的社会学基础，成人教育的心理学基础，成人教育的人才学基础，人的成长、发展与教育，成年早期的教育原理和设计，成年中期的教育原理和设计，成年晚期的教育原理和设计，学校形态的成人教育，组织形态的成人教育，社会形态的成人教育，成人教育学的发展展望

总结我国成人教育学30余年的发展历程，初期主要以移植国外成人教育学研究成果或教育学、心理学、社会学、哲学、经济学等相关学科理论成果为主。21世纪以来，逐渐从移植式借鉴向自主式建构的方向发展，成人教育研究者们将研究着眼点置于本土情境中，不断寻求研究的本土特色，研究热点日益贴近我国社会变革的发展实际。如城镇化进程中的农民发展问题、成人高等教育人才培养问题、教师职后发展问题、学习型社会建设等等，均是近年来致力于解决社会实践问题的研究课题。可以说，通过研究解决社会发展变革中的众多具体实践问题，已逐渐成为我国成人教育学研究的重要取向。

参考文献

［1］杨国德. 终身学习社会：21世纪教育新愿景［M］. 台北：师大书苑，1999：11.

［2］KATHLEEN P KING, VICTOR C X WANG. 全球比较成人教育学：世界成人教育的哲学、历史、理论与实践［M］. 杭州：浙江大学出版社，2006：173.

［3］JARVIS P. Twentieth century thinkers in adult education［M］. London：Croom Helm, 1987：127.

［4］REISCHMANN J. Andragogy：history, meaning, context, function［J］. Internet-publication http：// www. andragogy. net. Version Sept. 9, 2004：1-8.

［5］HOULE C O. The inquiring mind［M］. Madison：The University of Wisconsin Press, 1961：15-16.

［6］JOHNSTONE J W C, RIVERA R J. Volunteers for learning：A study of the educational pursuits of American adults［J］. Adult Education Quarterly, 1965, 16（1）：41-43.

［7］诺尔斯. 现代成人教育实践［M］. 蔺延梓，译. 北京：人民教育出版社，1989：40.

［8］联合国教科文组织国际教育发展委员会. 学会生存：教育世界的今天和明天［M］. 华东师范大学比较教育研究所，译. 北京：职工教育出版社，1989：2, 196.

基本理论篇

JIBEN LILUN PIAN

第一章
成人发展与教育论

对儿童的认识是开展中小学教育的必要前提。同样，对成人及其教育的认识是成人教育取得成功的关键。本章探讨成人发展与教育的相关问题，包括成人及成人教育、成人发展任务、成人学习能力等等。了解这些方面的问题，有助于我们更全面地认识成人发展与教育的关系。

第一节　成人及成人教育

成人，是人一生中的一个阶段，一种状态。要了解成人及其发展，需将其置于整个人生的发展过程之中，只有这样才能区分成年人与未成年人。因此，首先要澄清成人的概念，了解成人学习的一般特征，在此基础上把握成人发展的一般规律。

一、成人的概念

关于学界对成人的界定，在不同的学科领域，往往有着不同的观点。下面简要介绍几种常见的成人概念界定。

一是生物学角度的界定。生物学家认为，成人就是生理、心理上已经成熟并具备了生殖能力的个体，这一纯粹的生物学解释在 20 世纪 60 年代得到了广泛的认可。基于这种认识，有观点认为一定的年龄可以标志个体是否达到成熟，故常以个体的年龄为标准来界定成人概念。如美国 1964 年通过的《成人教育法案》确定 16 岁以上者为成人；1966 年第一届国际比较成人教育会议则界定 21 岁以上者为成人。因此，从生物学角度来界定成人概念，是指达到一定年龄，在身体各方面都已成熟的人。

二是社会学角度的界定。从社会学角度来看，成人在一定的社会背景中，既拥有社会赋予的某些权利，也承担一定的社会责任。显然，成人概念的生物学界定，忽略了成人应该承担的社会责任。伯恩和奥基达勒（L. Bown & J. T. Okedara）认为，仅以年龄作为达到成年期的界定是很不充分的，个体能否被视为成人，应按照其所扮演的角色而定，即视其能否承担起一定的社会责任。[1]珀尔马特和豪尔（M. Perlmutter & E. Hall）也认为，儿童期是依赖时期，成人期是负责时期。[2]因此，从社会学角度看，成人应该是能够担负起社会责任的人。

三是心理学角度的界定。从心理学角度看，成人应是完成了人生的第二次断乳——心理断乳，即心理或情感上已达到成熟，不再依赖父母，能够对自己行为负责、具有独立的人格。如能够自我控制，对挫折有忍受力，能够适应变化以及对未来进行思考和规划等等。心理学往往将个体的心理发展水平作为衡量一个人是否成熟的首要标准。

四是法律角度的界定。从法律上看，成人即是开始享有和履行法律规定的各种权利和义务的人。尽管不同国家或地区赋予成人的权利和义务范围有所不同，但都明确了成人享有和履行法律规定的权利和义务的起始时间，并以此作为成人的认定标准。如美国法定的成人年龄为 21 岁，我国法定享有人民代表选举权的年龄为年满 18 岁。

五是教育学角度的界定。为了更准确地把握成人的概念，教育学界倾向于从多个角度出发来界定成人概念。维尔特谢尔（H. Wiltshire）认为成人享有完全的自由，能做自己想做的事，能自己做出判断和选择；各方面趋向成熟，其人格态度、社会角色均已固定；具有公民的权利和责任。[3]希姆斯特拉（R. Hiemstra）则将成人定义为"已经达到成熟的人，可以负起对自己或他人的责任，并且在经济上能够自立"[4]。1980 年，美国成人教育国家顾问委员会（National Advisory Council on Adult Education, NACAE）把成人界定为"在青春期之后，不再参加全时正规的学校教育，并且能够担负起成人生活的责任，或者已经达到法律上或社会上所认定的年龄，具有相应的权利、义务和责任的人"[5]。

上述教育学角度的定义综合了生理的、心理的和法律的观点，维尔特谢尔着重强调人的心理、生理与社会化的成熟；希姆斯特拉突出了责任和经济自立；美国成人教育国家顾问委员会除了兼顾生物学、社会学、法律之外，还涉及教育的层面。美国成人教育学家达肯沃尔德和梅里安（G. G. Darkenwald & S. B.

Merriam）对成人概念做出的总结最为详尽：

> 在大多数现代社会里，对成人状态来说，生物学上讲的成熟期是一个必要的但远远不够的条件，因为成人一词在判断性、自治性、责任感、承担生活责任等方面不但包含着生物学上的成熟，而且还包含着社会和心理的成熟。应用年龄顺序来确定谁是成人，其任意性是很明显的。因为认识到用年龄或狭隘规定给成人下定义几乎没有什么用处，所以，许多成人教育家早就采用了一种以社会责任为基础的功能定义法。根据这种观点，成人是这样一个人，他已经离开了全日制学生的责任（童年和青年的主要社会责任）而承担了劳动者、配偶或父母的责任。这种定义虽然还不能完全令人满意，但它起码承认成人是一个起到了社会生产作用、对自己生活承担了基本责任的人。[6]11

我国的理论工作者也对成人概念进行了广泛深入的探讨。1990 年出版的《成人教育辞典》中给出定义：成人作为成人教育的对象，是指"在家庭、社会和国家生活中承担责任者，主要是那些已经走上生产或工作岗位的从业人员。"[7]149 也有学者指出："成人是指已经、曾经走上工作、生产岗位，或正为走向工作、生产岗位接受专门的职业性训练的社会群体。他们可以是基础教育和大学教育后走向社会的公民，更可以是从未受过或未完整接受基础教育即走向工作的社会成员。"[8]

至此，可以粗略地对成人概念做出归纳："成人即是进入成年期，达到生理、心理上的成熟，具备了必要的劳动能力，承担了一定的社会生产和生活责任的人。"这种对成人的界定，既规定了成人应具备的生理、心理上的成熟，又突出强调了成人需承担的社会责任，也就是达肯沃尔德和梅里安所说的"以社会责任为基础的功能定义法"。

二、成人教育的含义

关于成人教育的含义，国外学者从不同角度进行阐释，有不同见解。有的是从字面意义分别解释成人（Adult）和教育（Education），再结合起来界定，如达肯沃尔德和梅里安认为："成人教育是这样一个过程，在这个过程中，那些主要社会责任是以成人状态为特点的人们为了使知识、观点、价值或技能产生变化而从事系统的持续的学习活动。"[6]13 有的是从功能来定义，如早期的扫盲教育，到后来的基本的读、写、算技能培训乃至因技术发展的需要，以提升个人的知识、能力为目的。摩根（B. H. Morgan）等人即认为："成人教育就是过去失去学习机会，而感觉有必要学习基本技能者，所参与的基本读、写、算课程的教育活动。"[9] 有的从性质上来界定，如伯基文（P. E. Bergevin）认为成人教育一词具有不同的意义，而每一种都可以恰当地使用在正确的地方。由此，他把成人教育界定为三个方面的性质："一种有系统、有组织的成人学习活动；一种随机的经验学习；一种研究的领域。"[10]

上述界定成人教育的三种角度，架构了成人教育的基本含义。归结以上说法，我国台湾学者黄富顺于1990年将成人教育的含义界定为："成人教育通常是指人在青春期之后，不再全时参加正规的学校教育，而以部分时间参加有组织学习活动，目的在于增进个人知能或造成态度、习惯及价值观念改变的过程。"[11]

我国大陆学者主要是从《学会生存——教育世界的今天和明天》《成人教育发展总条例》中的解释得到启发，在此基础上进行新的理解。1974年，联合国教科文组织国际教育发展委员会发表《学会生存——教育世界的今天和明天》的报告，其中对成人教育所下的定义最为全面，传播也最为广泛：

> 成人教育可能有许多定义。对于今天世界上多数成人来说，成人教育是代替他们失去的基础教育。对于那些只受过很不完全教育的人们来说，成人教育是补充初级教育或职业教育。对于那些需要应付环境的新要求的人们来说，成人教育是延长他们现有的教育。对于那些已经受过高级训练的人们来说，成人教育就给他们提供进一步的教育。成人教育也是发展每一个人的个性的手段。[12]

1976年，在联合国教科文组织会员大会上，142个国家的与会代表一致通过了《成人教育发展总条例》，其中提出了一个更为广义的成人教育定义，并作为世界性官方定义：

> 术语成人教育指的是有组织的教育过程的整体，而不管这些过程的内容、水平和所用的方法是什么，不管它们是否正式或非正式，也不管它们是否延长或代替了学校、学院、大学以及学徒期的初等教育。通过这些教育过程使那些被自己生存的社会所承认的成人们，为个人的全面发展和参与社会、经济、文化发展的均衡而独立的双重目的，发展自己的能力，丰富自己的知识，提高自己的技术和职业水平，或使自己向新的方向发展，使自己的观点和行为得到改变。

在此基础上，大陆学者对成人教育做出了各种解释。王茂荣认为："成人教育是专门为被所属社会承认是成人的人们提供的有目的、有组织、有系统的教育活动。"[13]关世雄认为："成人教育是指对在家庭、社会和国家生活中承担责任者，主要是对已经走上生产或工作岗位的从业人员进行的教育。"[7]149 叶忠海认为："成人教育是按成人和社会全面发展的需要，有目的、有组织为所属社会承认的成人一生任何阶段所提供非传统的、具有自身特色的教育活动。它是终身教育中成人阶段一切教育的总和，是与未成年人全日制学校教育相对称的一种独立的教育体系。"[14]

成人教育本身是一种较难界定的范畴，认识角度不同，对其含义的理解也会不同。而成人教育本身的复杂性和发展性，也使成人教育至今未能形成一个能为大家广泛接受的、权威性的概念。

三、成人学习者的特征

成人伴随着年龄增长，个体趋于生理、心理上的成熟，逐渐转变为既能够有效参与社会活动，同时又能为社会所接受的人。这种转变是通过人的社会化实现的，社会化过程将贯穿成人发展的一生。在此过程中，成人作为教育对象，表现出与未成年人迥然不同的特征。

（一）独立自主性较强

当成人个体逐渐成熟起来时，具有了对自我认识的能力，往往迫切希望把自己的过去、现在和将来整合为一个完整统一的自我形象，从而建立起自我认同，尽管在此过程中往往伴随着种种危机和失败。此即埃里克森（E. H. Erikson）人格发展渐成理论中的"自我同一性"概念。[15]79 在建立这种"自我同一性"的过程中，成年早期的个体逐渐摆脱儿童时期的依赖性人格，发展形成独立自主的自我意识。

进入成年中期，成年早期形成的"自我同一性"进一步向着"社会同一性"发展。这表现在成年中期的成人往往要求个体的自我认同与社会对自我的认识、评价、期望、要求尽可能保持一致。具有"社会同一性"的成人，能主动融入社会，恰当地评估自我，选择适当的社会角色，确定与其社会责任相符合的学习内容，不断完善自我形象，促进个体发展。

诺尔斯（M. S. Knowles）也指出："成人虽然可能在特定情境中暂时依赖他人，但是他却有一种心理需要，希望在一般情况下独立自主。"[16]独立自主的成人，能自己做决定，对自己负责；同时也希望别人认识并尊重他的独立性和对自我负责的能力。因此，当某种学习或教育与这种独立自主的要求发生冲突时，他们往往会产生抵触或抗拒情绪。

（二）具备丰富的经验

成人在履行社会职责和义务过程中积累了大量的经验。诺尔斯指出，成人具有丰富而独特的经验，一直是成人学习者区别于儿童学习者的一个重要特质，它使成人形成了自己的个性，也是成人学习者的学习基础和学习资源。成人经验有如下特点：

1. 成人经验的丰富性

成人经验的丰富与独特是儿童无法相比的。成人在个体发展过程中，不仅接受了传统教育，学习了一定的间接知识，而且在工作、学习和生活中积累了相当的直接经验。这些经验不但在量上很丰富，而且在质上也极具多样性。成人学习者的学习需求、学习兴趣、学习动机的形成及学习内容的选择在很大程度上都是以自己的经验为依据的。因此在成人教育活动中，应重视成人经验的多样性，在课程设计和教学策略上要满足不同学习者的需求，同时在学习步调上应注意弹性。

2. 成人经验的固定性

在成人发展过程中，其经验日益固定化，已经内化为自我认知结构乃至思想观念、行为准则的一部分。成人通常将个人经验价值视为自身价值的一部分，当他们的经验被否定或贬低时，他们通常会认为是在否定或贬低他们自己。因此，尊重成人个体经验，即是尊重成人个体人格。

3. 成人经验的个体差异性

在成人发展过程中，出于成人个性差异、个体经验的固定性，受社会因素影响程度不同等原因，成人经验具有个体差异性。重视成人经验，要注意到成人经验的个体差异性。

4. 成人经验的负面性

成人经验对其学习并不完全是有益的，有时也会成为学习的阻力。成人在经验的积累过程中，可能会存储一些不良的习惯、偏见或先入为主的看法，使其不能有效地接受新观念或改变既有的思维定式。故而，成人在学习中需要批判性地反思已有的观点与习惯，寻求解构原有的偏见，才能接受新的事物。

（三）身兼多重角色和责任

成人在社会、家庭和学习等方面身兼多重角色，学习者角色只是其多重角色之一，而每一种角色都有其承担的责任。成人所承担的多种责任，虽因人、因时而异，但一般情况下大都承担着下列三类责任：

1. 社会责任

成人学习者所承担社会责任的突出特征是在职性，即为社会创造物质和精神财富是其主要责任。这种责任与学习构成的工学矛盾，正是成人学习者面临的突出问题，也是成人教育面对的基本矛盾。

2. 家庭责任

一般说来，一个完整家庭包括父母、夫妻、子女多重关系。成人学习者一般都肩负着赡养父母、抚育子女、夫妻义务三类责任。履行这些责任需要时间、金钱，更需要情感，亦是与成人学习构成矛盾的重要因素。

3. 学习责任

当社会发展到终身学习时代，成人学习成为一种社会常态之后，成人就同时扮演着家庭成员、社会成员、学习者三重角色。科学确定三重角色中学习者角色的内涵及其地位，对于成人学习者完成学习任务是非常必要的。

成人的世界复杂而多变，不像儿童青少年单纯固定。这些角色和责任反映在学习中，表现为每一种角色各有其需求，带来学习目标的多样化。因此，霍尔（C. O. Houle）在研究成人参与教育的动机时，将成人学习者区分为目标、活动和学习三类取向，但多数成人参与学习的动机通常兼具几类取向，只有一种取向的非常少，这正是由于成人所身兼的多种角色所造成的结果。

（四）具有广泛的个体差异

成人学习者的年龄、性别、职业、个性、受教育程度、心理发展水平、受社会因素影响程度等方面的不同，使得成人学习者群体结构具有相当程度的复杂性。因此，充分认识成人学习者群体中存在的广泛差异性，对成人教育极具意义。

1. 成人学习者之间在学习经验、动机、需求、兴趣、目标、速度、方法等方面存在广泛差异，这给成人教育工作者带来了较大难度。

2. 成人教育应重视成人学习者的个体差异性，采取个别化的教学方法。鉴于成人学习团体的差异，在课堂中很难以同一课程以及一种教学方法来满足每一个成人的不同情况。因此，个别化的教学途径是较适合的成人学习的教学方法。

3. 在成人学习活动中，教师在拟定教学计划时，最可能的做法是以教育活动参与中的多数成人作为整个教学活动设计的依据。要完全关注到每一个体的差异，事实上是难于操作的。但在实际教学活动时，也不要忽略处于多数成人以外两端的人，也就是要在团体特性与个体特性间达成一种实质的平衡。

第二节　成人发展任务

成人的发展，既是一个生命发展过程，同时也是人的社会化过程。个体步入成年后，身心发展日益走向成熟，而后生理上由平稳逐渐减弱甚至退化，但却迈入了一个纷繁的社会生活世界，为成人学习者的社会化提供一个广阔的天地。在成年期的几十年中，无论是他们所经历的社会变革，还是其社会角色、社会职责的变化，都要比未成年期剧烈得多。因此，相比未成年期身体的发育和智能的提升变化，成年期同样是一个多变而波动的发展过程。对成人发展阶段、周期、任务和过渡的理解，有助于更全面地认识成人发展与教育的关系。

一、成人发展理论

国外成人发展理论主要分为发展阶段论和发展周期论两个流派。前者以埃里克森（E. H. Erikson）与卢文格（J. Loevinger）的理论为代表；后者以列文森（D. J. Levinson）与哈维赫斯特（R. J. Havighuest）的理论为代表。下面简要介绍这些成人发展理论。

（一）成人发展阶段论

尽管成人在其社会化过程中呈现出纷繁复杂的变化，但也有一定的阶段性、规律性，不同发展阶段各具特色。1963 年，埃里克森提出社会心理发展理论，他将人的一生划分为八个阶段，每个阶段都以解决个体发展的某一核心"危机"（Central Crisis）为中心（见表 1-1）。[15]83

表 1-1　埃里克森社会心理发展八阶段

阶段	核心危机	品质
老年期	完美↔悲观绝望	智慧
成年晚期	生产创造↔颓废迟滞	关心
成年早期	亲密↔孤独	爱
青少年期	同一性↔同一性混乱	忠诚
学龄期	勤勉↔自卑	能力
游戏期	自发↔退缩	目的
幼儿期	自动↔羞怯	意志力
婴儿期	信任↔不信任	希望

埃里克森的学说对成人发展的重要性在于：当人们认为人一生中大多数具有发展性的变化发生于人生早期，成人期的个性不过是人生早期发展的延伸时，他独树一帜地划分出成人期的三个发展阶段。成年早期（18—40 岁）：亲密对孤独的冲突；成年晚期（40—65 岁）：生产创造对颓废迟滞的冲突；老年期（65 岁以上）：完美对悲观绝望的冲突。

1978 年，卢文格提出的自我发展理论定义了人生十个阶段的自我（人格）的不同品质，这些品质具有连贯性。其中七个为主要阶段，三个为转换期（见表 1-2）。

表 1-2　卢文格自我发展十阶段[17]

阶段	与他人关系	特征
前社会期或共生期	依赖	呈现儿童期特征，对自我与他人不做区分
冲动期	依赖探索	通常属于儿童期阶段，对自我的感觉来自身体的冲动，如冲动未获满足，则视为最大的威胁；成人若仍然停留在此阶段，将成为社会边缘人
自我保护期	小心	行为取向趋于自我中心，受责时归咎于他人或环境。不为冲动所完全控制，但仍然追求冲动的立即满足
调整期	自我了解社会认同	介于自我保护期与遵奉期之间，逐渐增加对自我的了解及对社会规则的认同
遵奉期	顺从	对他人或环境的信任增强，重视与他人的友好与合作，常抑制自我愿望以符合他人的期望或社会法则。行为讲求表面，以明显的外在特征来区分团体，几乎感受不到个体的不同
调整期	自我觉察	介于遵奉期和公正期之间，希望获得他人或环境的赞同与尊重。对自我有新的认识，把自己视为社会中的独立个体，希望表现独特性与成就
公正期	良心	依照自我评判的标准生活，不将社会规则绝对化，承认例外与偶然性，能做复杂推理，认识到个体责任，能独立抉择，维持自尊。有长期目标和理想，能以社会的观点看到事情，对自我了解更深刻，不再关心行为能否为他人所接受、所尊重
调整期	自我内外分化	介于公正期与自主期之间，高度关心自我发展及社会问题，自我内外更加分化，既关心、尊重别人，也开始有自我实现的需求
自主期	自主	能分析社会团体和社会制度，能做选择，热衷工作，有认识内在冲突的能力，也能尊重他人的自主性，对自己和他人具有较为客观的看法。能对抽象的理想做出反应，关注自我实现，工作、生活自信充实
整合期	整合	是自我发展的最高阶段，即马斯洛的"自我实现"。继续强化自主期特征，能整合自主阶段的内在冲突，超出了个人发展的限度。在人际关系上反映出对他人个性的尊重。成人发展能达到此阶段的人非常少，不足1%

卢文格把自我发展作为个人对自我及他人关系的一个中心概念，其自我发展理论是发展阶段理论应用于儿童和成人中最具涵盖性的，是个体一生中有关认知状况、人际关系、道德发展的整合与持续。

（二）成人发展周期论

成人发展周期理论认为人的一生一般呈周期性演进，每个周期均有不同的特征，个体之间的发展变化大抵相同，较少文化和个体变量的影响。列文森等人认为最有价值的成人发展理论即探讨个体如何进行有意识的选择，如何创新生活以及在生活中发展自我导向的能力。他们运用实证性研究的方法，探究工人、作家、代理商及生物学家等四类职业人的生命现象与年龄的关系，发现男性的生活状况较为相似，均是由三个有次序的时期向前发展，个体进入每个时期的差异不超过三年。这三个时期包括：成年早期（17—45岁）、成年中期（40—65岁）及成年晚期（60岁以上）。每个时期有五年转换期的重叠，三个时期在建立及维持生活结构上的特征不同（见表1-3）。

表1-3 列文森成年男性发展周期及其特征[18]

时期	年龄区间（岁）	特征
成年早期转换期	17—22	为过渡到成年早期做准备。个体在这一转换期中仍具有青少年时期的特征，学习与生活有关的知识和技能，包括各种成人生活模式的知识和社会技术。个体在此期开始试图脱离父母获得心理上的独立，学习如何进行生活的选择。但也有人仍不能完全对自己的生活结构负责，别人所创造或维持的结构对个体的影响仍然很大
成年早期	22—40	走出青少年的世界，开始进行生活的选择，并创造自己的生活模式。十分关注与选择生活有关的因素，包括了解自己与他人、在工作中发展自我、热衷于自己所选择的生活模式。开始建立稳定的生活结构，树立理想，进行职业的选择。开始建立类似于埃尔克森提出的认同与亲密，在不同情况下，能以不同的角色对待家人、同事、朋友及两性关系等。至28岁时，开始经历五年转换期，至33岁结束，个体进入稳定时期，事业更加发展，试图在社会中占有一席之地

续表

时期	年龄区间（岁）	特征
成年中期转换期	40—45	这个时期个体面临重要危机。个体由此期进入成年中期，开始对自己的生活进行评估，通常会发现以前的理想无法达成或无法全部达成，有的人对工作、婚姻、信念与信仰重新进行修正，使自我与社会之间获得一种平衡。有的人经过反思进行重新选择，生活结构发生变化。其中，离婚、再婚、工作改变、迁居等选择对个体发展的影响巨大
成年中期	45—65	45 岁至 50 岁开始走入中年人的世界，由于成年中期转换期危机结束，生活更加稳定，产生睿智、审慎、怜悯等品质，很多人呈现生长或继续生长、创造的现象，但有些人则出现停滞、衰退现象。至 50 岁时，生活中可能会有些改变，也可能是一个危机时期。个体一旦渡过这个危机时期，就进入另一个稳定期，即中年高峰期。这个时期是人生中最有成就的生命阶段之一，一直延续到成年晚期
成年晚期转换期	60—65	为过渡到成年晚期做准备。列文森对于这一转换期的研究没有实证性支持
成年晚期	65—	列文森对于这一时期的研究没有实证性支持，但认同埃里克森的观察结论，认为此一时期是智慧期，个体较为不注重工作和家庭生活，但仍然可能从事社会中的重要工作，如教师、政治家及志愿者等

列文森等人关于成人发展的三个时期理论侧重成人早期、中期发展与生理年龄的密切关系，简单明了而描述翔实。此后，多有学者依此理论做进一步的发展，成为最为人所知的成人发展模式。但是，列文森的研究样本来自美国东北部地区，要应用到其他国家和地区，有待结合当地具体情况加以考量。此外，列文森的研究样本偏小，也未包括成年女性，对成年晚期的描述没有实证性资料加以支持，这些都是其理论的不足之处。

哈维赫斯特的发展任务理论着眼于行为发展、社会期望和教育需要，认为成人的自我（人格）按照年龄的不同呈现一种有次序的周期性发展变化。在此变化中，个体发展存在关键期，在此期中需要完成特定的发展任务，这有助于以后发展任务的达成（见表 1-4）。发展任务主要来自三个方面：（1）生理的成熟、成长；（2）文化和社会的要求或期望；（3）个人的价值和期望。

表 1-4　哈维赫斯特成人发展任务[19]

时期	年龄区间（岁）	发展任务
青少年晚期及青年期	16—23	（1）完成情绪上的独立；（2）准备结婚及过家庭生活；（3）选择与准备工作；（4）发展道德体系
成年早期	23—35	（1）决定结婚的对象；（2）建立家庭；（3）适应家庭生活；（4）开始就业；（5）承担公民责任
成年中期转换期	35—45	（1）适应时间观念的改变；（2）修改工作计划；（3）调整与家人关系
成年中期	45—57	（1）维持原有工作或发展新工作；（2）重建家人关系；（3）履行公民责任；（4）适应身体生理上的变化
成年晚期转换期	57—65	准备退休
成年晚期	65—	（1）适应退休；（2）适应健康和体力的衰退；（3）加强与同年龄人群或团体的联系；（4）建立满意的生活安排；（5）适应配偶的死亡；（6）维持整合

哈维赫斯特提出的发展任务理论并没有做实证性研究，但他的理论也同样为人所熟知并加以引述，影响较大。

二、成人发展任务

我国学者根据成人概念及成人发展相关理论，并结合生理、认知与社会因素对我国成人身心发展的影响，将成人发展划分为三个阶段：18—35 岁属成年早期，35—60 岁属成年中期，60 岁以后属成年晚期。[20]这三个阶段呈现出不同的身心特征，具有不同的发展任务。下面简要介绍成人各个阶段、周期的发展与学习任务。

（一）成年早期

按照"成人"概念的界定，18—35 岁的在职成人属成年早期。其中，18—25岁与青年期重叠。从生理特点上看，成年早期的生理状况是一生中的最佳时期，各项生理功能均处于最为旺盛、最具活力的时期。感觉能力达到前所未有的灵敏程度，心理运动能力臻于最佳状态，反应能力快速敏捷，肌肉力量不断增加，手眼协调能力达到一生中最高水平。

从认知发展方面来看，此阶段个体的状况也处于发展的高峰。研究表明，人在25—30岁左右，知觉能力仍保持高水平，记忆力正处于最佳状况，比较、判断能力也发展到高峰，思维的广度、深度，尤其是辩证思维能力、抽象概括能力、创造性想象能力均得到了较充分的发展。因此，成年早期是人的各种基本认知能力发展的黄金时期。

从社会化发展方面来看，成年早期是人生中一个剧烈变动并逐步走向相对稳定的时期。埃里克森认为，亲密与孤独的对立标志着个体向成年期的转变。夏埃（K. W. Schaie）也将成年早期特别是青春期前后的特点总结为"独立性与亲密感"并存的时期。[21]26随着成人自我意识的确立和发展，社会生活领域的迅速扩大以及职业生活的选择，个体将真正实现心理、经济等方面的独立。与此同时，个体在追求独立的同时，亦开始产生亲密感，即有与他人建立亲密关系的迫切需求。这种亲密关系，包括恋爱关系、夫妻关系、家庭成员关系、朋友关系、同事关系以及社团成员关系等。因此，这一时期的成人个体亦开始处理并完成恋爱、择偶和建立家庭等问题，承担起社会、家庭赋予的各种角色和责任。更为重要的是，在逐渐社会化过程中，个体形成了自己的基本知识结构和对世界的基本观点，建立了对社会及人生意义的基本认识，并在此基础上设计、选择并创造着适合于自己的生活模式。

总之，在成年早期，个体将经历一个从未成年人为接受并完成未来角色任务和社会职责以及为走向社会化而做准备的时期，转向进入成年为承担社会角色和社会职责、为促进个体社会化而进行深入实践的这样一个特殊的过渡。对于已经迈入成年早期的个体来说，必然面临一系列新的发展任务，这些发展任务主要有：

1. 形成独立的人格

在这一阶段，成人个体需完成人生的第二次断乳——心理断乳，即心理或情感上达到成熟，不再依赖父母，能够对自己的行为负责。形成独立的人格，是成人个体走向成熟的首要标准。

2. 奠定成才的基础

成才的基础应该是扎实而全面的，既包括知识基础，也包括专业基础和技能，同时还包括本专业的特殊能力和创新能力。成人早期需要建立某个专业的最佳智能结构，为日后成才和全面发展奠定良好的基础。

3. 学会自我认同

在这一阶段，成人个体需对自我做出恰如其分的认识，力求使自我认识与社会对于自我的认识、评价、要求、期望大体一致。只有这样，才能较为客观地依据所承担的社会任务，选择与其社会任务相符的需要学习的东西，触发学习动机，设计学习内容，从而不断完善自我。

4. 平衡独立性与亲密感

成人个体在追求独立性的同时，还需与人建立广泛的亲密感，并正确处理人际关系，积极参与社团活动。成年早期成人的成熟，很大程度上反映在独立性与亲密感的平衡能力上。

5. 协调成家与立业

成人早期亲密感的建立，恋爱、婚姻是其中重要的部分。成人个体在追求立业的同时，如有成家的需求，要正确对待恋爱、婚姻问题，协调好成家与立业之间的关系，既要履行好工作的职责，也要承担起家庭的责任。

（二）成年中期

进入 35 成年中期以后，人就进入了中年。从生理上看，人的体力有所下降，但下降幅度不大，平均损失最大体力的 10%；神经、精神活动力保持着比较稳定的状态，对情绪性刺激的反应不像成年早期那样剧烈，中枢神经系统的兴奋和抑制过程比较平衡；心、肝、肺、肾等重要脏器的功能处于良好状态，其他组织器官多已定型、健全；免疫力完善，抵抗力强，患病率低，在中年前期的表现尤为明显。因此，成年中期是人一生中发育成熟稳定、功能旺盛健全的时期，可谓年富力强时期。

从认知水平上看，人到 40 岁以后，感知敏锐度减弱，反应时间增长，但对客观事物的感知具有较高的精确性和概括性，这是未成年人所不具备的。中年人的机械记忆能力不如未成年人，但与知识和经验储备相关联的意义记忆则超过未成年人，这在中年前期尤其如此。就想象力而言，由于中年人积累了相当的社会、生活实践经验，接近联想、类似联想、对比联想、因果联想特别丰富，这些联想正是产生想象特别是创造性想象的基础。在思维能力方面，中年人的辩证逻辑思维能力有了进一步发展，判断比较、抽象概括、推理演绎、分析综合等能力均超过未成年人。

从社会化发展方面看，中年人在工作、生活的各个方面都体现出强烈的责任感，个体身心发展和社会适应力、创造力的全面成熟，使成年中期成为发挥人的全部潜能的黄金时期。他们能客观认识、评价自我，选择适应社会环境的社会角色，并通过自己的努力，或已实现，或正在实现成年早期的愿望和目标，又在新的人生目标和愿望激励下，进一步向前发展。所有这些都使中年人开拓了更为广阔的生活、工作领域，积累了更多的社会经验。这些经验成为中年人处理人与社会关系，确立正确的道德观念，协调复杂的社会关系的宝贵资源。

总之，成年中期是人一生中的重要时期，它不仅是个体对社会影响最大的时期，也是社会向个体要求最多且最高的时期，夏埃将成年中期的此种特点总结为"创造与责任"[21]44。根据个体内在的生理、心理变化，社会的要求、期待和压力，以及个体的价值观、人生抱负、态度倾向等，成年中期的发展任务主要有：

1. 提升自主创新能力

成年中期，个体的创造能力处于人生的黄金时期，这是由成年中期个体的认知创造水平、社会发展要求及期待所决定的。因此，成年中期个体要勇于、善于创造实践，不断提升创造才能和创新意识，掌握正确的创造规律、途径和方法等。

2. 提升知识迁移能力

中年前期，个体的创造能力处于最佳状态，其目标可专注于纵向创造，即向本专业（学科）的纵深探索。中年后期，个体的创造力开始下降，但实践经验更为丰富，知识面更加宽广，可以进行横向创造，即从专业（学科）的交叉、整合上进行创造。当然，成年中期这种阶段性的发展任务并非绝对的、机械的，无论是中年前期还是后期，知识的纵深探索和横向迁移能力都是非常重要的。

3. 提升身心调节能力

成人中期尤其是中年后期，是各种矛盾集中爆发的时期。不仅在心理上要渡过创造力停滞所造成的"中年危机"，特别是中年女性还面临着更年期的"生理转弯"。因此，这一时期的成人个体需要有比较强的身心调节能力，尤其是要处理好创造力停滞感所带来的一系列心理问题。

4. 提升矛盾协调能力

成年中期，成人个体承担着繁重的任务，是人的自我发展与社会要求交互作用最为频繁的阶段，是各种矛盾集中爆发的时期。诸如工作与健康的矛盾、工作与家庭的矛盾、工作与学习的矛盾等等，均需成人个体学会妥善解决。

（三）成年晚期

成年晚期亦称老年期。从生理变化来说，人到成年晚期，其生理功能存在不可逆转的衰退，但衰退的程度和速度因人而异，与遗传因素、保健状况相关，更与个体进入老年期的发展水平有关。也就是说，老年人常见的种种衰老现象并非单纯由生理因素所致，而是与后天从生理到心理，从物质到精神，从社会到家庭等许多因素失调密切相关。自然赋予人的生命力，即使到了成年晚期，还有潜力可供发掘。

从认知发展方面来看，成年晚期的感知和记忆等能力不断下降，而高级的认识活动和智力变化，情况则比较复杂，尚不能笼统地断言"年老智衰"。此外，在情感情绪方面，老年人已经形成了比较稳固的价值观以及较强的自制能力，其情感体验深刻而持久，一般不会因外界因素的影响而发生起伏波动，情绪状态比较稳定，变异性较为少见。不过，到了成年晚期，一些人也比较容易产生消极情绪，常见的有衰老感、寂寞感、忧郁感乃至恐惧感等。

从社会化发展方面来看，首先，老年个体的最大变化是退出职场，丧失了作为其主要社会角色并依赖此社会角色取得社会认可的工作职责，由社会的中坚力量变为需要社会保护的对象。其次，老年个体的另一变化是丧偶，失去最亲密的家庭配偶。这些变化对于老年人的身心带来极大的冲击，使成年晚期成为人生中一个更为艰难的转折期。

人的衰老现象，包括生理的、社会方面的因素，都是生命发展的必然，但这并不意味着生活意义的丧失。人到老年晚期，凭借着几十年的人生阅历，取得了丰富的人生经验，成熟是老年人的典型特征。老年人在社会发展和人类进步中还能起到自己独特的作用，他们同样是社会的宝贵财富。老年人发展的主要课题是：

1. 重新定位社会角色和自我期望

人进入成年晚期，生理、心理和社会化等方面均处于急剧变化时期。老年人尽管具有"成熟"的优势，参与能力还保持在一定水平上，但毕竟体力、精力不足，认知能力与创造能力渐趋衰退，这是人类生命的自然规律，不以人们主观意志为转移。与此相应的是，社会角色由在岗转为退（离）休人员，有的还从科技带头人或领导岗位上退下来；家庭角色由父母变为祖父母，由承担家庭主要收入者变为家庭辅助收入者，等等。由于个体在成年晚期的角色改变，人们对老年人的角色期望也发生变化。如果老年人仍以原来角色的思维和行为惯性行事，显然难以持续发展。因此，老年人要遵循老年的身心特点，顺应社会角色期待的变化，重新定位社会角色和自我期望。

2. 以自身完善来应对生活寂寞

人到老年，参与社会活动的机会减少，特别是周围亲友相继离去，往往产生孤独、寂寞等消极情绪。成功经验表明，若老年人能制定恰当的成年晚期生涯设计，始终保持健康的身心修养，以继续学习来丰富生活，加强自我完善，是能够克服成年晚期的种种变化带来的消极情绪的，此即夏埃所说的"重塑完美与绝望"。

3. 以自我超越来克服生命恐惧

人进入老年特别是高龄老年阶段，不可避免地出现生理机能衰老，不可避免地走向生命终结，由此，老年人往往过于关注自我，产生恐惧、绝望等消极情绪。对此，老年人要以健康的人生观和价值观，再探索和再认识生命的意义和目的，以超越自我来克服生命恐惧，以积极的人生姿态度过成年晚期。

第三节　成人学习能力

成人能够学习，成人教育才得以成立，成人才能够实现发展。关于"学习能力"，《成人教育大辞典》如此定义："学习能力是指顺利完成学习活动所必备的个性心理特征，它是一种极其重要的能力。许多人甚至把学习能力作为智力的同位语。"[22] 高志敏在总结前人理论的基础上认为："学习能力是指人获得知识和技能时心理内部的智力活动特征，是由知识、智力、学习方法等多种因素相互作用的结果。"[23] 上述学习能力的定义凸显了智力因素的重要作用，但成人发展与儿童发展具有不同的特征，本节重点介绍与成人学习能力相关的年龄、智力以及其他非理性因素。

一、年龄因素

人进入成年，机体各方面的结构和功能不断趋向成熟，但中年以后开始衰变退化。这时的成人学习能力如何？具有怎样的学习特点？传统观念倾向于认为，成人不是"受教育者"，学习是儿童的专利，成人已不具备支持持续学习的生理特质。19世纪美国著名心理学家詹姆斯（William James）曾断言："人至25岁，纯粹之好奇心已衰退，神经之通道已固定，同化之能力已消灭，学习新观念，非常困难。"心理学家霍林胡士则笼统地认为："就大概而言，似乎成人以后，年龄愈高，学习之能力愈低。"[24]2-3 这些观点，同20世纪以来科技及经济发展对成人教育的要求是相互抵牾的，这促使人们从20世纪二三十年代开始加紧对成人学习能力进行研究。

1928年，美国心理学家桑代克（E. L. Thorndike）出版《成人的学习》（*Adult Learning*）一书，开启了成人学习能力研究的先河。他与其同事选择一组14—50岁的人作为测试对象，通过大量的实验和研究，绘制并验证了成人学习能力与年龄的关系曲线（见图2-1），得出三个重要结论：（1）人的学习能力大约在20—25岁左右达到顶峰；（2）在25—45岁之间，学习能力以每年大约1%的比例缓慢下降，但仍高于儿童期和青年早期；（3）不同智力的人的学习能力与年龄关系曲线高低不同，但形状相似。他由此总结："学习之能量，永不停止，成人的可塑性或可教性仍很大，25岁以后仍可继续学习。"[24]2

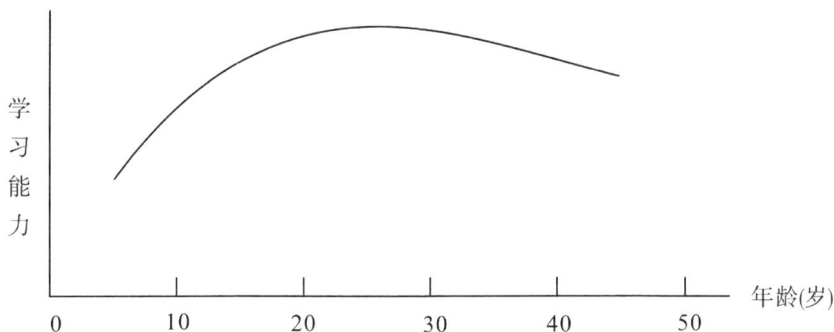

图 1-1 桑代克年龄与学习能力曲线

桑代克的研究成果打破了传统观念与偏见，为成人是否具备学习能力做出了回答，并为成人学习能力领域的研究奠定了科学基础，被誉为"成人教育史上最伟大的时刻"。基德（J. R. Kidd）总结了桑代克成人学习能力研究的两点贡献，一是他把成人学习能力显著降低的年龄从 20 岁延长到 45 岁；二是他的研究引起学者在成人学习方面摒弃了传统的观念和定式。[25]154-155继桑代克之后，大量学者采用横向测试方法，对成人学习能力随着年龄增长产生的变化展开深入研究，结果发现成人学习能力的高峰期和衰退期比桑代克的结论还要晚若干年。1933 年，琼斯和康拉德（A. E. Jones & A. S. Conrad）通过相关测试发现，人在 21 岁以前，智力（琼斯和康拉德界定为学习能力）的曲线是上升的，21—60 岁呈缓慢下降的状态。1939 年，韦克斯勒（D. Wechsler）运用量表调查发现，人的智力在 20—24 岁达到顶峰，以后逐渐衰退。1955 年，他又将成人智力的顶峰改为 25—29 岁，以后随着年龄的增加，智力的衰退也缓慢得多。

但是，同时期纵向研究所得的结果，使一些学者对桑代克及韦克斯勒等人的横向研究结论产生怀疑。1955 年，洛基（I. Lorge）指出，由于年龄增加而使成人的反应速度减慢，但这不是学习能力的衰退。[26]普列西（S. L. Pressey）也指出用来测量成人学习能力的测验存在文化偏见（culture bias），测验的内容有利于学校中的年轻人，而忽视了成人发展中的文化移入问题。[27]尽管对于研究结果存在争议，但上述学者均认可年龄不是学习的障碍，即他们都肯定了成人仍有学习能力。后来的智力测试结果表明，人的学习能力在 30 岁以前是上升的，学习能力的停滞或下降只是个别现象而并非普遍规律。30—50 岁是平稳的高原期，学习能力平稳发展，也是成人学习的大好时机。50 岁以后学习能力开始衰退，但衰退速度比较缓慢。1991 年，梅里安和凯弗瑞拉（S. B. Merriam & R. S. Caffarella）将人的生理功能衰退推至 60—70 岁，同时认为这种衰退的性质对人的学习能力的实质影响仍不为人所知。[25]167这些研究成果，是终身教育的前提和基础。

　　成人学习能力在 30 岁左右达到或进入顶峰时期，这在脑生理学上也有一定的科学依据。人的神经系统的发育，虽然在 20 岁左右大体完成，但大脑额叶和颞叶的脑细胞发育较为迟缓，在发育尚未完成时，不能说学习能力已经达到了顶点。因此，把学习能力的顶点，由原先认为的 20 岁左右，推迟 10 年至 30 岁左右，是有科学依据的。

二、智力因素

　　尽管众多学者的研究支持了成人学习能力，有关成人学习能力随着年龄增长的变化研究仍在继续，并一直充满争议。这种争议在很大程度上源于人们对"智力"问题的不同认识。传统观点认为智力是解释各种能力表现的笼统概念，以后的观点则认为智力是一个内部包含多种要素的整体。

　　1942 年，麦尔斯（W. R. Miles）将智力分为知觉、记忆、比较和判断、动作及反应能力四类，并从智力和年龄的关系出发，以同一团体的成员及其家属作为研究对象，对智力所包含的上述四种因素进行了比较性测试（见表 1-5）。

表 1-5　麦尔斯智力和年龄的关系表

	10—17 岁	18—29 岁	30—49 岁	50—69 岁	70—89 岁
知觉	100	95	93	76	46
记忆	95	100	92	83	55
比较和判断	72	90	100	87	67
动作及反应速度	88	100	97	92	71
总计分值	385	388	382	338	239

　　麦尔斯通过测试发现，30 和 40 岁年龄段的成人，记忆虽有所降低，但与青少年相差不大，而比较、判断等理解能力却达到了顶峰，且四方面的综合分值和青少年不相上下，学习能力仍然比较强。

　　在对成人智力所包含的各种能力测试中，采用心理计量的取向最为令人瞩目，其探讨的重点在于基本心理能力（Primary Mental Abilities）和次级心理能力（Second-Order Mental Abilities）。1938 年，塞斯通（L. Thurstone）提出基本心理能力的概念。他认为人的智力包括七种基本心理能力：语文理解、语词流畅、数字运算、空间关系、知觉速度、机械记忆及一般推理等。这一理论经过几十年的发展，至 1997 年已经被扩充为二十余种能力。[28] 关于基本心理能力与年龄变化关系的探讨，最著名的当属夏埃的研究成果。自 1956 年开始，夏埃根据五种主要心理能力，对西雅图的 162 名成人进行了 40 年的纵向追踪测试。研究结果显示，到了 60 岁，几乎所有测试者仅在一种能力上产生明显衰退，只有少部分人有四或五种能力衰退的情形；即使到了 80 岁，也同样如此（见图 2-2）。[29]

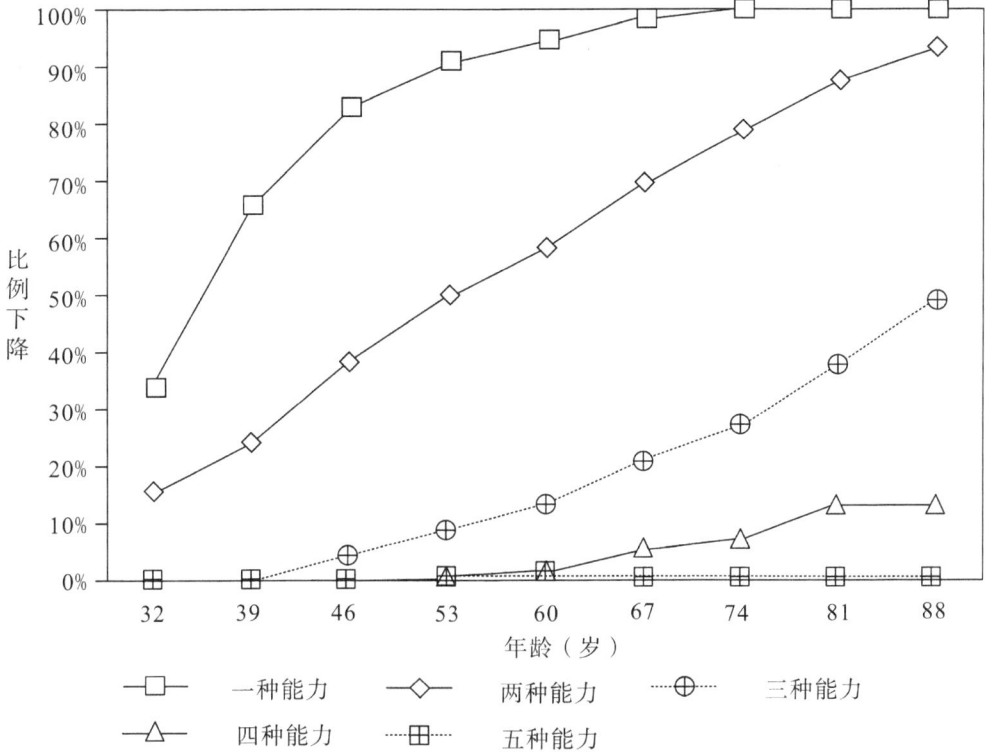

图 1-2 夏埃各阶段年龄基本心理能力衰退比例累积图

关于次级心理能力，主要成果是对晶体智力（Crystallized Intelligence）与流体智力（Fluid Intelligence）的相关研究。1963 年，卡特尔（R. B. Cattell）提出流体智力与晶体智力的概念，霍恩（J. Horn）先后于 1970 年和 1980 年两次对其进行修正、完善，使其成为测试成人智力的主要概念。流体智力是建立在神经生物学基础上受先天遗传因素影响较大的智力成分，主要表现在对于新事物的快速反应能力，这种能力可以"流向"并影响几乎所有的智力活动；晶体智力则是指受后天社会、文化因素影响较大的智力成分，与知识、经验积累有关，是后天知识、经验的"结晶"。两种智力的汇合，构成一个人的学习能力。在测试时，流体智力是有速度要求的，而晶体智力多数情况下与速度无关。研究者大多认同流体智力在青少年早期达到顶峰，30 岁以后随年龄的增长而降低；而晶体智力不因年龄增长而降低，在成人时期或保持不变，或因后天知识、经验的积累而有所加强（见

图 1-3)。

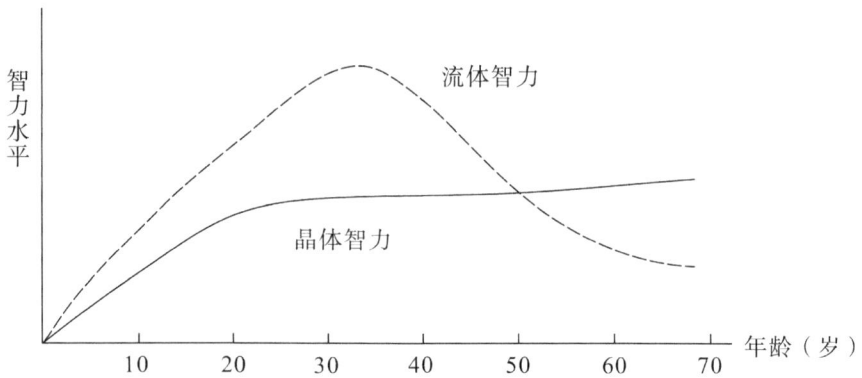

图 1-3　流体智力与晶体智力图

　　成人学习者进入中年以后，可以通过不断提升晶体智力来弥补流体智力的下降，使学习能力始终保持在一个平稳的"高原期"，让人生中的 30—50 岁成为创造活动的黄金时期。由于晶体智力是完全依赖于社会和文化因素，通过学习和社会实践而获得的抽象思维能力，文化移入可使一个人的晶体智力曲线几乎终生呈上升趋势。而两种智力的相加曲线，如若没有晶体智力来弥补流体智力的降低，一个人的学习能力不可能在 30—50 岁保持平稳的发展趋势。无疑，文化移入大大推迟了成人学习能力开始下降的年龄（见图 1-4）。

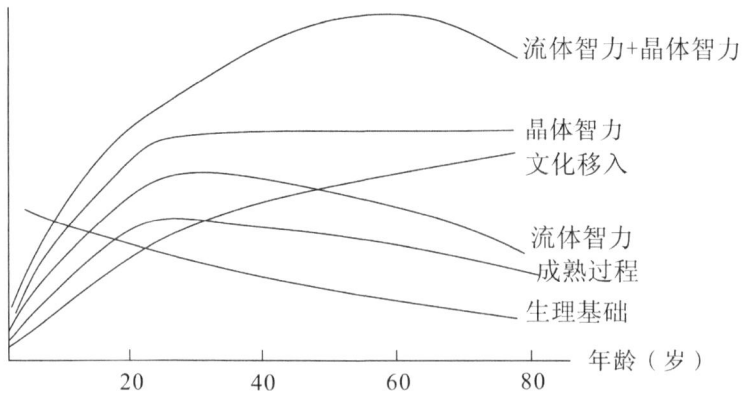

图 1-4　流体智力与晶体智力有关变量与年龄趋势图

　　以上研究表明，文化与教育因素对学习能力的发展起着重要作用。随着年龄的增长，人的机械记忆能力减退，但理解能力增强。加之成人的知识和经验日益累积，吸收新知识的能力不断提高，理解记忆能力、思维能力、想象能力、比较能力、抽象概括能力等都比青少年强，长于把握事物的本质和内在联系。因此，勤于、善于思考者将会终生保持很高的学习能力。

除了心理计量的取向，以后的学者从认知心理学观点出发，在智力理论研究领域关注多因素智力构成。1983 年，加登纳（H. Gardner）提出多元智能理论（Theory of Multiple Intelligences），他认为不存在单纯的某种智力，每个人至少具备七种智能：语词智能、数学-逻辑智能、音乐智能、空间智能、身体动觉智能、内省智能和人际智能，后来他又添加了自然智能（见图 1-5）。[30]个体在某些领域可能具有较高的智能水平，但其他方面的智能水平有可能相对较低，每个人都可以用自己的方式来发掘各自的才智。

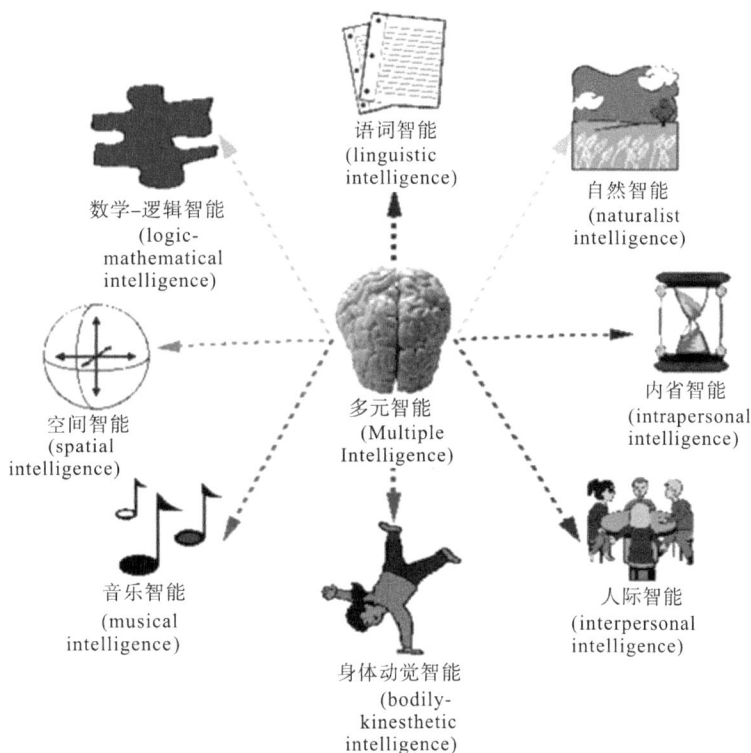

图 1-5 加登纳认知结构和智能

1985 年，斯滕伯格（R. J. Sternberg）提出智力三元论（Triarchic Theory of Intelligence），这也是一种多元智力理论，包括三种智力亚理论：智力成分亚理论、智力经验亚理论、智力情境亚理论。[31]他认为，一个完备的智力理论必须说明智力的内在成分，这些智力成分与经验的关系以及智力成分的外部环境作用。斯滕伯格智力理论的意义在于，他肯定了与实际情境紧密联系的情境智力，认为其与书本学习和应试能力相联系的成分智力同等重要。

1996 年，戈尔曼（D. Goleman）从情绪角度出发，提出情绪智力理论，这一理论拓展了传统的智力观。他认为人类有两种不同的认知方式——理性智力和情绪智力，这两种认知方式在很大程度上是相互关联并协调在一起，而情绪智力是人在生活中获得成功的主要决定因素。戈尔曼还描述了情绪智力的五个主要方面：认识自我情绪，管理自我情绪，调动自我情绪，识别他人情绪和调控他人情绪。[32]

总体上看，当智力被定义为一元时，人们趋向于认为智力随着年龄的增长而衰落这一事实，尽管对衰落的年龄点和衰落速度通常是有不同看法的；而当智力被定义为多元构成时，有的观点认为人的学习能力总体上保持不变，而有的观点认为人的部分能力会随着年龄的增长而衰落，有的能力则保持稳定甚至有所加强。

三、非理性因素

上述基本心理能力和次级心理能力的研究表明，在整个成人期中，个体在二者的发展上均具有个体差异性，但年龄本身并不是构成个体之间这种发展差异的主要原因，还有其他的个人和情境的因素牵涉其中。

20 世纪 40 年代，人们开始打破心理学和教育心理学的框架限制，更多地从学习情境而不是智力结构的因素来考察成人学习。至 20 世纪 90 年代，成人教育学过分聚焦于个体自治行为的心理学研究倾向受到严厉批评。普瑞特（D. D. Pratt）曾预测诺尔斯的成人教育学理论以个体自由和行为主体为出发点，排除了社会情境和历史脉络的影响，这会引发关于行为主体与社会结构之间紧张冲突的"拉锯战"。[33]此后，非理性学习因素对成人学习的影响受到关注，这一时期成人学习的研究以学习理论的建构和发展为特点。朗（H. B. Long）曾批评麦基罗（J. Mezirow）在建构成人转化学习理论时忽略了社会情境等因素对成人学习的影响。后来，麦基罗承认了这些因素的重要性，他指出："学习是发生在真实世界中的，它有着复杂的机构性、人际性和历史性背景。我们必须把学习放在文化导向的背景下来理解它，要把这些文化导向因素包括在影响因素的框架里。"[34]同时他也接受了泰勒（E. W. Tayler）的观点，强调行为主体与社会结构之间认知冲突的解决会导致转化学习的发生。而传统的精神分析学派则对此予以否认，他们认为解决心理冲突才是转化学习的关键，且知识并不是通过批判性反思获得，而是通过象征或符号获得。[35]

非正式与偶发学习模式也突显了文化与情境的作用。凯伦汉（M. H. W. Callahan）通过研究发现，非正式和偶发学习与许多文化和情境中的实践相关联，如公共和私人部门、医院和保健机构、大专院校、中小学、专业协会、博物馆、宗教组织、家庭与社区。她认为，"搭桥"学习（受不同文化熏陶和情境影响的人的相互学习）可以帮助不同背景的人们相互理解，并更有效地一起工作。所以可以通过为成人提供交流和互动的机会，激发学习者的学习热情，并使他们从相互学习技术和知识并转化为运用。[36]此外，基于情境的成人学习理论在这一时期也得到发展。梅里安与凯弗瑞拉认为，学习不能简单地被视为一个传递抽象的、去情境化的知识的过程；成人学习不是在真空中进行的，总是处在某种情境之中，是一个社会性的过程，知识在这个过程中是由学习情境中的背景、工具、文化共同建构的。因此，学习情境的创设致力于解决传统学校学习的去情境化的顽疾。基于情境的成人学习理论经过认知学徒制和实践性社群的理论补充与整合后不断得以完善。[37]43-50

在影响成人学习的非理性因素中，情感、情绪、想象等因素也不再仅仅涉及成人学习的动机方面，它们越来越在标志着成人学习特征的情境、人际互动及其相互关系中体现出重要性。1993年，珀丝特尔（D. Postle）指出："情感、情绪维度为学习的实践、理论和想象方面提供了基础。"[37]68传统观点认为，情绪与情感与人感知和处理从外部世界来的信息的过程，与人向记忆存储和提取信息的过程，以及与推理和学习的具体化过程都是紧密地相互联系着的。但最新的研究表明，情感、情绪、想象等非理性因素，也在帮助成人通过学习实现深刻而重大转化过程中发挥作用。因此，应该在成人学习研究中赋予这些因素应有的地位，把它们作为新的认知模式加以研究。

可见，很难找到一个理论来概括所有的成人学习现象。除了年龄、智力等因素外，成人学习的发展还受到学习经验、文化教育水平、个性心理倾向、生活情境、情绪、情感、健康状况以及社会职业等因素的影响。它们虽不直接构成成人的学习能力，但成人学习过程中诸多问题却是由这些因素引起的，从而对成人学习能力的变化和发展产生影响。因此，成人的学习能力是由综合因素决定的，其中任何一项内容并没有"一票否决权"。

参考文献

［1］BOWN L, OKEDARA J T. An introduction to the study of adult education：A multidisciplinary and cross-cultural approach for developing countries ［M］. Ibadan：University Press Limited，1981.

［2］PERLMUTTER M, HALL E. Adult development and aging ［M］. New York：John Wiley & Sons，1985.

［3］LEGGE D. The education of adults in britain ［M］. England：The Open University Press，1982.

［4］ HIEMSTRA R. The older adult and learning ［M］. Lincoln：University of Nebraska，1975.

［5］ NATIONAL ADVISORY COUNCIL ON ADULT EDUCATION（NACAE）. Terms，definitions，organizations and councils associated with adult learning ［M］. Superintendent of Documents，U. S. Government Printing Office，Washington，DC 20402，1980：3.

［6］ 达肯沃尔德，梅里安. 成人教育：实践的基础 ［M］. 刘宪之，蔺延梓，刘海鹏，译. 北京：教育科学出版社，1986.

［7］ 关世雄. 成人教育辞典 ［M］. 北京：职工教育出版社，1990.

［8］ 陈明欣. 成人教育学 ［M］. 东营：石油大学出版社，1995：20-23.

［9］ MORGAN B H，et al. Methods in education，2nd ed ［M］. New York：Inter State Printers and Publishers，Inc，1975.

［10］ BERGEVION P E. A philosophy for adult education ［M］. New York：Seabury Press，1967.

［11］ 黄富顺. 成人教育导论 ［M］. 台北：五南图书有限公司，2000：93.

［12］ 联合国教科文组织国际教育发展委员会. 学会生存：教育世界的今天和明天 ［M］. 华东师范大学比较教育研究所，译. 北京：职工教育出版社，1989：247.

［13］ 王茂荣，朱仙顺. 成人教育学基础 ［M］. 北京：职工教育出版社，1988：37.

［14］ 叶忠海. 成人教育学通论 ［M］. 上海：上海科技教育出版社，1997：22.

［15］ 埃里克森. 同一性：青少年与危机 ［M］. 孙名之，译. 杭州：浙江教育出版社，1998.

［16］ 诺尔斯. 现代成人教育实践 ［M］. 蔺延梓，译. 北京：人民教育出版社，1989：41.

［17］ 卢文格. 自我的发展 ［M］. 韦子木，译. 杭州：浙江教育出版社，1998：16-23.

［18］ LEVINSON D J，et al. The seasons of a mans' life ［M］. New York：Knopf，1978：48.

［19］ HAVIGHUEST R J，CHICKERING A W. The life circle ［M］ // CHICKERING A W. The modern American college. San Francisco：Jossey-Bass，1981：16-50.

［20］ 叶忠海. 现代成人教育学原理 ［M］. 北京：中国人民大学出版社，2015：

91，100，112.

［21］夏埃，威里斯. 成人发展与老龄化［M］. 乐国安，韩威，周静，译. 上海：华东师范大学出版社，2003.

［22］齐高岱，赵世平. 成人教育大辞典［M］. 青岛：石油大学出版社，2000：104.

［23］高志敏. 成人教育心理学［M］. 上海：上海科技教育出版社，1998：50.

［24］桑代克. 成人的学习［M］. 杜佐周，朱君毅，译. 上海：商务印书馆，1933：2.

［25］梅里安，凯弗瑞拉. 成人学习的综合研究与实践指导（第 2 版）［M］. 黄健，张永，魏光丽，译. 北京：中国人民大学出版社，2011：154-155.

［26］LORGE I. Capacities of old adults［M］// Donahue D W. Education for later maturity. New York：Whiteside, 1955：36-59.

［27］PRESSEY S L. Major problems--and the major problem--motivation, learning and education in the later years［M］// ANDERSON J E. Psychological aspects of aging. Washington D C：American Psychological Association, 1955：195-200.

［28］CAVANAUGH J C. Adult development and aging［M］. Pacific Grove：Brooks/Cole Publishing Company, 1997：239.

［29］SCHAIE K W. Intellectual development in adulthood［M］// BIRREN J E, SCHAIE K W. Handbook of the psychology of aging. San Diego：Academic Press, 1996：266-286.

［30］加登纳. 智能的结构［M］. 兰金仁，译. 北京：光明日报出版社，1990：69.

［31］STERNBERG R J. BEYOND I. Q.：A triarchic theory of human intelligence［M］. Cambridge, UK：Cambridge University Press, 1985.

［32］GOLEMAN D. Emotional intelligence［M］. New York：Bantam Dell Pub Group, 1996.

［33］PRATT D D. Andragogy after twenty-five years［J］. New Directions for Adult & Continuing Education, 1993 (57)：15-23.

［34］MEZIROW J. Learning to think like an adult：Core concepts of transformation theory［M］// MEZIROW J & ASSOCIATES. Learning as transformation：Critical perspectives on a theory in progress. San Francisco：Jossey-Bass, 2000：3-33.

［35］DIRKX J M. Transformative learning theory in the practice of adult education：

An overview [J]. PAACE Journal of Lifelong Learning, 1998 (7): 1-14.

[36] CALLAHAN M H W. Case study of an advanced technology business incubator as a learning environment [D]. Unpublished doctoral dissertation, The University of Georgia, Athens, 1999.

[37] MERRIAM S B. The new update on adult learning theory [M]. San Francisco: Jossey-Bass, 2001.

第二章
成人教育参与论

成人教育的参与问题，是对成人发展与教育的进一步认识，包括成人参与教育活动的动机和障碍，解释和预测成人教育参与的理论模型等。探究成人教育参与问题，可以了解成人的教育需求和实际参与情况，不仅对成人教育整个领域有极大贡献，也对开发适应成人潜在教育动机的项目和活动非常重要。

第一节　成人教育参与动机

早期的成人教育参与主要是一种自发性活动，而非国际组织和各国政府自上而下推动的全民参与活动。成人身兼多重角色和责任，他们中的一些人选择参与教育活动的动机，是开展成人教育活动的前提。成人参与教育的动机，是指引起成人个体参与教育，维持并推动成人学习活动，促使学习活动朝向预期目标前进的动因。了解成人参与教育的动机，可以帮助我们进一步认识成人教育活动。

一、成人参与教育动机取向

早在 1926 年，林德曼就对成人参与教育的动机提出假设："当学习满足其经验需求与兴趣时，成人便具备学习的动力，这恰好成了组织成人学习活动的出发点。"[1] 1959 年，基德指出："年龄并不是阻碍学习的主要因素，任何年龄的人都可以学习，动机是成人学习能否获得成功的关键因素。"[2] 从 20 世纪 60 年代开始，随着各国经济与科技的迅猛发展，成人产生了更多的教育需要。人们认为成人参与教育的动机源于各种学习需要，这种需要既有来自社会的客观要求引起的学习意向、愿望或兴趣等因素，也有来自成人的个性心理或自我要求。而采用的研究方法主要有两种，一是归类分析法，即根据相同的情况把所有被调查对象分为不同的类别；二是因素分析法，即将有关量表项目集合在一起产生单项独立的类型。

（一）霍尔的三种参与动机导向

1961年，美国著名成人教育学者霍尔（C. O. Houle）的《探索的头脑》（*The Inquiring Mind*）一书出版，推动着成人参与教育动机分类体系的研究。1960年，霍尔通过与芝加哥22名（其中男性12位，女性10位）主动接受成人教育的学习者进行深入访谈后，发现受访成人的动机可分为目标导向（Goal-Oriented）、活动导向（Activity-Oriented）和学习导向（Learning-Oriented）三个子群。目标导向者将受教育作为实现特定目标的重要手段；活动导向者参与教育主要是基于教育环境的意义，与活动目的或内容无甚关系；学习导向者则单纯为求知而参与教育。[3]通过这种划分，霍尔认为成人参与教育的动机大不相同。目标导向者可能一生都在不断地接受教育，但追求的目标不止一个；活动导向者对受教育目的或内容不感兴趣，参与动机是出于人际交往；学习导向者认为接受教育是一种需要，他们是终身学习的实践者。

霍尔的研究样本很小，且缺乏实证性分析，仅凭借经验和判断，没有运用已有的动机理论，也没有理论假设。但这项研究影响重大，带动了其他学者的一系列探究，达肯沃尔德和梅里安甚至认为，"大多数以后的研究工作企图对霍尔的基本观点进行检验或补充"[4]179。不过，相对于霍尔的分类法，更多的学者采用的是量表和因素分析统计技术。

（二）谢菲尔德的五种参与动机取向

1964年，谢菲尔德（S. B. Sheffield）根据霍尔的分类法，邀请了26位成人教育学者和13位成人教育高级研究生各列举十项参与理由，剔除重复部分，得到99个理由，再根据10位教育学者的判断，将99个理由分别归入霍尔的三个动机类别中，每一类别各有16个项目，另加上10个不属于霍尔分类的项目，共得到58个参与理由。每个理由按重要程度列有五个选项，由此组成"继续学习取向指数"（Continuing Learning Orientation Index，CLOI）量表。他以此量表对美国八所大学二十个继续教育研习会的453名成人教育参与者进行调查。通过因素分析，他提出五种成人参与教育动机取向：

1. 学习取向（Learning Orientation）：为求知而接受教育，即受教育的目的在于追求知识。

2. 活动欲望取向（Desire-Activity Orientation）：基于教育环境中的人际交往或

社会关系而参与，与教育活动的内容或目的无关。

3. 个人目标取向（Personal-Goal Orientation）：接受教育是为了达成个人的目标，如取得文凭、资格或求得职业升迁。

4. 社会目标取向（Social-Goal Orientation）：接受教育是为了达成服务社会或社区的目标。

5. 活动需要取向（Need-Activity Orientation）：接受教育是为了追求所从事活动的意义，不在于人际交往或社会关系，也与教育活动的内容或目的无关。[5]

谢菲尔德的调查结果验证了霍尔的成人教育动机取向类型的存在，其中学习取向、活动欲望取向、个人目标取向与霍尔的分类基本相同，社会目标取向是指参与教育以服务于社会为目标，活动需要取向则是追求教育的意义，而非社交或活动目的。谢菲尔德研究的不足之处在于，他选取的 453 个研究样本来自一个相当同质化的团体，从中提取的动机取向，未必具有广泛的适用性。他开发的成人参与教育动机量表未说明各因素之间相互关系，也没有验证信度。

（三）伯杰斯的七种参与动机取向

伯杰斯（P. D. Burgess）的研究也是建立在霍尔的成人参与教育动机取向基础上的。1971 年，他根据以往的研究成果，假设成人参与教育的八种理由：求知欲望、达成个人目标、达成社会目标、参与社会活动、逃避其他活动或刺激、顺从要求、适应朋友、亲戚和社会的压力以及独自学习。继而从 300 位成人教育者、1000 位成人学习者及过往文献中搜集了 5773 个参与理由，经成人学习者和两组专家的判断，最后归纳出 70 个理由，由此组成"教育参与理由"（Reasons for Educational Participation，REP）的七点量表。以此量表，他对圣路易斯的 1046 位成人教育参与者进行调查，经过因素分析，提出七种成人参与教育动机取向：获取知识的欲望、达成个人目标的欲望、达成社会目标的欲望、达成宗教目标的欲望、逃避的欲望、参与社会活动的欲望及顺从外界要求的欲望。[6]

伯杰斯提出的获取知识的欲望、达成个人目标的欲望、达成社会目标的欲望、逃避的欲望、参与社会活动的欲望等五个动机取向，分别与谢菲尔德的学习取向、个人目标取向、社会目标取向、活动需要取向、活动欲望取向相对应。而达成宗教目标的欲望及顺从外界要求的欲望，则是谢菲尔德没有提出的动机取向。尤其是达成宗教目标的欲望，伯杰斯认为这是一个促使成人参与学习的新的影响因素。但布谢尔对此持反对意见，认为这一动机取向是错误的，且毫无意义。在后继的相关研究中，达成宗教目标的欲望这一因素也未获得支持。

（四）布谢尔的参与动机研究

布谢尔（R. Boshier）对成人学习动机的研究更为完善。1971 年，他在霍尔和谢菲尔德研究的基础上，选取了 48 个理由，组成"教育参与量表"（Educational Participation Scale，EPS）。继而从新西兰惠灵顿高中夜间部、维多利亚大学推广部及惠灵顿工人教育协会等机构举办的继续教育活动中随机抽取 233 位成人学习者作为样本，从这些受试者的测试资料中找出 14 个因素，再经第二次的验证，检验了 14 个因素之间的交互关系，得出四个三级因素，包括：（1）有关工作进展的外在导向因素（Other-Directed Advancement）；（2）学习取向（Learning Orientation）；（3）自我对他人中心（Self Versus Other-Centeredness）；（4）社交接触（Social Contact）。[7]布谢尔认为这个研究结论与霍尔的分类研究结果不尽相同。

1977 年，他又用"教育参与量表"对在加拿大两所高中学生及不列颠哥伦比亚大学继续教育中心参与夜间非学分课程的 242 位成人学习者进行研究，得出五个因素：逃避或刺激、职业进展、社交兴趣、外界期待、求知兴趣。[8]1978 年，布谢尔重新修订了"教育参与量表"，制订出包括 40 项内容的五点量表，并以来自世界各地的 12191 名成人学习者为对象，经过因素分析，得出成人参与教育的六个因素，即社交接触、社会刺激、职业进展、社会服务、外界期待及认知兴趣。[9]

布谢尔认为成人参与教育的动机既源于成人的内在需求，也来自外部需求，他的研究是对霍尔的学习动机导向理论的验证、修订与补充。由于其"教育参与量表"说明了信度验证的结果，被认为具有相当的可靠性，后来被美国、加拿大等国学者相继采用。随着成人学习逐渐面向特殊群体，"教育参与量表"不断得以完善并广为使用。1978 年，布谢尔将量表中的职业因素剔除，制订出 35 个项目的量表，对加拿大温哥华 60 岁以上的老年学习者进行研究，得出老年人参与教育的四个动机取向，即逃避或刺激、社会服务、社交接触及认知兴趣。1991 年，布谢尔又提出七因素分类体系，包括改善沟通、社会交往、教育准备、职业提升、家庭融合、社会刺激和认知兴趣。布谢尔研究的不足之处在于，其量表没有说明效度问题，也未能在不断发展之后运用动机理论加以解释。

二、成人参与教育动机的影响因素

成人参与教育的动机取向存在明显差异，有的倾向于职业进展，有的倾向于社交需求，有的倾向于认知兴趣等等。这些差异的形成，主要与个体的一系列内、外在因素有关，其中主要包括年龄、婚姻状况、教育程度、社会阶层以及个性心理倾向等。

（一）年龄因素

许多研究表明，年龄的不同是影响参与动机的重要因素。1973 年，美国教育测验服务社对全国 3910 名成人学习者的调查发现，18-24 岁年龄组的成人，其参与学习的动机主要是寻找工作、取得资格、文凭或学位；25-34 岁年龄组的成人则以成为称职的父母或配偶为主，但求知兴趣并不因年龄的增长而减少。1975 年，克罗斯（K. P. Cross）主持的一项全国性的调查研究表明，成人早期主要追求学历和文凭，为未来的工作建立基础；成人中期的兴趣在于职业晋升和维持家庭；成人晚期则注重社会知识的刺激、个人的满足以及闲暇利用等。[10] 1980 年，约瑟夫（H. J. Joseph）对 654 位参与大学部分时间制学分课程的成人学习者所进行的调查发现，"社会服务""认知兴趣"和"满足外界期望"的指向都随年龄而增加，而"教育补偿""获取文凭""职业晋升"等指向则随年龄而减少。[11] 总之，这些研究结果都表明，成人的学习动机指向随年龄增长而有所不同，年轻人偏向实用，其动机指向以获取文凭、取得资格、求得职业及职业进展为主；中年人倾向于职业晋升和社会、家庭关系的处理；老年人一般则以社交接触和打发闲暇为主。

（二）婚姻状况

在婚姻状况与动机指向关系研究中，一般均把受试者按已婚和未婚分成两大类，进而探讨两类成人在动机指向上的差异。1977 年，麦得森（D. H. Madsen）以在大学攻读学分课程的成人学习者为对象进行研究，这项成果改变了人们以往认为婚姻状况与动机指向无明显关系的说法。他发现，这些成人参与教育活动的动机共有 15 种之多，其中未婚者"逃避与刺激"的动机指向比率大大高于已婚者。[12] 朗（J. A. Long）和法拉基（M. Falaki）以布谢尔的"教育参与量表"为研究工具，分别对 429 位参与社区学院和成人教育中心学习的成人以及 60 位 17 岁以上成人的参与教育动机指向进行调查，发现婚姻状况与"外界期望""职业进展""逃避或刺激"和"求知兴趣"等四个参与教育动机指向有密切关系，其中尤以前两种为已婚者的主要动机指向。因为未婚者往往会为摆脱寂寞、孤独而参与教育活动，显示出"刺激或逃避"的倾向；而已婚者又往往受到配偶的支持与鼓励而参加学习，故其反应外界期望的指向显然多于未婚者。[13,14]

（三）教育程度

教育程度与学习动机有着密切关系。个体先前所受的教育年限越多，参与成人教育活动的兴趣也越高。由于成人学习者原有的教育程度各异，其参与学习活动的指向亦不相同。1972 年，美国全国教育测验服务社对 3910 位成人学习者所作的调查结果发现，大学毕业的成人参与教育的理由大都涉及增加与丰富知识，目标取向随正式教育程度的增高而减少。1973 年，斯坦利（U. Stanley）对 269 位自我导向学习者的动机取向进行研究，发现修习过大学课程的学习者大都倾向于"逃避或刺激"和"求知欲望"的指向。[15] 1980 年，戈夫南蒂（M. P. Governanti）利用布谢尔的"教育参与量表"对参与社区学院学习的 597 位 25 岁以上的成人学习者进行调查，发现"职业进展"与"外界期望"和教育程度呈负相关，即教育程度越低者，越强调"职业进展"和"外界期望"；而随着教育程度的提高，这两种指向则趋于淡化。[16] 总的说来，教育程度较高者，较倾向于"认知兴趣"和"社交接触"；而教育程度较低者，则较倾向于"职业进展""外界期望"和"教育补偿"。

（四）社会阶层

社会阶层（由职业水准、经济收入、家庭背景等一系列相关变量决定）对教育参与动机指向的影响比前三种因素更甚。多数学者认为社会阶层越高者，参与继续教育的可能性越大。1965 年，约翰斯通和瑞沃拉（J. W. C. Johnstone & R. J. Rivera）在对 23950 名参与教育的成人学习者进行调查后发现，社会阶层较低者参与教育活动的主要目的在于学习必需的生活技能，而"当一个人的社会阶层向上流动之后，学习的目的便不在于适应基本生活，通常转向较无生活压力的事情，如闲暇的充实等"[17]。除了约翰斯通和瑞沃拉以外，博特斯曼（P. B. Botsman）、卡普（A. Carp）、皮特森（R. E. Peterson）等人的研究也都表明，社会阶层越高者，其动机指向越倾向于一些非工具性目标，如"求知兴趣""社会服务"等；而社会阶层较低者，则较倾向于工具性目标或基于外界压力，如"职业进展""外界期望"等。

（五）个性心理倾向

自重感是判断个性心理倾向的一个重要标尺。高自重感者较为自信，对自己的能力与价值持肯定态度；而低自重感者容易产生自卑情绪，常常怀疑或否定自己的能力与价值。布谢尔等人的研究表明，高自重感者对自我持积极的态度，往往能主动地参与教育活动；而低自重感者，因其对自我缺乏信心，往往对参与教育活动持消极、退缩态度。同时，二者的参与动机取向亦不同，前者以"认知兴趣""社会服务"和"个人发展"等为主；后者则多为"逃避或刺激""外界期望"和"职业进展"等。

除上述五种因素外，个人的经济收入、居住地区以及性别等，也都是影响成人参与教育动机指向的重要因素。个人经济收入较高者偏向"社会服务"指向，而收入较低者则以"外界期望""逃避或刺激"及"教育补偿"为主；女性的"逃避或刺激""社会服务"和"认知兴趣"指向高于男性，而"职业进展"指向则低于男性；城市与农村由于教育资源利用或环境氛围上的差异，也会导致动机指向上的不同。总之，影响成人教育参与动机指向的因素是多样的，且各种因素之间还会互相发生作用。因此，探索成人教育参与动机指向的因素，需要对个体的内外在条件加以综合考量，才能做出比较准确的分析和解释。

第二节　成人教育参与障碍

除了成人参与教育的动机，了解成人参与教育的障碍也可以帮助我们认识成人教育活动。成人参与教育的障碍，是指成人出于各种动机，产生参与教育的意向后所面临的各种妨碍其接受教育的因素。这些障碍有的来自成人学习者自身，也有来自教育环境的因素。

一、成人参与教育障碍类型

一些学者对成人参与教育的障碍进行分类，归纳出若干种障碍类型。1966年，约翰斯通和瑞沃拉把十种潜在的教育参与障碍分为情境障碍和心理障碍。情境障碍或多或少从外部影响心理，或者说至少超出个人能力控制范围。1981年，克罗斯根据相关研究数据，在情境障碍和心理障碍之外又补充了机构障碍一类。1982年，达肯沃尔德和梅里安新增了第四类信息障碍。

（一）情境障碍

情境障碍是指某一特定时期个体参与教育所面临的物质和环境方面的障碍，最常见的有时间、家庭、费用、交通和工作责任导致的教育参与缺失。情境因素对成人参与教育的影响具有普遍性，是成人参与教育的障碍中最重要的因素。其中，时间和费用两项是在各类研究中提及最多的因素。

（二）心理障碍

心理障碍反映了个人的态度和自我评价，如成人个体关于接受教育的价值观、态度、信心、经验等方面造成的教育参与障碍，诸如信心不足、缺乏兴趣、畏难心理以及失败的教育经历等带来的负面心理影响，这些因素通常交互影响着成人参与教育。但是，调查成人参与教育的心理障碍，想要获得接近事实的信息往往比较困难，因为人们通常把不能参与教育的原因归诸外部因素，而回避来自个人的能力、兴趣和动机的问题。

（三）机构障碍

机构障碍是指教育机构的政策、程序、措施等妨碍成人参与教育或获得教育机会，最常见的因素有课程设计、教学师资、时间安排、学习条件等。机构障碍需要机构自身努力消除，才能促进成人参与教育，但要做到完全消除是相当困难的。

（四）信息障碍

信息障碍是指成人因缺乏获取信息的途径或手段，造成对教育活动的相关信息知之甚少，同时也反映出机构向潜在学习者提供成人教育信息时产生的问题。此类障碍以受教育程度较低及身处边远地区的成人反映较多。

二、成人参与教育障碍的影响因素

通过障碍因素来审视成人参与教育问题，可以为我们了解成人是否参与教育提供一个视角。但这个视角只能提供个体参与的事实，深层原因往往是复杂的。对此，下面从个人因素与社会因素两个方面进行分析。

（一）个人因素

1984年，达肯沃尔德与斯坎伦（C. S. Scanlan）在上述参与障碍分类体系之外，开发了一套成人参与教育障碍量表（Deterrents to Participation Scale，DPS）。与布谢尔的"教育参与量表"一样，达肯沃尔德与斯坎伦通过因素分析，得出成人未能参与教育的潜在原因，包括缺乏自信、缺少相关课程、时间限制、不注重个人发展、费用限制和个人问题（如抚养孩子、家庭问题和个人健康状况等）六类因素。1985年，达肯沃尔德和瓦伦丁（T. Valentine）又开发了参与障碍普适量表（DPS-G）。1990年，瓦伦丁和达肯沃尔德从参与障碍量表中衍生出成人未参与教育的分析，他们归结出成人未参与教育的五类因素：个人问题、缺乏信心、费用限制、对组织化教育活动缺乏兴趣、对教育机构所提供的课程缺乏兴趣。

（二）社会因素

对一部分成人来说，学习参与障碍通常是个人因素与社会因素相互作用的结果。正如鲁宾森（K. Rubenson）所说："只有当我们纳入结构性因素并分析这些因素与个体概念工具（Conceptual Apparatus）之间的关系时，才有可能做出某种解释。成人准备好学习还是存在障碍阻止其学习……这可以从社会过程与结构、制度过程与结构以及个体意识与活动等角度去理解。"[18]例如人们往往把造成信息障碍的主要原因归于机构没有为成人提供有关教育的信息，但事实并非如此。赫德克斯（J. Hedoux）的研究提供了个人因素与社会因素相互作用的例证，他认为信息障碍与成人所处的社会环境密切相关，成人很少参与社会文化生活也是造成信息障碍的主要原因。[19]豪尔和唐纳森（A. G. Hall & J. F. Donaldson）对低学历妇女未能参与教育的障碍因素进行研究，发现除了缺乏时间、信息以及家务繁重等传统障碍因素，妇女学习参与还存在"失语"等障碍，包括妇女感知自身的方式、自尊、自信以及自我表达方式等，这些都是妇女决定是否参与教育的重要因素。[20]

一些学者还专门针对成人参与教育障碍的社会变量因素进行研究。诺道（O. Nordhaug）对挪威成人参与教育问题的研究，即采用物质资源、城市人口密度等社会变量因素进行分析。[21]哈里森（D. D. Harrison）从阶级分析视角出发，对男性蓝领工人参与教育的障碍问题进行调查，发现种族与阶级是重要的变量因素。[22]贾维斯（P. Jarvis）的研究也为阶级分析提供了论据，即成人教育是由中产阶级组织的，所提供的知识包括语言和内容也都是属于中产阶级的。[23]凯迪（N. Keddie）的观点与之类似，认为成人参与教育的诸多问题其实是社会问题，成人教育工作者要致力于从社会地位较低的阶层中吸引更多的成人学习参与者。[24]

总之，从社会结构角度而不是单纯从个体需求、兴趣出发所做的研究，对成人参与教育的障碍问题提供了不同的解释，也为提高成人教育参与程度提供了不同的策略。如果个体兴趣和动机是影响成人参与教育的主要因素，那么成人教育的着眼点就在于满足成人所感知的各种学习需求，激发他们的学习动机；如果社会结构功能影响成人参与教育，那么成人教育则应聚焦社会问题，使其能促进成人参与教育。只有从个体心理和社会因素两个角度全面加以审视，才有可能找到关于成人参与教育问题的最有力解释。

第三节　成人教育参与理论

影响成人参与教育的心理或社会因素众多，且它们之间存在复杂的关系，是各种因素相互作用的结果。关于成人参与教育的问题，研究者提出了多种理论或模型，旨在解释和预测成人教育的参与情况。直至目前，尚没有一种理论或模型能够完全达到这个目标，但这些理论对成人参与教育问题做出了有益的探索。下面简要介绍几种成人教育参与理论或模型。

一、米勒的势力场理论

1967 年，米勒（H. L. Miler）提出势力场分析论（Force Field Analysis），这项成果以马斯洛（A. H. Maslow）的动机需要层次理论、勒温（K. Lewin）的积极势力和消极势力概念以及甘斯（H. Gans）的社会阶级论为基础，试图找出个人学习需求与社会结构和势力之间的关系。米勒发现，成人参与教育的愿望反映了自身的某些需求，而个人的需求来自其所处的社会结构和势力；如同物理学中的

"场"，社会势力（需要）的方向和总量决定着成人参与教育的动机力量强弱。当个人需要与社会需要都很强时，参与教育动机最强；当个人需要弱而社会需要强时，参与教育动机起初较强，之后会迅速下降；而当个人需要与社会需求都很弱时，则难以产生强烈的参与教育动机。[25]

此外，根据马斯洛需要层次理论，米勒假设来自社会经济较低阶层的成人参与教育的主要原因往往与职业相关，是为了获得基本的生活技能，对生存所需的职业能力、基础教育等需求强烈；而来自社会经济较高阶层的参与者则指向满足个人成就与自我实现的需要（见图2-1和2-2，箭头宽度表示势力大小）。因此，米勒认为成人教育很容易吸引社会经济较高阶层参加，因为积极势力经常呈现；但对于社会经济较低阶层的吸引力则比较薄弱，因为消极势力经常呈现。此外，米勒还指出需要层次理论也可用以解释成人参与教育的兴趣与年龄、发展周期之间的关系。成人前期着重于满足较低层次的需求，如获得工作机会和建立家庭；成人后期因这些需求已经得到满足，所以致力于地位、成就的追求和自我实现。

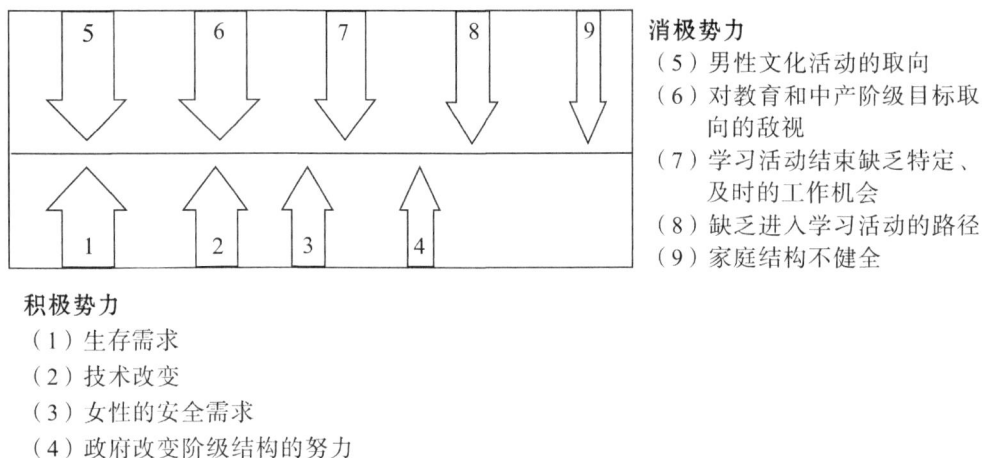

消极势力
（5）男性文化活动的取向
（6）对教育和中产阶级目标取向的敌视
（7）学习活动结束缺乏特定、及时的工作机会
（8）缺乏进入学习活动的路径
（9）家庭结构不健全

积极势力
（1）生存需求
（2）技术改变
（3）女性的安全需求
（4）政府改变阶级结构的努力

图2-1　米勒之社会经济较低阶层参与学习动机势力分析

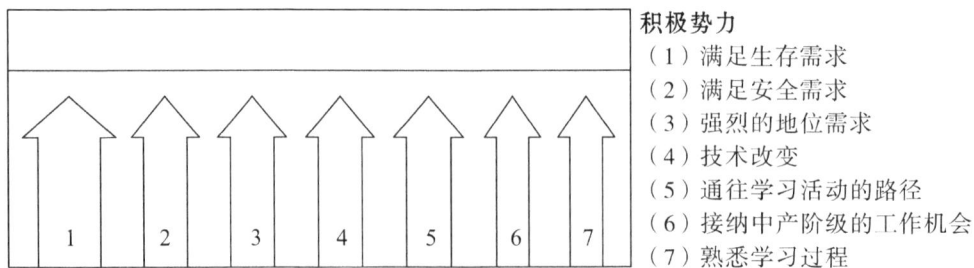

积极势力
（1）满足生存需求
（2）满足安全需求
（3）强烈的地位需求
（4）技术改变
（5）通往学习活动的路径
（6）接纳中产阶级的工作机会
（7）熟悉学习过程

图2-2　米勒之社会经济较高阶层参与学习动机势力分析

米勒的势力场分析论是最早关于成人教育参与问题的理论成果之一，为成人

参与教育问题的理论建构做出了初步尝试，其理论解释有其独特价值。朗（H. B. Long）指出米勒的势力场分析论的不足之处，一是这个分析论以马斯洛的需要层次论为理论基础，但这个理论的正确性还有待充分论证。二是米勒使用社会势力的概念来解释动机的强弱，朗认为社会势力极其复杂并且交互影响，米勒的模型只是一种线性模型，没有解释这些社会势力互相冲突会产生何种结果，也没有考虑到个人需求和社会势力之间的关系问题。

二、布谢尔的一致性模型

1971 年，布谢尔（R. Boshier）提出一致性模型（Congruence Model）。与米勒的势力场理论一样，一致性理论模型也是从个人心理因素与社会环境因素的相互作用解释成人参与教育的动机。布谢尔认为，成人参与教育的程度取决于学习者个人心理与社会、环境之间一致性的程度；而这种一致性程度又决定了教育参与水平的高低。当个人需要、兴趣、愿望与社会、环境之间形成良好的一致性时，学习者与社会、环境都会得到某种程度的满足。[26] 为此，布谢尔建立了一个解释成人学习者坚持或辍学问题的模型（见图 2-3）。

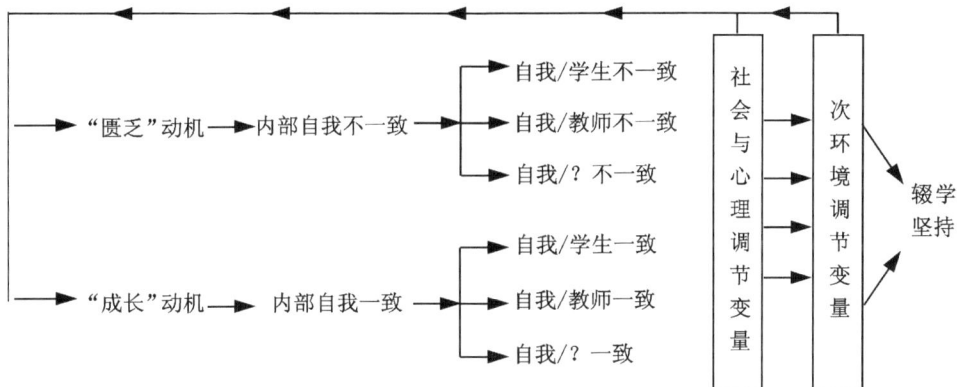

图 2-3 布谢尔成人教育参与动机、一致性、调节变量与辍学关系的假设模型

布谢尔的一致性模型基于以下假设：成人教育参与者与教育环境之间的一致性，决定其是否参与教育以及坚持参与的程度。他根据马斯洛动机需要层次理论，将成人学习者分为动机"成长"型与动机"匮乏"型。动机"成长"型的学习参与动力来自个体内部，是为了"实现而非应付"；而动机"匮乏"型更容易受到社会与环境的驱使而不是个体内部，是出于个人与社会、环境不一致造成的不平衡。教育参与者与社会、环境之间的不一致因素所产生的累积效应，受社会与心理变量（如年龄、性别与社会阶层）和次环境变量（如交通、班级规模）的调节，这两组调节变量对成人教育参与是坚持还是辍学产生重要影响。

布谢尔的一致性理论指出了成人学习者与社会、环境之间适当配合的重要性。动机"成长"型即自我接受者，对自我与他人对其看法相一致，因此对教育环境感到满意，这种心理可导致学习的坚持；动机"匮乏"型存在很多不一致，包括内在自我不一致（自我与超我）、自我与其他学生、自我与教师、自我与其他因素的不一致，这些不一致是相加的，程度越高，越可能不参与或中途辍学。他指出，社会经济较低阶层之所以教育参与率低，就是因为教育机构通常是为中等阶层者提供服务，造成其生活情况不能与教育机构环境相一致。因此，个体的自尊自重感是影响成人参与教育的重要因素之一，凡是对自我作消极评价者较不可能具有成功的期望，也就不可能与教育环境相一致，不参与教育或中途辍学的可能性就很大。

三、鲁宾森的期望-价量模式

1977 年，鲁宾森（K. Rubenson）提出的期望-价量模式（Expectancy-Valence Paradigm）是建立在弗洛姆（V. H. Froom）的期望理论（Expectancy Theory）基础上。1960 年，弗洛姆对工作动机及其诱因进行研究，他认为个体从事某项工作是一种工具性行为的表现，其工作努力程度与其所期待的工作报酬密切相关。鲁宾森认为期望理论应用于成人参与教育动机理论中是合适的，人的行为是个体与环境相互作用的结果，行为动机的强度是由个体与环境之间的积极或消极力量大小所决定。

在鲁宾森提出的模式中，成人学习动机来自"期望"与"价量"之间的相互作用，参与教育动机的产生与"期望"有关，而动机的形成和持续与"价量"有关。"期望"是对成人个体接受教育结果的预期，包括两种类型：一类是个体对能否成功完成教育活动的期望，一类是个体对完成教育活动后的可能获得价值的期望。这两种期望是相乘的关系，当两种期望均具有积极的力量并相辅相成时，动机才会发生；如果任何一方为零，产生的力量则为零，动机就不会发生。"价量"是指个体赋予教育行为预期价值的总和，也就是说，成人个体的参与教育动机是否强烈，取决于他对参与教育结果的价值预期总体是积极的还是消极的。当个体认为自己的努力可以获得预期的价值时，就会积极参与教育活动并努力学习。总之，个体是否参与教育，是内在需求与对环境的知觉交互作用后所产生的期望价量的结果。鲁宾森的期望-价量模式（见图 2-4）由三组相互作用的变量组成：

1. 个人变量。包括先前的经验、个人天赋特征、环境因素（对自己所处情境的控制、参照群体、学习的可能性）和个体当前需求。

2. 积极准备。包括教育活动的准备、对环境的知觉和了解、个体需求的经验等。

3. 价量判断。包括对教育参与的可能性及期望、教育活动价量的判断。[27]118

期望-价量模式强调认知在参与教育动机形成中的作用。成人个体通过家庭、学校和工作实现社会化，在此过程中不断发展自己的认知水平。教育参与的结构性因素，如教育活动能否成功完成以及通过接受教育能否获得价值，会直接影响个体如何看待教育活动。与社会化过程和结构性因素同样重要的是个体当前的各种需求——正是个体对这些需求的认知和体验，决定了其对接受教育的积极或消极的价值期望。出于成人个体的广泛差异性，每个人对教育活动的期望和价量有很大的差异，具有不同的标准。

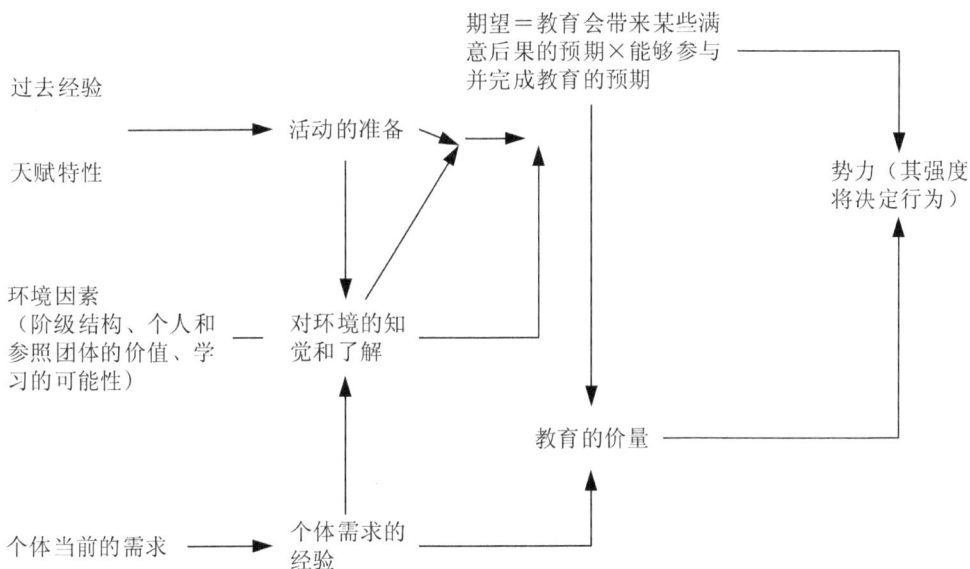

图 2-4　鲁宾森期望-价量模式

四、克罗斯的连锁反应模型

1981 年，克罗斯（K. P. Cross）针对影响成人参与教育动机的有关变量及其互动关系提出连锁反应模型（Chain-of-Response Model）。她认为，成人参与教育不是单一孤立的行为，而是受到其内在心理的驱使，按照一定程序向外部环境扩展的一系列连锁反应的结果。该模型综合了米勒、布谢尔和鲁宾森三种模型的共同因素，说明了影响成人参与教育动机的七种相关变量：自我评价、对教育的态度、参与可达到的目标与期望、生活变化、机会与障碍、信息、参与。[27]124它们构成一个连锁反应的链条（见图 2-5）。

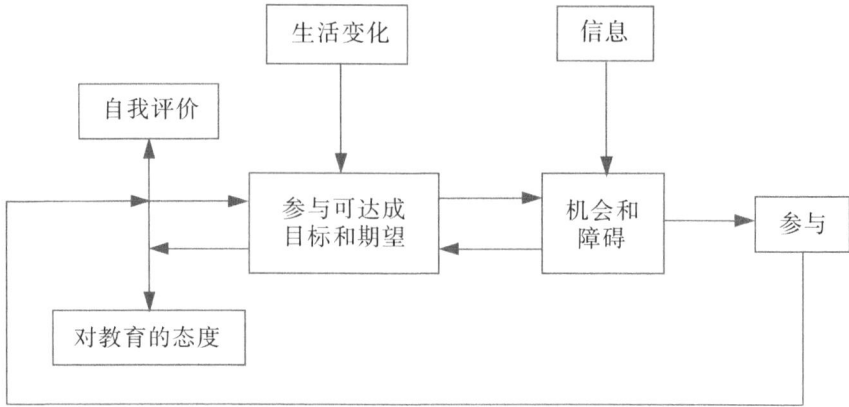

图 2-5 克罗斯连锁反应模型

1. 自我评价。这是教育参与动机形成的起点，主要指个体对教育活动可能获得价值的评价，侧重个人的信心和成就，并与"个体对教育的态度"因素相关。

2. 个体对教育的态度。这个因素与布谢尔的一致性动机理论相关，这种态度直接来自个体过去的教育经验，间接来自他人的经验和态度对自我的影响。

3. 参与可达成的目标和期望。这个因素吸收了鲁宾森的期望-价量模型，相当于鲁宾森的"价量"与"期望"概念。"期望"与"自我评价"密切相关，具有较高自重感的人通常会具有对教育成功的强烈期望。

4. 生活变化。这类似于哈维赫斯特关于成人生命周期中的发展任务而导致的教育参与动机，指人通过接受教育，对生命周期中必然经历的重要事件（如就业、结婚、晋升、退休等）及其引起的变化进行调适。这种动机，在成人教育参与动机中所占比重颇高。

5. 机会与障碍。与"信息"一样，机会与障碍是指可能决定成人是否参与教育的环境因素。教育参与动机强烈，如果没有教育机会，不能产生教育行为；有教育机会，如果没有教育参与动机，也不能产生教育行为。障碍是参与教育的阻力，如果教育参与动机强烈，则足以克服障碍。

6. 信息。指有关成人教育活动的正确信息。正确的信息能够促进成人激发教育参与动机，反之则削弱。"信息"因素与"机会和障碍"因素密切相关，缺乏正确信息将导致机会的丧失和障碍的突显。如果成人拥有正确的信息，就可以利用各种教育机会，从而能够克服参与障碍；如果没有正确的信息，不能掌握教育机会，障碍就会突显出来。

7. 参与。个体参与教育，可以影响成人的"自我评价""个体对教育的态度"以及"参与可达到的目标和期望"。因为参与教育增强了自重感，形成了对教育的积极态度，从而增强了"参与可达到的目标和期望"。

连锁反应理论对影响成人参与教育的相关变量加以综合，并指出它们之间的互动、连锁反应关系，这对于了解影响成人参与教育动机相关变量的关系有较大价值。但是，由于连锁反应理论是对以往研究结果的综合，需要不断加以验证和修正。

五、达肯沃尔德和梅里安的心理-社会互动模型

1982 年，达肯沃尔德和梅里安提出有关成人参与教育动机的心理-社会互动模型（Psychological-Social Interaction Model）。他们认为影响成人是否参与教育有一系列相互作用的变量：前成人期生活因素（最初的个体与家庭特征、前期教育与社会化状况）、社会经济地位、学习压力、感知成人教育的价值和作用、参与准备、参与刺激、参与障碍。[4]195其心理-社会互动模型（见图 2-6）如下。

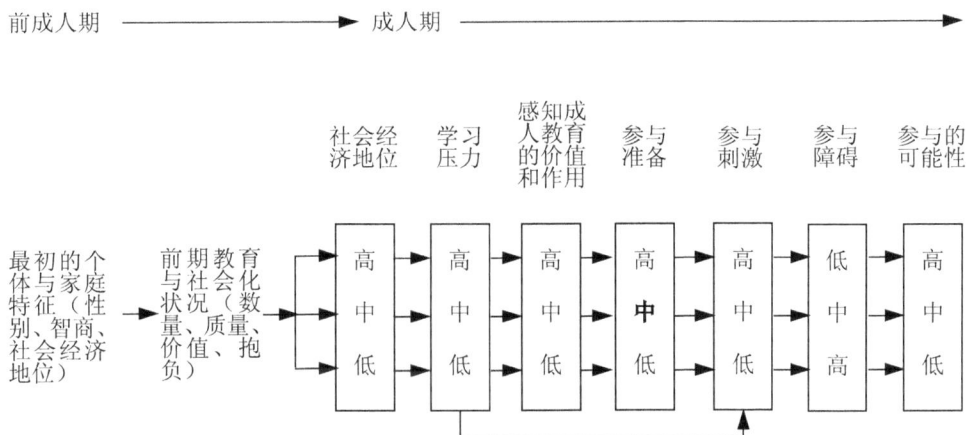

前成人期 ──────→ 成人期 ──────────────────────────→

社会经济地位　学习压力　感知成人教育的价值和作用　参与准备　参与刺激　参与障碍　参与的可能性

最初的个体与家庭特征（性别、智商、社会经济地位）→ 前期教育与社会化状况（数量、质量、价值、抱负）

| 高中低 | 高中低 | 高中低 | 高中低 | 高中低 | 低中高 | 高中低 |

图 2-6　达肯沃尔德和梅里安之参加有组织成人教育的心理-社会互动模型

该模型将个体的生命周期分为前成人期和成人期。在前成人期阶段，最初的个体与家庭特征，尤其是性别、智商和社会经济地位等变量决定着个体前期教育与社会化状况，包括接受教育的数量、质量以及由此引发的个体价值和抱负。成人期阶段由六个变量构成，各有高、中、低三个等级：

1. 社会经济地位。这是前成人期生活因素直接导致的结果。

2. 学习压力。是成人个体目前所处的总体社会环境要求或鼓励进一步学习的程度，它与社会经济地位直接相关。

3. 感知成人教育的价值和作用。指成人个体对成人教育的价值和作用的理解。

4. 参与准备。指成人有了初步参与教育的意愿。

5. 参与刺激。指能够促使成人产生参与教育强烈意愿的具体事件。

6. 参与障碍。指成人参与教育面临的主、客观阻力。

心理-社会互动模型侧重社会因素尤其是社会经济地位对成人参与教育动机的重要影响，加之模型本身显得简略，因此招致不少争议。对此，达肯沃尔德和梅里安强调其理论模型只是反映了客观现实，不是人们期待的理想形态。但他们也承认，模型中强调了社会压力，但并不意味着否认成人个体之间存在的广泛差异性。确实有不少文化程度差、社会经济地位低的成人学习者冲破重重障碍，参与并完成了教育活动。

在以上介绍的几种成人教育参与理论或模型中，后两种在不同程度上带有前三种的要素，因而被称为复合参与理论或模型。这些理论或模型虽各有其侧重点，有的侧重心理学的阐述，有的侧重社会学的分析，且只有一部分经过了验证，有的还需要通过相关验证性研究才能得到确认，但这些参与理论或模型都在不同程度上丰富了成人教育参与问题的研究。

参考文献

［1］LINDEMAN E C. The meaning of adult education ［M］. New York：New Republic，1926：9.

［2］KIDD J R. How adults learn ［M］. New York：Association Press，1976.

［3］HOULE C O. The inquiring mind ［M］. Madison：The University of Wisconsin Press，1961：15-16.

［4］达肯沃尔德，梅里安. 成人教育：实践的基础 ［M］. 刘宪之，蔺延梓，刘海鹏，译. 北京：教育科学出版社，1986.

［5］SHEFFIELD S B. The orientations of adult continuing learners ［M］// SOLOMAN D. The continuing learners. Chicago：Center for the Study of Liberal Education for Adults，1964：1-24.

［6］BURGESS P D. Reasons for adult participation in group educational activities ［J］. Adult Education Quarterly，1971，22（1）：3-29.

［7］BOSHIER R. Motivational orientations of adult education participants：A factor analytic exploration of Houle's typology ［J］. Adult Education Quarterly，1971，21（2）：3-26.

［8］BOSHIER R. Motivational orientations re-visited：Life-space motives and the education participation scale ［J］. Adult Education Quarterly，1977，27（2）：89-115.

［9］BOSHIER R，RIDDELL G. Education participation scale factors structure for older adults ［J］. Adult Education Quarterly，1978，28（3）：165-175.

［10］CROSS K P. Adults learning: Characteristics needs and interests ［M］// PETERSON R E. Lifelong learning in America: An overview of current practices, available resources and future prospects. San Francisco: Jossey-Bass, 1979.

［11］JOSEPH H J. The influence of selected socio-demographic factors and motivational orientations on enrollment persistence of adult part-time students in university courses ［D］. Unpublished Doctoral Dissertation, North Carolina State University, 1980.

［12］MADSEN D H. A multivariate examination of the motivational orientations of urban adult college students ［D］. Dissertation Abstracts International, 1977, 38 (4): 1821-A.

［13］LONG J A. Participation and motivational orientations of adults enrolled in GED preparation and credit high school completion programs ［D］. Dissertation Abstracts International, 1982, 43 (6): 1794-A.

［14］FALAKI M. The relationship between motivation of adults and participations in adult basic education ［D］. Dissertation Abstracts International, 1983, 44 (4): 956-A.

［15］STANLEY U. Motivational factor of adult learners in a directed self-study bachelor' s degree program ［D］. Dissertation Abstracts International, 1973, 34 (3): 1052-A.

［16］GOVERNANTI M P. A study of the motivational orientations of adults attending a comprehensive community college ［D］. Unpublished Doctoral Dissertation, Virginia Polytechnic Institute and State University, 1980.

［17］JOHNSTONE J W C, RIVERA R J. Volunteers for learning: A study of the educational pursuits of american adults ［J］. Adult Education Quarterly, 1965, 16 (1): 41-43.

［18］RUBENSON K. The sociology of adult education ［M］// MERRIAM S B, CUNNINGHAM P M. Handbook of adult and continuing education. San Francisco: Jossey-Bass, 1989: 51-69.

［19］HEDOUX J. Access to education for non-participant adults ［M］. Leicester: Leicester University Press, 1981.

［20］HALL A G, DONALDSON J F. An exploratory study of the social and personal dynamics that deter underserved women from participating in adult education activities ［A］. Adult Education Research Conference, 1997 Conference Proceedings.

［21］NORDHAUG O. Sociological adult education research in Norway: status and directions ［J］. Scandinavian Journal of Educational Research, 1991, 35 (1): 57-68.

［22］HARRISON D D. Nonparticipation in adult education programs: Views of blue-collar male workers with low-literacy skills [A]. Adult Education Research Conference, 1996 Conference Proceedings.

[23] JARVIS P. The sociology of adult and continuing education [M]. London: Croom Helm, 1985.

[24] KEDDIE N. Review of Colin Griffin, Curriculum theory in adult and lifelong education (London: Croom Helm, 1983) [J]. Studies in the Education of Adults, 1984 (16): 78-79.

[25] MILER H L. Participation of adults in education: A force-field analysis [M]. Boston: Center for the Study of Liberal Education for Adults, Boston University, 1967: 21.

[26] BOSHIER R. Education participation and dropout: A theoretical model [J]. Adult Education Quarterly, 1973, 23 (4): 255-282.

[27] CROSS K P. Adults as learners [M]. San Francisco: Jossey-Bass, 1986.

第三章
成人教育形态论

关于成人教育的形态，国内外有不同的分类方法。1968 年，库姆斯（P. H. Coombs）在《世界教育危机》一书中，根据机构、目的、职能和形式的不同，把教育划分为正规教育（Formal Education）、非正规教育（Non-Formal Education）和非正式教育（Informal Education）。[1]梅里安在库姆斯观点的基础上，将成人教育分为正规教育、非正规教育、非正式学习三种形态。[2]本章参照梅里安的分类，并结合成人教育的实践，将成人教育形态分为成人正规教育、成人非正规教育、成人非正式学习和成人学习型组织四大类分别进行介绍。但是，这几种形态并非界限分明，在任何一种形态中都有其他形态存在的可能性。

第一节　成人正规教育

成人正规教育主要是指学校成人教育，是成人学习者在正规的学校教育体制中接受的有组织、有系统的教育。成人正规教育是伴随着成人学校的诞生而出现的，世界上最早的成人学校是 1789 年创办的英国诺丁汉成人学校。随着社会经济发展和科技进步，成人教育需求的不断增长，世界各国都先后开展了学校成人教育。我国实施学校成人教育始于 20 世纪 50 年代的夜大教育，从 1995 年国家正式实行成人教育制度以来，学校成人教育已经走过近 30 年的历程。按照成人教育的等级层级，学校成人教育可分为成人中等教育、成人高等教育和大学后继续教育。

一、成人中等学校教育

由学校实施的成人中等教育，其发展既受到政治、经济、文化等因素的影响，又受到普通中小学教育普及和发达程度的制约，特别是一个国家的义务教育水平，更对它起着直接的作用。所有这些因素，造成世界各国的成人中等教育存在差异性。有的是为成人弥补失去的中等教育机会，如日本高中开设的定时制和函授制课程；有的是为成人提供中等职业技术教育，如美国商业学校、技术学校以及函授学校等各种成人中等学校；有的是为成人进入社会就职后提供回归教育，如瑞典的在职成人的中等回归教育。从教育内容上，学校成人中等教育既有中等基础教育，也包括中等专业技术教育。

（一）日本高中"产学合作"模式

日本的小学、初中实行九年义务教育，20世纪70年代时基本普及了高中教育，高等教育也走上了大众化道路。因此，日本的成人中等教育是在义务教育的基础上开展的，高中在成人中等教育方面发挥着重要作用。

日本高中的教育结构比较复杂，实行分科制，包括以实施普通教育为主的普通科和以实施专门教育为主的多种职业科。依据各校设置学科结构的不同，可分为普通高中、职业高中和综合高中，这三类高中可开设全日制课程、定时制课程和函授制课程。此外，早在20世纪50年代中后期就实行了厂校"产学合作"教育的模式，共同培养技术工人。1955年，日本文部省指定神户市立产业高中为实验学校，与阪神内燃机厂进行厂校合作办学，其主要实施方式为产学结合、联合培养。

日本高中定时制、函授制"产学合作"模式最初的实验仅限于工业方面，至20世纪60年代前期扩大到商业、农业等方面，合作教育进入高峰期。20世纪90年代后，日本逐步建立形成了符合日本大学体制与企业运行机制特点的"产学合作"新机制。2003年，日本成立产学合作学会，对"产学合作"的内涵进行了界定："产学合作是指在大学与企业之间架设桥梁、以促进学术研究为基础的振兴产业的各种行为活动的总称。"[3]

（二）瑞典高中"回归教育"模式

20世纪60年代，在终身教育思潮兴起以及教育平等理念的影响下，欧洲回归教育理论应运而生，学者们认为回归教育是消除学校教育制度的弊端以及由此带来的社会不公现象的有效策略。

回归教育的概念，是随着经济合作与发展组织（Organization for Economic Co-operation and Development，OECD）研究工作的进展逐渐明确起来的。1969年，经合组织在法国凡尔赛举行研讨会，当时瑞典教育部长帕尔梅（Olof Palme）首先提出以回归教育作为促进社会民主和保障个人自由的重要手段。此一理念很快被瑞典教育委员会所接受，瑞典政府也正式将回归教育纳入立法。1973 年，经合组织在《回归教育——为终身学习的战略》（*Recurrent Education：A Strategy for Lifelong Learning*）一书中，对回归教育做出了界定："回归教育是把义务教育或基础教育以后的一切教育都包括在内的教育战略。它的基本特征在于以回归的方式，即教育和劳动（主要是工作，也包括休闲和退休活动等）交替轮换进行的方式，把教育分散在个人的一生。"[4]这个定义支持将义务教育后的教育活动扩展到个人的一生，因此回归教育是受终身教育理念的影响，并与成人教育有着密切关系。

在中等教育方面，瑞典政府对通识教育与职业教育课程进行整合，主张中等教育应提供给学生在继续学习或就业工作中做出选择的机会。这种教育体制认为教育是没有终结的，废除了正规教育中的"一次性""终结式"的教育模式，改为"多次性""永续式"的教育模式。这并非出于瑞典学生学习能力低下或缺乏学习兴趣，而是不少学生在完成义务教育后选择先就业，在社会实践中检验自己的能力，并在适当的时候再回到学校接受高中教育。促使瑞典学生做出这种选择的原因，正是瑞典终身教育理念的普及和回归教育体制的确立。

1980 年，经合组织《瑞典的教育改革与计划》报告书指出，回归教育是瑞典教育改革的理论基础，是促进平等的重要手段。基于任何人、任何时候、任何地方都能学习的终身教育理念，瑞典的回归教育体制涉及初、中等教育以及后中等教育等各个方面的实践中。

（三）我国成人中等学校教育

我国成人中等学校教育发展较早。新中国成立后，全日制或业余的干部、职工及农民中等学校教育在我国相继创办。十一届三中全会之后，成人中等学校教育快速发展，成绩显著。2000 年以后，伴随着经济、文化、信息技术的快速发展，我国成人中等学校教育的改革与发展也趋向深化。

1. 成人中等职业学校

产学结合是国外成人中等教育的成功经验。1999 年初，国务院批转教育部《面向 21 世纪教育振兴行动计划》明确提出："职业教育和成人教育要走产教结合的路子，调整学校布局，优化资产配置。"根据该行动计划的要求，我国成人中等学校调整布局结构，加强与其他学校的协作沟通。

2. 农业广播电视中专学校

广播电视中专教育是我国成人中专教育的重要组成部分，是电视教育的重要层次。以中央农业广播电视学校为龙头，我国广播电视中专学校教育覆盖了从县

（市）到乡镇的农村广大地区。

3. 成人文化技术学校

我国各地的县、乡、村还设有三级成人文化技术学校，这些成人文化技术学校积极开展社会文化教育、农村实用技术和劳动力转移培训、乡镇企业职工岗位培训和城镇居民再就业培训、农民素质提高工程培训等。

二、成人高等教育

成人高等教育是由高校实施的一种面向成人的高等教育。世界成人高等教育有着悠久的历史，19 世纪 60 年代在英国掀起大学扩展运动，使许多未能进入大学的成人获得了高等教育的机会。伦敦大学、剑桥大学率先举办函授教育，这是世界上最早的成人高等教育，之后，美国、加拿大等国也开始兴办。20 世纪 60 年代以后，英国首先创办开放大学，为英国乃至世界成人高等教育的发展开辟了新天地。1953 年，中国人民大学率先举办函授教育，这是我国成人高等教育发展的开端。

（一）英国"开放大学"模式

大学开放，肇始于 19 世纪 60 年代在英国掀起的大学扩展运动。二战结束后，技术革命使教育在社会进步中的重要性日益增强，进一步推动大学开放的呼声越来越高。20 世纪 60 年代是英国大学开放快速推进的十年，并以 1969 年开放大学（Open University）的成立而达到顶点。

开放大学是二战后英国广播教育发展的产物。广播教育在 20 世纪 60 年代初开始受到大学的重视，大学成人教育理事会专门成立了"广播教育分委会"，负责与电视、广播等媒介的合作，以促进成人高等教育的发展。1971 年，开放大学正式对外招生，当年入学人数就达到了 20000 多人。[5]325 20 世纪 80 年代，由于录放像机的日益普及，开放大学的教学节目也被制成了录像带供学习者使用。开放大学的课程要求学生以自主学习为主，辅以电视、广播教学。除了电视、广播教学之外，开放大学十分重视对学生提供辅导和咨询，受聘的兼职教工大都是大学、综合技术学院和普通学院的专职教师，他们对学生的辅导和咨询服务一般在学习中心进行。学习者大多数不是超过了义务教育完成的年龄而无学历的人，但由于学习者受教育程度参差不齐，每年的辍学率也较高。为此，开放大学还与不少大学协商建立了学分转换制度。

（二）美国"无墙大学"模式

美国于 20 世纪 60 年代末设立了"无墙大学"（University Without Walls），是一种开放的分散化的高等教育形态，它将社会作为自己的课堂和研究领域，因此又被称为"社会大学"。"无墙大学"主张学习应独立并以项目为基础。与英国开放大学模式相比，"无墙大学"具有更大的实用性和广泛性。

"无墙大学"由几所高等院校联合组成，招收 16—60 岁之间的任何年龄的想要继续学习的成人。学习者不固定在某一所院校学习，可以自由进出几所院校中的任何一所，自己选择毕业时间。教学大纲的制订尊重成人学习者的个体差异，符合个别学习者的需要和兴趣。把所有必需的教学资源（如磁带、课本、实验等）编成一个目录表，由个体学习者或一组学习者自行组织项目学习，每个学习者必须在校内实验中心学习半年，学习者和导师要经常交换意见。"无墙大学"的教学人员包括从属于某些特定学院的若干教授和教师，从工商业等方面聘请来的专家、艺术家和政治家。如果成人学习者想获得大学学位，可在适当的时候提出申请，登记参加考试；大学教学及管理人员依据考试结果评定是否授予学位。

（三）我国成人高等教育

我国成人高等教育是高等教育的重要组成部分，也是终身教育的重要环节；列入国家招生计划，国家承认学历，参加全国统一成人招生考试，各省、自治区统一组织录取。我国成人高等教育依办学主体来分，可分为普通高校主办和成人高校主办两类。成人高校与普通高校的成人教育办学模式相仿，都存在成人高等职业教育，成人业余、函授教育以及现代远程教育等几种形态。

1. 成人高等职业教育

一般认为，成人高等职业教育是把职业教育纳入成人高等教育的范畴，是成人高等教育中具有较强职业性和应用性的一种教育形式，其职业性和应用性以办学主体的优势不同而有所区别。

近年来，针对成人高职院校毕业生不能满足社会对人才素质要求而产生的"就业难"问题，各个成人高职院校均强调旨在提高办学效益的"零距离"上岗的办学理念和培养模式。如何培养"零距离"上岗人才，就成为成人高等职业教育的当务之急。在此背景下，"订单式"的人才培养模式应运而生并迅速发展起来。订单式人才培养模式实质是由学校和企业两个主体在校企两个不同的育人环境中，共同制定人才培养计划，共同开展人才培养工作，培养符合企业需求的复合型人才。

订单式人才培养模式也有局限性。首先，培养人才的针对性过强。订单式人才培养的目的性过于具体明确，导致企业或学校都以特定的岗位要求为教学参照，在教学建设和学生培养手段等方面存在一定的短期性，没有更多的时间去培养学生的多种职业技能和转岗能力，易造成学习者的知识结构过窄，往往不能适应知识与技能的更新，特别是缺乏自主创新能力。其次，容易出现信息获取不对称现象。学校需要按企业的需求培养人才，但企业的人才需求经常发生变化，过早确定就业方向和岗位，往往不能很好地适应劳动力市场的变化。这就要求校企双方建立一体化联络机制，在订单式人才培养方面形成双方认可的可行性计划。

2. 成人业余、函授教育

成人业余教育此前称"夜大学"，是利用晚上或者周末业余时间，以自主学习加面授指导的形式实施，平时学习者利用业余时间进行自主学习，面授则是利用高校晚上或周末空闲下来的教室或实验室进行。业余教育的优点是得到高校支持，可以充分利用高校教育资源，有利于师生交流。缺点一是招生受地域影响；二是容易出现与普通高校争夺教育资源的情况；三是兼职教师远多于专职教师，师资队伍不稳定。

函授教育是以成人学习者自主学习为主，以函件形式指导学习，辅以面授。函授教育的优点是成人学习者以自主学习为主，对高校硬件设施依赖性较低，招生地域限制相对较小，主要委托各函授站实施管理。缺点一是对成人学习者自主学习的要求较高；二是师生交流相对困难，自主学习过程中遇到困难不能及时得到解决；三是理论性强，缺乏实践性。

3. 现代远程教育

现代远程教育作为一种新型成人高等教育方式，是指以多媒体技术为主要媒质，利用互联网实现跨时空交互式教学。2000 年，中国人民大学首次开办现代远程教育，采用引导学习的教学方式，网络上设有图书馆、学习帮助中心。

2015 年 7 月，国务院《关于积极推进"互联网+"行动的指导意见》对探索新型教育服务供给方式提出了明确的指导意见。其核心内容就在于要求办学主体加大数字化、网络化教育资源的供给，以推动教育模式的变革。现代远程教育不受时空限制，适用地域较广，教学形式现代化，对话交流方便，优质资源共享，偏远地区便于推广。缺点也是显而易见的，如资金投入较高；不利于对学习行为的真正发生进行监督；对成人学习者的自主学习能力和学习积极性要求较高。可通过加大教学过程中的双向交流机制，对诸多问题加以解决。

三、大学后继续教育

大学后继续教育属于成人教育的一个分支，但又不同于成人教育，是成人教育的高级形式。"继续教育"这一概念，最初起源于西方国家的教育体系，通常是指人们离开正规学校教育后的一种持续性的教育。各个国家对于继续教育这个概念的认识有所不同，有的专指对大学毕业后的工程技术人员进行的教育，又称"继续工程教育"；有的指对大学毕业后的各类专业技术人员进行的教育，称为

"继续教育"。

（一）美国合作教育模式

美国是世界上最早实施合作教育计划的国家，也有学者认为合作教育这一理念始于英国 1840 年开设的"三明治课程"（Sandwich Course）。1906 年，时任辛辛那提大学工程学院院长的赫尔曼·施奈德（H. Schneider）教授设计了第一个合作教育项目。合作教育这一模式以结构化的课堂理论学习与企业工作实践交替进行，将课堂学习与有报酬、有计划和有督导的工作实践结合起来，培养既具有理论知识，又具有实践经验的工程师。

美国国家合作教育委员会（National Commission for Cooperative Education，NCCE）对合作教育的基本界定是："合作教育是把课堂学习与通过相关领域中生产性的工作经验学习结合起来的一种结构性教育策略。"美国高校则将合作教育表述为"把课堂学习和与学生专业或职业目标相关领域内的有报酬的、生产性的、有成效的工作经验结合起来的一种教育计划"。

显然，无论是实践还是理论，合作教育的精髓就是把课堂教学和工作经验结合在一起。美国合作教育协会（Cooperative Education Association，CEA）在《学习产出：合作教育的教育价值》（*Learning Outcomes：The Educational Value of Cooperative Education*）一书中描述了合作教育模式的主要特征：参与者的工作与学习以一种有序的方式交替进行，两者相互补充，相互交融，作为一个有机整体贯穿于整个教育过程。[6]

（二）英国工学交替模式

英国工学交替模式的早期形态是 1840 年格拉斯哥大学开设的"三明治课程"。顾名思义，"三明治课程"通过"学习-工作实习-学习"的课程学习方式，将学生在校的课程学习和与课程相关的实习工作结合起来。20 世纪五六十年代，英国的高级技术学院与地方企业合作，在工程和技术类专业中普遍采用"三明治课程"。[7]60 年代，英国 34 所多科技术学院陆续成立，均采用"三明治课程"模式。在教育联合会的大力推动下，多科技术学院"三明治课程"从原来的工程和技术类专业扩展至商业、酒店管理和护理等专业，甚至数学、物理等专业也采用了"三明治课程"。经过几十年的发展，多科技术学院的"三明治课程"在 20 世纪八九十年代颇有影响力，当时合作教育研究专家瑞达（K. G. Ryder）等人将"三明治课程"作为英国高等院校合作教育的特色。

英国多科技术学院的"三明治课程"是一种工学交替模式，是以校企合作的方式，将学校学习与企业生产实践交替结合的培养模式。这种模式以培养学习者合格的职业能力为基本目标，根据职业能力的形成特点，组织学习者在学校与企业两个不同的学习场合，在课堂与车间两个不同的学习环境，运用不同的学习方式交替完成理论与实践知识学习的过程。

（三）我国大学后继续教育

20 世纪 80 年代初"继续教育"概念引入我国时，依照国际继续教育发展的特点，将其定性为专业技术人员提高能力素质的大学后非学历教育，称之为"大学后继续教育"。

我国学校形态的大学后继续教育依据办学主体可分为普通高校、成人高校两种。目前，我国成人学历教育使命尚未完成，但是普通高校的非学历继续教育正在持续升温，呈现出良好的发展态势。注重专业技能的培养是国外继续教育的成功经验，我国的非学历继续教育也更侧重专业化的技能培养与能力提升。具有专业背景的普通高校充分依托自身的专业优势开展特色培训、研修项目，为特定行业培养高素质人才做出自己的努力。例如，师范类高校在开展教师教育培训方面具有专长，将其作为继续教育的主业；对外经贸类高校为政府部门与大型企业开设进修、培训班，培养高水平商务管理人才。

大学非学历继续教育还在推动产业的升级转型以及学习型社会创建中起到举足轻重的作用。当前，我国行业企业对培养优秀管理者和高水平科研人员的投入进一步增长，尤其是对于众多投身国际竞争的企业来说，对国际化人才培训的需求比以往任何时候都要大。就非学历继续教育而言，行业企业一般会优先选择行业特色型大学进行专业性较强的培训，为其升级转型储备更多的人才。从高校的实践来看，通过校企合作培训模式与委托培训模式，解决产学研合作周期长、瓶颈多等问题，提升科研、产业等方面合作的层次和水平，进一步实现校企资源的互补和共享，的确是一个行之有效的途径和举措。

长期以来，普通高校尤其是行业特色型大学围绕服务行业企业的需要办学，对科技、经济、社会发展做出了应有贡献。但随着终身学习和建设学习型社会、学习型城市等国家战略的提出，国家对普通高校服务社会的功能提出了更高的要求。即在服务行业需要的基础上，还要进一步服务区域经济，融入区域发展。这为大学非学历教育提供了新的发展机遇，大学非学历继续教育可以作为大学与区域合作的先导性平台，以其灵活、快捷、注重实战和实效等特点，在推动国家创建学习型社会、学习型城市建设进程中发挥了主力军的作用。

第二节 成人非正规教育

成人非正规教育主要是指除学校成人教育之外，国家及各级政府、培训机构、企业、社区、社会团体、群众组织等开展的有组织、有系统的成人教育，如社会教育、社区教育以及各种职业培训活动等。在发达国家，许多成人非正规教育与正规教育越来越相似，如美国社区学院、北欧民众大学以及一些著名公司开办的企业大学等。按办学主体来分，成人非正规教育主要有国家或地方政府主导、政府与社区协作主导、企业主导、私立教育机构及其他社会机构主导等几种模式。

一、国家或地方政府主导型

政府主导的成人教育，是由国家或地方政府作为决策制定者，主导计划实施，如成人扫盲教育、失业人员再就业培训、学习型社会建设等，这种成人教育活动往往由国家或地方政府责成某个职能部门去主导实施。

（一）成人扫盲教育

扫盲教育，是对不具备适应现代社会生活的基本知识和能力的成人进行的文化基础教育，使成人具备初步的读、写、算能力，具备初步的运用语言文字进行交流并从事基本社会活动的能力。

1. 功能性文盲教育

英国的扫盲教育在发达国家具有代表性。与发展中国家的文盲一词相比，英国的文盲概念在其内涵及外延上均有很大不同。和美国等西方发达国家一样，英国对文盲的划分是以成人的基础文化知识在实际运用中的水平为标准的，采用的是 20 世纪 60 年代中期开始流行的"功能性文盲"（Functional Illiteracy）概念。功能性文盲是指具备阅读、书写或简单计算能力，但缺乏从事基本社会活动所需要的文化、技能和常识，即不具备适应现代社会生活的基本知识和能力。当代新技术发展日新月异，功能性文盲概念的内涵又有了新的变化。如果接受过较高层次教育的成人无法适应新技术发展带来的变化，也极有可能成为新的功能性文盲。例如，没有掌握基本的处理现代信息能力的成人，即使接受过较高层次的教育，也是功能性的文盲。

2. 基础性文盲教育

我国的成人扫盲工作在发展中国家具有代表性。在全世界范围内，文盲主要分布在发展中国家，发展中国家的基础性文盲教育主要是对不识字或识字很少的成人进行的文化基础教育。自 1949 年新中国成立以后，国家十分重视扫盲工作。经过半个世纪的努力，中国的扫盲教育取得了举世瞩目的成就。至 1999 年，青壮年文盲率已降至 5.5% 以下，城镇青壮年文盲已基本扫除。我国在扫盲工作推进过程中也曾遇到了一些困难。至 1990 年，新中国成立前出生的文盲的年龄均已在56 岁以上，其进一步减少主要通过自然死亡而非扫盲来实现。

（二）失业人员再就业培训

再就业培训是指对有过一次工作经历的职工失业或下岗后，对其进行的从事职业所必需的职业技能培训，使其尽快获得再就业的机会。

1. 美国再就业培训

针对经济衰退或增长放缓带来的失业问题，发达国家加大了对失业人员再就业培训的力度，拓宽就业途径，提高再就业率，从而较好地促进了经济的发展，也在一定程度上减轻了政府福利开支的压力。美国 20 世纪 90 年代的再就业培训由州、地方政府负责推进，联邦政府虽然不直接参与，但是每年由州政府提供大部分所需资金，且用于再就业培训计划的拨款每年都有增加。此外，美国其他一些政府部门也有各自负责的培训计划。这些就业与再就业培训活动取得了较好的成效，是美国自 20 世纪 90 年代以后失业率不断下降的重要因素。

进入 21 世纪以来，美国对就业和再就业的培训更加重视。2001 年美国劳工部提出了一项"21 世纪劳动力十年计划"。在有关十年间美国劳动力市场情况的部分中，该计划就市场变化、职业需求趋势和如何适应新的市场特点做了深入的研究和分析。为此，美国政府提出了相关计划设想，以便及早准备，应对新世纪的经济特点对劳动力市场带来的新挑战。在 2002 年联邦政府提出的下年度预算计划里，已经可以看到一些这方面的变化，最主要的就是大大加强对就业培训的财政支持。

2. 我国再就业培训

20 世纪 90 年代以后，随着科学技术的发展，我国的产业结构逐渐由劳动力密集型向知识密集型方向过渡。在此转换过程中，出现了人力资源供求状况的变化。劳务市场的需求向受过专门培训，有专业知识和操作技能的人员方向倾斜，没有知识和技术特长的人员受到巨大的冲击。

1998 年初，劳动部组织实施"'三年千万'再就业培训计划"；2001 年，劳动和社会保障部组织实施了第二期"'三年千万'再就业培训计划"。2004 年，在总结第一、二期"三年千万"再就业培训计划实施经验的基础上，劳动和社会保障部又组织实施了"2004—2005 年再就业培训计划"。2005 年，劳动和社会保障部推出《城镇技能再就业计划》和《能力促创业计划》，各地纷纷开展了具有特色的再就业培训项目。在部分有条件的地区，还推出了"国家创业示范基地建设""西部远程培训工程""4050 工程"等项目，通过提供适合不同劳动人群特点的再就业培训，促进就业率的提升。

（三）学习型社会建设

学习型社会的概念最早由赫钦斯（R. M. Hutchins）提出。他在 1968 年出版的《学习社会》（*The Learning Society*）一书中指出："社会以学习和展示人生的风采为目的。"[8] 他强调教育不是限于某一人生阶段、特定时段和特定场合的分离型活动，而是城市生活的一部分；同时他预言 20 世纪末，科技的进步将导致人的闲暇时间增加，允许所有人而不是少数人进行终身学习。而学习型社会作为一种世界性政策主张，始于联合国教科文组织总干事埃德加·富尔（E. Faure）1972 年提交的报告《学会生存——教育世界的今天和明天》。该报告认为："一个社会既然赋予教育这样重要的地位和这样崇高的价值，那么这个社会就应该有一个它应有的名称——我们称之为学习化社会。"[9]

1. 英国学习型社会建设模式

20 世纪七八十年代以来，国外许多国家将学习型社会建设置于国家发展战略的重心地位。英国创建学习型社会始于 20 世纪 90 年代，1992 年欧洲经济合作组织等提出学习型城市的概念得到了英国政府的支持。英国教育与就业部于 1998 年 2 月发表绿皮书，提出建立"产业大学""学习中心""个人学习账户"等一系列关于创建学习型社会的设想和建议，在此基础上逐步形成了以产业大学为龙头的学习型社会体系框架（见图 3-1）。

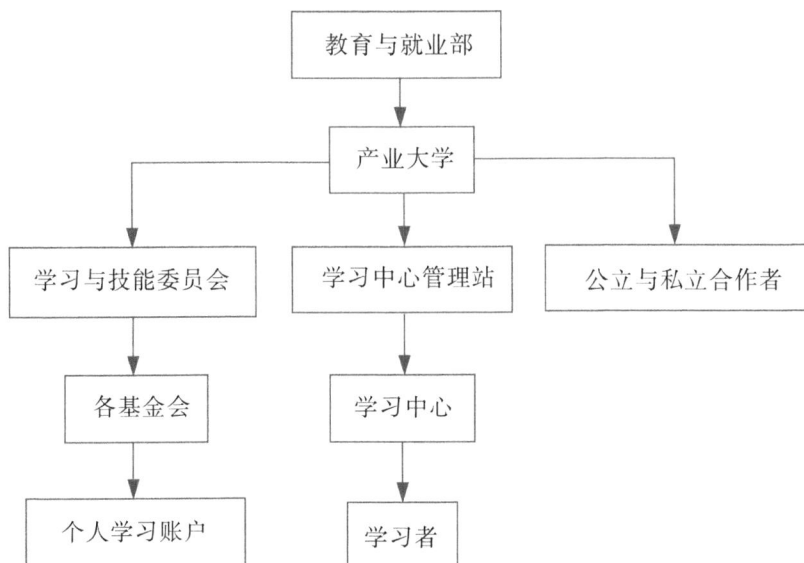

图 3-1 英国学习型社会体系框架[10]

产业大学总部设在谢菲尔德市，是一个公私合营的带有慈善性质的学习机构，同时又是一个面向全国开放和远程学习网络机构。"学习中心"是产业大学下属的分布广泛的学习网络，产业大学与各学习中心的公私合作者签署合同，学习中心按照产业大学的要求为学习者提供各种学习课程和学习服务。英国政府还建立了"个人学习账户"，失业者加入"个人学习账户"行列，由政府资助部分学费，并被纳入"重新上岗"计划及有关项目的资助。每年为教育培训投资的企业，则享受政府免税待遇。

2. 我国学习型社会建设模式

我国学习型社会建设的基本模式是政府发挥主导作用，把政府、机关、团体、企业、社区和家庭有机地联合起来，建立一个开放性的学习系统。在这一系统中，依据开放的发展理念组织学习实践、发展人力资源，促进社会稳定和经济持续健康发展。

二、政府与社区协作主导型

美国、北欧在发展社区教育和社会教育的历史过程中，逐渐形成了政府、社区协作主导的模式。这种模式主要特征是成人教育的立法以中央政府为主体，地方政府和当地社区承担组织实施的职责。

（一）美国社区学院模式

美国的社区学院遍布全美各地，仅加利福尼亚州就有 106 所。社区学院的办学宗旨是为全体社区居民提供良好的教育服务，最大限度地满足社区所有成员的学习需求。社区学院收费非常低廉，如加州的社区学院对本州学习者免费开放，办学津贴由美国各州政府提供。社区学院实行开门录取，没有入学考试，凡年满18 岁以上的公民均可入学。

美国社区学院的前身为初级学院，最初只开展以两年制转学教育为主的学历教育，为四年制大学输送人才，并与当地高中保持着紧密的联系。后来在转学教育的基础上增加了职业教育、补习教育、继续教育和社区教育等面向成人的非学历教育，同时也逐渐摆脱当地高中的影响。以职业培训为主的职业教育为区域经济的发展培养职业技术人才，补习教育则为没有文化基础知识的移民以及本土居民提供各个基础学科的教育机会。20 世纪 50 年代之后，随着初级学院规模的扩大及功能的增加，"社区学院"逐渐取代了"初级学院"的名称。

20 世纪七八十年代，美国社区学院的各项教学功能渐趋完善，尤其是在社区教育方面，社区学院积极满足社区的各种需求，利用其所有人力和资源为所在地区的全体居民提供知识、文化、娱乐等服务，办学功能进一步扩大。社区学院几乎是社区的综合服务中心，图书馆、体育馆和一些教学设备向当地居民开放各种类型的职业教育，同时兼有培训课程、补习课程和生活课程。90 年代初，美国面临财政危机和经济放缓的压力，社区学院也开始调整定位，在发展职业教育、继续教育、补习教育和社区教育的同时，重新重视转学教育，并根据时代发展特点的不同，动态调整各项教育功能的比例，使美国社区学院越来越稳定，逐渐走向了成熟。

（二）北欧民众大学模式

民众大学是挪威、瑞典等北欧国家实施以成人高等教育为主，兼施成人普通教育的社区成人教育机构，这些民众大学紧密联系地方和社区实际，面向社区内成年人的学习需求，通过提供教育服务以体现福利国家的特征。

在挪威，民众大学为全国最大的社区教育机构，除设全国总部外，还设地区和基层分部。各分部经选举，由教师和学生代表组成的委员会管理，均不受宗教和政治派别影响。民众大学与全国文教组织合作，旨在提高当地社区民众文化、情操和知识技能，并在教师培训中起重要作用。

在瑞典，民众大学只在大学内设独立机构，经费大部分由国家资助。由民众大学中心办事处负责与大学及成人教育协会等组织合作审查并制定基本教学大纲。主要任务是通过学习小组、开课、讲座、研讨会和发行出版物等形式，促进学者与社区民众的联系，推广新的研究成果。并与英、法、德国等建立长期联系，凡注册学习外语者，均可在上述国家学习口语。另设中等夜校，就读结业者可获取大学入学资格。

（三）我国社区大学模式

从 2001 年全国第一批社区教育实验区算起，我国的社区教育已经走过 10 多个年头，但社区大学在我国还是新生事物。近年来，社区大学开始相继出现在我国各个地区。这些社区大学是由地方政府拨款，在整合当地开放大学、成人高校相关教育资源的基础上创办的，这也是我国社区大学建立的主流模式。社区大学的基本目标是建立以社区大学为主体、结合多种教育创新机制的终身教育机制，为当地的社区居民提供高等教育、成人教育、职业培训和社区文化生活等方面的教育服务。

此模式借鉴了欧美等国社区大学和开放大学的成功经验，同时也是我国成人高等教育体制改革的产物，是一种具有区域性、多层次、开放式、综合性、大众化特色的构建终身教育、学习型社会"大教育"的重要载体。其融学历教育与非学历教育、职业资格证书教育与休闲文化教育、各界委托项目教育与居民自治教育于一体，成为一种与我国现行高等教育体制不同的社区教育办学实体。

三、企业主导型

企业的员工培训多属于这样一种形式，包括企业培训中心、企业大学对职工进行的培训教育。科学技术发展、产品更新换代都需要企业职工掌握新技术，企业对员工开展技术培训是企业竞争发展的需要，也是企业立于不败之地的需要。

（一）企业培训中心模式

企业培训中心隶属于企业人力资源部，通常针对本企业内部的员工提供培训服务。早期企业对员工教育培训以实用为宗旨，以提高工作效率和实现更多利润为目的，而其他则不是企业培训追求的主要目标。英国帝国化工公司（Imperial Chemical Industries）的一位人事经理曾坦率地指出："像帝国化学工业公司这样的企业内的培训，与大学、技术学院或商业学院的教育有着不同的目的。我们不是为了培训而进行培训，也不是为了个人的发展。我们一切培训的主要目的，是为了企业有更大的发展。"[5]315 由于这种在职培训有其明确的利润目的，便造成其"短视性"，注重实用技术培训，培训对象通常以普通工人及基层管理人员为主。加之出于成本的考虑，企业雇主一方面依赖正规的学校教育体系、企业以外的培训及教育机构来培养其所需的人才，另一方面又深感教育及培训体系脱离其实际需要。

在早期的企业培训中，企业雇主往往未能把职业技能培训作为企业的一种必要投资，解决培训经费问题，建立一个较为合理的培训体系。为此，我国《劳动法》明确规定职工具有接受企业职业培训的权利，企业负有对职工进行职业培训的法定义务。我国《企业职业培训规定》第9条规定："企业应将职业培训列入本单位的中长期规划和年度计划，保证培训经费和其他培训条件。"此外，我国《就业促进法》第47条第3款也规定："企业应当按照国家有关规定提取职工教育经费，对劳动者进行职业技能培训和继续教育培训。"

（二）企业大学模式

企业大学这一概念最早出现于1927年通用汽车成立"通用汽车设计和管理学院"（General Motor Institute）。从20世纪80年代末期开始，许多跨国企业对企业大学产生了浓厚的兴趣，其标志性事件是1989年"摩托罗拉大学"的成立。以摩托罗拉创建企业大学为开端，20世纪后期至21世纪，越来越多的企业希望通过建设企业大学，向社会传递先进管理理念，培养高端人力资源。

企业大学既是一个教育实体，又是一个战略工具。它虽然承担企业培训工作，但性质并不同于企业人力资源部的培训中心。它分离于企业人力资源部之外，独立运营，对企业内、外都提供培训服务。与企业培训中心的应急式、反应式、分散式的培训活动不同，企业大学作为企业变革的推动者、企业文化的宣传者，能为企业在发展战略、营销策略、供应链等各个方面提供更专业化、系统化的学习项目、学习方案和学习服务。随着信息科技日新月异，竞争日趋激烈，企业受到了多方面的压力：一是信息技术及全球化带来的复杂竞争环境的压力；二是企业内部"人才过时"的问题。为了在市场上取得竞争优势，企业需要具备多方面的才能、能够自主且有独立工作能力的人力资源。企业大学的观念正是在这种环境下产生、重视和发展起来的。

企业大学是由企业出资，以企业专业培训师、企业专门技术专家、企业高级管理者和高等院校教授、政府高端决策者为师资，通过实战模拟、案例研讨、互动教学等实效性教育手段，以企业战略落地为主旨，以培养企业内部中高级管理人才、技能技术型人才和提升全员职工素质为目的，满足人们终身学习需要的一种新型教育培训体系。作为企业兴办的"大学"，企业大学在很多方面都在借鉴传统高等教育学历制大学或学院的管理方式。如培训学习积分制仿效学生进修课程学分制、结业答辩仿效毕业论文答辩、培训师课时酬金管理仿效高校教师课时酬金制，还有后勤服务管理等等很多方面。

由此可见，企业进入现代尤其是后现代阶段之后，已经不再仅仅是一个单一的经济实体。正如吉姆·柯林斯（J. Collins）所说："利润是生存的必要条件，但是对很多高瞻远瞩的公司而言，利润不是目的。"[11]在全球化和知识经济时代，企业的功能和作用变得越来越多元化和复杂化，企业越来越多地承担着高科技研发、高端人才培养、社会服务、继续教育、终身学习等使命。有学者预言，在不久的将来，企业大学的数量将会超越传统的大学，成为未来成人职场教育和终身学习的主流。

四、私立教育机构和社会团体主导型

除了政府、学校、企业主导以外，私立教育机构及其他社会团体也具有成人教育的职能。在美国、加拿大、英国及其他发达国家，私立教育机构主要为青少年教育服务，但也部分承担了为成人教育服务的项目，成人教育是其次要职能。我国的民办教育机构也是如此。还有一些社会团体，有的具有教育功能，成人教育活动相当活跃；有的则是将成人教育作为满足组织自身的特殊需求手段，对内部人员提供培训课程或学习指导。

（一）私立教育机构主导

在美国、加拿大、英国及其他发达国家，私立的成人教育机构专门为成人提供接受教育的机会。美国田纳西州的海兰德研究与教育中心的宗旨是社会行动教育，在 20 世纪美国南部工会组织、民权运动以及旨在推动社会发展和改善环境的运动中起着重要作用。美国各地学习交流站是为教师和成人学习者搭建沟通的桥梁，其中伊利诺斯州艾凡斯顿市的学习交流站规模最大。合作推广服务处（Cooperative Extension Service，CES）专门为成人服务，主要为当地农民或其他选民开设农业、机械等实用知识课程。[12] 基层扫盲组织如自愿扫盲处和"劳白契"（Laubach）等均录取并训练志愿者，一对一教育文盲成人识字。

改革开放以来，我国出现了大量以盈利为目的民办教育机构，以教育培训为主要形式，面向市场，为社会成员提供各种教育服务。这类培训以市场为导向，显示出市场属性，且具有较高的容纳能力。同时，其培训项目具有职业和产业属性，为了适应社会职业、产业需要的变化，培训机构需在较短时间内对这种需求变化做出反应和更新。

（二）社会团体主导

一些社会团体，梅里安称之为"成人准教育组织"，这些社会团体无论是公立还是私立，都把对公民的教育视为其重要使命或必备功能。包括各类文化组织、社区组织、职业与行业协会、卫生与福利机构以及社会服务机构等。文化组织如图书馆、博物馆、艺术馆、出版业、报纸、广播、电视等，主要职能是向公民传播一般知识或信息。同时，这类组织也起教育作用，并在一定范围内为成人提供或促进有目的、有组织的学习活动，国外的公共图书馆和博物馆在成人教育领域相当活跃，如其间举办的各种主题沙龙，从获得基本的读写能力，到如何在当今现代组织中求得发展，内容非常广泛。社区组织则包括形式繁多的地方性民间非营利会员组织和服务组织，它们为各个组织中的会员及所在社区的成人提供多种学习机会。职业与行业协会提供的成人教育活动大都与职业训练有关，但也逐渐涉及成人教育的其他领域。

还有一些社会团体，梅里安称之为"成人非教育组织"。这些组织的主要使命不是成人教育，成人教育只是其附属功能，它们是将成人教育作为达到其他目的的手段，是为了满足组织自身的特殊需求（政治、经济、军事、宗教、娱乐等）而对内部人员提供培训课程或学习指导。在这类组织中有工商业组织、政府部门、工会、医院、教会、监狱以及各种民间团体组织。它们利用成人教育来更好地达到赢利、提高部门工作效率、增加其成员的经济利益、治疗疾患、传播教义以及改造犯人等目的。

第三节 成人非正式学习

成人非正式学习（包括偶发性学习）是指基于日常生活、工作等情境下，由成人学习者自发展开的非结构化的学习活动，通常发生在正规或非正规的有组织、有系统的教育活动之外。目前，成人非正式学习已被广泛认可为成人学习的主要形态，它与正式学习共同构成了终身学习的完整形态，也是实现学习型社会的重要基础。

一、成人非正式学习的含义与特点

成人学习具有非系统、即时性的特点，学校或其他机构发起的结构化的教育活动很难满足成人的所有学习需求。联合国教科文组织在 2012 年发布的《非正规和非正式学习成果识别、验证和认证指南》中指出："制度化的正规教育机构对于成人学习往往不是支持性的，许多成人的发展往往是通过无形的甚至自己也未察觉到的学习过程得以实现。"[13]成人非正式学习、偶发性学习的概念突破了结构化的学校教育或其他机构教育的藩篱，将成人学习的场域拓展到日常生活或工作情境中，诠释了成人学习的泛在形态，对全面认识和理解成人学习有重大意义。

国外学者通常认为，成人非正式学习是与正式学习相对的一个概念。马席克与沃特金斯（V. J. Marsick & K. E. Watkins）在《工作场所中的非正式学习和偶发性学习》（*Informal and Incidental Learning in the Workplace*）一书中，通过与正式学习进行对比来定义非正式学习。他们认为正式学习是"典型的制度化、基于课堂、高度结构化的"；而非正式学习"可能会发生在学校或其他机构中，但主要不是发生在教室环境中，也不是高度结构化的，而且学习的主要控制权掌握在学习者手中"。[14]马席克与沃尔浦（V. J. Marsick & M. Volpe）认为，偶发性学习发生在人们不经意的时候，是"是集日常生活与工作为一体，通过内部或外部的震荡而产生的、非高度意识性的、偶然性的一个综合体"[15]。

我国学者也对非正式学习进行定义。余胜泉，毛芳认为非正式学习是"学习者在非正式的学习环境下的有明确的自主意识的自学，是实践中的学习，包括沙龙聚会、读书、体育锻炼等"[16]。张浩、祝智庭则认为"非正式学习也有可能是无意识的，大都不用成绩评价，也无须划分等级，衡量学习有效性的标准是其成果是否能在生活或工作中获得成功"[17]。

由此可见，非正式学习是无组织、无结构的学习活动，它可以出现在任何地方和任何时候，如自我导向学习、工作场所学习、网络学习、指导学习、试误实验、经验反思等。如果这种学习能得到组织的鼓励，在学习条件并不优越的环境里也可以发生。偶发性学习则是有意无意之间的一种学习活动，表现为人们对瞬间获得的洞察展开探究并获得认知。马席克与沃特金斯认为，经验学习、自我导向学习、行动中反思学习、转化学习、情境学习等概念都与非正式学习和偶发性学习相关，但又有诸多不同之处。

威灵顿（J. Wellington）从多个维度对正式学习与非正式学习的特点进行了比较（见表3-1），为我们更好地理解和诠释非正式学习提供了借鉴。

表3-1 正式学习与非正式学习的特点[18]

非正式学习	正式学习
自愿的	义务的
无结构、无系统	结构化、系统化
开放式、学习者主导、以学生为中心	封闭式、教师主导、以教师为中心
正式学习场所之外	基于教室与机构
无计划	有计划
学习效果难以评估	学习效果容易评估
较多社交互动	较少社交互动
无规约	有规约
不定向	定向

总体上看，非正式学习源于日常工作、生活及相关活动，也有可能发生在学校或其他机构中，但不是基于有组织、有系统的教育活动，学习的主导权主要在学习者手中，学习方式和学习内容由学习者自主确定。非正式学习具有较弱的可预见性以及进行方式的社会化、情境化，因而常常表现为缺少计划性。学习效果并没有统一的社会评价标准，较难进行系统评估，评估主要以自身满意度为依据。

二、成人非正式学习的模型

1990年，马席克和沃特金斯提出非正式和偶发学习的模型，此模型的建构受到杜威（J. Dewey）、阿吉利斯（C. Argyris）、舍恩（D. Schön）及麦基罗（J. Mezirow）等人的理论启发。1999年，他们又与克赛（M. Cseh）一起对理论模型进行了多次修正（见图3-2），使该模型日臻完善，能够揭示非正式学习的发生过程，对成人学习有很强的解释力。

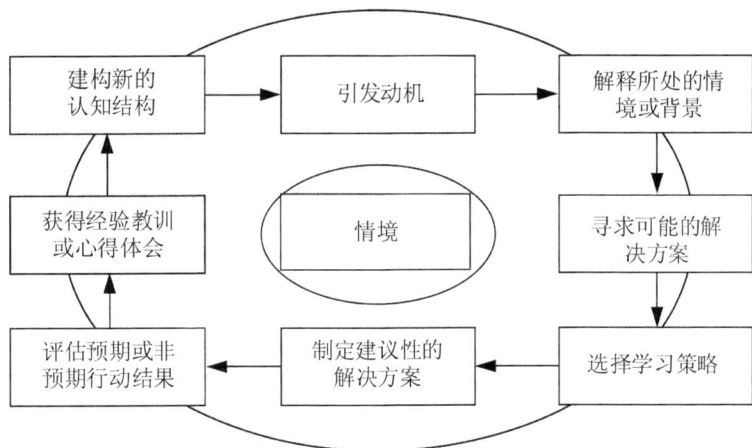

图 3-2 克赛、沃特金斯和马席克的非正式和偶发学习模型[19]

据克赛、沃特金斯和马席克解释，模型中的内圆表达的是模型建构者的基本理念：人们每天处在一种变化着的特定的工作与生活情境中，而人的学习行为又正是源于这样一种富有变化的情境，即一个新的生活经历、体验都往往提出新的亟待解决的问题，使人们面临新的挑战，或者展现一种事关未来的新的奋斗远景。模型中的外圆则代表经历、体验发生过程中的具体背景，其中包括事关学习活动的个人特定情境或所处的社会、公司及其文化背景。

此模型描述了一个非正式和偶发学习的意义建构进程，这一过程有九个步骤。克赛、沃特金斯和马席克特别强调，虽然模型是闭环形式的，但各个步骤之间并不是线性的，其中也不具有必然的联系。有的步骤，比如对所处情境或背景的解释，完全可能是一个循环往复的过程，因为人们常常会对所处的情境或背景有新的理解，而一旦产生新的理解，人们可能会回顾此前的理解并提出质疑。

关于这一学习模型的具体运行过程，克赛、沃特金斯和马席克也做出了解释。通常情况下，学习活动的发生总要有引发的动机，或是受到一种或几种内外因素的刺激，且这种刺激往往源于人们对当前事物或思考方式的不满状态。甚至，有的学习动机形成的原因是由一个意外事件所引发，例如一个带头人的突然离去，从而对其他人形成某种刺激或压力，进而引发学习动机。

人们在面临新问题、新挑战而引发学习动机并且准备采取新的对策或行动之前，需要首先对所处的情境或背景进行解释。在马席克与沃特金斯看来，构成这些情境或背景的因素有时比较简单，有时比较复杂。在简单的情况下，这种情境或背景可能只是介入了一个其他的人，所进行的不过是常规性的交流。在复杂的情况下，介入情境或背景的人数较多，并且还会涉及诸如政治、经济或文化的因素，那么要解释这种复杂的情境或背景就极富挑战性，将受到个人的感知能力与所需技能的影响，并且需要避免因感情因素而产生误区或盲区。

制定建议性的行动方案固然取决于人们对所处情境或背景的解释，但以往采取的方法或其他选项也会对行动方案的确定产生某种导向性的作用。至于所选择的行动方案能否最后成功，还取决于人们是否具有完成行动任务及解决新问题的各种能力。此外，还有许多其他相互关联的因素会影响到解决的问题或任务的完成，如相关资源（时间、财力、榜样、缄默知识等）及其可使用的程度，学习动机的强弱，以及在可能的压力与挑战面前是否有新的行动能力的情感力量等等。

当解决问题的行动方案付诸实施后，就可以评估预期或非预期行动结果。如果人们能较早明确方案预期或行动目标，就相对容易确认行动结果是否与预定目标或预期效果相一致。这些评估能够使人们领会并确认所学的知识和理论，并用它们来规划未来的行动。而对这些评估的思考又将使人们获得经验教训或心得体会，从而建构起对新的情境与背景的认知结构。再进而言之，这种新的认知结构又必将成为由新的问题与挑战所引发动机、采取行动之参照框架的重要元素。如此周而复始，又回到了这个模型循环的起点。

三、成人非正式学习的条件

非正式学习是非结构化的，是学习者基于工作和生活情境的自发学习，不需要太多外在机构和设施的辅助，但这并不等于说它不需要一定的支持性条件。马席克和沃特金斯认为，非正式学习的发生需要以下三个基本条件：

一是对知识与经验的批判反思。对于知识与经验，特别是对于那些缄默知识与经验而言，其中难免交织着正确与错误，如果人们没有足够的批判性反思意识与行动，其所作出的分析、判断、选择、实践等就完全有可能陷入错误的泥潭。因此，非正式学习要求学习者具备对自身价值取向、缄默知识和日常经验的批判反思能力。成人教育工作者要帮助成人学习者不断提高批判性反思能力，使他们的价值观念、心理取向以及未被突显出来的缄默知识与经验能够不断明朗，这样才能进行批判性反思，从而真正实现非正式学习的发生。

二是激发学习者的主动行为。先进的技术特别是网络技术，使得人们对知识、技能的学习变得更加的个别化、分散化。由此，知识、经验的来源不再仅仅是通过人际交流，亦可通过"人机交流"中的非正式学习加以获得。因此，非正式学习要求学习者要积极地辨别选择、学习新的知识技能并最终解决问题，成人教育工作者要注意不断激发成人学习者的主动行为，使他们能够为作出积极的辨别、明智的选择以及在践行自己的选择中充满主体意识地学习新的知识技能。

三是创造多种选择的能力。非正式学习发生在个体、团队、组织等多个层面：个体层面的学习是个体构建意义和获得知识与技能的方式；团队层面的学习是相互建构新的知识以及形成良好协调、协作能力的方式；组织层面的学习是融入整个组织系统的一种文化与行为。这些不同学习层面的内部或相互之间存在潜在差异，而个体与团队，或团队与组织的交叉也会带来特别效应。这要求学习者具备富有创造性的选择能力和行动能力，成人教育工作者要注意培养成人学习者的创造能力，使他们能够以更加开阔的视野，在更加宽广的领域里展现他们富有创造性的选择能力与行动能力。

第四节　成人学习型组织

20 世纪 70 年代，联合国教科文组织提出人类要向学习化社会迈进。90 年代以来，学习型组织理念的提出，为成人教育提供了新的理念，也为组织形态的成人教育注入了新的生机。目前，许多国家已相继开展了学习型组织的研究及创建活动，以此作为建构终身学习体系和学习型社会的基石。

一、学习型组织的含义与特征

"学习型组织"（Learning Organization）的概念最早可以追溯到 19 世纪 20 年代相关文献的探讨。1990 年，彼得·圣吉（P. M. Senge）教授在《第五项修炼：学习型组织的艺术与实践》一书（*The Fifth Discipline：The Art and Practice of the Learning Organization*）中提出"学习型组织"理念，引起人们广泛关注与讨论。越来越多的研究与实践证明，学习型组织为推进终身学习体系和学习型社会的建构提供了一种全新的理念和工作方式。

有不少的学者对学习型组织的含义进行探讨。圣吉于 1990 年提出的说法引起了较大回响，他认为学习型组织是指"组织的成员不断地扩展能力，创造员工满意的结果，且使新形态的思考方法得以孕育，共同愿景得以实现，而成员不断地学习如何共同学习"[20]。贝克（M. Beck）认为学习型组织是"一个能帮助员工学习及个人发展，因而使组织不断地转变与更新的组织"[21]。沃特金斯与马席克将学习型组织中的学习定义为"个体不断学习和自我改造的过程，学习发生在个体、团队、组织甚至不同组织相互作用的社区中。学习是一个持续不断的、战略整合的过程，与组织的工作融为一体并与之保持步调一致"[22]。马奎特与雷诺斯（M. J. Marquardt & A. Reynolds）则指出学习型组织是一个促进个体与团体学习的组织，它指导成员具有批判思考能力，以了解何者应做以及为何要做，个体则协助组织从成功及失败中学习，因而能认清环境改变并进行有效的适应。学习型组织赋予成员具有产生新知识、新生产与新服务的能力，而使生产与服务到达一个新的境界。[23]施万特与马奎特（D. R. Schwandt & M. J. Marquardt）将学习型组织界定为"一种有关行动、行动者、信条和过程的体系，可以使组织将信息转换为有价值的知识，因而增进组织长期的适应能力"[24]。

要进一步了解学习型组织的含义，就需要掌握学习型组织的特征。各个学者在定义学习型组织时，已经指出其若干要素及特征。沃特金斯和马席克认为学习型组织的重要特征就是它可以使组织具有改变或转换能力，其特征有七个方面，可用七个 C 来表示：持续不断（Continuous）的学习；亲密合作（Collaborative）的关系；彼此联系（Connected）的网络；集体共享（Collective）的观念；创造发展（Creative）的精神；系统存取（Captured and Codified）的方法；建立能力（Capacity Building）的目的。

与国外相比，我国学习型组织的研究起步较晚。一些学者从学习型组织建设的要素出发，来认识学习型组织的含义。台湾学者吴明烈认为学习型组织有五大要素，即有效的学习途径和具体措施、终身学习的习惯、激发个人生命潜能并提升人生价值、形成良好的组织气候与组织文化、促成组织顺应变迁与永续发展。[25]大陆学者张声雄提出学习型组织有六大要素，即学习型组织应拥有终身学习的理念和机制、建有多元回馈和开放的学习系统、形成学习共享与互动的组织氛围、具有实现共同愿景的不断增长的学习力、工作学习化使成员活出生命的意义、学习工作化使组织不断创新发展。[26]叶忠海则提出学习型组织的五个特征，即以学习求科学发展、学习是核心要素、有共同愿景、呈现成长的过程、有可持续发展。[27]

二、构建学习型组织的步骤

国外许多学者探讨了创建学习型组织的途径与步骤。圣吉在《第五项修炼：学习型组织的艺术与实践》一书中提出的"五项修炼"说，引起了人们广泛关注与讨论，探究学习型组织的理论与实践有了很大发展。

圣吉对企业如何迈向学习型组织进行了深入探讨，以系统思考的核心概念来贯穿整个步骤，提出迈向学习型组织的五项修炼：自我超越；改进心智模式；建立共同愿景；团队学习；系统思考。圣吉指出上述五项修炼的学习，应依演练、原理及精髓三种层次进行。演练即具体的练习；原理即指引练习的概念；精髓即修炼纯熟的个人或群体所处的境界。如系统思考能够使人对生命的一体感产生愈来愈强烈的体验，并且使个人的视野从观察部分改变为观察整体。各项修炼在精髓的层次越来越相近（见图3-3），通过一种不断学习的共同体认，将各项修炼合起来。各项修炼间虽仍存有差异，只是差异变得愈来愈小。

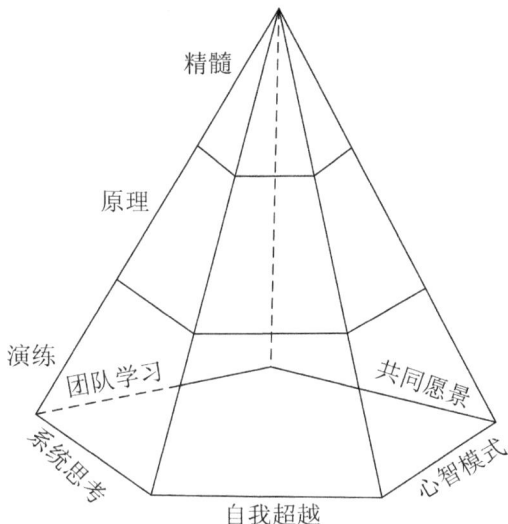

图 3-3 圣吉学习型组织五项修炼的学习模型

沃特金斯和马席克提出建立和支持学习型组织的必须具备的六项行动（见图3-4），即：创造持续学习的机会；促进对话与讨论；增进合作与团队学习；建立学习及分享学习的系统；促使成员迈向共同愿景；促使组织与环境相结合。

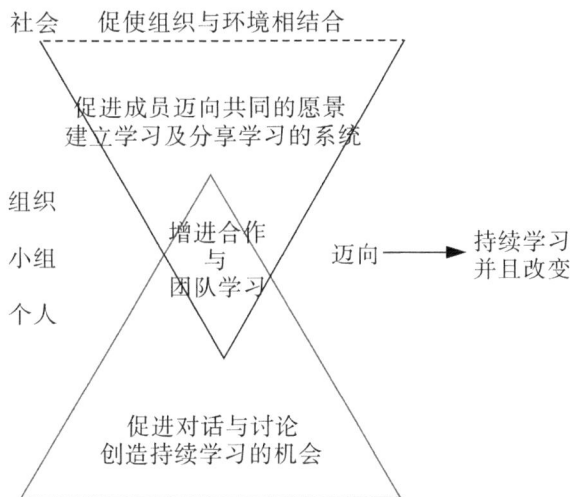

图 3-4 瓦特金斯及马席克的六项必要行动

柯林与桑德斯（P. Kline & B. Saunders）认为，要发展一个学习型组织，可依十个步骤进行：评估组织的学习文化；促进组织的积极作为；创造安然思考的工作场所；奖励冒险；协助成员成为彼此的学习资源；将学习能力运用到工作上；建立共同愿景；将愿景融入生活中；系统思考；明示未来努力的方向。[28]

内维斯、迪贝拉和古尔德（E. C. Nevis, A. J. Di Bella & J. M. Gould）详细列举了学习型组织创建的十个促进因素。他们提到的前三种因素审视规则、持续学习以及系统观点，与圣吉、沃特金斯和马席克等人所提出的观点十分相似。这十种促进组织学习的因素是：审视规则；持续学习；系统观点；认识绩效差距；关注测评；实验新的心智模式；建立开放的氛围；保持流程的多样性；形成众多的发动主体；促使领导层卷入。[29]

建构学习型组织并非轻而易举，在实际执行过程中存在诸多障碍和抑制因素。马奎特（M. J. Marquardt）提出组织学习的六项障碍，包括：（1）科层体制：科层体制下的政策、规章、形式和工作僵化。（2）竞争：组织过于强调个体间的竞争，远甚于团队的工作与合作。（3）控制：具高度控制力的组织，会呈现低度的组织学习。（4）沟通不良：沟通不良往往来自认识上的偏见，或信息不足与传播延误。（5）领导者缺乏理念：领导者不进行学习亦不要求别人学习。（6）个人理念无法更新：科层体制固定阻碍个人更新理念。[30]

三、学习型组织的类型

学习型组织对于促进组织以及与组织相关的成人学习十分重要，在学习型社会中，政府、企业、学校、社区、单位、家庭等各类组织均应朝向学习型组织转变，以此推进学习型社会的构建。

（一）学习型企业

在急剧变革的时代，知识、技能的持续更新成为个人职业发展和企业绩效提升的必然选择。从学校到工作的转换不再界限分明、呈线性发展，学习不再局限于基于学校课堂环境的正规学习活动，知识、技能也不再是个体化的，学习型组织的建构成为企业变革和绩效提升的重要途径。学习型组织对成人发展具有重要意义，人们逐渐认识到，企业等工作场所提供了丰富的学习资源，是个体获得知识和技能的"合法"环境，是有效提高个体工作参与的重要途径。在一些企业中，学习变得越来越重要，越来越多的企业开始注重组织学习文化的培育，注重营造一种鼓励、激发员工学习的组织环境。

20 世纪 90 年代，世界上不少企业组织开始建构学习型组织。美国企业界人士把学习型组织的建构视为企业脱胎换骨的关键。"微软"为了建立学习型组织，提出"通过自我批评学习、信息反馈学习、交流共享学习"三大理念。为了将三大理念深入下去，微软努力建构了四大学习系统：系统地从过去和当前的研究项目和产品中学习；通过数量化测量和衡量基准进行信息反馈和改进，从中得到学习；以客户信息为依据进行学习，这是外部的信息反馈；促进各产品组之间的联系，通过交流共享得到学习。[31]

（二）学习型社区

学习型组织的理念落实在社区中，即是学习型社区的建构。学习型社区的概念是由英国学者朗沃斯（N. Longworth）最早提出，亦即经由社区教育策略的规划，提供开放式的学习，建立社区民众的学习习惯，让民众学习自由、授权、觉醒、解放、供应、激励、培养等能力，才能具备"学习如何学习"的能力与习惯。[32]

马奎特认为要建立学习型组织，需要联结社区系统、科技、知识管理、授权和促进个人能力，以及将社区转化为学习型组织等五项策略，才可达到理想目标。因此，建立学习型社区的行动策略包括：社区系统联结策略；科技应用的行动策略；学习型组织知识管理的策略；授权和促进个人能力的策略；将社区转化为学习型组织的策略。

（三）学习型家庭

学习型家庭是学习型组织中的最基本单位，只有建构一个学习型家庭，家庭成员才可能实现可持续发展，家庭的发展才能与社会的发展彼此协调。乐善耀将学习型家庭界定为："以提高家庭的社会适应力和生活质量为目的的家庭成员共同学习、相互学习、自我完善、改变自我、共同成长的一个过程。"同时，他指出学习型家庭的要素及模式。学习型家庭的要素主要有：（1）崇尚学习；（2）共同时间；（3）跨越代沟；（4）沟通对话；（5）情感支持；（6）生活中学习；（7）共同分享；（8）自我改变。学习型家庭的学习模式主要有父母主导式、孩子主导式、家人交互式等几种模式。[33]只有建构一个学习型家庭，家庭成员才可能实现可持续发展，家庭的发展才能与社会的发展相协调。

参考文献

[1] 库姆斯. 世界教育危机 [M]. 赵宝恒，李环，译. 北京：人民教育出版社，2001：85，88，94.

[2] 梅里安，凯弗瑞拉. 成人学习的综合研究与实践指导 [M]. 黄健，张永，魏光丽，译. 北京：中国人民大学出版社，2011：23.

[3] 玉井克哉，宫田由纪夫. 日本的产学合作 [M]. 东京：玉川大学出版社，2007：10-12.

[4] OECD. Recurrent education: A strategy for lifelong learning [M]. Paris:

OECD, 1973: 24.

[5] 张新生. 英国成人教育史 [M]. 济南: 山东教育出版社, 1993.

[6] CATES C, JONES P. Learning outcomes: The educational value of Cooperative Education [M]. Columbia, MD: Cooperative Education Association, 1999: 10-11.

[7] RYDER K G, WILSON J W. Cooperative education in a new era: Understanding and strengthening the links between college and the workplace [M]. New York: Jossey-Bass, 1987: 69.

[8] HUTCHINS R. The learning society [M]. New York: The New American Library, 1969: 134.

[9] 联合国教科文组织国际教育发展委员会. 学会生存: 教育世界的今天和明天 [M]. 华东师范大学比较教育研究所, 译. 北京: 职工教育出版社, 1989: 221.

[10] 张声雄, 徐韵发. 创建中国特色的学习型社会 [M]. 南昌: 江西人民出版社, 2003: 41.

[11] 柯林斯, 波勒斯. 基业长青 [M]. 真如, 译. 北京: 中信出版社, 2009: 59.

[12] 达肯沃尔德, 梅里安. 成人教育: 实践的基础 [M]. 刘宪之, 蔺延梓, 刘海鹏, 译. 北京: 教育科学出版社, 1986: 220-222.

[13] SINGH M. UNESCO GUIDELINES for the recognition, validation and accreditation of the outcomes of non-formal and informal learning [J]. UNESCO Institute for Lifelong Learning, 2012, 11 (33): 1631-6.

[14] MARSICK V J, WATKINS K E. Informal and incidental learning in the workplace [M]. New York: Routledge and Kegan Paul, 1990: 12.

[15] MARSICK V J, VOLPE M. The nature of and need for informal learning [J]. Advances in Developing Human Resources, 1999, 1 (3): 1-9.

[16] 余胜泉, 毛芳. 非正式学习: E-Learning 研究与实践的新领域 [J]. 电化教育研究, 2005 (10): 19-24.

[17] 张浩, 祝智庭. 一对一环境下的学习变革 [J]. 远程教育杂志, 2008 (4): 25-28.

[18] WELLINGTON J. Formal and informal learning in science: The role of the interactive science centres [J]. Physics Education, 1990, 25 (5): 247-252.

[19] CSEH M, WATKINS K E, MARSICK V J. Re-conceptualizing marsick and Watkins' model of informal and incidental learning in the workplace [M] //

KUCHINKE K P. Proceedings, academy of human resource development conference, Volume I. Baton Rouge, LA: Academy of Human Resource Development, 1999: 349-356.

[20] SENGE P M. The fifth discipline: The art and practice of the learning organization [M]. New York: Doubleday, 1990: 3.

[21] BECK M. Learning organisations: How to create them [J]. Industrial & Commercial Training, 1990, 21 (3): 27-33.

[22] WATKINS K E, MARSICK V J. Sculpting the learning organization: Lessons in the art and science of systemic change [M]. San Francisco: Jossey-Bass, 1993.

[23] MARQUARDT M J, REYNOLDS A. The global learning organizations: Gaining competition advantage though continuous learning [M]. IRWIN: New York, 1994: 21.

[24] SCHWANDT D R, MARQUARDT M J. Organizational learning: From world-class theories to global best practices [M]. New York: St. Lucie Press (Boca Raton), 2000.

[25] 吴明烈. 组织学习与学习型学校 [M]. 兰州: 甘肃文化出版社, 2005: 32.

[26] 徐韵发, 张声雄. 学习型组织与现代管理 [M]. 上海: 百家出版社, 1998: 1-2.

[27] 叶忠海. 现代成人教育学原理 [M]. 北京: 中国人民大学出版社, 2015: 135.

[28] KLINE P, SAUNDERS B. Ten steps to a learning organization [M]. Virginia: Great Ocean Publishers, 1993.

[29] NNVIS E C, DI BELLA A J, GOULD J M. Understanding organizations as learning System [J]. Sloan Management Review, 1995, 36 (2): 73-95.

[30] MARQUARDT M J. Building the learning organization: A system approach to quantum improvement and global success [M]. New York: McGraw-Hill, 1996.

[31] 张声雄. 21 世纪管理模式 [M]. 上海: 上海科学技术文献出版社, 2000: 36-39.

[32] LONGWORTH N. Making lifelong learning work: Learning cities for a learning century [M]. London: Kogan Page, 1999: 37-48.

[33] 乐善耀. 学习型家庭 [M]. 上海: 文汇出版社, 2002: 4.

第四章
成人学习理论（上）

从 20 世纪中期开始，成人教育专业化呼声不断高涨，成人教育学要想成为一门独立的学科，必须建构起自己的知识话语。成人教育学家开始自觉地将成人学习与儿童学习区分开来，致力于成人学习理论的研究，以使成人学习获得一种理论支持。当前，成人学习的研究已经成为成人教育学的重点问题，成人学习的认知究竟是如何形成的，如何建构成人学习理论等等，均是成人教育学家关注的问题。本章介绍成人学习理论的三大基石，即诺尔斯成人教育学、自我导向学习理论及转化学习理论。

第一节　诺尔斯成人教育学

诺尔斯的成人教育学是致力于将成人学习与儿童学习相区分而形成和发展起来的，体现了成人学习领域专业化的成果，奠定了成人学习理论的基石。1970年，诺尔斯在《现代成人教育实践：成人教育学和儿童教育学的对照》（*The Modern Practice of Adult Education：Andragogy Versus Pedagogy*）一书中，把成人教育学（Andragogy）定义为"帮助成人学习的科学和艺术"，以区别于"帮助儿童学习的科学和艺术"的普通教育学（Pedagogy）。这样，成人教育学就成为一个试图将成人教育从其他教育中独立出来的著名理论。

一、诺尔斯成人教育学主要观点

诺尔斯在林德曼（E. C. Lindeman）1926 年《成人教育的意义》（*The Meaning of Adult Education*）一书研究的基础上，从成人学习者的特点出发，首次明确划分出现代成人教育学与教育学的区别（见表 4-1），指出教育学（此处指儿童学习的方式）仅限于儿童，并不适用于成人。

表 4-1　诺尔斯儿童教育学与成人教育学的对比[1]

概念	儿童教育学	成人教育学
学习者的概念	学习者的职责被定义为依靠型职责，社会要求教师全面负责确定应学什么、何时学、如何学、学到没有	人从依赖型转变为独立型是成熟过程中的一个正常的方面。但是这种转变，不同的人有不同的速度和不同的生活内容。教师有责任鼓励和培养这种转变。成人虽然可能在特定情境中暂时依赖他人，但是他却有一种心理需要，希望在一般情况下独立自主
学习者的经验的作用	学习者带到学习情境中的经验很少有什么价值。开始时它可能有用处，但是学习者可望从中得到大量教益的经验却是教师的经验、教科书编纂者的经验、视听材料制作人和其他专家的经验	人们随着自己的成熟和发展，会积累越来越多的经验。这些经验可以成为他自己和他人的丰富的学习资源。另外，人们还常常给从经验中所获得的知识以新的含义，而不是被动地获取知识。因此，教育的基本技术就是经验型技术——实验室工作、讨论、问题解决实例、模拟学习、现场活动等
学习的准备性	只要有足够的压力（如担心失败），人们就会准备学习社会（特别是学校）认为他们应当学习的东西。大多数同龄人都准备学习同样的东西。因此，对所有学习者来说，学习应当有相当标准的课程，按部就班地前进	人们准备学习某种东西是因为他们觉得有一种需要，为了满意地完成实际生活中的任务，解决实际生活中的问题。教育工作者有责任创造新的条件，提供新的工具，以帮助学习者弄清需要。学习计划应当围绕生活中的需要来组织，根据学习者所要求的学习步骤安排先后顺序
学习的倾向性	学习者把教育看作是一个学习书本知识的过程。他们知道，大部分知识只是在人生靠后一段时间才能有用。课程应当按照书本知识的单元（科目）组织。知识单元应遵循科目的逻辑顺序（例如历史课应当从古至今，数学课或其他自然科学应当由简到繁）。在学习方向上，人们以书本知识为中心	学习者把教育看作是一个日益提高能力以充分发挥其生命潜力的过程。他们希望能够把今天学得的任何知识和技能都更加有效地运用于明天的生活中。因此学习活动应当围绕提高能力来组织。在学习方向上，人们以实用为中心

诺尔斯在对成人教育学与儿童教育学加以区分的基础上，做出了关于成人教育学的四种理论，后来又补充了一种理论——成人学习更多受内在因素而非外在因素的驱动。这个理论为成人学习者提供了"身份象征"（badge of identity），被视为成人教育学的里程碑。

（一）成人学习者具有独立自主的自我概念

诺尔斯认为，成人和儿童在学习的自主性上存在显著差别。在儿童的学习活动中，教师决定学习目的、学习内容、学习计划和教学方法，学生对教师具有较强的依赖。在成人的学习活动中，学生的自主性和独立性较大，学生对教师的依赖性降低，学生具有较强的个人意识和个人责任感，能够自己选择学习内容、制定学习计划，希望教师关于教学的任何决定能够与他们协商后做出。

（二）成人学习者积累的大量经验是其丰富的学习资源

诺尔斯认为，个体生活经验的差异使得儿童的学习活动与成人的学习活动存在较大差异。对儿童而言，个体经验主要来自成人的间接经验，并且不丰富和全面，学习活动中能够对学习产生影响的直接经验非常少。对于成人学习者，学习活动中更多地借助于自己的经验来理解和掌握知识，而不是以教师的传授为主。

（三）成人学习与其社会角色的发展任务密切相关

诺尔斯认为，成人的学习任务已经由儿童时期的以身心发展为主转变为以完成特定的社会责任、达到一定的社会期望为主。对成人而言，学习任务是促使其更有效地完成他所承担的社会责任，提高社会威望的方式，往往学习成为他们职业生涯或生活状态的一个转折点。因此，这种学习具有更强的针对性，且学习动机较强。

（四）成人学习更多是一种以问题为中心的学习

诺尔斯认为，儿童的学习目的指向未来的生活，而成人的学习目的则在于直接运用所学知识解决当前的社会生活问题。因此，成人学习者更喜欢问题中心或任务中心的学习。教育活动对成人是一个十分明确的学以致用的过程，他们能够针对社会生活中的具体问题进行学习，并具有通过学习解决实际问题的强烈愿望。

（五）成人学习更多受内在因素而非外在因素的驱动

诺尔斯认为，由于成人学习表现为自我需要，由此引发的成人个体的学习动机比较强烈，效果持久，使得成人学习的自主自立愿望更加强烈，即成人的学习基本是属于自我导向学习。成人学习者能够独立并积极主动地参与学习过程，坚持不懈的努力，能够持续掌握所学的知识，这些特点说明成人学习者的学习动机主要来源于内部。

二、对诺尔斯成人教育学的评价

诺尔斯的成人教育学作为成人学习的基本观点，受到很多学者的关注，赞成、建议或质疑的声音兼而有之，引起当时学者的一番大讨论，后继学者也不断在进行探讨，其影响程度可见一斑。诺尔斯本人认为成人教育学是继林德曼 1926 年提出成人学习观点以来对成人学习的进一步研究，有其独特的思考，为建构成人学习理论所必需。克罗斯（K. P. Cross）认为成人教育学所提出的成人学习者特征甚为重要，非其他理论能够比拟。[2]228

诺尔斯成人教育学首次明确划分出现代成人教育与普通学校教育的区别。这种区分的主要依据是成人与儿童在社会生活和心理活动特点（主要是人格特点）存在质的差异，在此之前的传统成人教育理论忽视了这个差异，更多是从普通学校教育理论的指导下进行的。作为现代成人学习理论，诺尔斯成人教育学的主要贡献就在于它首次从成人特点出发，真正针对成人学习者来探讨成人学习的独特规律，其人本主义思想可概括为"成人应学习""成人要学习"和"成人会学习"。这对于在理论上明确和巩固成人教育学的学科地位，推动成人教育实践的发展具有十分重要的意义。

诺尔斯的理论在实践中具有很强的操作性。诺尔斯本人既是一位教育理论家，也是一位实践活动家，他的理论源于他所从事的具体的成人教育工作；同时，他的成人教育学理论包含着具体的指导性原则和建议，是为成人教育实践服务的。如关于"成人学习的独立自主性"，成人教育要帮助成人学习者"自我诊断"学习课题和学习要求，学校在行政措施中、教师在教学活动中，均应尽量给予成人学习者自主权，让他们自行决定，推进其自主学习的能力。关于"成人学习者的经验"，成人经验导致更大的个体差异，成人教育者需要关注个性化的应对策略，学会与不同的学习者相处，帮助他们从各自经验中有所收获。关于"成人学习的倾向性"，在成人教育中要强调教育计划与成人的社会任务的变化相适应，以"问题为中心"来设计教育计划，把调查和诊断学习者所关心的问题放在适当的位置上。

由于诺尔斯的观点自提出以来几乎没有经过实证性研究来验证这些理论的有效性，多年来，学者针对其理论的缺陷和不足提出了不少质疑，主要集中在以下几点：

（一）成人教育学能否被视为成人学习的一种理论

20 世纪七八十年代，成人教育学的争论是围绕成人学习理论是否有效来展开的，也就是说，人们质疑成人教育学能否作为一种理论。伊利亚斯（J. L. Elias）

认为成人教育学不过是成人教育中一些有用的格言，与真正的教育理论尚有较大距离。[3]哈特里（A. Hartree）认为成人教育学可以被视为对成人学习实践的某种最佳描述，这些假设具有模糊性和动摇性，诺尔斯并没有提供证实这些假设的实例，虽然他试图从成人学习理论的视角提出他的教学模型，但他并没有系统地建立一个一元化的学习理论。[4]达文波特（J. Davenport）也认为，成人教育学可以同时归属于"成人教育理论、成人学习理论、成人学习技术理论、成人教育方法与成人教育技术的范畴，或者说，它还只是关于成人学习的一系列假设而已"[5]。诺尔斯本人则更倾向于认为，成人教育学理论是一个关于成人学习的假设模型，或者说是为理论的产生提供一个基础性的概念框架。[6]62

（二）成人教育学在多大程度上仅仅适合成人而非儿童

针对诺尔斯关于成人教育学与儿童教育学的二元对立观，不少学者认为，诺尔斯提出的理论假设，过多强调了成人学习者与儿童学习者的差异。布鲁克菲尔德（S. D. Brookfield）认为诺尔斯有三个假设是有问题的，成人的自我导向性更多是一种期望结果而不是既定特征，有的成人学习者也会依赖老师，有的儿童却很独立；成人学习以问题为中心以及与发展任务密切相关，容易导致狭隘的实用主义学习倾向。他认为，只有关于成人学习者最显而易见的特征——成人经验的假设才是立足于实践的。[7]然而，即便如此也是存疑的。梅里安（S. B. Merriam）指出有的成人经验未必会转化为优质学习资源，某些经验也有可能成为抗拒新知识的思维定式、预设及偏见，对成人学习者获得新知识造成障碍。[8]同样的争议也表现在学习动机上，成人也有可能受外部因素驱使而学习，比如许多职场上的学习，都是规定必须参与的，更不用说政府和社会硬性规定的一些学习；相反，儿童也有可能受好奇心驱使或学习的内部愉悦感而学习。针对诺尔斯的成人学习特征假设，伊利亚斯甚至认为成人与儿童的任何区别都不是本质的，并不构成区分成人教育学和儿童教育学的基础，只有教育学（Education）的概念才适合两类人的教育。

（三）成人教育学忽略了成人学习的社会历史情境

后来的学者指出诺尔斯过分关注个体学习者，忽略了学习所发生的社会历史情境。格里斯（A. P. Grace）认为，成人学习者应视为一个社会存在，在社会脉络下生活和学习。诺尔斯对人本主义心理学的理论依赖，使其勾勒了一个自治、自由及成长导向的成人学习者形象。他的理论几乎没有注意到个人是受社会情境影响的，并在一定程度上是特定时代的社会历史和文化情境的产物；他的理论在个体因素之外，也"没有考虑过社会制度和结构对成人学习的交互作用"[9]。普拉特（D. D. Pratt）观察到成人教育学作为一个"可识别"的概念为成人教育提供了依据，但他也批评了诺尔斯理论的个体学习自治倾向，认为成人教育学无条件地站在了个体自由和行为主体这一边，而排除了社会情境和历史脉络的影响，这可能引发关于自由与权威、行为主体与社会结构之间两种紧张关系的拉锯战。在自由与权威之间，成人教育学极大地偏向于学习者的自治而非教育者的权威；在行为主体与社会结构之间，成人教育学过分强调了个人自治与权力，而排除了历史和环境对学习的影响。[10]

关于诺尔斯成人教育学理论的争议焦点在于，他对成人学习者的描述仅仅是假设，未必对所有成人学习者都适用。在这场旷日持久的争论中，诺尔斯本人也一直在反思是否成人教育学就是针对成人的，而普通教育学就是针对儿童的。1980年，《现代成人教育实践：成人教育学和儿童教育学的对照》（*The Modern Practice of Adult Education: Andragogy Versus Pedagogy*）一书再版时改为《现代成人教育实践：从儿童教育学到成人教育学》（*The Modern Practice of Adult Education: From Pedagogy to Andragogy*）。1984年，他在新出版的《成人教育学行动》（*Andragogy in Action*）一书中明确指出成人教育学与儿童教育学不是对立的关系。[11]这表明他已开始从将成人教育学和儿童教育学二元对立的认识中跳出来，把二者重构为一个连续体，这个连续体中是由以教师为导向的学习转向以学生为导向的学习。同时，诺尔斯也强调这两种方法是适用于成人还是儿童，并不是一成不变的，要视具体情况而定。比如，成人面临全新课程时，也会依赖儿童教育学中教师的指导及相关策略；而某些在校外已经具备自我导向学习倾向的儿童，在学校教育中也可能比较自主，适用成人教育学的假设及相关策略。现在，人们倾向于认为诺尔斯成人教育学理论的适用性取决于特定情境，而不是专门针对成人的学习理论。

第二节　其他成人学习理论模型

在诺尔斯提出成人教育学理论的同时，还有其他成人学习理论模型。这方面主要有麦卡克拉斯基的生活余力理论、诺克斯的熟练理论、克罗斯的成人学习者特征模型等，这些理论模型关注到成人学习的生活情境以及成人学习者的特征。

一、麦卡克拉斯基的生活余力理论

1963年，麦卡克拉斯基（H. Y. McClusky）提出生活余力理论，该理论研究成人学习动力的来源。成年期处于个体所需能量与可使用能量之间寻求平衡的成长变化期，这个平衡的概念可用"负担"（Load）与"能量"（Power）之间的函数关系来描述。按照麦卡克拉斯基给出的定义，"所谓负担，是指一个人为了保持最低限度的自主性所需要的自我和社会需求。能量，则是指一个人在应付负担时所能掌控的资源，如能力、财产、地位等"。用负担除以能量，所得到的量就是所谓生活"余力"（Margin）。[12]生活余力可因能量增加或负担减少而增加，也可因负担增加或能量减少而减少。个体要获得所需能量与可使用能量之间的平衡，需要调整生活能量或生活负担，来改变和控制生活余力。负担和能量的比率是影响个体生活情境的重要因素。当负担和能量的比率相当时，生活情境是稳定的；当负担超出能量，或由于负担失去控制而使其超出能量的倾向难以逆转时，生活情境将变得十分脆弱，甚至崩溃。

麦卡克拉斯基指出，无论生活负担还是生活能量，都由外部和内部因素构成。外部负担包括家庭、工作、社会责任等，内部负担来自个体不断发展的各种期望。外部生活能量包括家庭背景、外部资源、经济能力等，内部生活能量包括天赋、能力和经验等。对于各类成人学习者而言，如果其生活负担和生活能量均能被很好地控制而保持平衡，尤其是能够较好地增加和控制生活能量的储备，个人便能够掌握一定的生活余力，从而有能力应付生活中可能出现的突发情况，更好地承担风险，从事各种创造性活动，也更有可能不断进行学习。相反，如果个体不能很好地控制负担和能量之间的比率，不能有效地保持和增加生活能量的储备，则不具有处理突发情况的能力，也就缺乏从事各种创造性活动的动机。这类成人个体除了应付日常工作和生活任务以外，既没有参加学习的强烈愿望，也不具备保证学习正常进行的必要条件。对此，麦卡克拉斯基列举了两个例子来加以说明：

生活余力理论例一：

A太太，她是一位母亲，也是这个贫困家庭中唯一的成年人，有四个孩子，两个在上学，两个还没有。她几乎无法支撑这个家庭，为了生存在不断挣扎，已经没有任何生活余力参加夜校学习，或是参加当地为了配合城市发展而组织的街区委员会工作。

生活余力理论例二：

C先生，年届中年，他身体健康，收入丰厚，职业竞争力强，社会影响力大。正因为他的生活力量强大，所以他的生活负载也大。如果他的负载只比他的能力略逊一筹，那么这可能意味着他的生活余力较小。但是如果他能自己做主并减少生活负载的话，那么他的生活余力就可能是非常充足的。

为了参与学习而保留某些余力，这是很符合成人学习者特点的一种观念。生活余力是影响个体生活情境的重要因素，也是影响成人个体参与学习的动机水平与强度的决定性因素。该理论会使成人学习者重新审视自己的生活情境，调整生活负担和生活能量之间的比率。如果生活余力过小，没有条件参与学习来提升自我，便无法应对各种生活风险、增加自我价值以及从事创造性活动，极易陷入低水平忙碌的恶性循环中，无法实现可持续成长。而如果生活余力过大，则意味着未发挥生活能量的价值，没有在个人需要能量与可提供能量之间找到平衡，同样不能得到可持续成长。

二、诺克斯的熟练理论

1979 年，诺克斯（A. B. Knox）提出熟练理论，"熟练"是指个体"抓住时机实现自我满足的能力"[13]。它涉及个体对待工作和学习的态度、知识水平、工作能力及社会技能等。诺克斯认为，在成人生活的中心角色及教育活动之外的行为表现因素上，成人的学习与其他个体的学习存在本质区别。成人的学习既是一种内在的、发展变化的过程，又是一种与外界相连的、事务性的活动。之所以说它是发展的，是因为这种学习与青少年的学习一样，是伴随成人生长发展而进行的一种完整的变化过程。这种变化是在个体内部发生的，更多地取决于个体自身的内在因素。之所以说学习又是事务性的，是因为成人的学习更多地受到社会环境的影响。成人学习者与外界各种社会因素保持着密切联系，外界因素与成人之间的交互作用往往构成一种促进成人参加学习的激励力量。例如，成人必须不断提高工作能力以适应社会环境的要求。另一方面，成人与外界的联系不仅体现在学习情境中，而且遍及成人生活的各个方面，它们对成人学习都产生着不同影响。

诺克斯熟练理论的核心论点是：成人自身的发展以及成人与其周围社会环境因素之间的相互作用共同促进了成人自我意识的发展，使其对自身主要社会角色的意义、责任和义务的认识不断趋向熟练。这种熟练是一个渐进的变化过程，它既是成人发展的一种结果，同时又是引导成人发展的目标。在成人的社会角色以及周围环境因素的作用下，个体会努力缩小现实的熟练程度和期望的熟练程度之间的差距。当个体由低级熟练发展到高一级熟练之后，其自身的社会角色及社会环境又会产生更高水平的熟练要求，个体必须继续做出新的努力去实现新的熟练。诺克斯认为，这种为实现新的熟练而不断努力、不断提高自身知识或技能的要求就是成人参加学习的动力。成人教育者若能认清成人现实与期望的熟练程度差异，便可适切而有效地协助成人学习者进行学习活动，让学习者达到卓越的表现水平。

诺克斯熟练理论模型包括一系列相互作用的组成要素：整个环境、过去和现在的特征、表现、期望、自我、现实和期望之间的差距、具体环境、学习活动和教师角色。诺克斯认为教师和学习者都能够从目前水平和期望水平之间的差异分析中获益，"理解存在于目前水平和期望水平之间的差距，有助于解释成人学习者的动机，而且能使那些帮助成人学习的教师做得更为有效和有针对性"。诺克斯还指出他的熟练理论和能力本位理论之间的区别："能力本位的准备性教育强调的是教育任务所规定的行为表现的最低成就标准，而熟练导向的继续教育强调的是与成人生活角色相关的最理想的熟练标准。"

该理论提出了成人学习和教学的诸多本质特征之间的关系，它们构成了能帮助成人学习的相互联系的指导原则，其重点是在动机方面。但是，诺克斯没有说明这些变量之间的相互作用关系，进而解释成人是如何学习的。

三、克罗斯的成人学习者特征模型

1986年，克罗斯（K. P. Cross）提出成人学习者特征模型。作为诺尔斯的拥趸，克罗斯的成人学习理论研究仍属成人教育学的立场和观点。她认为当时流行的各种人本理论、发展理论及行为主义的主张均不能对成人学习构成一种综合认识，除了诺尔斯的成人教育学之外，这些理论较为偏重于解释什么是成人学习，未能关注作为学习主体的成人的特征。

有鉴于此，克罗斯构建了一个成人学习者特征模型。这个模型也是一个假设性框架，目的在于认识成人学习者与儿童学习者的差异，彰显成人学习者的特质并说明成人如何学习。克罗斯认为在成人教育中要考虑两类影响成人学习的变量：一是个人特征的变量，此变量属于学习者的特征，包括生理（老化、成长）、社会文化（人生阶段）、心理（成熟、发展），这些特征是若干个连续共同体，反映了个体从儿童期到成人期的成长与发展历程；二是情境特征的变量，此变量属于学习发生的情况，例如学习形式（全职、非全职）和学习动机（自愿学习、义务学习）。这两种特征，在成人与儿童学习上具有明显差异。在个人特征方面，成人学习者受到生理老化、人生阶段与发展阶段的影响；而儿童学习则受到生理成长、社会文化与心理成熟的影响。在情境特征方面，成人学习是非全职学习、自愿学习；而儿童学习则为全职学习、义务学习（见图4-1）。

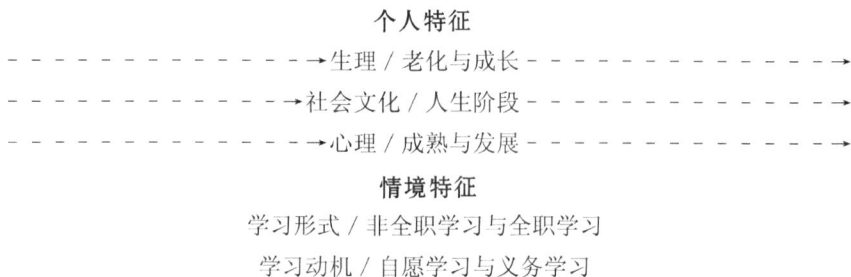

个人特征

- - - - - - - - - - →生理／老化与成长 - - - - - - - - - →

- - - - - - - - - →社会文化／人生阶段 - - - - - - - - - →

- - - - - - - - - →心理／成熟与发展 - - - - - - - - - →

情境特征

学习形式／非全职学习与全职学习

学习动机／自愿学习与义务学习

图4-1 克罗斯成人学习者特征模型[2]235

克罗斯的成人学习者特征模型可用于思考不同类别变量之间的关系，从而展开进一步的研究，例如个体在发展过程中的各个转折点是否产生了更多自愿学习动机。该模型试图为思考成人在各个发展阶段应该学什么和如何学提供了一种概念性框架，但其中各种变量的预设显得粗略，未能解释哪些情境特征与个人特征相结合，能够与相应类别的学习活动产生关系。此外，个人特征既可以反映成人也可以反映儿童，儿童也有一个生理的、心理的和社会文化下的成长过程。情境特征的区分也过于绝对化，例如有的成人参与全职学习，有的儿童也参与非全职学习；有的成人参与学习是出于各种硬性要求，有的儿童参与学习则是建立在自愿基础上。这些缺陷与不足与诺尔斯的成人教育学大致相同，而且同样没有经过实验性验证。

第三节　自我导向学习

在诺尔斯的成人教育学之后，成人学习理论最大的成果之一即是自我导向学习（Self-Directed Learning）。自我导向学习是一种学习过程，塔夫、诺尔斯、加格利尔米诺于20世纪70年代都明确给出了自我导向学习的定义。在此基础上，自我导向学习理论研究逐步走向深入。

一、个体视角的自我导向学习模型

把自我导向学习当作一种成人学习方式，最早给出全面描述的是加拿大多伦多大学教授塔夫（A. Tough），其研究成果主要集中在《没有教师的学习》（*Learning without Tutor*）和《成人学习项目》（*The Adult's Learning Projects*）两份报告中。1966年，塔夫调查了66名加拿大成人学习者自我导向学习的特征与频率，发现其中68%的学习活动计划、实施和评估是由学习者自己进行的。据此，他认为学习是广泛存在的，是成人日常生活的一部分，它是系统的但不一定需要依赖教师或者教室。1971年，塔夫在《成人学习项目》中提出自我导向学习概念，将自我导向学习定义为"是由成人学习者自己制定学习计划和引导学习活动进行的自我教学"[14]。塔夫认为学习计划是衡量自我导向学习的重要单位，自我导向学习可称为"自我计划学习"。为此，他建构了自我导向学习计划模型，包括从需求分析、资源评估、教学计划到结果评价的一系列过程（见图4-2）。

| (1) 决定要学的详细知识与技巧 |
| (2) 决定学习的活动、方法、资源 |
| (3) 决定在哪里学 |
| (4) 决定学习截止日期或期中目标 |
| (5) 决定何时开始学习 |
| (6) 决定学习计划的步骤 |
| (7) 估算目前的知识或技能水平 |

| (8) 侦测阻碍学习与缺乏效率的因素 |
| (9) 获取想要的资源设备及场所 |
| (10) 准备学习所需的房间及设备 |
| (11) 获取必要的人力与非人力资源 |
| (12) 找出学习时间 |
| (13) 增强学习计划的学习动机 |

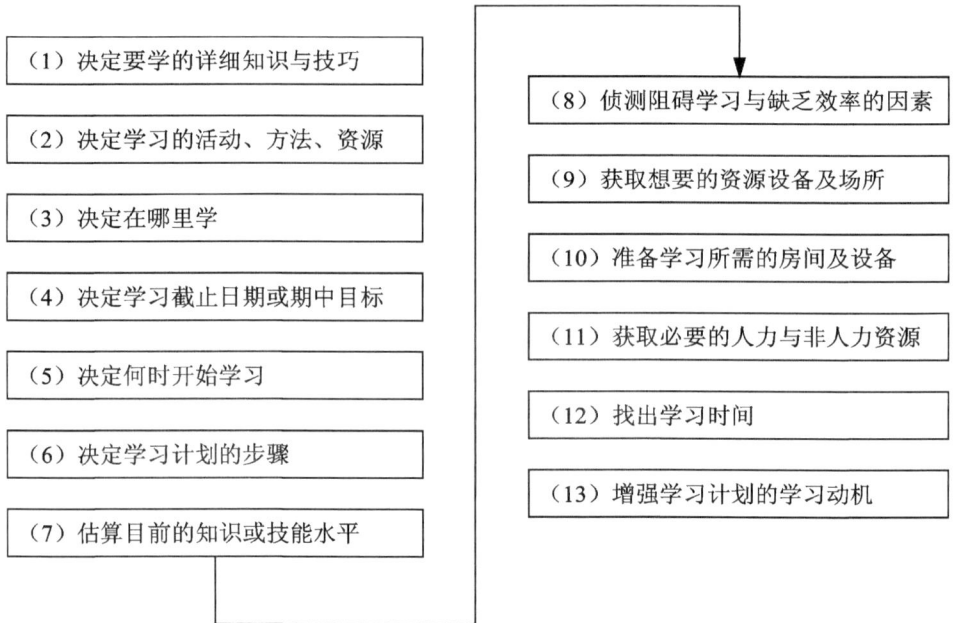

图 4-2　塔夫自我导向学习计划模型

塔夫的自我导向学习计划模型为线性模型，详细描述了自我导向学习的计划和步骤，揭示了成人学习者在学习过程中如何寻求帮助、获取资源、参与学习以及他们如何将获得的知识进行构建的过程。但是，这个模型局限于自我导向学习的外部操控，忽视了成人学习的心理因素。对此，朗（H. B. Long）指出"自我导向学习是一种学习者有目的、有意识地加以控制的心理过程，其目的旨在获取知识，理解和解决问题，发展和加强自身的学习能力。"[15]

诺尔斯对成人的自我导向学习进行了长期的思考，他于 1968 年提出的成人教育学的第一条理论假设就涉及自我导向学习。1975 年，他在《自我导向学习》（Self-Directed Learning）一书中解释了自我导向学习的概念，将自我导向学习界定为"个体在别人帮助下或自我诊断学习需求，形成学习目标，确认学习的人力和物力资源，选择有效的学习策略以及评价学习结果的过程"[16]。诺尔斯认为自我导向学习并非一定要由学习者自己独立完成，其学习契约理论探讨了教师作为促进者，如何通过学习契约来帮助学习者开展自我导向学习（见图 4-3），这也符合其对成人教育学的定位——"帮助成人学习的科学和艺术"。

在自我导向学习契约中，诺尔斯明确指出每一步骤中促进者和学习者所该做的工作：

（1）建立有益于学习的气氛。是指学习场所的布置要便于平等交流，学习气氛要愉悦轻松。

（2）诊断学习需求。是指让学习者自我诊断需要，这样能够提高学习者的学习动机与自觉性。

（3）形成学习目标。是指明确学习需求与具体要求，形成可达到的学习目标。

（4）确认人力与物力资源。是指学习需要借助的人力物力条件。

（5）选择有效的学习策略。要求学习者对学习开展的具体时间、地点及方式进行策划。

（6）进行学习活动。在学习活动中，学习者与促进者共同探讨。

（7）评价学习结果。即依目标评价学习效果，再诊断学习需要。[6]

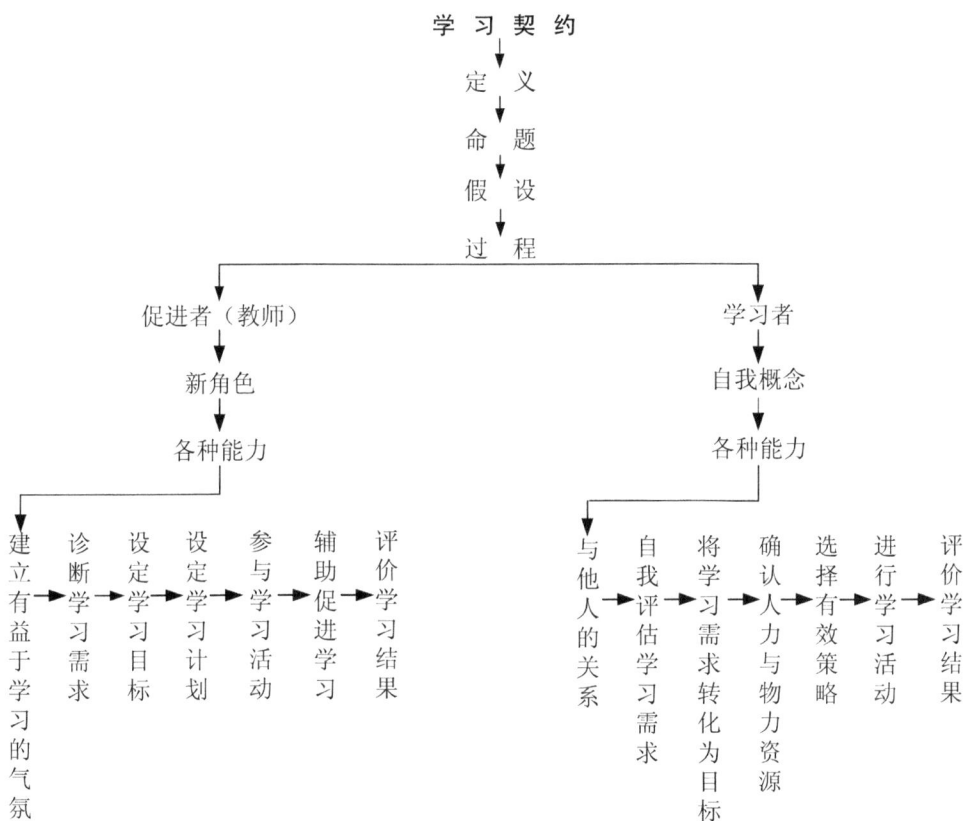

图 4-3 诺尔斯自我导向学习契约

诺尔斯认为，通过学习契约，成人自我导向学习得以在实践中完成。在教师的协助与促进下，成人的自我概念可从依赖型转向自我导向型，其学习动机也不断强化为内在动机。学习契约的绩效取决于成人学习的心理动机，如果学习者自愿参与并坚持执行学习契约，且能够长期保持良好的学习状态，即可完成学习目标。

诺尔斯关于自我导向学习的研究是以过程为取向，需求的诊断、目标的设定、资源的运用、教师的角色以及评价的方法等，均是这一取向所强调的重要因素。还有一种研究是以个人为取向，如美国学者加格利尔米诺（L. M. Guglielmino）的研究重视自我导向学习中的个人特质，强调成人学习者能够自己引发学习，并能够独立而持续地进行学习活动。1977 年，加格利尔米诺梳理了霍尔、塔夫、诺尔斯等十余位研究者的研究成果，总结了自我导向学习者的个人特质是"能够自行引发学习，并能独立而持续地进行，他们具有自我训练的能力，具有强烈的学习欲望和信心，能够应用基本的学习技巧，安排适当的学习步骤，制定学习计划和利用时间进行学习活动"[17]。同时，他运用德尔菲法开发出自我导向学习准备度量表（Self-Directed Learning Readiness Scales，SDLRS）。该量表共有 8 大主题、58个题目，主要用于探索自我导向学习心理倾向与其他个性变量之间的关系以及对自我导向学习倾向进行诊断，是测量成人自我导向学习的经典工具。加格利尔米诺的研究使自我导向学习研究超越了描述性研究阶段，开启了实证性量化研究的范式。在其影响下，各种测量工具陆续出现。

二、情境视角的自我导向学习模型

20 世纪 90 年代以后的自我导向学习模型综合了"个人"与"过程"两种取向，并将自我导向学习产生的情境等因素考虑在内，增加了各环节之间的交互性。其中，最著名的自我导向学习研究成果是格罗（G. Grow）于 1991 年提出的分阶段自我导向学习模型（Staged Self-Directed Learning，SSDL）。

格罗模型的焦点在于研究正规课堂情境下教师如何培养学生的自我导向能力和学习控制能力。格罗提供了一个适用于不同阶段学习的参考矩阵，据此学习者可参考个人的学习准备度的等级和类型，将自己置于一个适当的学习阶段，并接受实际指导，而教师在不同的学习阶段中扮演不同的角色（见表 4-2）。

表 4-2　格罗分阶段自我导向学习模型[18]

阶段	学习者	学习者类型	教师	举例
阶段一	低级	依赖型（Dependent）	权威（Authority）教导者（Coach）	通过立即反馈而辅导 操练 提供信息课 克服缺陷与抗拒
阶段二	普通	兴趣型（Interested）	激励者（Motivator）向导（Guide）	启发性讲述加引导式讨论 设定目标与学习策略

阶段	学习者	学习者类型	教师	举例
阶段三	中级	参与型 （Involved）	促进者 （Facilitator）	教师平等参与并促进讨论 专题研讨会 小组学习契约
阶段四	高级	自我导向型 （Self-directed）	顾问 （Consultant） 授权人 （Delegator）	实习生 学术演讲 个人工作或自我导向的研究小组

格罗分阶段自我导向学习模型将学习者按照自我导向的水平分为四个等级和类型。"低级自我导向学习者"需要教师明确指示该做什么、如何做以及什么时候做；"普通自我导向学习者"不太注重系统的学科知识学习，愿意做他们能够看到目的的任务；"中级自我导向学习者"理解教师指导的意义以及与他人合作的价值，视自己为教育的参与者；"高级自我导向学习者"能建立自己的目标和标准，进行探究学习。格罗强调，理想的教学就是根据学习者处于不同阶段的自我导向学习水平采用不同的教学策略，并指导学习者从低自我导向学习倾向朝着高自我导向学习倾向发展。

1991年，布罗凯特和希姆斯特拉（R. G. Brockett & R. Hiemstra）提出的个人责任取向模型（Personal Responsibility Oriented，PRO）考虑到社会情境对于学习的重要影响。该模型包含五个主要因素：个人责任、自我导向学习、学习者自我导向、学习中的自我导向和社会情境中的因素（见图4-4）。[19]

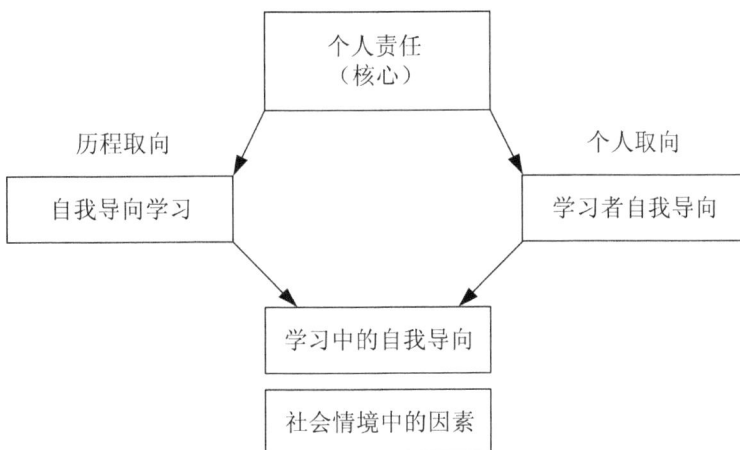

图4-4 布罗凯特和希姆斯特拉个人责任取向模型

（1）个人责任。为预设人性本善并有无限开发的潜能，即学习者肩负着自己的学习责任。

（2）自我导向学习。指教学过程中的各种外在因素。

（3）学习者自我导向。是指学习者自身的人格特质，包括兴趣、动机、态度等。

（4）学习中的自我导向。是以促进学习者在过程取向与个人发展取向之间求得平衡为目的的学习，是真正意义上的自我导向学习。

（5）社会情境中的因素。指社会为学习者提供的环境、资源和场所。

基于自我导向学习过程与自我导向概念之间存在差异，个人责任取向模型将自我导向分为"自我导向学习"和"学习者自我导向"两个相关维度。同时，在描述自我导向学习的构成要素时，把学习者个体内部因素和外部社会情境因素都考虑进去了，指明自我导向学习以个人责任为起点，通过内外因素作用，在一定社会情境中发生。

1992 年，丹尼斯（C. Danis）提出的自我导向学习模型，把学习策略、学习步骤、学习内容、学习者、学习情境中的环境因素等都考虑进去了。该模型建立在其自我调节学习观基础上，在对相关资料进行综合的基础上，总结了自我导向学习的要素和次级要素（见表 4-3）。

表 4-3　丹尼斯自我导向学习模型的要素和次级要素[20]

要素/次级要素	对要素/次级要素的描述
学习策略	学习者获取或应用新知识的方式以及他们自身的方法意识
学习步骤	这些步骤是相互联系的，并且可能是循环的：（1）对触发事件或情景的反应；（2）寻求和选择可获取的特定知识和有用资源；（3）组织和构建可获取的知识和策略；（4）获取整合新知识；（5）评估学习结果和所用学习策略的质量；（6）应用新知识
学习内容	由学习者所获取的任何新知识。焦点在于学习结果的各种复杂类型和水平，以及新知识与先前相关知识之间的联系
学习者	任何个体学习者或学习者群体，例如获取新知识的自学小组或协会。对于个体与群体学习者而言，学习能力、特征、发展性因素、文化因素与社会因素都应该考虑到
环境因素	环境中的外在因素，它们促进、抑制或修正新知识的获取或应用。这些因素包括影响学习时间或地点的条件或环境，学习者用于评估、处理和交流的资源，在更高层次上产生影响的社会和组织结构

21 世纪以来，随着网络学习的发展与普及，研究者开始关注网络情境下的自我导向学习，也取得了不少成果。2001 年，默克（Magdalena Mo ChingMok）和程

（Yin Cheong Cheng）提出网络条件下的自我学习圈概念，认为网络自我学习与认知、控制、承诺和内容密切相关。[21]2007 年，宋和希尔（Liyan Song & J. R. Hill）提出的网络情境自我导向学习模型主要针对在线环境中学习者的个性特征、学习过程、网络情境及其互动关系进行分析（见图4-5）。[22]

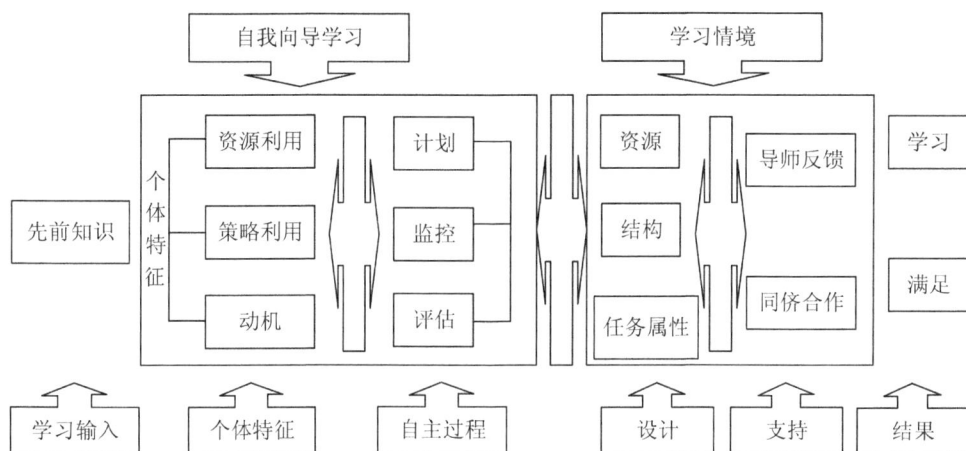

图 4-5　宋和希尔网络情境自我导向学习模型

在宋和希尔的网络情境自我导向学习模型中，包含三个主要因素：

（1）个性特征。指学习者个体的学习动机以及对自己学习负责的能力等基本特性，同时也包括学习者对信息资源的使用方法和学习认知策略等与学习密切相关的其他因素。

（2）过程。指学习者的自主控制过程，学习者对学习过程的自主控制主要体现在计划、监控和评估环节。

（3）网络情境。指网络学习的情境因素以及这些情境因素对学习者进行自我导向学习的影响。

从该模型可以看出，学习者的"个性特征"和"过程"之间的互动被认为是非常重要的因素。学习者透过其个性特征，依靠策略和资源激发动机，在过程中控制计划、监控和评估学习。此模型还明确加入了学习情境维度，强调了在线学习情境对自我导向学习者的重要影响。

三、建构视角的自我导向学习模型

20 世纪 90 年代中期，布鲁克菲尔德（S. D. Brookfield）《自我导向学习、政治分析性与成人教育实践的批判》和柯林斯（H. M. Collins）《当代实践与研究：批判理论的自我导向学习》，均对自我导向学习热衷于使用加格利尔米诺 SDLRS 量表的实证性量化研究倾向进行了批判性分析，认为自我导向学习要有更宽广的视野，"应当与社会情境结合起来，应当与政治行动、社会行动结合起来"[23]。自我导向学习的研究开始向建构主义方向过渡。

1997年，加里森（D. R. Garrison）从建构主义视角出发，认为自我导向学习是内部过程与外部过程的统一。就内部而言，个体要对自己的学习负责，做好自我激励、自我管理和自我监控；就外部而言，学习者和教师要控制自我导向学习进程。在此，教师与学习者是意义建构的共生关系。他提出的三维模型即展示了有建构意义的自我导向学习方法（见图4-6）。[24]实际上，加里森在1991年就已强调过自我导向学习与批判性学习的密切关系，认为它们"都是对学习过程内部承担责任、外部加以控制的过程"。

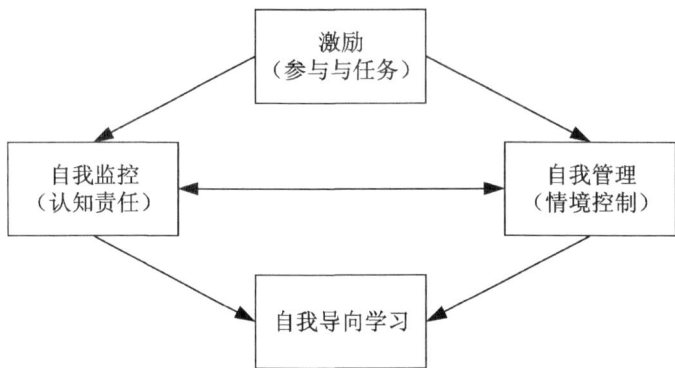

图4-6 加里森自我导向学习三维模型

从加里森三维模型可看出，要开展自我导向学习，首先要"激励"学习者产生参与学习项目的动机；在学习过程中通过"自我监控"强化学习者的认知责任从而不放弃学习；"自我管理"的作用在于控制自我认知和元认知过程，采用相应策略提高学习效率，同时"自我管理"也能加强学习者的责任认知度。

2001年，博亚特兹（R. E. Boyatzis）提出发生机制过程模型。该模型也具有批判性学习倾向，包含了自我导向学习的五个发现点，他本人称之为"断点"（Discontinuity），认为自我导向学习可以从任意一个断点开始进入到下一环节（见图4-7）。[25]博亚特兹自我导向学习发生机制过程模型中的五个断点分别为：

（1）"理想的自我"的断点是编织梦想，探索理想自我，明确我要成为什么样的人。

（2）"现实的自我"的断点是正确认识我是谁，一方面指从现实自我向理想自我过渡中具有的优势，另一方面指现实自我与理想自我的差距。

（3）"学习计划"的断点是关注未来需求并精心制定计划。

（4）"质变"的断点即尝试变革并转化为持久行为，先通过尝试引发新的思考，然后通过练习形成习惯。

（5）"可靠的人际关系"的断点是指你身边的人是自我导向学习的反馈和支持源泉。

从该模型中可以看出，学习者对自我的重新认识、活动的参与，以及他人的激励都能成为自我导向学习的起点。自我导向学习过程是一个循环反复的过程，没有明确的起点与终点。

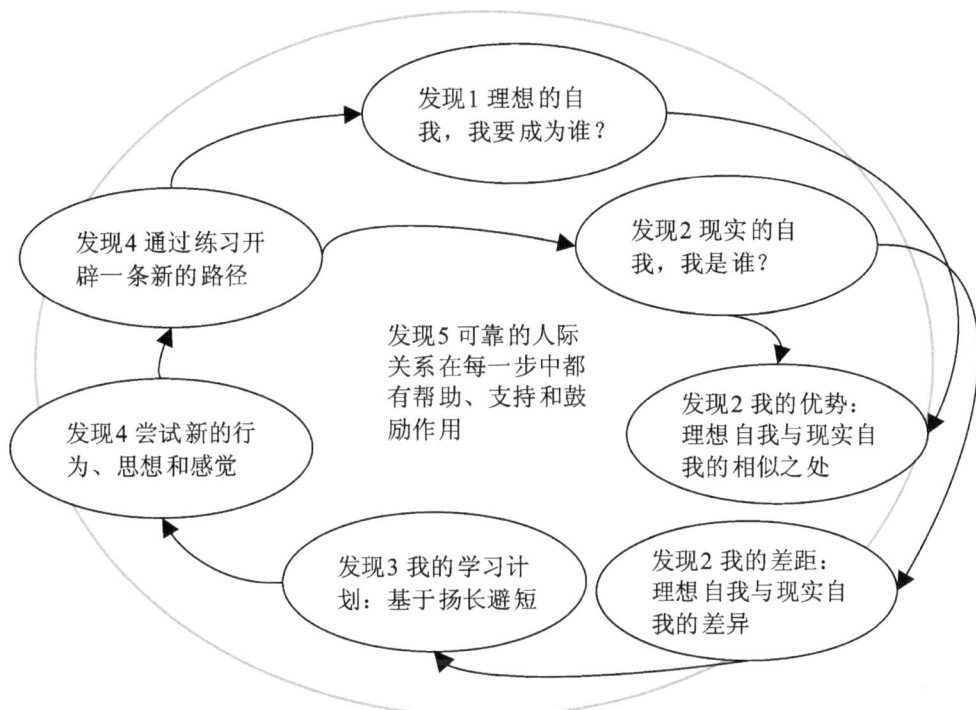

图 4-7 博亚特兹自我导向学习发生机制过程模型

第四节 转化学习

在诺尔斯成人教育学、自我导向学习的研究之后，转化学习理论研究发展很快。转化学习（Transformative Learning）也称质变学习，是一种学习认知的过程，与成人发展密切联结，故而为成人教育学所关切。转化学习理论在 20 世纪 60 年代初期开始萌芽，之后受到建构主义、理性认知论、批判理论及后现代理论等影响，研究不断得到发展和深化，出现了如麦基罗（J. Mezirow）、弗莱雷（P. Freire）、克兰顿（P. Cranton）等代表人物及理论成果。

一、麦基罗的转化学习理论

大部分学习都是经验累积的过程，学习者总是在已有的知识上添加新的知识。转化学习意味着，成人学习者挣脱或超越以往经验的种种限制，尝试发现另类思考或选择，其观点通过学习发生了深刻的变化。这可能是一个缓慢演变的过程，也可能是因为某种突发性的、强烈的经验而引发；可能出现在一般的生活情境中，也可能发生在结构性的教育情境中。

1975 年，美国成人教育学家麦基罗通过对 83 名重返校园参加 12 个不同学习项目的美国女大学生进行访谈，发现受访女性学习过程中的一系列变化：在旧的思维方式失去作用、身处学习困境的情况下，通过质疑和修正原有假设，最终适应了角色和人际关系的转变。在这次访谈的基础上，麦基罗于 1978 年首次提出"观点转化"（Perspective Transformation）的概念。[26] 在以后的几年中，麦基罗不断修正并阐明其理论。1981 年，他从认知转化的角度出发，将"观点转化"表述为"原有经验转化或吸取新经验时的精神文化理论结构"[27]。这一观点明显以建构主义（Constructivism）理论为基础，同时还受到批判理论学家哈贝马斯（J. Habermas）、解放教育思想家弗莱雷（P. Freire）和精神病学家古尔德（R. Gould）等人的深刻影响。他认为成人学习的关键，就在于建立一种依据现实进行观点转化的意识，批判性地反思生活。

"观点转化"的概念一经提出，便在成人学习理论研究中占有重要地位。1991 年，麦基罗的《成人学习的转化维度》（*Transformative Dimensions of Adult Learning*）一书出版。在这本书中，他对众多学者提出的如何培养成人批判性反思能力的意见进行了研究，在此基础上开始将其称为"转化学习"。麦基罗认为，成人已形成自己看待世界的一系列经验，又以这些经验为参照系，对新的经验做出习惯性解释，此即由个体经验所建构起的意义结构。这种意义结构即是"建立在个体及文化背景基础上的信念、情感、态度等，是个体看待和解释世界的基本参照框架"[28]，而转化学习就是针对这种意义结构所做的一种深刻变化或根本性改变。

麦基罗将意义结构分为意义观点和意义体系两个部分。意义观点是由个体看待世界的参考架构所建构成的既定期望，是关于认识、社会文化与个人心理等各种假设的深层结构。在此结构中，个体的新经验受到他过去经验的同化或转化。意义观点可以分为认识的、社会语言的与心理的三种类型。认识的意义观点是关于知识、知识获取方式及其利用的意义观点，主要与工具性知识发生关联；社会语言的意义观点是源自文化、群体、社会规范、社会化及语言规则等的意义观点，主要与沟通性知识相关；心理的意义观点是关于人们如何看待个体的意义观点。意义体系则是意义观点的具体表现形式，是用来解释实际生活的特定的知识、信念、价值判断和情感等，一整套意义体系就构成一个意义观点。相比较而言，意义体系更容易发生转化。

麦基罗还思考了三种反思类型，即内容反思（Content Reflection）、过程反思（Process Reflection）和前提反思（Premise Reflection）。内容反思是对问题的具体内容进行的反思；过程反思是对处理问题的策略进行的反思；前提反思则是对问题的本质、存在的前提以及自己的假设提出的质疑。麦基罗认为，内容反思和过程反思只能引起意义体系的转化，只有前提反思才能导致批判性反思，促使学习者产生意义观点的转化。因此，前提反思是转化学习的关键，学习者唯有进行前提反思，才能最终实现转化学习。同时，也不能忽视内容反思和过程反思，二者是进行前提反思的基础。

麦基罗将转化学习划分为十个步骤，初步建构了一个转化学习的完整过程。但是，这个过程不是直线式的，而是一个交互的、循环往复的过程。具体过程要素有：

（1）遭遇到迷惘困境或两难境地；

（2）进行带有恐惧、愤怒、内疚或羞耻感的自我检验；

（3）对各种假设进行批判性反思；

（4）认识到自己的不足，并与他人进行理性交谈；

（5）探索新的角色、关系和行动的选择方案；

（6）规划行动的进程；

（7）为实施个人的计划而探求各种知识与技能；

（8）暂时性尝试新的角色；

（9）建立对于新角色与关系的能力与自信；

（10）在新观点的引领下重新融入生活。

麦基罗认为，转化学习是从个人遭遇到迷惘困境或两难境地开始，到个人在新观点的引领下重新融入生活为止，是在一个意义观点或参照框架内不断变化的过程。其发生机制有以下几个环节：

（一）经验

成人通过社会实践拥有了丰富的人生经验，形成意义观点或参照框架，并依靠其已有的经验来看待世界。经验累积并不是转化学习的关键，经验本身并不足以产生转变，但它为转化学习提供了前提或基础，转化学习正是对以往经验的反思与重建。只有当已有经验不能解决新问题、不能适应新变化时，才会引发转化学习，此时个体就会对已有经验持续进行质疑、反思、整合、重构，这就是转化学习的过程。

（二）触发事件

触发事件是使个体遭遇迷惘困境或两难境地，无法适应先前的经验，从而引发批判性反思的事件。在转化学习中，触发事件主要表现为突发性、中断性的事件，有两种表现形式：一种是积极的事件，如初入职场、结婚生子、职位晋升等；另一种是消极的事件，如失去工作、职业变更、身患绝症等，麦基罗描述的触发事件主要表现为后者。当触发事件发生时，这些事件就成为引发转化学习的契机，使个体意识到其原有经验所建构的意义结构存在局限，进而产生不适、紧张、焦虑或羞耻感等消极体验，这为个体对原有经验所建构的意义结构提出质疑进而展开批判性反思提供了可能。

（三）质疑

意义观点在儿童期和青年期被动地形成，个体只对其进行了简单整合，没有对存有错误、局限和偏见的假设或解释进行反思，导致意义观点的扭曲。到了成年期，个体常常在思维定式的作用下，运用这些扭曲的意义观点解释世界。但是这些未被质疑的扭曲的意义观点会阻碍新的意义观点和合理的意义结构的形成，这种扭曲的意义观点就成为转化学习的内在驱动力。但是，只有在个体充分认识并质疑其已有扭曲的意义观点时，才会发生转化学习。因此，要实现转化学习，首先要对原有的意义观点或参照框架产生质疑，进而进行修正。

（四）批判性反思

在转化学习过程中，批判性反思是关键因素，没有批判性反思，就没有转化学习。当成人学习者能够批判性地反思其所经历的事件，不断修正事件背后的经验或假设时，才会转向一种更具包容性、自我反思性与经验整合性的全新意义结构。这种批判性反思是一个螺旋式的过程，有以下几个步骤：

1. "对原有意义观点的来源和后果进行批判性评估"，目的是要深刻认识原有观点，了解该观点的假设为什么会限制我们的行动；

2. "检视这些观点对于新境遇和新经验的适切性和有效性"，目的是要检验原有的这些观点能否解释新经验；

3. "探索可以形成新角色、新关系和新的行动计划的多种可能"，即形成新的观点假设；

4. "选择、确定某种新观点并以此为指导重新融入自己的生活"，通过新经验对新观点假设进行检验，进而形成准确的观点假设，用以指导实践活动。

其中，前两个步骤是批判性反思的初始阶段，让个体意识到迷惘困境或两难境地，开始有意识地要寻找新的解决办法；第三个步骤是批判性反思的试误阶段，即个体开始探索解决迷惘困境或两难境地的尝试，而这种尝试是一个持续试误的过程；最后一个步骤是批判性反思的成果阶段，通过持续试误，最终形成新的观点，找到解决迷惘困境或两难境地的方法。

（五）理性交谈

受到哈贝马斯的沟通行动理论和弗莱雷的以对话为基础的提问式教育方法的影响，麦基罗认为理性交谈是转化学习的一个重要的支持环节，需要与他人合作探寻新的思维方式和新的观点。在理性交谈的过程中，参与交谈者需要将个人利害、偏见等置于一边，通过交流集体的经验，来寻求更加公正、清晰的理解或评价，形成对自我、他人或世界的全新判断和理解。

理性交谈需要有理想的条件才能进行，例如：平等参与对话的机会、客观地评价争论、完全的信息、具备反省思维等。只有具备这一系列理想的条件，理性交谈才会产生，才能真正成为平等的、具有启发的、相互影响的交流与对话，使个体和他人的观点发生转化，产生新的观点假设和意义观点。

（六）重新整合并付诸行动

重新整合就是修正扭曲的意义观点下的旧假设，形成新的观点假设。麦基罗提出的"探索新的角色、关系和行动的选择方案""为实施个人的计划而探求各种知识与技能"等就体现了重新整合原有的假设和前提。要使原有假设得到重新整合还必须付诸行动，麦基罗提出的"规划行动的进程""在新观点的引领下重新融入生活"等就体现了行动在重新整合过程中必不可少的催化作用。因此，付诸行动是转化学习过程中一个不可或缺的环节，只有付诸行动才能使个体突破迷惘困境或两难境地，使批判性反思的成果转化为现实，最终完成转化学习。

二、弗莱雷的转化学习理论

20 世纪 70 年代，弗莱雷在《被压迫者教育学》（*Pedagogy of the Oppressed*）一书中系统阐释了解放教育思想。尽管弗莱雷没有明确使用转化学习这一概念，但是从其构建的教育思想内涵来看，他所倡导的解放教育本质上即是一种转化教育。与麦基罗的转化学习理论忽略社会情境不同，弗莱雷的解放教育理论植根于激进社会变革的大背景中，以社会正义为导向，强调唤醒学习者普遍的社会觉悟。

弗莱雷的解放教育思想包含着与成人学习情境相关的要素。他区分了"灌输式教育"和"提问式教育"两种教育形态。在灌输式教育中，"学生是保管人，教师是储户"，教师不注重与学生的交流和沟通，而是发表公报，"让学生耐心地接受、记忆和重复存储材料"。[29]结果导致成人只能被动地接收、输入并存储知识，缺乏创造力和个性精神，不能产生转化学习。而在提问式教育中，教师"摒弃公报，体现交流"，师生关系发生变化。在身处的现实和社会文化情境下，教师与学生是合作调查者。类似于麦基罗的理性交谈理念，师生合作对话是进行分享和意识唤醒的有效方法，可以刺激成人学习者对于其生存境遇的自我意识，使其形成批判性地认识其存在方式的反思能力。

弗莱雷的思想产生于一种充满了贫穷、文盲和压迫的社会情境之下，他着眼于社会普遍存在的压迫、权力和宰制形式，包括教育活动。他认为，传统的灌输式教育是把教育视为统治阶层巩固与传递意识形态的工具，而这种形态下的教育体制是反人道的，失去了对话的反思与人道的实践意义。而以"解放""提问"及"对话"为核心的提问式教育则为人们批判性地反思其身处的社会情境提供了可能，并能够采取行动推动社会朝向更加公平、公正的方向发展。

与麦基罗一样，弗莱雷也强调批判性反思的重要性，这种反思是在"提问""对话"中产生的。批判性反思可以使人"认识到人与世界之间存在着一种不可分割的一致关系，而且不把人与世界分离开来""认为现实是一个过程，是一种改造，而不是一个静态的存在"。它能够使成人发现生活世界中的压迫，追问社会现实和生活世界的本质，以行动主体的身份，在不断"阅读"和批判中推动社会的公平公正，创造民主社会。因此，批判性反思是成人转化学习必不可少的环节和阶段。

弗莱雷强调要培养批判意识。个体要实现解放，其意识必须发生转化，这个意识发生转化的过程可称为意识化："人们在该过程中不是作为接受者，而是作为认识主体，既对影响自身生活的社会文化现实，又对变革这种现实的自身能力获得一种深刻意识"。该过程包含几个意识层次。在宿命论意识层次上，人们不会对自身世界提出质疑，外部力量处于统治地位，个体没有任何办法去改变现存事物。在无意识层次上，人们开始感到可以对自身生活有所控制，并开始对现存事物提出质疑。而在批判意识层次上，人们对影响自身生活的力量获得了深刻理解，并主动去建构一个更为公平公正的新的现实。在这三种意识层次的转化过程中，通过解放教育，个体可逐渐意识到压迫他们的外在结构和指导他们行动的内在结构。这个转化过程正如麦基罗所称："转化学习过程和弗莱雷所说的意识化是一致的，它是成人学习的共通过程。"

麦基罗和弗莱雷的学习理论都强调转化——由对人们潜在假设、偏见、信念和价值观的缘起及性质进行批判性反思而产生的转化。当然，整个过程并未就此结束，获得的新的意义观点需要付诸行动。对麦基罗而言，行动既指作出决定，又指行动上的改变。对弗莱雷而言，社会行动是批判性反思和解放固有观念，他所说的实践，即反思—行动—再反思的持续循环。

三、克兰顿的转化学习理论

1994 年，加拿大学者克兰顿（P. Cranton）在麦基罗转化学习理论的基础上，构建了一个更加完整的转化学习理论。在《了解与促进转化学习——成人教育者指南》（*Understanding and Promoting Transformative Learning：A Guide for Educators of Adults*）一书中，克兰顿对麦基罗的三种反省类型进行了梳理（见表 4-4）。

表 4-4 克兰顿梳理反思类型与转化学习的关联表[30]

反思类型	意义结构			可能引发的转化
	认识的	社会语言的	心理的	
内容反思	我有什么样的知识？	社会规范是什么？	我对自己的看法是什么？	意义体系的转化
过程反思	我是如何获得这种知识的？	这些社会规范是如何形成的？	我对自身的这种知觉是如何产生的？	意义体系的转化
前提反思	我为什么需要/不需要这种知识？	这些规范为什么是重要的？	我为什么会质疑对自己的这种知觉？	意义观点的转化

通过整合麦基罗反思类型和意义结构的分类系统，克兰顿具体阐述了各种类型反思与转化学习的关联：内容和过程反思是意义体系转化的动力，前提反思则是意义观点转化的动力。在此基础上，克兰顿提出了转化学习"四阶段说"，并对各个阶段进行阐述。具体过程要素如下：

（1）某种刺激的事件或情境，即自我分析或自我检验，其间伴随着类似好奇、混淆、检验、挫折、焦虑或兴奋等情绪反应。

（2）反思与探索，包括对假设的质疑。

（3）假设意义体系或修正意义观点。

（4）重新融入（整合）、重新定向或均衡。

不同的成人学习参与取向会导致学习者采取不同的学习策略。克兰顿把成人学习取向划分为"学科导向的学习""消费者导向的学习"和"解放的学习"三种类型。"学科导向的学习"是学习者掌握学科内容的学习；"消费者导向的学习"是学习者满足自身需求的学习；"解放的学习"则是学习者反思意义结构的学习。克兰顿认为，成人转化学习是能够被促进的，可以通过参与"学科导向的学习"和"消费者导向的学习"来加以刺激，但最终可能发生在"解放的学习"中，因为"解放的学习就是我们自己从限制我们从事选择与我们对生活进行掌控之力量中解放的一种过程，这些力量一向被视为理所当然或被看成超乎我们控制的"。据此学习参与取向，克兰顿提出了教育工作者促进成人转化学习的策略。

一是合理转换教育角色。"学科导向"的学习者往往将教育者定位于专家的角色，希望教育者成为教学的设计者，完整地组织和呈现教学内容；"消费者导向"的学习者不是以学科内容为导向，而是以自身需求为中心，希望教育者成为满足自身需求的促进者角色；"解放学习"的学习者则希望教育者在教学过程中扮演平等对话者的角色。因此，针对这三种成人学习参与取向，教育者要转换传统角色，扮演"教育者""促进者"及"对话者"等角色，成为成人转化学习的"真实而支持的个体"。

二是为成人转化学习赋权。这是转化学习发生的一项重要条件，也是转化学习和成人教育的终极目标。只有被赋予权力的学习者，才能够自由地与教育者进行理性交谈，从而产生意义观点的转化。权力的赋予需要自由与平等，教育者要重视学习者的主体性，放弃自身的"权力"，进行角色的转换，与成人学习者平等对话，鼓励成人批判性反思，以促进成人转化学习能力的提升。

三是刺激成人批判性反思。批判性反思是转化学习的关键因素，是学习成果转化的一个基本动力。教育者不断地刺激学习者的批判性反思，可以促进和提升学习者自我转化的能力。在成人转化学习过程中，教育者鼓励学习者批判性质疑、提升自我反思的意识、撰写日记、运用已有经验和关键事件学习等，均是刺激学习者批判性反思的有效措施，可使成人学习者不断地进行反思、修正已有经验和知识体系，最终实现转化学习。

关于成人转化学习，很多学者都给出了自己的解释。尽管人们关于转化学习的认识并不一致，但是综合以上观点不难看出，他们都道出了转化学习的实质性特征，即成人需要通过某种方式和途径，检视、质疑和修正原有的世界观、人生观或价值观，以适应新情境，学习新经验。这是转化学习的实质内涵，也是成人学习的主要内容。

参考文献

[1] 诺尔斯. 现代成人教育实践 [M]. 蔺延梓，译. 北京：人民教育出版社，1989：41-42.

[2] CROSS K P. Adults as learners [M]. San Francisco：Jossey-Bass，1986.

[3] ELIAS J L. Andragogy revisited [J]. Adult Education Quarterly，1979，29（4）：252-256.

[4] HARTREE A. Malcolm knowles' theory of andragogy：A critique [J]. Inter-

national Journal of Lifelong Education, 1984, 3（3）: 203-210.

[5] DAVENPORT J, DAVENPORT J A. A chronology and analysis of the andragogy debate [J]. Adult Education Quarterly, 1985, 35（3）: 152-159.

[6] KNOWLES M S. The adult learner: A neglected species（3rd Edition）[M]. Houston, TX: Gulf, 1984.

[7] BROOKFIELD S D. Understanding and facilitating adult learning [M]. San Francisco: Jossey-Bass, 1986.

[8] MERRIAM S B. The new update on adult learning theory [M]. San Francisco: Jossey-Bass, 2001: 5.

[9] GRACE A P. Striking a critical pose: andragogy--missing links, missing values [J]. International Journal of Lifelong Education, 1996, 15（5）: 382-392.

[10] PRATT D D. Andragogy after twenty-five years [J]. New Directions for Adult & Continuing Education, 1993（57）: 15-23.

[11] KNOWLES M S. Andragogy in action: Applying modern principles of adult learning [M]. San Francisco: Jossey-Bass, 1984: 13.

[12] MCCLUSKY H Y. A Dynamic approach to participation in community development [J]. Community Development Society Journal, 1970, 1（1）: 25-32.

[13] KNOX A B. Enhancing Proficiencies of Continuing Educators [M]. San Francisco: Jossey-Bass, 1979.

[14] TOUGH A. The adult's learning projects: A fresh approach to theory and practice in adult learning [M]. Toronto: Ontario Institute for Studies in Adult Education, 1971.

[15] LONG H B. Resources related to overcoming resistance to self-direction in learning [J]. New Directions for Adult & Continuing Education, 1994（64）: 13-21.

[16] KNOLES M S. Self-directed learning: A guide for learners and teachers [M]. Toronto: The Adult Education Company, 1975: 18.

[17] GUGLIELMINO L M. Development of the self-directed learning readiness Scale [D]. Unpublished doctoral dissertation, University of Georgia, 1977: 73.

[18] GROW G. In defense of the staged self-directed learning model [J]. Adult Education Quarterly, 1994, 44（2）: 109-114.

[19] BROCKETT R G, HIEMSTRA R. Self-direction in adult learning: Perspectives on theory, research, and practice [M]. New York: Routledge, 1991: 24-33.

[20] DANIS C. A unifying framework for data-based research into adult self-di-

rected learning ［M］. Norman：Oklahoma Research Center for Continuing Professional and Higher Education, University of Oklahoma, 1992.

［21］MAGDALENA MO CHING MOk, YIN CHEONG CHENG. A theory of self-learning in a networked human and IT environment：Implications for education reforms ［J］. The International Journal of Education Management, 2001（4）：94-97.

［22］LIYAN SONG, HILL J R. A conceptual model for understanding self-directed learning in online environments ［J］. Journal of Interactive Online Learning, 2007, 6（1）：27-42.

［23］梅里安, 凯弗瑞拉. 成人学习的综合研究与实践指导 ［M］. 黄健, 张永, 魏光丽, 译. 北京：中国人民大学出版社, 2011：285-288.

［24］GARRISON D R. Self-directed learning：Toward a comprehensive model ［J］. Adult Education Quarterly, 1997, 48（1）：18-33.

［25］BOYATIZIS R E. Unleashing the power of self-directed learning ［M］// SIMS R. Changing the way we manage change：The consultants speak. New York：Quorum Books, 2002：13-32.

［26］MEZIROW J. Perspective transformation ［J］. Adult Education Quarterly, l978, 28（2）：100-110.

［27］MEZIROW J. A critical theory of adult learning and education ［J］. Adult Education Quarterly, 1981, 32（1）：3-24.

［28］MEZIROW J. Transformative dimensions of adult learning ［M］. San Francisco：Jossey-Bass, 1991：62.

［39］弗莱雷. 被压迫者教育学 ［M］. 顾建新, 张屹, 译. 上海：华东师范大学出版社, 2001：25.

［30］克兰顿. 了解与促进转化学习：成人教育者指南 ［M］. 李素卿, 译. 台北：五南图书出版有限公司, 1996：60.

第五章
成人学习理论（下）

自 20 世纪 90 年代前后开始，成人教育学更多聚焦于成人学习研究，成人学习理论发展很快。由于转化学习理论和其他一些成人学习理论的发展，诺尔斯成人教育学、自我导向学习两方面的研究开始衰退。研究者更多关注的成人学习理论除了转化学习外，还有经验学习（Experiential Learning）、非正式学习（Informal Learning）、偶发性学习（Incidental Learning）、批判学习（Critical Learning）、女性学习（Female Learning）、身体学习（Embodied Learning）、叙事学习（Narrative Learning）、情感学习（Affective Learning）、情境学习（Situated Learning）等等。本章简要介绍经验学习、批判学习、女性学习和情境学习理论的主要内容。

第一节　经验学习

"经验"是教育学中的传统概念，美国教育学家杜威（J. Dewey）以"经验"的概念来概括一切，主体与客体、人与环境、精神与物质、知与行等均被统摄于经验的范畴之中。因此，"教育就是经验的改造和改组"成为其进步主义教育思想的重要观点。[1]也就是说，人接受教育就是获得经验，并且使经验不断地增加、改造与改组。成人教育也不例外，成人学习在于运用或改造已有的经验，获得新的经验，用以解决问题。

一、麦基罗的经验学习理论

"经验"是林德曼（E. C. Lindeman）、基德（J. R. Kidd）和诺尔斯（M. S. Knowles）等人关于成人教育意义观点的核心概念。1926 年，林德曼《成人教育的意义》（*The Meaning of Adult Education*）一书出版，他认为成人教育与只注重书本的传统教育不同，书本记录的只是他人的经验，而学习者自己的经验同样是教育的有效基础。成人教育的目的就是赋予各种经验以意义，而非仅仅获得简单的分门别类的知识。他明确指出"成人教育最有价值的资源是学习者的经验""经验对成人学习者而言是一本鲜活的百科全书"[2]。基德强调，"成人学习上的一项重要因素，就是成人具有丰富的经验以及在学习上如何加以利用"[3]，他进而解释了成人经验所包含的三个相关概念，即成人有较多的经验、成人有不同的经验以及成人组织经验的方式不同。诺尔斯认为，个体经验的差异使得成人学习与儿童学习之间存在较大不同。儿童学习者的个体经验主要来自成人的间接经验，并且很不丰富和全面，"带到学习情境中的经验很少有什么价值"，而成人学习者"随着自己的成熟和发展，会积累越来越多的经验，这些经验可以成为自己和他人丰富的学习资源"。[4]因此，成人能在学习活动中借助自己的经验来理解和掌握知识，而不是以教师传授的间接经验为主。

和林德曼、诺尔斯等研究者一样，麦基罗的转化学习理论也十分重视成人学习者的经验。受建构主义的影响，他认为"知识是个体主观建构的过程，与绝对真理或普遍结构无关，所以任何知识都需要接受检验及质疑"[5]。转化学习是一种意义创造活动，即学习被理解为运用先前解释去诠释对个体经验意义的新的或修正过的解释以引导未来的过程。人的大脑中存在着的意义结构（Meaning Schema）是个体根据已有经验形成的看待世界的假设体系，又以这些假设为参照对新的生活事件做出解释，因此又被称为"参照系"，转化学习就是针对意义结构的一种深刻的根本性的改变。意义结构通常被划分为意义体系和意义观点两部分，意义体系（Meaning System）是个体用来解释生活事件的特定的知识、信念、价值判断和情感等构成系统，主要是关于"是什么"和"怎么办"的具体假设；意义观点（Meaning Perspective）是个体关于认知、文化与心理等各种假设的深层结构，在此结构中，新的经验会受到已有经验的同化或转换，影响着个体对生活事件的解释，其转化意味着个体看待世界的根本方式的改变。[6]

麦基罗指出，转化学习基于成人学习者的已有经验，在此过程中伴随着成人学习者经验的不断转化。当成人学习者遭遇迷惘困境或两难境地的事件（即触发性事件）时，他们原有的经验受到挑战，无法对此进行合理解释或赋予新的意义，必须对影响经验解释的原有意义观点和意义体系进行批判性反思。学习者结合触发性事件，通过内容反思、过程反思和前提反思等多种形式，不断修正事件背后的经验或假设，使各种扭曲的意义观点和意义体系发生转化，在此基础上形成新的经验；成人学习者将新的经验具体化为行动计划、方案并付诸实施，再结合实施效果和反馈，对行动计划、方案进行改正和完善，最后形成一种更具包容性、自我反思性与经验整合性的全新意义结构，并将这种新经验重新融入生活。

二、库伯的经验学习理论

库伯（D. A. Kolb）的经验学习理论是在杜威（J. Dewey）、勒温（K. Lewin）、皮亚杰（J. Piaget）等人的研究成果基础上提出的。1938年，杜威提出"学习就等于经验加反思"，认为经验与随后的反思是构成和促进学习的有效方法。在经验之后进行反思，有助于学习的深入，有助于产生系统的理性认识，而反思之后的进一步体验，又会引发新的思考与感悟。20世纪40年代，勒温构建了正向循环的经验学习圈，强调此时此地的经验是学习、变化的起点，随后观察、分析资料，并归纳形成"理论"，最后反馈给主体用于调节以后的行为。50年代，皮亚杰的认知发展观强调互动学习，认为学习过程得以发生和发展，是个体与环境之间周而复始相互作用的过程，学习的关键是依赖于一个相互作用的过程，其中融合了内部概念或经验图式的顺应过程和外部事件与经验同化到已有概念或图式的过程。皮亚杰将认知发展分为四个阶段：感知运动阶段、前运算阶段、具体运算阶段和形式运算阶段。认知发展四阶段所对应的学习依次是动作学习、表象学习、归纳学习和演绎学习。

库伯认为，经验学习是学习者"通过转变经验而创造知识的过程"[7]，在此过程中学习者的经验发挥着中心作用。他吸收了杜威、勒温、皮亚杰教育思想的精髓，把传统的反思过程分解成"具体实验""反思性观察"两个步骤，并增加了"概念抽象化"这一环节，构建出经验学习圈模型。在这个模型中，学习者投入新的经验中，对经验进行积极反思，使经验概念化，并将经验进行综合、抽象，形成概念。更进一步，学习者必须基于他们所创造的概念做出分析，应用于现实的决策以解决问题。在学习的过程中，一个人在各种角色和层次间转换，从表演者到观察者，从具体参与到公正的分析。

库伯强调，学习者要有效地进行经验学习，必须具备四种能力：（1）具体实验：能够不受已有经验限制，以开放精神和意愿完全介入各种新经验。（2）反思性观察：能够从不同视角检视这些新经验的观察和反思能力。（3）概念抽象化：能够将反思性观察抽象为综合的富有逻辑的理论概念。（4）主动实践：能够将新的理论概念应用于实践来进行决策和解决问题。以这四种能力为基础，库伯构建了立足于知识基础的经验学习圈，把经验学习划分为四个基本过程（见图5-1），这四个过程周而复始、不断循环，"无论最后阶段采取什么行动都会变成另一个周期的具体的体验，然后开始新一轮的循环"。

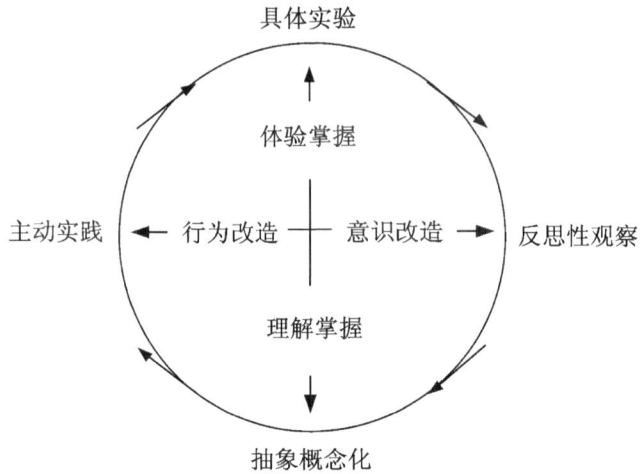

具体实验

体验掌握

主动实践 ← 行为改造 ┼ 意识改造 → 反思性观察

理解掌握

抽象概念化

图 5-1　库伯的经验学习圈模型

库伯的模型为经验学习提供了一个理论基础和实践模型。但是，贾维斯（P. Jarvis）认为库伯经验学习圈模型过于简单，为此他对库伯的研究成果进行了扩展。他的理论假设是"所有的学习都始于经验"，学习就是把各种经历到的东西转换成知识。这符合库伯的观点，但又增加了技巧和态度。

三、贾维斯的经验学习理论

库伯的模型为经验学习提供了一个理论基础和实践模型。但是，贾维斯（P. Jarvis）认为库伯的经验学习圈模型过于简单，为此他对库伯的研究成果进行了扩展。他的理论假设是"所有的学习都始于经验"，认为学习不仅将经验转化为知识，还转化为技能和态度；但不是所有的经验都能够导致学习的产生，学习的产生是由能够唤起学习反应的某些经验引起的；有些经验一再地出现，也不会有学习活动的产生。

贾维斯认为所有经验都发生在具体生活情境中，他将这些经验分为非学习性反应、非反思性学习和反思性学习三类，每一类包含三种反应，共有九种反应，这九种反应类型构成了一个阶梯：（1）理所当然（Presumption）（2）不加思考（Non-Consideration）（3）排斥（Rejection）（4）前意识（Preconscious）（5）练习（Practice）（6）记忆（Memorization）（7）沉思（Contemplation）（8）反思性练习（Reflective Practice）（9）实验性学习（Experimental Learning）。[8]其中，前三种反应是非学习性反应，个体表现的是某种理所当然、不加思考或排斥的机械式反应，说明这类经验没有唤起学习反应，从而导致个体可能排斥学习。中间三种反应是非反思性学习，非反思性学习反应可能是一种前意识，即个体无意识地将某些经验进行内化的过程；也可能是个体对一种新技能进行反复练习，直到学会为止；或者是个体可能获得某种信息，通过记忆将信息保存，留待以后再现这些信息。而最后三种反应则为较高级的反思性学习，需要学习者更多地卷入学习过程。沉思就是对已经学习的信息加以思考却不需要某种行为结果；反思性练习类似于解决问题，是经过思考后的练习；实验性学习则是指个体对情境实验的结果。

贾维斯在解释这一理论时，建构了一个经验学习过程模型（见图5-2）。个体进入了某种生活情境，遇到了某种经验，由于忽略了这一事件，没有发生变化就退出。个体也可能会从经验出发到记忆，或者只是被强化，大体没有改变就退出，或者经过改变，拥有更多经验后退出。对于高级类型的学习，个体可能会从经验出发到推理和反思，再到练习和实验，到评估，到记忆，最后发生了变化而退出。

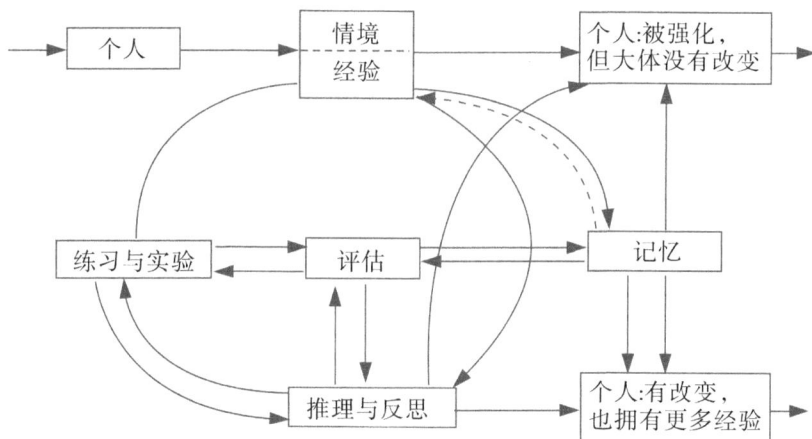

图5-2　贾维斯的经验学习过程模型

第二节　批判学习

批判的观点最早由康德提出。20世纪30年代，德国法兰克福学派（Frankfurt School）创立批判理论学说，极力提倡批判性思维。20世纪70年代，批判理论学说与教育学结合，成为重要的教育思潮，孕育出具有重要意义的教育学分支学科

——批判教育学。20世纪90年代以后，成人学习理论深受批判教育学的影响，成人教育学家从知识、权力、学习及其相互关系的视角出发，对成人批判学习进行深入研究，给成人学习理论与实践研究带来了新的生机和活力。

一、批判理论

德国哲学家康德（I. Kant）最早提出批判的观点。关于"批判"，康德将其定义为："批判是指一种思想态度，它探查人类的认识能力及其界限，然后据此决定思辨。它介于教条主义与怀疑论之间，教条主义乃是未经审查即认定认识的有效性，而怀疑论则主张普遍的怀疑。通常批判具有一种褒贬的含义在内。"[9] 20世纪30年代，德国法兰克福学派创立批判理论学说，极力提倡和主张批判性思维。法兰克福学派对批判的定义是："在这种对批判理论的反应里，思想的自我意识本身被归结为发现理智立场和这种立场的社会定位之间的关系。"[10]

20世纪30年代，世界范围内的经济大恐慌导致欧洲处于政治、经济的混乱状态，人们将其看作是工业资本主义的自我毁灭及民主政体无力根治自身痼疾的必然结果，于是对传统的政治、经济思想与制度采取批判的态度。马克思对此曾有过批判，而法兰克福学派的批判理论已大大超越了其原有的议题，他们对知识、权力及两者之间关系进行了全面批判。批判理论认为，通常所谓的知识是用来服务于特定阶级的利益，这些知识建立在种族、阶级、性别等类别之上，知识服务对象的特权和压制结构被强化了。维持这些特权和压制结构的逻辑或知识通过不断强化，已经在无意识中变成了一种常识。而人们正是通过这种常识来看待和解释他们的日常经验。这种强化是一种霸权主义，只是服务于特定阶级的利益。人们只有通过反向思维，才能避免陷于这种被强化的常识和经验之中，采取批判的态度，改变这种被压迫的假设。

批判理论认为，权力是从核心或更高的资源中心通过压迫外围群体而实现的，知识被创造出来是为了服务于在其他人之上的特定个体或群体的利益，但是真正的知识可以从权力的压迫中解放某一个体或群体。哈贝马斯（J. Habermas）是德国法兰克福学派的第二代领军人物，他的批判理论集中体现在其法兰克福大学的就职演说《认识与兴趣》一文中。他在文中将认识与兴趣相统一，驳斥了以孔德（A. Comte）、马赫（E. Mach）为代表的鼓吹科技垄断知识的实证主义理念，对知识类型的实证化展开批判，厘清了科学与理性的结构与功能。他提出知识存在三种类型：技术性知识、实践性知识和解放性知识。技术性知识旨在不断揭示自然界的奥秘，扩大人类在自然界的活动领域，并且利用和改造自然，它体现了人类生存和发展过程中最基本的物质需求。实践性知识旨在理解"文本"的内涵，体悟历史文化的精神，它体现了人类生存和发展中的交往需求。而解放性知识旨在实现反思本身，"自我反思能把主体从依附于对象化的力量中解放出来"[11]。也就是说，解放性知识着眼于批判现实社会生活中的宰制和扭曲现象，它表达了人类始终潜藏着的对现实社会不满、追求更美好的生活这一理想境界的超越需求。

哈贝马斯的技术性知识、实践性知识和解放性知识对应的理性结构分别为工具理性、交往理性和批判理性。他所提出的系统与生活世界的理论话语是与其交往理性相结合的，他认为观察者的角度不同产生了系统和生活世界的差异。从理想状态而言二者是并行的，并各自有着行动方式与功能发挥。但是当生活世界不再独立时，情况就发生了改变。第一种情况是生活世界中的交往受到系统的干扰，即生活世界成为各层系统运行的环境，成为系统增强自身控制力的奴仆或工具。哈贝马斯把由此引起的系统整合对社会整合所产生的干扰称之为"结构的暴力"，"结构的暴力是以系统对交往的抑制形式发生的。"[12]即人们的理解性交往受到了系统的抑制，从社会整合的功能转向了为系统整合服务。此时，交往者由于被强牵到系统之中，他们被迫从一个外在于生活世界的角度来观察人们的交往。工具性交往逐渐占据上风。这样，生活世界的原本结构被篡改，如果不进行重建，其结构的存在与运行将越来越趋向于系统结构。人们对社会世界、客观世界与主体世界的偏见将越来越深。

二、批判教育学

批判理论把权力看作是由霸权所导致的压制力，因而学习被看作是反思霸权和用解放的知识进行意识识别并替换霸权的一个过程。通过学习，学习者能够获得意识觉醒，从而有能力创造服务于更广泛范围而不仅仅是特定个体和群体的知识。在成人教育史中，成人教育往往与社会思潮、社会运动、社区权益紧密结合。一些成人教育学者将批判理论应用于成人教育中，希望成人通过学习，使其社会批判意识得到觉醒，挑战权力对知识的设定，从而能够改变自己受权力压制的状况。当批判理论运用到成人教育中时，学者们探讨的主题有三个方面：即种族、阶级和性别，权力和压迫，知识的真相。

从批判理论出发，成人教育学者探讨的主题大多围绕种族、阶级和性别的权力关系，例如强调少数族裔、反种族主义、马克思主义的阶级意识、女性主义等。批判理论家发现，基于种族、阶级、性别等因素而构造的特权和压迫性结构在不断加强，维护这种逻辑体系已经成为一种共识，渗透到社会对不同种族、不同阶级及两性关系的认识之中。奎格利与霍尔辛格（B. A. Quigley & E. Holsinger）指出成人基础教育中有许多强调发展个体自治能力的"隐性课程"，这有可能使成人学习者不再关注诸如种族、阶级偏见及性别歧视等社会问题的解决。这些课程甚至传递了这样一种信息，即有色人种、下层民众、妇女因为受教育不足导致的失业、犯罪等，是引起社会问题的根本原因。[13]奎格利与霍尔辛格分析了这些教材中的"潜台词"与种族、阶级及性别等一起加剧了社会不公平状况，而这种分析可以导致解放性知识的产生。

关于权力和压迫主题，某一阶级的权力对另一阶级造成压迫，这是激进主义成人教育学者的思想和著作中普遍涉及的问题。巴西教育家弗莱雷（P. Freire）深受马克思主义批判观念的影响，他认为人是主体而非客体，具有自由和自主性，不应受到任何文化心理结构的压迫。人具有创造能力，甚至具有创造文化和历史的能力，人可以经由否定现存的社会制度结构，结合反思与行动，使自己从压迫的结构中解放出来。因此，他坚持认为可以通过教育带动社会的变革，将人们从压迫、奴役和束缚中解放出来。在《被压迫者教育学》（*Pedagogy of the Oppressed*）一书中，他主张教学是对外在现实提出问题，而不是外在现实的描述，学习是获得知识和改变现实的过程。他批评堆积式教育是把教育视为统治阶级传递及巩固意识形态的工具，失去了对话的反思与人道的实践意义。据此，他提出"解放"、"提问"及"对话"的教育方式。[14]除了弗莱雷的压迫、解放观念，批判理论还深受赋能理论影响，认为对权力的分析可以实现赋能或解放，致力于探索能够赋予个体行动的能力以反抗压迫的有效途径。英格利斯（J. Inglis）指出："赋能意谓人们在现存系统和权力结构下，发展出成功行动的能力；而解放关注的是批判地分析，抗拒和挑战权力结构。"[15]

在知识的真理方面，受哈贝马斯知识类型学说的影响，柯林斯（M. Collins）发现成人教育过于关注技术性知识，而无视解放性知识。他认为，成人教育这个领域在既往的发展过程中过分执迷于"专业化""效率崇拜"和"为职业服务的热情"，对专业主义和技术理性的执迷既歪曲了学习的本质，也使成人教育者无法为成人学习者提供一种导向更加自由、公正和理性的学习情境。[16]当代欧洲、拉丁美洲的大众教育运动，更让成人教育学者批判地看待成人教育的实践。他们提倡交流对话和集体协作的学习方式，重视纵向的、横向的和跨领域学科的学习，反对相互隔离的个人自治学习。因为这种个人自治学习会加剧权力压制的现状，对学习者从权力的压制中解放出来会造成阻碍，不利于学习者批判意识的觉醒。

与知识类型学说密切相关，哈贝马斯还提出反思性话语的理想条件，即理解、真诚、真实与合法。麦基罗将这些条件运用于其转化学习理论之中，突出了成人学习者对自身已有的意义结构的批判性反思。依据麦基罗的理论，转化学习是一个批判性地反思我们一直默认的、压制我们自身看待、理解和感知世界的方式的那些假设或期待，从而"导致观点转化或世界观的转变"。[17]在这个过程中，理性交谈和批判性反思是实现转化学习的主要方式和途径。他谈及理性交谈和批判性反思时说："当进行沟通或根据相关标准对断言的真实性或可信性、说话人的坦诚性或恰当性产生怀疑时，我们经常依赖自己所能找到的最有见识、客观和理性的人做出最好的判断。我们邀请他们参与一种特殊形式的对话，就是哈贝马斯所说的'话语'（Discourse）。话语包含着避免偏见、成见和个人利害的努力，以及在提出和评估理由与评价那些支持和反对有问题的断言的证据和主张过程中尽力保持公开和客观的努力"。这说明，批判理论是转化学习的重要哲学基础。

在哈贝马斯交往行动理论的启发下，沃尔顿（M. R. Welton）在思考机构对构建学习共同体的作用时，阐述了系统对生活世界的压迫。他指出："哈贝马斯相信，尽管所有机构都具有教育性，但是它们并非全部都是真正的学习共同体。一个机构，不管是家庭、公司还是政府机构，可能会被组织成妨碍自由的形式，同时是强迫的学习过程。哈贝马斯鼓励我们去质疑，在人们的日常互动中，各种机构是否真正能够让他们展露其潜力。"[18]就建立学习型组织的策略，沃尔顿提出工作场所具有成为解放性学习场所的潜力，成人教育者应争取使工作场所成为适合组织、出于工作目的的非强迫性自由沟通的场所。

柯林斯则在批判专业主义和技术理性宰制的基础上，详细阐述了成人教育领域的系统对于生活世界的强迫力量，如专门技术、能力本位课程和大量的工作场所学习是如何使成人学习者在其生活世界中丧失权力的。他忧虑日常生活世界领域被促进技术性学习的系统所宰制的状况，会妨碍成人教育领域对解放性学习的关注和兴趣。就成人教育的批判视角而言，首要的任务是审视塑造社会学习过程和破坏成人已有的自我导向学习能力的社会结构和实践，并对此采取批判性实践的立场。对柯林斯来说，批判性实践意味着从事于"可清楚地加以解释的具体社会变革项目，而没有这些项目，对公正、解放和平等探讨就会变成空洞的花言巧语"。

与其他理论一样，批判教育学也受到一些质疑和批评。如在关注性别、种族、阶级等社会公众问题的同时，却对社会生态环境形成的原因与因素避而不论。国外批判教育学普遍认为谋求教育解放是教育的重要责任，而质疑者则认为关注社会生态正义要比解放教育问题更为重要。尽管存在批评的声音，批判理论的确对成人学习理论的建构提供了大量的理论支持。

第三节　女性学习

与批判理论一样，后现代理论同样关注知识与权力等概念及其对学习的影响。女性主义理论深受批判理论与后现代理论影响，致力于修正带有男权倾向的女性学习特征理论，并揭示、解构性别差异背后隐藏着的社会权力结构。该领域研究成果呈现出了成人学习中更多的复杂性，已然超越了女性学习的范畴，不仅给女性，也给包括男性学习提供了更多的理论支持。

一、后现代理论

后现代理论认为，知识是短暂的、片段的、多面的和非理性的，不同的人对同一个对象可持有不同的判断。因此，不存在评定任何一种知识和成果是否具有合法性的社会公正原则。后现代理论者质疑所有知识和成果，消解权威，分解结构，提倡多元化理解，并致力于揭示所谓的知识和成果所包含的不确定性。不确定性，正是后现代社会的特征。

"解构"是后现代理论者的锐利武器。从词源学来看，"解构"一词直接出自德国哲学家海德格尔（M. Heidegger）《存在与时间》中的 Destruktion 概念，Destruktion 作为一种语义学上的"摧毁"，是对自古希腊至尼采的整个西方形而上学传统进行质疑和超越的一项活动。第二次世界大战以后，以德里达（J. Derrida）、福柯（M. Foucault）、拉康（J. Lacan）等为代表的思想家继承了索绪尔（Ferdinand de Saussure）的语言学思想，并融合了尼采、海德格尔批判西方形而上学的精神，发展出一套后结构主义或解构主义的理论话语。在他们看来，结构主义者把"结构"看作是静态、共时的基本构造，仍然没有完全摆脱西方传统形而上学的"逻各斯中心主义"（Logocentrism），只有强调意义的不确定性，语言的能动创造性以及"能指"高于"所指"，才能真正同传统形而上学的意义框架决裂。

在德里达看来，"解构"就是要消除或拆解"结构"，而所谓"结构"，"这个词本身与'认识'一样古老，也就是说，它与西方的科学与哲学有着同样的年轮，而科学与哲学的触角已深深扎进日常语言的土壤，认识正是从这土壤的深处将它们采集起来，最终以某种隐喻式的替换来组织它们，使其成为自身的组成部分"[19]。显然，德里达所谓"结构"直指西方文化传统之根，即"逻各斯中心主义"。为消除和拆解"结构"，德里达所提出的"延异""撒播""踪迹"等策略性概念，成为解构主义者的实践指南。

福柯的话语理论则揭示了"话语"与"权力"的关系。"话语"不是用符号来指称事物，也不是语用学中的"言语"或逻辑学中的"命题"，它作为一种使用语言传达的特殊陈述，是深度嵌入到社会之中并与之展开内在构成性互动的实践活动。所谓话语的实践就是用符号界定事物、建构"现实"和创造世界的社会实践，其核心是赋权行为。话语的社会功能直接表现为对社会现实的能动建构作用，它参与个体或群体之间的权力分配，塑造人际或群际之间的社会关系，制约个体或群体的身份认同、意志、态度及思维和行为方式。作为功能性的陈述实践，话语既深处在一定的社会权力关系中，又对这种社会权力关系进行改造。在福柯看来，话语"承载着和生产着权力""展现、加强、再生产着社会中的权力和支配关系，并使其合法化，或者对这种权力和支配关系进行质疑和颠覆"，话语由此成为权力生成和施行的实践载体，其核心社会功能就是"赋权"，即赋予某个社会个体或群体以权力。"人通过话语赋予自己权力""如果没有话语的生产、积累、流通和发挥功能的话，这些权力关系自身就不能建立起来和得到巩固"。[20]

上述"解构""权力"及"话语"等概念和理论也是后现代理论者用来质疑成人学习相关流行陈述的一个有力工具。在后现代社会，事物更加丰富多变并富有争议。但是，识别权力和压制并采取正当行为不是一件容易的事。通过解构，后现代理论者寻找在成人学习领域中各种概念、观念或信息所包含的不确定意义，也就是挑战人们通常认为的那些理所当然的、标准的、正确的主张。实际上，解构正是对权威的挑战和颠覆，尽管通过解构不会直接得出解放性知识，但是可以由此发现问题，进而识别和揭示出"话语"背后的权力结构。因此，在后现代教育学看来，解构正是成人学习的方式之一，学习就是一种持续解构知识、处理各种矛盾的过程，同时也是一个创造性地开放某个领域话语，以达到对许多真理主张折中的过程。

表 5-1　批判理论与后现代理论比较

	批判理论	后现代理论
知识观	知识是人类兴趣的理性产物	知识是短暂的、多面的，不一定理性
权力观	权力被主体所占有，具有压抑性，通过压迫性的真理主张对他人施加压制	权力由主体来执行，具有创造性，压制不是权力的根本形式
知识与权力	知识具有阐明权力和压制的力量	知识即是权力，是权力执行的结果
学习观	学习是获得批判意识、挑战真理主张的过程	学习是解构知识、折中真理主张的过程

在后现代理论那里，权力已不再仅具有政治上的意义，它不是某种能被特定个人或群体所垄断的东西，而是以一种网络的形式呈现于所有个体和群体的相互关系之中，每个人都执行权力，但不是占有权力。同时，后现代理论认为权力并不是先验地和压制联系在一起，权力也具有生产性、创造力；而知识即是权力，是权力执行的结果。正是由于与批判理论的权力观不同，后现代理论把目光聚焦在个人和社会的联系上。布尔迪厄（P. Bourdieu）从"场域"（Field）和"惯习"（Habitus）两个相互联系的概念出发，来审视个人和社会之间的关系。"场域"可被定义为由不同的位置之间的客观关系构成的一个网络，或一个构型；[21] 而"惯习"则是个人在外在"场域"中将社会规则的内在化，个体只有通过惯习的作用才能产生各种合乎社会认可的理性行为。正是通过在场域中形成惯习，个人与社会建立了联系。同样，成人教育学也有在其学科场域中被理论者内化的规则，如成人学习的知识在建立成人教育理论时就起到了规则的作用。

当然，后现代理论所具有的解构主体性、忽略整体性以及怀疑教育的作用等特点，因存在某些偏激之处已受到广泛批评。但后现代理论对我们今天在成人教育中所服务的学习者的多样性进行了识别和理论总结，并为未来成人学习的研究与发展开辟了新的视角，提供了有意义的借鉴。

二、成人女性学习特征理论

女性，特别是成人女性能否学习？对此，柏拉图、亚里士多德、卢梭、尼采、黑格尔等人都给出了否定或近乎否定的回答。这些伟大的思想家，或者认为女性根本不能学习，或者认为女性至少在理性思维方面远逊于男性，或者认为她们的学习能力相比其生育能力和情感能力来说是次要的。直至上个世纪初，女性的学习能力仍不被承认。这种传统的女性观，极大地影响了成人女性对其学习能力的认识和学习参与的期待。

自 1798 年英国诺丁汉成人学校成立，当地的纺织女工加入培训开始，成人女性逐渐进入公共教育机构，特别是高等教育机构。成人女性以自己的学习实践不断改变着传统的女性学习观，女性学习问题受到成人教育家的极大关注。但最初不少成果是基于传统的性别观念，有的学者过分夸大男女学习在性别特点上的差异，甚至将这种差异归因于基因、内分泌和脑功能等生理特点。随着女性主义理论的大量涌现，关于女性学习的理论与观点不断得到修正和发展。

国外女性学习理论最初关注心理学领域，探究成人女性不同于男性的学习心理特征。经过几十年的积累，形成了对成人女性学习的若干心理学解释：一是"关系型"心理导向（Relationship-Oriented）和"联结型"认知概念（Connected

Knowing）在女性学习中的意义；二是女性偏好主观性、直觉性和情感化的学习风格。[22]37前者强调成人女性主要通过与他人的关系来定义自己和看待世界，并热心地接受新观念，寻求理解不同观点。后者认为成人女性在情感和智力上具有突出的主观性、敏感性和直觉性，倾向于超越于纯理性之上的情感化学习风格，所以女性教育应该强调教师与学习者以及学习者相互之间的和谐亲善关系。

20 世纪下半叶以来，随着脑功能的研究日趋深入和精确，再次引发了关于不同性别学习特征的生物学研究。一些研究者发现女性大脑对某种认知活动比男性大脑更为活跃，因此他们认为女性的大脑是"一种连通性模式"[23]12；还有学者利用脑电波扫描技术研究大脑活动与情感经验的关系，发现很多女性在经历悲伤等体验时大脑的某些功能因受到抑制而活性降低，但男性则表现得不明显，于是得出女性的认知思维能力更易受到情感因素影响的结论。[23]240将这些生理学成果与心理学解释相联系，就形成了一套关于不同性别学习特点的"科学"解释模式。

在此一时期的研究中，性别差异是经久不息的热点。对成人女性学习特征的心理和生理解释，的确符合一部分成人女性的经验，由此提出的成人女性教育和学习策略也在实践中取得了一定的效果。但是，这些旨在发现性别差异的实验和理论，其根据只是来源于部分女性的经验，忽略了女性群体中存在的个体差异性，很难确定它们对于女性学习的普适性。更有甚者，将性别差异普遍化和本质化，无异于用"科学"的论断再次强化了传统女性学习观。因此，一些学者反对类似关于女性学习特征的研究，他们认为从这种基于性别差异的研究中得出的结论是危险的，很可能会固化既有的社会男女关系结构。

三、后现代女性教育学

20 世纪 60 年代末以来，作为后现代主义一个分支的西方女性主义思潮席卷社会、文化和学术等领域。早期的女性主义致力于将自然性别（Sex）与社会性别（Gender）相区别，强调性别的社会建构性，使社会性别成为女性主义理论的核心概念。如帕森斯（S. F. Parsons）、哈丁（S. Harding）、斯各特（J. Scott）等学者对社会性别的解释。他们认为，自然性别是基于生物特征的男女自然属性，即两性的先天生物差异；社会性别是社会文化与知识传统建构而来的思想、观念和行为模式，是后天习得的社会角色。

在女性主义思潮席卷之下，人们对教育领域的性别议题有了更多更深入的关注。女性主义者将教育视为再造社会性别秩序的重要场域，将解放的教育策略视为女性解放的重要途径，这些女性主义观点在教育中的演绎和发展导致了女性主义教育学（Feminist Pedagogy）的产生。女性主义教育学认为，基于生物特征的自然性别（Sex）研究，其价值是有限的，只有引入社会维度进行社会性别（Gender）研究，才能够使人们认识到所有的学习都有其发生的语境（Context）。成人女性的学习特征并非与生俱来的基于生物特征的性别，实际上是由社会文化建构出来的。性别观念体系对不同的性别创建了不同的期待和规范，在每位成人女性的学习案例中，其行为和结果都受到社会性别体系的影响。[22]38

运用女性主义理论，关于成人女性学习所谓有别于男性的特征得到了新的解释。例如哈丁认为，社会性别体系赋予了男性和女性不同的兴趣和关注，即使他们处于相似的环境中，他们所掌握到的知识也会有所不同，这就出现了心理学者们所说的女性"关系型"心理导向。同时，社会性别体系也会导致两性不同的学习风格和认知方式。女性传统上处于社会边缘地位，作为一种生存手段，她们不得不经常调和自我的存在、情感和观点，以更好地辨识和理解他人的观点和感觉，由此塑造了所谓成人女性依赖于主观、直觉和情感的学习风格以及"联结型"的认知方式。[24]

在解析了女性学习特征表象后的社会权力建构体系基础上，女性主义还抨击将性别差异普遍化和本质化，会进一步制造出使女性屈从于男性的借口。以女性主义为视点，女性主义教育学不再聚焦于对两性学习特点差异的研究，而是试图以女性主义的价值观解构教育，发现以往教育中的"性别歧视"，将隐藏着的社会权力建构体系昭示于天下。在教育策略上，焦点放在引导女性认识到自身的身份如何被社会性地加以建构，成人女性如何发出她自己的声音，在个人心理意识上获得解放，促进成人女性的学习，从而促进社会变革。在课程方面，要求从根本上消解"泰勒原理"，建构后现代的课程理论。性别课程在这一时期有了长足发展，女性主义教育学把课程置于社会权力建构体系中，引导女性将课程作为性别文本来看待，从不同的理论和不同的角度对课程文本进行解读。

研究者们还逐渐突破男性话语霸权的局限，重新评估多种认知思维方式和学习风格。他们发现，传统上所谓的理性思维和非理性思维的看法，仍是男性中心霸权话语的产物，过度依赖理性思维具有局限性，而非理性思维也具有自己的价值和重要性。[22]40对于非理性等多种认知思维方式和学习风格的重新评价，不仅仅只针对女性，同样还包括男性。因为女性并不必然地偏好主观性、直觉性和情感化的学习风格，男性也不一定都偏好"自主型"导向的学习方式，两性都存在着不同的认知风格和学习模式，不能将它们固定化。他们还进一步指出，成人女性的学习特征并非是跨情境统一的，而是与特定的社会历史环境相联系，认知的性别方式可能因社会、文化、民族、社区等不同而有所不同，这就导致女性群体内部学习偏好的不同。因此，并不存在统一的、普遍性的女性经验，这对于男性经验也同样适用。

20 世纪八九十年代的女性教育学深受德里达、福柯、拉康等人的影响，通过吸收他们关于"质疑""解构""权力""话语"等概念和理论，来探寻女性长久以来受压迫的根源和为她们争取自由解放的根本途径，取得了更具深刻意义的成果，其中代表性的成果是堤斯德尔（E. J. Tisdell）的"立场教育学"（Position Pedagogy）模式。该模式的前提是学习者的差异，强调知识本身构建过程中"权力"的作用——知识在课堂中、在更广泛的社会中是如何被塑造和传播的，权力扮演着什么样的角色；强调从学生到教师的性别、种族、阶级等多种立场，来考察权力如何衍生和重新分配，对学习环境产生了怎样的影响。堤斯德尔还提出将女性主义教育学运用于成人教育领域的一些具体策略，如引导成人学习者关注所用的教材背后隐藏的话语权力，采用通向解放的性别教学策略来设计课程或讨论会，鼓励成人学习者在社会权力分配体系中审视自己的观点和行为。[25]

西方成人女性学习研究的历程表明，对女性学习的关注不仅向传统女性观提出了巨大挑战，同时也提供了发现积累多元学习经验的机遇，使得成人教育不仅可以给女性，同时也给包括男性在内的整个人类学习提供更多的支持。

第四节　情境学习

作为当代学习研究的一个重要取向，情境学习理论为成人学习研究提供了新的视角。情境学习理论主张学习是一种社会的、建构的现象，脱离真实情境便无意义，学习只有发生在个体与情境的相互关系之中，才能彰显其价值。20 世纪 90 年代以后，国外对成人情境学习的研究逐渐高涨，产生了莱夫（J. Lave）、温格（E. Wenger）、威尔逊（A. L. Wilson）、汉斯曼（C. A. Hansman）等一批学者的学术成果。

一、情境学习的含义

关于"情境"（Situation）一词的含义，从词义来看，《韦氏大词典》（*Webster's Dictionary*，1972）对"情境"定义是"与某一事件相关的整个情景、背景或环境"；《辞海》则定义为"一个人在进行某种行动时所处的特定背景，包括机体本身和外界环境有关因素"。然而，国外学者基于不同学派，对其理解存在不同。杜威（J. Dewey）认为"任何正常的经验都是客观条件和内部条件的相互作用。两者合在一起，或在它们的交互作用中，它们便形成我们所说的情境"[26]。

乔纳森（D. H. Jonassen）认为，"情境"并不意味着某种具体的和特定的东西，或是不能加以概括的东西，也不是想象的东西，而是社会实践与活动系统中多种因素之间的多重的交互联系。[27]罗格夫（B. Rogoff）认为，"情境既是问题的物理结构与概念结构，也是活动的意向与问题嵌入其中的社会环境"[28]。我国学者基于不同学科，也有不同解释。从心理学来看，韦志成认为"情境"是指能够产生一定生物学意义和社会学意义的具体环境，这种环境在激发人的情感、改变人的情绪、影响人的心理活动中具有显著而特定的作用。[29]从教育学来看，熊川武认为，"情境通常是指由特定要素构成的，并具有一定影响作用与意义的氛围或环境"[30]。总体上看，不同学科对"情境"一词的理解存在着较大的差异，是一个尚待科学规范的描述性概念。教育学家主张个人学习者要转向学习的情境，认识到学习是一种社会的、建构的现象，重视学习情境的安排，使之有利于学习。

至于"情境学习"（Situated Learning），是由布朗、柯林斯和杜吉德（J. Brown，A. Collins & P. Duguid）在《情境认知与学习文化》（*Situated Cognition and the Culture of Learning*）一文中首次系统论述。他们认为："知识与活动是不可分离的，活动不是学习与认知的辅助手段，而是学习整体中的一个有机组成部分。"[31]实际上，"情境学习"这一概念是由心理学家舍恩（D. A. Schön）最早提出。舍恩的情境认知理论以提倡情境为基础的反思实践著称，他认为学习者在学校所习得的知识，并不足以成就一个反思的实践者，必须同时投入实践。舍恩通过研究发现，许多特定行业的知识、技能不能仅用语言来加以叙述或传授，若要学习和掌握这些专门知识或专业技能，乃至达到专家级别的水平，必须以学徒的身份介入实践情境，通过现场观察、实际操作，来达到对专业知识与特定技能的熟练掌握。由此，他在《反映的实践者：专业工作者如何在行动中思考》（*The Reflective Practitioner：How Professionals Think in Action*）一书中，通过描述工程、建筑设计、管理、心理治疗和城镇规划等五种专业领域的实践，揭示了专业实践的"行动中反映"（Reflection in Action）特性。[32]这与"情境学习"的内涵相一致。

不少学者对"情境学习"这一概念进行定义。雷斯尼克（L. Resnick）认为"情境认知"的学习理论强调不能将学习简单地视为个人的、内在的认知过程来理解。相反地，学习是在特别的情境下，应用语言、标志和符号等工具通过人际互动建构的。[33]莱夫关于学徒制学习的日志研究，也彰显出情境学习的内涵所在。他认为在劳动或生活情境中的学习活动同样能够给人带来巨大的智慧力量。因此，学习情境对学习来说至关重要，它就像是该背景下的工具，以及与他人的社会互动。要了解个人的认知，则要审视真实活动情境中的认知，这样实际的认知处理才会发生，而不是学校里经常模拟的状况。[34]温格认为情境学习意味着一群人共享洞察和想法，彼此以互助来解决问题，并发展共同的实践。不论是通过正式的学校环境、社区组织或家庭结构，所有的人都隶属某些实践共同体。[35]1991 年，莱夫和温格在《情境学习：合法的边缘性参与》（*Situated Learning：Legitimate Peripheral Participation*）一书中通过研究从业者（如裁缝、接生婆等）的学习，对学徒模式进行反思，指出知识存在于实践共同体的实践中，这个实践共同体是由不同知识层次、知识精熟度、行为、态度和群体规范的学习者组成，学习者通过与他人一起参与共同体实践，学习到他们由共同体边缘往中心移动时所需的所有知识。[36]95

以上关于情境学习的定义体现了心理学与人类学的不同视角。以布朗、柯林斯与杜吉德为代表的心理学视角主要关注学校情境下的情境学习；以雷斯尼克、莱夫、温格为代表的人类学视角将知识视为个人与社会、情境之间互动的产物，即强调情境学习的社会交互作用。1994 年，哈贝马斯在《后形而上学思想》（*Postmetaphysical Thinking*）一书中正式提出"情境理性"（Situated Rationality）的概念，奠定了情境学习理论的哲学基础。他敏锐地发现，形而上学思想总是在统一性与多样性、普遍性与特殊性、必然性与偶然性、本质与现象等对立概念系列中强调前者而贬低后者，应致力于剥去附着在理性之上的种种形而上学属性，把先验化、抽象化、普适化了的理性重新置于具体情境中，还其情境理性的本来面目。[37]哈贝马斯"情境理性"的核心思想即人类的理性总是嵌入具体情境之中，并随着情境的变化而变化，不存在那种孤立于具体情境、不依情境改变而变化的先验的、抽象的普遍理性。

二、成人情境学习

在成人教育研究领域中，情境与合作对于成人学习的意义一直受到重视。早在 1926 年，林德曼即提出主张："成人教育的方法是通过情境学习，而不是通过学科学习。"1993 年，威尔逊对此进行了专门研究，他认为学习是日常之事，其本质是社会性的，因为它是在和别人合作时发生的；学习也可以说是工具依赖性的，因为环境提供了学习的帮助机制（计算机、地图、量杯），更为重要的是，这些工具能使我们的认知过程结构化；最终，正是这种与社会环境的相互作用和工具依赖性的特征决定了学习本身。换句话说，情境中的学习更关注相互作用，关注学习情境中人、工具与情境的相互作用。对于进行课程规划和教学工作的成人教育工作者来说，更为重要的是理解如何才能规划和设计出好的教育方案，以使成人学习者能够进行深入学习。最后，还应当把学习者的发展需求、观念以及文化背景与学习者的经验整合起来。[38]

更为深入的研究来自汉斯曼的成果，她比较了非情境学习与情境学习的这两种理论基础，认为情境学习是相对非情境学习概念而产生的，非情境学习所依托的主要是行为主义学习理论，情境学习则主要与认知学习理论密切相关。在她看来，成人学习不是一个仅仅产生刺激–反应的活动，它是一种相互协助、解决问题的活动；成人学习的关键在于对情境的认识，良好的情境必将有利于成人的学习。因此，她总结情境学习的核心思想是：人类的学习行为，就其存在的本质特征而言，是涉及社会层面的，是蕴涵社会互动意义的；就其构成的基本要素而言，需要有学习者互动特质的体现、学习者互动工具的运用、学习活动发生的背景以及学习活动本身的运行。"仅仅将特定的情境添加到学习经验中去是不够的""当社会实践中的人、工具和活动同时具备时，一个更有可选性的处理它们之间关系的办法便存在其中"。换言之，唯有具备社会互动关系和真实学习情境才会形成一种有利于成人学习者的学习环境。由此观点出发，汉斯曼推崇梅里安、莱夫等学者所得出的结论："成人学习不是发生在一个仅仅产生刺激–反应的真空容器中"，"成人学习是在其所处的社会情境中作用与交互作用的再现过程"。[22]45-50

关于成人教育领域情境学习的实践方法，主要来自莱夫和温格研究成果的启发。莱夫和温格在《情境学习：合法的边缘性参与》（*Situated Learning：Legitimate Peripheral Participation*）一书中提出三个关于情境学习的核心概念，即实践共同体（Community of Practice）、合法的边缘性参与（Legitimate Peripheral Participation）和学徒制（Apprenticeship）。[36]95 "合法的边缘性参与"这一拗口的术语描述了一个新手成长为某一实践共同体核心成员的历程，其他两个概念"学徒制"与"实践共同体"即是情境学习的两种基本实践方法。

"学徒式认知"是以一种类似于传统行业学徒制的方式，让学习者获取、开发和利用真实情境中的活动工具，以促进其在某一领域中进行学习的方法。罗格夫（B. Rogoff）通过研究社区成人情境学习后指出，这种学习行为包括个人的发展、个人之间的发展和社区的发展。这些阶段不一定是连续的，从某种程度上说它们之间是流动的。在这些水平上，有一种学习方法就是学徒式认知。[39]勃兰特（B. L. Brandt）等学者则具体描述了继续专业教育运用学徒式认知方法的五个阶段：

1. 模仿（Modeling）：模仿由行为模仿和认知模仿两部分组成。行为模仿，即学习者观察团体中有经验的成员在活动时的行为。认知模仿，即有经验的成员与新成员共享职业秘诀。

2. 接近（Approximating）：即允许学习者尝试某种活动，但同时要清楚地说明自己的计划和为什么做这项活动的想法。完成这项活动之后要进行反思，自己做了什么，与专家的行为有什么差别。在这一阶段，要使风险降到最低，允许学习者去接近真正的经验，如角色模仿可以提供"脚手架"式的支持，其呈现的形式可以是物质性的帮助，也可以是模仿性的任务和教练活动。

3. 渐退（Fading）：随着学习者能力的提高，"脚手架"式的支持和其他辅助活动逐步减少，而学习者的能力则逐步增加。

4. 自我导向学习（Self-Directed Leaning）：学习者真正进入实践学习，采用从模仿中所学到的东西，并自己着手工作，只在他们自己要求时才接受帮助。

5. 概括（Generalize）：学习者通过讨论总结自己学到了什么，并思考这些学到的东西与接下来的实践情境有什么关系。[40]

"共同体实践"是指在实践情境中以集体方式、团队方式展开学习的方法。对于这种情境学习方法，布朗和格雷（J. S. Brown & E. S. Gray）曾描述说，所谓"共同体"并非是一种因某一项目而临时凑合在一起的松散团队，而是一个没有社会角色限制，出于自愿而形成的一种自发性的、非正式的组织。在这个组织里，其成员有共同愿景、学习愿望、乐于分享经验，追求共同的事业，能够在目标明确、意义清晰的基础上，通过协商来确定其需要进行的共同学习或共同实践。这样一种学习团队既可以由其成员自发组织，也可以依存于一个大型的组织结构之内。至于它的学习行动，最常见的可以表现为进餐时或者通过网络工具来共同讨论与解决工作实践或实际生活中所存在的问题。[41]

温格从关系维度视角勾勒出"共同体实践"方法中的几个概念。一是成员的约定。由参与成员组成一个"社会实体"（Social Entity），在这个"社会实体"中，人们可以做他们希望做的事或需要做的事。二是共同的事业。这种相互结合的关系主要源于问题解决需要各方进行集体协商，这反映了参与成员之间的相互约定具有一定的复杂性。三是资源的共享。参与成员可供分享的技能是一种公共资源，这些资源包括方针、语言、工具、做事的方法、故事、手势、符号、风格、行动或概念等，它们是在共同体成长过程中形成或被认可的，参与成员可以在学习过程中加以使用。[35]

后来，温格与其同事施奈德（W. M. Snyder）又指出，一个成功的实践共同体还应具备以下三项重要条件：第一，"共同体"成员必须充满激情、敢于承诺、善于负责，并对团队专业知识高度认同。第二，"共同体"的意义、作用主要应由参与成员的价值评判标准来进行评价，而不是由所属组织的价值评判标准或相关的规章制度来做出评价。第三，"共同体"能够自己组织团队、自己制定计划，并建立自己的领导体系，因此实践共同体的成员能更多地与小团体紧密联系，而不是与大的组织文化紧密联系。[42]

总的说来，"学徒式认知"和"共同体实践"的情境学习方法能够为成人教育工作者提供重新设计工作场所学习或学校学习活动的思路和工具。对此，布朗及其同事杜吉德表示：所有的成人教育工作者都"应当正视学习环境的重建或重构，使更多的新手能在一种真实的社会实践中，用丰富和有效的方式进行合法的边缘性参与。简言之，就是尽可能使学习者'偷学'到他们所需要的知识"[43]。

情境学习的观点是从成人学习者角度提出的，成人情境学习的理论和实践探讨一直在持续进行中，此种理论所推崇的通过真实情境学习知识与技能以及重视社会参与的理念，给成人教育工作者指明了新的方向。同时，随着成人教育理论与实践的发展与革新，成人情境学习理论的内涵将得到不断丰富和完善。

参考文献

[1] 杜威. 民主主义与教育 [M]. 王承绪，译. 北京：人民教育出版社，2001：87.

[2] LINDEMAN E C. The meaning of adult education [M]. New York：New Republic，1926：9-10.

[3] KIDD J R. How adults learn [M]. New York：Association Press，1973：45.

[4] 诺尔斯. 现代成人教育实践 [M]. 蔺延梓，译. 北京：人民教育出版社，1989：41.

[5] 克兰顿. 了解与促进转化学习：成人教育者指南 [M]. 李素卿，译. 台北：五南图书出版有限公司，1996：30.

[6] EZIROW J. Transformative dimensions of adult learning [M]. San Francisco：Jossey-Bass，1991.

[7] KOLD D A. Experiential learning：Experience as the source of learning and development [M]. Englewood Cliffs. NJ：Prentice-Hall，1984：23.

[8] JARVIS P. Adult learning in the social context [M]. London：Croom Helm，1987.

[9] 布鲁格. 西洋哲学辞典 [M]. 项退结，编译. 台北：国立编译馆，1976：105.

[10] 霍克海默. 批判理论 [M]. 李小兵，译. 重庆：重庆出版社，1989：200.

[11] 哈贝马斯. 作为"意识形态"的技术和科学 [M]. 李黎，郭官义，译. 上海：学林出版社，1999：129.

[12] 哈贝马斯. 交往行动理论（第二卷）[M]. 洪佩郁，蔺青，译. 重庆：重庆出版社，1996：278.

[13] QUIGLEY B A, HOLSINGER E. Happy consciousness：Ideology and hidden

curricula in literacy education ［J］. Adult Education Quarterly, 1993, 44（1）：17-33.

［14］弗莱雷. 被压迫者教育学 ［M］. 顾建新，张屹，译. 上海：华东师范大学，2001：1.

［15］INGLIS J. Empowerment and emancipation ［J］. Adult Education Quarterly, 1997, 48（1）：3-17.

［16］COLLINS M. Adult education should resist further professionalization ［J］. New Directions for Adult & Continuing Education, 1992（54）：37-43.

［17］MEZIROW J. Transformative learning：From theory to practice ［J］. New Directions for Adult & Continuing Education, 1997（74）：5-12.

［18］WELTON M R. The contribution of critical theory to our understanding of adult learning ［J］. New Directions for Adult & Continuing Education, 1993（57）：81-90.

［19］德里达. 书写与差异 ［M］. 张宁，译. 北京：生活·读书·新知三联书店，2001：502.

［20］福柯. 权力的眼睛：福柯访谈录 ［M］. 严锋，译. 上海：上海人民出版社，1997：228.

［21］布尔迪厄. 布尔迪厄访谈录：文化资本与社会炼金术 ［M］. 包亚明，译. 上海：上海人民出版社，1997：142.

［22］MERRIAM S B. The new update on adult learning theory ［M］. San Francisco：Jossey-Bass, 2001.

［23］HALES D. Just like a woman：How gender science is redefining what makes us female ［M］. New York：Bantam Books, 1999.

［24］HARDING S. Gendered ways of knowing and the epistemological crisis of the west ［M］// GOLDBERGER N R, TARULE J M, CLINCHY B M, et al. Knowledge, difference, and power：Essays inspired by women ways of knowing. New York：Basic Books, 1996：39-42.

［25］TISDELI E J. Feminism and adult learning：power, pedagogy, and praxis ［J］. New Directions for Adult & Continuing Education, 1993（57）：91-103.

［26］杜威. 经验与教育 ［M］. 姜文闵，译. 北京：人民出版社，2005：260.

［27］乔纳森. 学习环境的理论基础 ［M］. 郑太年，任友群，译. 上海：华东师范大学出版社，2002：55.

［28］ROGOFF B. Apprenticeship in thinking cognitive development in social context ［M］. New York：Oxford University Press, 1990.

［29］韦志成. 语文教学情境论 ［M］. 南宁：广西教育出版社，1996：127.

［30］ 熊川武. 教育实践学［M］. 上海：华东师范大学出版社，2002：17.

［31］ BROWN J，COLLINS A，DUGUID P. Situated cognition and the culture of learning［J］. Educational Researcher，1989，18（1）：32-42.

［32］ 舍恩. 反映的实践者：专业工作者如何在行动中思考［M］. 夏林清，译. 北京：教育科学出版社，2007：45.

［33］ RESNICK L. Learning in school and out［J］. Education Researcher，1987，16（9）：13-20.

［34］ LAVE J. Cognition in practice：mind，mathematics，and culture in everyday life［M］. Cambridge，UK：Cambridge University Press，1988.

［35］ WENGER E. Communities of practice：Learning meaning，and identity［M］. Cambridge，UK：Cambridge University Press，1998.

［36］ LAVE J，WENGER E. Situated learning：Legitimated peripheral participation［M］. Cambridge，UK：Cambridge University Press，1991：95.

［37］ 哈贝马斯. 后形而上学思想［M］. 曹卫东，付德根，译. 南京：译林出版社，2001：29-33.

［38］ WILSON A L. The promise of situated cognition［J］. New Directions for Adult & Continuing Education，1993（57）：71-79.

［39］ ROGOFF B. Apprenticeship in thinking cognitive development in social context［M］. New York：Oxford University Press，1990.

［40］ BRANDT B L，FARMER JR J A，BUCKMASTER A. Cognitive apprenticeship approach to helping adults learn［J］. New Directions for Adult & Continuing Education，1993（59）：69-78.

［41］ BROWN J S，GRAY E S. The people are the company［M］. Fast Company，1995.

［42］ WENGER E，SNYDER W M. Communities of practice：The organizational frontier［J］. Harvard Business Review，2000，78（4）：139-145.

［43］ BROWN J S，DUGUID P. Stolen knowledge［J］. Educational Technology，1993，33（3）：10-15.

第六章
成人教育研究论

　　具有现代意义的成人教育研究起源于西方国家。1926 年，美国成人教育协会成立，被认为是标志着现代成人教育科学研究的开始。20 世纪五六十年代，随着成人教育实践活动日益丰富，教育学、心理学等人文社会科学理论的发展，以及整个社会生产和科学技术的进步，成人教育研究逐渐活跃起来，成为一个专门的学术研究领域。本章梳理国外成人教育研究范式，并结合中国国情，探讨成人教育的研究方法论，介绍适合成人教育的具体研究方法。

第一节　国外成人教育研究范式

　　自 20 世纪五六十年代以来，国外学者依据成人教育研究的不同问题，采用不同的研究方法进行研究。国外成人教育研究主要有三种基本范式，即实证性研究、解释性研究、批判性研究。在这三种研究范式中，哪一种范式应是成人教育研究最有效的手段，至今人们仍持有不同看法。但每一种研究范式对成人教育理论的验证和产生都是有益的，都有助于人们更好地理解成人教育实践活动。

一、实证性研究

　　实证的传统认为，知识合法性的来源既不是神学的上帝和天启，也不是形而上学的思辨和直觉，而是经由实验获得的客观经验数据。实证性研究即基于事实和数据的研究，并通过对数据的逻辑和数学处理，来揭示人与社会中像自然界那样的一般规律。正如汉森（D. A. Hansen）所言："实证研究致力于探寻确凿无疑的知识。"[1]

综观国外尤其是北美的成人教育研究，实证性研究受到研究者的普遍青睐。这一范式以自然科学研究为范式，将人及其行为作为研究对象，以科学的方式对人加以客观化，即把人理解为处于诸物中的一物，以此客体的立场"迫使"人及其行为显现出其特征性属性。主要步骤包括问题的描述、实证、因果关系的解释、预测和控制。为了保证研究不被个人的主观愿望或偏见所左右，研究者需尽量与研究对象保持距离，使用量表、测试、调查等手段来收集数据。然后用数理统计方法进行统计、分析，获得自变量和因变量之间的函数关系，来论证预先假设的存在于成人教育中的自然规律，而非笼统的、模糊的解释，最后得出确切的发现或结论，而非无休止的争论。在此过程中，李克特量表法（Likert Scale）使对研究对象的测量成为可能，克隆巴赫系数（Cronbach´s Alpha）让人们确信这种测量，而统计显著性的检测使原假设成立的微小概率都能得到发现。国外相当多的研究者认为采用实证研究方法得到的结果是中性的，是对成人教育实践的客观解释，能将成人教育学带入科学的"应许之地"。朗（H. B. Long）即认为，尽管实证性研究方法有其局限性，但科学的方法要比解释性的方法更可靠。[2]朗的这一观点揭示了当时实证性研究受到追捧的原因，即便是当今依然拥有相当的市场。

在欧美成人教育研究进程中，实证性研究范式有力地推动了成人教育的理论体系建构。1928年，桑代克发表了《成人学习》，首次通过科学实验的方式，用精确的统计数字和资料揭示了成人学习能力、学习动机以及学习方法等问题。这些结论向传统教育观念提出了挑战，由此产生的一系列理论成果使成人教育从其他教育形式中独立出来成为可能，同时也为体现成人教育研究独特的学术价值提供了成功典范。虽然他的研究成果很快被修正，但其理论建树为实施成人教育和终身教育提供了重要依据。

成人教育的实证性研究之所以风行欧美，梅里安认为当时的研究者坚信，理论的数学化是学科成熟的标志，要使成人教育成为专门的研究对象，必须向其他学科一样以自然科学研究为范式，发展其特有的正规的理论体系。当然，北美的成人教育研究重视学习者个体，很大程度上受到强调测量的心理学研究倾向影响。[3]187-198尽管当时成人教育研究中实证的取向居于主流地位，但其内部并非铁板一块，对它的质疑和对它的支持一样多。不少学者认为，实证性研究未必充分考虑到成人学习者的特殊性；成人教育研究只强调易于测量的问题，也不利于成人教育理论的发展与完善。另外，人们普遍注意到一些实证性研究成果与成人教育实践往往具有不一致性。因此，20世纪70年代后期实证性研究热有所消退，人们开始对多种研究方法进行反思、选择和尝试。

二、解释性研究

20 世纪 70 年代以后，人们逐渐意识到，我们赖以生存的这个世界既需要测量，也需要解释。阿普斯（J. W. Apps）认为，判断一项研究是否有意义，要避免其价值主导趋势掉入"科学的陷阱"。[4]许多成人教育学者开始运用解释学、现象学、人类学、解构主义等研究方法，对实证性研究中的"科学化"倾向发起了挑战，以此捍卫人文主义认识论和方法论价值，使成人教育研究免遭被实证主义吞噬的灭顶之灾。

人类认识自己及社会现象的过程不像自然科学那样简单，人与社会是在不断变化的，因而整体性、历史性和情境性对认识人与社会同样具有十分重要的意义，而这些恰恰被实证性研究所忽略。由此，成人教育学的论题需要一种特殊的解释学入口。正如哈贝马斯所言，"统一科学的实证主义论题试图将所有科学都吸收到自然科学模型中，但它却失败了，其原因就在于社会科学和历史之间的紧密联系，因为它们都是基于对意义的情境性具体理解，而且这种意义只能解释学地被阐释……仅凭观察无法切入一种符号化地被前结构的现实"[5]。

解释性研究在实证性研究所主张的描述、预测、控制之外，针对性地提出理解、意义、行动的诉求，具体方法包括访谈、观察、分析，然后对所经历的事件做出解释。德施勒（D. Deshler）和哈根（N. Hagen）认为，解释性研究侧重于过程而不是结果。[6]因此，它不同于实证性研究那样为了保证研究的客观性，要尽量与研究对象保持距离，而是要求研究者置身于真实的现实活动中，并以此作为数据收集和分析的主要方式。

另外，解释性研究不是采用对假设进行论证的方法来提出概念或理论，而是用解释的方法来证实理论。早期成人教育参与及自我导向学习方面的研究多采用解释性范式。20 世纪 60 年代初，霍尔（C. O. Houle）通过对美国芝加哥 22 名学习者的深入采访，概括性地把成人学习者分为目标导向、活动导向和学习导向等类型。霍尔的分类体系带动了其他学者的一系列探究，逐步形成了比较完整的成人学习动机及参与理论。同时，这项具有开创意义的分类研究，对研究范式的转变也产生了深远影响，塔夫（A. Tough）即是在此基础上开辟了成人自我导向学习研究的新领域，布鲁克菲尔德（S. D. Brookfield）对成人自我导向学习的研究也是采用解释性研究范式。

此后，国外解释性研究有了很大进展，已不再是松散的案例报告和就事论事的现状考察，而是具有更多分析成分和涉及更多变量的研究。例如，米勒（H. L.

Miller）通过多变量分析，把成人学习参与动机解释为心理、社会、办学机构之间复杂的多变量的互相作用。此外，越来越多的解释性研究是在理论框架中提出并系统地进行探讨。凭借先进的统计方法和数据处理，解释性研究的质量也在进一步提高。

但是，解释性研究的方法更为广泛地使用也引起了人们的关注。有人担心偏重解释性研究而忽视其缺乏客观解释标准、易受研究者主观影响等局限性，会导致成人教育研究陷入"非理性化"。一些成人教育学者告诫人们在使用这种方法时，必须特别注意正确分析和阐释研究结果，尤其是在试图推导出某种因果关系时更应特别慎重。

三、批判性研究

批判性研究的传统始于康德的学说，他要求研究者回到经验之前，考察在经验之前知识的基本特征。康德这种先验直观形式和范畴被后来的各种批判理论进行了重释，哈贝马斯认为先验逻辑问题的目的是解释整个认识的意义，而实证主义否认这个问题，在它看来，由于有了现代科学这一事实，这个问题已经变得毫无意义。[7]法兰克福学派指出人文学科不应被裹挟在实证主义之中，人文学家应关注学科的社会功能、事实的社会结构以及学科主题的历史特性，以批判理论推动社会变革。但是这一观念在一个以自然科学自居或者竭力模仿自然科学的学科中依然未被理解。[8]女性主义学者批判了充满性别偏见的父权制对社会学科主题、方法论以及知识生产的塑形作用。后现代主义则批判了社会学科中关于真理、权力和知识的各种宏大叙事，其中包括福柯的谱系学对学科之为学科的可能性条件的质疑，他认为学科之先验条件其实是偶然的权力干预与生产的结果。

在批判理论看来，实证主义将各种社会现象操作化为可测量的自变量和因变量，并在两者之间引入各种中介变量，从而衍生出各种各样的研究，但是鲜能追问这些现象的社会历史根源。因此，批判理论的逻辑核心就是社会历史决定了人类的经验和认识，批判性研究范式即是对这种社会历史前提的反思以及所要采取的行动。卡尔和凯米斯（W. Carr & S. Kemmis）将这种反思与行动相结合的研究范式概括为"行动在回顾中得以反思，反思的结果反过来又指导行动"[9]。也就是说，批判性研究不仅要收集有关的信息，了解事情发生的真相以及各种现象对人所具有的意义，而且还涉及精心策划有组织、有目的的行动，并通过此种行动来改善有关人员的处境。

教育学批判性研究的方法是从现实的实际问题出发，启发人们对社会权力结构的认识和反思，并采取能唤起具有改革作用的教育活动，以此来解放受教育个体。关于如何进行批判性研究，科姆斯托克（D. E. Comstock）提出了五项步骤：首先，了解研究对象在目前处境中的需要、价值观念、动机等。其次，让研究对象进一步了解社会处境的历史发展与现状。第三，使研究对象认识到哪些因素制约着现实生活，从而提高对现实生活的认识。第四，研究人员展示目前社会处境与参与学习者的行动之间的关系。最后，通过教育活动使研究对象重新认识自己的处境，并采取行动来改变产生问题的社会现状。[10]

成人教育研究中，行动研究、参与式研究及发展学习理论研究等明显受到了批判性研究范式的影响，行动研究即是通过人们对问题的共同调查研究以及对问题的分析，一起采取行动，改变产生问题的环境，从而获得知识和经验。成人教育批判性研究范式和方法是随着弗莱雷（P. Freire）批判教育学思想及主张的传播而迅速蔓延开来。弗莱雷认为成人教育首先是解放的教育，重要的是让人们如何从受压迫的状态中去努力寻求解放的途径，并设法使受压迫者认识到受压迫的现状以及产生压迫的原因，即是要促使民众产生批评性思维，进而改变人们受压迫的教育现状。深受弗莱雷批判意识影响的美国学者格林（M. Greene）认为，在工业化国家中培养成人学习者的自我意识十分重要。在工业社会中，由于人类科技工具理性的膨胀，导致教育的世界只注重教授学生知识（科学知识、科学方法、技能、自然规律等），完全无视和否定个体的自我意识、自由意志及其行动自主性。人们忙于追求心中的物质渴望，导致智慧不断被钝化、物化，变得越来越不能理解反思、批判的意义，这就是自我意识的丧失，由此导致主体的扭曲和意义的遗忘。因此，她提出运用现象学的方法，通过提升自我意识来解放认知上的"遮蔽"，成人教育工作者应帮助人们在生活世界里获取人生的意义。[11]

批判性研究不同于实证性研究和解释性研究，它涉及社会结构、自由与限制、权力与制约等社会学问题。有人认为这一研究范式更契合成人教育推动社会全面进步的目标，但另一些人则认为这不是一种有效的研究方法，在成人教育实践中很难得到实施。其一，它不符合成人教育者的工作期望，成人教育者通常关注的是人的变革或经济的变革，而不是激进的社会变革或政治变革。其二，批判性范式提倡的是一元性理念，批判性的思考有时会导致意识上的偏激，把社会的多元性当作不平等、不公正现象来看待。

以上简单概括了国外成人教育研究的几种基本范式。成人教育是一种非常复杂的社会实践活动，单凭某种单一的研究范式是无法揭示出其本质和内在规律的。关于成人智力、认知发展等实证性研究对成人教育理论建设做出了重要贡献，但在其他一些问题的研究上，科学实证就显得捉襟见肘，如情绪和想象也是成人学习过程中的重要组成部分，然而这些都不是科学实证所能完全验证的，而解释性研究却是一个好方法。至于批判性研究，它涉及社会结构、自由与制约、权力与控制等难以实证的问题，用这种研究范式进行研究，是鼓励人们反思、学习和行动的好方法。总之，每一种研究范式在不同程度上都会有助于人们更好地理解成人教育实践活动，对理论的验证和产生都是有益的，在具体的研究中应当依照研究对象的特点，选择恰当的研究范式。

第二节　成人教育研究方法论

科学研究方法论应是方法论与具体方法的统一。成人教育研究方法论，即回答"以何种路径和手段来达到总结成人教育实践及构建成人教育理论这一目的"的问题。成人教育研究发展至今，通过对各种不同研究范式的讨论，在方法论上取得了一些共识。我国的成人教育研究应扎根本土的成人教育实践，综合运用多种研究方法，坚持跨学科的研究路向，并不断深化成人学习理论研究。只有坚持这些方法论原则，才能将成人教育研究深入下去，不断彰显成人教育研究的独特性。

一、综合运用多种研究方法

19世纪末，西方教育研究迎来了以实证化为标志的教育科学运动。20世纪初，随着欧洲新教育运动的出现以及杜威教育理论的产生，形成了以实证性的量化研究为主的潮流。杜威的实用主义教育哲学深刻地影响了教育研究的方法，如儿童研究强调从儿童发展本身来研究儿童的身心特点，实验教育学推崇实验分析法取得数据资料，这些都为成人教育研究方法论开拓了新的领域，实证性的量化研究在20世纪前30年盛行起来，而教育统计、教育测量、教育调查的方法也在技术上得到全面发展，进一步支持了实证性的量化研究成为主流，采用这种方法得出的成人教育研究成果也被广泛引用。

到70年代后期，当教育研究方法继续沿着科学化（实证性的量化）方向发展时，面临着许多困境。人们发现实证性的量化研究取向带来了技术化及精密控制的倾向，无法说明全部教育现象。主要表现在：其一，以自然科学的客观科学真理取代生活世界的存在真理，会使社会科学研究缺乏活水源头；其二，把纷繁复杂和变动不居的社会生活现象还原成几个因素的互动关系，导致在研究中以模式或变量的互动关系取代真实的社会存在；其三，强调社会科学研究中的一切现象都应量化，而对人之生命的意义和评价忽略不计；其四，主张社会科学研究要保持虚假的客观性、中立性，反对把主观情绪和价值因素带入研究中去，等等。对于成人教育研究来说，实证性的量化研究取向往往只能触及成人学习者的共性、客观与抽象的一面，却难以观照到成人学习者的个性特征、主观感受、生活经验、学习情境等重要方面。

此后，许多成人教育研究者开始转向质性研究方法，广泛运用解释学、现象学、社会学、人类学等研究方法，对成人教育研究"科学化"的倾向发起了挑战。所谓质性研究方法，"是以研究者本人为研究工具，在自然情境下采用多种资料收集方法对社会现象进行整体性探究，使用归纳法分析资料和形成理论，通过与研究对象互动，对其行为和意义建构获得解释性理解的一种活动"[12]12。简而言之，"质"的概念，隐含着"过程"的"意义"的双重意涵。这种方法在很大程度上是学术与人生的契合，即抱着充满人文关怀的研究态度和意识，到真实的成人生活世界中去解读成人的学习诉求、学习现象与学习问题。质性研究方法给成人教育研究带来很大的进展，但其也有局限性，如缺乏客观的标准，容易受到研究者的主观影响，导致研究的"非理性化"倾向。

成人教育是一种非常复杂的社会活动，其研究离不开不同性质研究方法的互补和渗透。有关成人教育研究中量化研究和质性研究的争论，柳士彬站在方法论的高度对其进行了阐释。他认为："我们无意于否认科技理性支撑下的方法论在成人教育研究和学科建设中的重要作用，而只是想指证科学主义、技术主义方法论本身所存在着的自身无法克服的局限性，并高度警惕极端意义上的方法论在成人教育研究和学科建设过程中对人异化的危险。"[13]因此，在选择成人教育学的研究方法时，每一种研究方法都有其局限性，不能有意无意地偏向或选择某一种方式或路径，并赋予其主导意义，而应采取批判的态度来分析不同的研究方法。

越来越多的研究者认识到，任何单一的研究方法都不能全面、客观地解释成人教育领域的多元现象，由此引起了20世纪后期的教育研究方法的整合，形成所谓的融合或混合研究方法。首先是科学与人文相结合，注重科学范式和人文范式之间的对话。科学研究范式以追求客观性、精确性、逻辑严密性等为基本特征；人文研究范式主要针对教育活动中的价值层面，密切关注科学研究所提供的事实依据，在更深层次上揭示教育事实背后的价值底蕴。其次是质性研究与量化研究相结合，改进二者互相分离的研究格局。例如自我导向学习的独特性需要突显学习者的声音和重要情境维度，砍迪（P. C. Candy）曾批评实证性量化研究范式的盛行，阻碍了自我导向学习方面有价值的研究成果出现，而解释性或批判性研究范式则可以为此取向提供可能。[14]考米克（P. Cormick）、布鲁克菲尔德（S. D. Brookfield）、柯林斯（M. Collins）等学者也指出，应对自我导向学习研究采取整合取向，使用实证主义、建构主义和教育行动等多种范式来研究，这其中包括质性的和量化的方法。[15]梅里安认为，成人教育应该研究什么，不是由研究方法或测量工具来决定，而是由所处理问题的价值决定。研究者采用不同的研究范式进行研究，多种研究范式共存的情况会使成人教育理论更加丰富。[3]187-198

二、坚持跨学科的研究路向

学科制度出现于18世纪后期，大学的学术活动促成了学科制度的萌发及其近代发展进程。直到19世纪30年代，国外社会科学研究者才开始反思学科制度并探索跨学科研究，科学发展逐渐打破学科间壁垒走向融合。1933年，量子论创始人普朗克（M. Planck）在柏林对德国工程师协会演讲中说："科学是内在的整体，它被分解为单独的部分不是取决于事物的本质，而是取决于人类认识事物的局限性。"[16]在学科不断走向融合的同时，有些研究方法对于不同学科的通用性质日益显示出来，独特的研究方法不再是学科得以成立的必要条件。因此，成人教育研究应树立一种跨学科的研究意识，广泛借鉴各学科的研究方法，把成人教育的问题还原成社会问题、心理问题、文化问题等等。这不仅需要成人教育自身的知识和理论，还应借鉴其他学科的研究成果，这应是成人教育研究的总体趋向。

1961年，美国的成人教育教授委员会（Commission of Professors of Adult Education，CPAE）明确强调从相关领域借鉴研究成果的重要性，并指出自美国成人教育协会成立之后的35年间，成人教育的理论和实践大都借鉴于相关学科。1964年，简森（G. Jensen）倡导将其他学科的知识引入成人教育研究并加以整合。[17]早期大多数成人教育研究者都是教育学以外的学者，他们把自己所处学科的思想带入成人教育研究领域，促进了成人教育研究的发展。正如梅里安所言，大多数直接与成人教育有关的重要研究都是用心理学、社会学等相关学科的研究成果来完成的。[18]例如，从教育心理学和发展心理学吸取有关成人心理和成人学习理论，从哲学中吸取把教育作为人类社会活动来研究的认识论和方法论。此外，社会学的研究从社会文化因素对人的作用、不同社会机构之间的相互作用等方面，为成人教育研究提供了有价值的成果。经济学、政治学、管理学则为探讨成人教育的经济效益以及成人教育与国家政治、经济的关系提供了重要的理论依据，使成人教育管理建立在科学基础之上。教育技术、生理学、脑科学、控制论等自然科学和应用科学的最新成果，为认识和实施成人教育过程提供了先进理论。

成人教育研究在其发展进程中之所以有赖于相关学科成果，一方面，成人教育已成为与多门其他学科紧密相连、交叉渗透的综合性学科，应该把它置于教育学、心理学、社会学、社会–经济发展理论以及其他学科的综合框架之中进行整体的考察，以求建立自己的理论研究体系。另一方面，要令人信服地解释成人教育中某些现象和问题，就不能局限于一种解释。如成人教育参与问题可以分别从心理学和社会学的角度来探讨，也可以用社会心理学观点来分析解释。通过借鉴和消化、吸收其他学科领域的基础理论和研究成果，成人教育在其实践和理论方面取得了很大进展。如转化学习理论对建构主义理论、批判教育理论、情境理论等进行了全面消化和吸收，从 20 世纪 70 年代产生初期关注心理认知结构，到后来认识到情感、情境在成人学习中的重要性，形成了较为系统和完善的理论体系。可以说，转化学习理论的研究，并不是成人教育学科内部的单学科研究，而是在不同时期借鉴了哲学、社会学、心理学、教育学等领域的成果而发展起来的。

总之，在成人教育研究中进行跨学科研究，可以扩充成人教育理论的解释范畴，提升成人教育理论的解释力，帮助我们以开阔的学术视野去洞察、解析鲜活的成人世界，以多样的途径去探索成人教育研究的方法和话语，从而促进对问题对象的系统观照。需要指出的是，跨学科研究并不必然带来学科独立性的弱化，跨学科研究的前提是每个学科期望自己的话语得到承认，这反而会导致学科自主性的强化。因此，成人教育研究不能仅仅满足于借鉴其他学科领域的知识和理论，研究者要始终立足于自己学科理论体系的发展。只有这样，才能更好地理解成人教育的本质以及使教育实践更好地为成人服务的各种条件。

三、深化成人学习理论研究

自 20 世纪 90 年代前后起，世界范围内教育学领域掀起了一股学习研究的热潮。从本质上说，成人教育的研究是关于成人学习的研究，聚焦成人学习理论，亦是成人教育研究中不可或缺的方法和路径。如此研究取向，将有助于我们以更加专业的眼光去审视成人特有的学习诉求、学习现象与学习问题。

尽管 20 世纪前期人们已经对成人学习开展了一些零星研究，但是直到 70 年代，研究者们才开始系统地探究成人学习的独特性，并把它们从心理学家和教育心理学家关于一般学习研究的知识体系中分离出来。这种关注重点的转移，也是研究者们试图把成人教育与其他教育区别开来的种种努力方向之一。但是，正如没有哪一种单一理论能够解释一般意义上的人类学习活动，在成人学习领域，也没有哪一种单一的成人学习理论可以统摄，因此出现了各种各样的理论、模型和框架，它们都描述了成人学习的某一方面特征。基于心理学视角的成人学习理论，揭示出成人的心理结构，从而找到适合成人学习的方法与策略，促进成人个体更好地学习，实现个人的社会成熟，如自我导向学习、泛在学习、转化学习等；基于社会学视角的成人学习理论，超越了个体自治的学习层面，揭示出成人学习与社会历史背景的交互作用，如女性学习、批判学习、情境学习等；基于哲学视角的成人学习理论研究，更关注成人学习过程中的普遍性原理，认为成人学习的意义在于帮助人们理解生活的意义，走向成人生命和生活的开放，如基于行为主义的体验式学习、基于人本主义的自我导向学习、基于激进主义的批判学习、基于建构主义的经验学习等；基于实践视角的成人学习理论，促进了成人学习理论在实践中的运用，如工作场所学习、情境学习、组织学习等。

成人学习理论本身并不是方法论，与具体的研究方法也不是一个范畴。但是人们对特定学习命题的研究往往注重将特定理论作为演绎依据，深化成人学习理论的研究，会使我们掌握将成人教育与其他教育区别开来的各种因素，从而更加深刻地认识成人教育的本质。因此，从某种角度上说，深化成人学习理论研究亦不失方法论的意义。

第三节　成人教育具体研究方法

研究方法论不是方法本身，它虽然对各种研究方法起着指导作用，但不能代替具体研究方法。要想达到具体的研究目的，完成既定的研究任务，还必须正确地、熟练地掌握具体研究方法。本章着重介绍问卷调查法、访谈研究法、个案研究法、扎根理论法、行动研究法等几种常用的成人教育研究方法。成人教育研究方法还有很多，因篇幅所限，在此不一一赘述，研究者可根据自己的研究课题，选择适当的研究方法或几种研究方法的组合，从而获得理想的研究效果。

一、问卷调查法

问卷调查法是以书面问题的方式搜集数据，来对个人行为和态度进行测评的一种研究方法。调研者将所需调查研究的问题编制成问卷或量表，让被试进行选择判断或简单回答问题，从而了解被试的情况或观点。问卷调查法分为普通问卷法和量表问卷法。量表问卷需要概念或理论作为依据，普通问卷则只要符合主题即可；量表的各分量表都要有明确的定义，普通问卷则无此要求。此外，二者在计分和统计分析上也有很大差异。当前，我国成人教育科学研究的根基尚未夯实，在缺乏科学训练的研究图景中，运用量表问卷法可以有效地提高研究队伍的素质和研究成果的水平。

例如，成人教育的影响关系类研究最为常见，在运用量表问卷进行调查统计分析时，可根据以下程序来进行：

1. 拟定量表的架构。量表以理论和概念为依据，通常量表的编制是参考某一概念或理论来拟定量表的架构。一个量表究竟需要多少个分量表，主要视所依据的概念或理论而定。

2. 编制题项。当量表架构初步拟定之后，即可编写分量表题项。通常为了预留修订空间，编制时大约要比预定的题项数多出 50%。

3. 确定量表量尺。李克特的五级量表是最常用的一种，该量表由一组陈述组成，每一陈述有"非常同意""同意""没意见""不同意""非常不同意"之类五种回答，分别记为 5、4、3、2、1，然后用加权计分得出分量表的总分。

4. 量表预试及分析。量表编好后需寻找较大的样本对此量表进行预试，以了解哪些题项是可用的。进行预试分析时，通常可用 T 检验法和相关法。预试分析完成后对题项进行筛选，编制出正式量表。

5. 信度、效度检验。一份好的量表必须具有相当的信度和效度，因此需要对量表进行信度、效度检验。验证所编的量表是否具有信度，最常用的是克隆巴赫（L. J. Cronbach）α 系数。验证所编的量表是否具有效度，常用的方法是内容效度、效标效度和建构效度。

6. 频数分析。对回收量表的数据进行基本的频数统计，如统计性别、年龄、学历等的分布情况。

7. 描述分析。根据回收量表中的数据，计算最小值、最大值、平均值、标准差等，统计样本人群对量表项的基本态度，然后得出结论，并对其中的原因进行推断性分析。

8. 相关分析。量表问卷调查不仅仅是为了得出数据，更重要的是要分析出各要素之间的关系。在对各变量进行分析之前，先提出假设，然后运用统计软件进行相关分析，为回归分析做准备。

9. 回归分析。在数据具有相关性的前提下，分析回归影响关系才有意义，并且通常情况下需要使用回归分析去验证假设。

10. 差异分析。除了外部因素，量表题项还会受到调查对象自身因素的影响。因此，还需要对比不同性别、年龄、文化程度、从事行业、收入水平的人群对量表题项的态度差异情况，一般可使用方差、T 检验、卡方检验等进行分析。

二、访谈研究法

是研究者以口头交谈的方式与被询问者进行研究性交谈，从谈话中搜集客观的、不带偏见的事实材料，用以研究和解决某些问题。访谈法广泛应用于成人教育调查中，既有对成人教育客观事实的调查，也有意见或建议的征询，适于个别化研究。访谈法虽然了解的样本较小，花费的人力、物力、时间较多，但容易进行。而且，深入交谈可以获得可靠有效的资料，并能使交谈双方相互启发，有利于促进问题研究的深入。

访谈法作为一种通过观察、记录、交流等方式搜集资料，归纳并解析问题的研究方法，在古代埃及的人口调查中就已经被广泛使用。但是作为社会学的研究方法却是在进入 19 世纪之后的事情，其使用并被逐渐接受经历了一个漫长的过程。[19] 从 1886 年开始，社会学家布思（C. Booth）首次运用结构式访谈法对伦敦地区工人的生活状况进行了调查，这一调查在当时引起了巨大的轰动，成为后来人们了解当时伦敦社会生活现实的宝贵资料。之后，这种研究方法被很多学者运用，奠定了访谈法在社会科学研究中的地位。除此之外，比较有名的研究是 1920 年芝加哥学派的研究者运用参与观察、文件档案与访谈三种方法对芝加哥城区社会生态的研究。这种方法的运用也为芝加哥学派成为后来实证主义的代表奠定了基础。第二次世界大战期间，访谈法进一步被大量应用于临床诊断和咨询，美军就雇用了大量的社会学家作为军方的咨询师，他们通过访谈得到的信息来了解前线作战的军人的心理健康状况和情绪等。另外，著名的人类学家本尼迪克特（R. Benedict）通过对被俘日军的大量访谈，向军方提供了日本军人以及平民关于战争态度的著名报告。但是，第二次世界大战结束后，随着计算机技术开始广泛地应用于社会科学研究领域，量化研究法开始逐渐取代质性访谈式研究法成为学术界的主流。大约到了 20 世纪 80 年代左右，这种质性研究导向的访谈法才重新被社会科学研究所重视。

质性研究导向的访谈是以资料搜集为目的的一种研究活动，为达到不同的目的，其搜集资料的方式是多种多样的。与平时的谈话相似，访谈也会因为情境和目的的不同分为不同的类型。一般说来，根据访谈问题设计状况，访谈可以分为结构式访谈、半结构式访谈和无结构访谈三种；根据访谈的情境，可以分为正式访谈和非正式访谈；根据访谈的交流方式，可以分为直接访谈和间接访谈；根据受访者的人数，可以分为单独访谈和群体访谈。

与其他调查方法相比，访谈法是一种质性研究方法，可以直接了解到被研究者的思想、心理、观念等深层内容，收集到的是"活"的资料。但是由于这类资料获取途径具有动态性，对研究者有较高的要求。比如要求研究者要有设计比较好的访谈提纲，要创造比较好的交流情境，要有比较高的沟通技巧，要抱有对被研究者充分尊重的态度等，所以访谈法实际上是一种充满情感的"对话之旅"。为了保证研究效度，在分析过程中要尽可能"悬置"个人偏见和既有定见，积极秉承价值中立的基本原则，严格检视研究设计中是否戴着有色眼镜进入了研究领域，用自己已有的观念来看待被研究的对象。

三、个案研究法

个案研究法作为一种科学方法常被各领域的研究专家所采用。个案研究原创于 1870 年美国哈佛大学法学院，当时是用来作为训练学生去思考法律的原理和原则的一种方法，其后又被用于医学和教学领域，用来研究病人的案例。后来逐渐扩展到心理学、社会学、管理学、人类学等领域，各领域专家在应用个案研究法时各有侧重。个案研究的任务是对个案的行为特征提出描述性的报告，并为最终判断提供现实的证据。个案研究常被看成是自然主义的、描述性的、质性的研究，与实证主义的、验证性的、量性的研究相对应。实际上，个案研究不是以质性与量化研究来划分的，而是以研究对象的单一性来界定的，是一种综合多种研究手段来进行研究的方法。

关于个案研究的含义，国外《现代社会学词典》曾给出具体定义："一种通过对一个单独个案进行详细分析来研究社会现象的方法。个案可以是一个人、一个群体、一个事件、一个过程、一个社会或者社会生活的任一其他单位。这种方法依赖于所研究的个案得出的假设具有同事物的代表性，所以通过详尽的分析能够得出普遍性的东西使用于同类的其他个案。"中国台湾地区《云五社会科学大词典》则将其定义为："社会科学的一种分析方法，其特征是将社会单位视作一整体，并分析其生活过程的细节。社会学上的个案研究通常以一团体或一社区为单位。个案研究有双重目的，一为对个案做一广泛且深入的考察，一为发展一般性理论，以概括说明社会结构与过程。"[20]

由此可知，个案研究是以某一典型个体、群体或组织为具体研究对象，在较长时间里连续进行全面而深入的调查，研究其行为发展变化的过程和规律，其中包括收集有关个案的背景、具体材料、调查访问结果及有关人员做出的评定和反映，如实地描述发生的"故事"，并写出个案报告，从而为解决更一般的问题提供经验。由于个案研究一般是对研究对象的一些典型特征作全面而深入的考察与分析，其过程与解剖麻雀相似，因此也叫"解剖麻雀法"。同时，由于个案研究常常需要追溯研究对象的背景资料，了解其发展变化的具体过程，因此又称"个案历史研究法"。个案研究的基本逻辑是：研究者在确定了研究的问题或现象后，不带任何假设地进入到现象发生的场景中，参与研究对象的生活，去观察现象发生的过程，或者通过深入访谈收集各种定性资料，并以此来进行分析和归纳揭示现象发生的原因，逐步归纳出理论命题。所以，个案研究不仅仅只是一个研究方法，也是一个复杂的认知过程，有助于解决现实生活中的很多问题。

成人教育研究历来重视个体发展和个别差异，通过个案研究可以详细地描述成人学习者的个体特征，一个好的个案研究应该能够贴近成人教育工作实际，反映成人教育过程中的真实问题。同时在可能的情况下，将个案的研究结论适度地推广到更大的同类群体中去，通过比较得出规律性的结论。因此，不论哪种类型的个案研究，得出的一般结论适合于某一类现象，即与所研究的个案相类似的其他个案或现象。个案研究的结论能不能外推，或者说在何种程度上可以外推，普适性如何，应本着实事求是的态度，不可不切实际地扩大其研究个案的代表性。

基于以上的认知，可以设计出个案研究的研究步骤。一般来说，个案研究可以分为六个主要的步骤：

1. 确定个案研究的性质和对象。即确定该个案研究要关注的是个推测性的假设，还是一个要解决的问题，还是一个用于讨论的议题。这对于科学研究来说是最为关键的，研究者要明确自己的任务，考虑选题的价值以及可行性。

2. 使用各种方法收集个案资料。全面地收集资料是个案研究有效性的重要保证，也可以帮助研究者对于个案有完整的认识，在这个过程中要系统地保存好收集到的资料。

3. 第三步是分析整理资料。包括个案资料的记录整理和对个案资料精细地分析，探究某一特殊行为的原因，揭示隐藏在个案表面现象之间内在的、本质的、必然的因果联系。

4. 解释分析的结果。可以从是什么、为什么和受谁影响等方面来解释个案。

5. 追踪研究和对个案实施指导。个案研究是一种深度研究，对其研究对象要有一段比较长时间的追踪与研究，了解其发展变化，才能更好地提供指导的方案。

6. 撰写个案研究报告，得出研究结论。个案报告是个案研究的表现形式，通过个案报告可以了解个案的基本情况及处理的过程。

关于个案研究，针对当前国内相关研究中出现的一些问题，应注意以下几方面：

第一，个案研究的个案数量。外推性个案研究对个案的数量是有要求的，且个案选择不能同质重复。样本的抽取要遵循个案样本"差异最大化"的原则进行分层抽样，并对多个个案的选择理由做必要说明，以使这些个案样本的组合能最大限度地穷尽某个现象所涉及的各个方面和层面，从而实现更大范围的外推。

第二，个案研究需要有必要的解释性分析。在个案研究中，只作材料堆积或归纳总结，侧重说明"是什么"，缺少"为什么"和"受谁影响"的分析，不是真正意义上的个案研究。此外，个案研究是一种学术性研究，与作为教学方法的案例研究或作为解决实际问题的诊断性研究也不能混为一谈。

第三，个案研究要遵循基本规范。个案研究对样本数量或抽样方法有严格要求，不能出于样本量不足，或出于非概率抽样，而冠以"个案研究"的标签。此外，个案研究的方法虽然常常需要实践观察和文本分析，但并不排斥定量方法的使用，只不过运用这种定量方法所获取的是在个案样本范围内的定量数据，与面向整体样本进行抽样的调查研究具有本质区别。

第四，不能主观强化个案研究结论的代表性。一些从事实证研究的人们认为，如果研究的结果不能推论到总体，那么这种研究就不能对社会实践提供"普遍性"的指导。因此，许多个案研究者往往强行外推，主观强化个案研究结论的代表性。外推性个案研究必须有个案特征及其"类型代表性"的学理分析，在结论外推时采用比较原则，声明结论适用的类型特点，不能随意将来自个案的结论推及整体和一般。

四、扎根理论法

在很长一段时期，社会科学研究存在理论与资料之间的隔阂，即理论的建构缺乏经验性资料的支持，而经验性研究又缺乏理论提升。一些研究者惯于运用某一理论去分析经验性资料，却不重视从经验性资料中去提取理论。这种研究状况导致既有理论无法适应不断变化的社会现实，新的理论又无法从变化了的经验性资料中得到及时提取。如何打通理论与经验性资料之间的隔阂，就成为众多学者思考的问题。

1967年，格拉斯（B. G. Galser）和斯特劳斯（A. L. Strauss）通过对医务人员处理即将去世的病人的实地观察提出了"扎根理论"。由于扎根理论较好地解决了理论与经验之间的关系问题，后来在社会学、心理学、教育学、管理学中被广泛应用。按照斯特劳斯的解释，"扎根理论"是一种在没有研究假设的情况下，通过参与式观察、访谈、田野调查等方法，系统收集、整理、分析大量翔实的经验资料，并结合文献阅读和不断比较分析，自下而上地从经验资料中发现核心概念并建立理论的质性研究方法。[21]它与其他质性研究方法的区别在于，扎根理论的研究者不是先有一个理论然后设法去证实它，而是先选择一个待研究的领域，然后在这一领域中挖掘出概念和理论。其精髓在于通过科学的逻辑进行归纳、演绎、对比、分析，螺旋式循环地逐渐提升概念及其关系的抽象层次，最终形成新的概念或理论。扎根理论研究方法的步骤一般有五个阶段：第一，选题与资料收集，从资料中产生概念并对资料进行逐级编码；第二，不断地比较资料和概念，系统地询问与概念有关的生成性理论问题；第三，发展理论性概念，建立概念和概念之间的联系；第四，理论性抽样，系统地对资料进行编码；第五，建构理论，力求获得理论概念的密度、变异度和高度的整合性。[12]332其中，对资料进行逐级编码是扎根理论中最为重要的一环。编码是指将收集到的经验资料分解、辨析并赋予概念的过程，包括三个级别：开放式编码（Open Coding）、关联式编码（Axial Coding）和选择式编码（Selective Coding）。这三个级别的目的在于不断对资料进行比较、提问，建立概念、类属，并在此基础上一步步归纳、提升出理论。这三个级别之间并不存在严格的先后次序，也可以将它们视为三种不同的编码类型，在分析过程中可以根据需要打乱次序（见图6-1）。

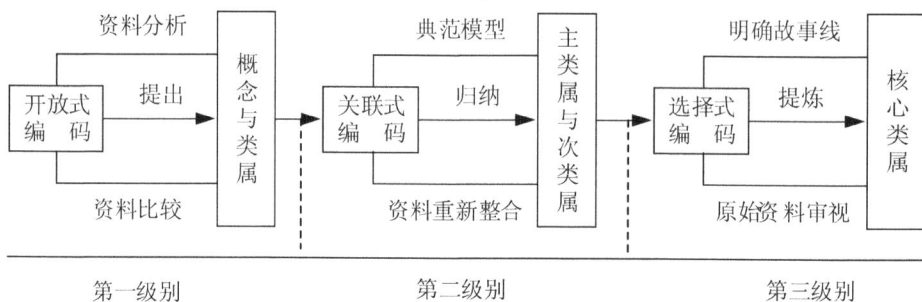

图6-1　扎根理论分析框架及主要内容

1. 开放式编码

开放式编码是研究者以开放的心态，尽量悬置学界定见和个人成见，将收集来的大量资料按其本身所呈现的状态进行缩编，即用概念类属来正确反映资料；并把资料以及抽象出来的概念"打散""揉碎"进行重新组合的过程。所谓缩编，意指开放式编码开始时范围比较宽，对资料内容进行逐字逐句的编码，随后不断缩小范围，直至码号达到饱和。

在对资料进行编码时，研究者应该就资料的内容询问一些具体的、概念上有一定联系的问题。同时，要经常停下来写分析型备忘录。这是一种对资料进行分析的有效手段，可以促使研究者对资料中出现的理论性问题进行思考，通过写作的方式逐步深化自己已经建构起来的初步理论。这一轮编码的主要目的是开放对资料的探究，所有的解释都是初步的、未定的。研究者主要关心的不是所掌握的资料文本里有什么概念，而是它如何可以使探究深入进行。

2. 关联式编码

关联式编码的主要任务是发现和建立由开放式编码所得出的概念类属之间的各种联系，以表现资料中各个部分之间的有机关联，这些联系主要是因果关系、过程关系、结构关系、功能关系等。在关联式编码过程中，研究者每次只围绕一个类属进行深度分析，从该类属出发建立各种相关关系，因此又称"主轴编码"。

随着分析的不断深入，有关各个类属之间的各种联系应该变得越来越具体。在对概念类属进行关联性分析时，研究者要探寻研究对象表达这些概念类属的意图和动机，将其言语放到所处的社会文化语境中加以考虑。因此，扎根理论运用典范模型来完成各概念类属间的联系。

典范模型是扎根理论的一种重要分析策略，它能够有效地将各个独立的类属联结起来，包括因果条件、现象、中介条件、行动/互动策略、结果等方面。这几个方面有助于将众多类属区分为主类属和次类属，并建立逻辑关联。在运用典范模型过程中，关键是要分辨各类属间的联系，并分清主次。在此过程中，这些主次关联必须反复得到资料的检验。当然，典范模型并不是在关联式编码时才开始着手建立，实际上在开放式编码时，研究者就应该在资料分析中获得此模型的主要信息。

3. 选择式编码

选择式编码是指在所有已发现的概念类属中经过系统分析后选择一个核心类属，把它系统地和其他概念类属予以联系，验证其间的关系，并把概念化尚未发展完备的类属补充整齐的过程。核心类属必须在与其他类属的比较中一再被证明具有统领性，能够将最大多数的研究结果囊括在一个比较宽泛的理论范围之内。

在选择式编码阶段，研究者应该经常询问："这些概念类属可以在什么概括层面上属于一个更大的社会分析类属？在这些概念类属中是否可以概括出一个比较重要的核心？我如何将这些概念类属串起来，组成一个系统的理论构架？"这个时期研究者写的备忘录应该更加集中，针对核心类属的理论整合密度进行分析，目的是对理论进行整合，直至取得理论的饱和性和完整性。核心类属找到以后，可以为下一步进行理论抽样和资料收集提供方向。

选择式编码的具体步骤是：（1）明确资料的故事线；（2）对主类属、次类属的属性和维度进行描述；（3）提出理论假设，发展或补充资料与相关类属；（4）确定核心类属；（5）在核心类属与其他类属之间建立逻辑联系。如果在分析伊始找到了一个以上的核心类属，可以通过不断比较的方法，将相关的类属连接起来，剔除关联不够紧密的类属。

五、行动研究法

理论与实践的分离已经成为社会科学领域的一个重大危机，而行动研究以提高行动质量为目标，将理论与实践结合起来，这种方法和主张日益受到人们的重视。20 世纪 40 年代，勒温（K. Lewin）在反思传统社会科学研究中忽视重要的社会实际问题（包括偏见、权力主义和工业化等）时，首次提出行动研究的理念。

勒温强调行动与研究间的密切关系，提出"没有无行动的研究，也没有无研究的行动"的论断，并且认为"将科学研究者与实际工作者的智慧、能力结合起来，以解决某一实际问题的方法"就是行动研究。[22] 50 年代，经美国学者考瑞（S. Corry）等人的倡导，行动研究进入了美国教育科研领域，运用范围日益扩大，教师、学生、辅导人员、行政人员、家长以及社区内支持教育的人都参与到对学校教育的研究中。"教育行动研究"是指通过研究真实的学校教育过程与情境，以提高教育行动质量与教育行动效率的研究方法。

1981 年，澳大利亚学者凯米斯（S. Kemmis）在迪金大学召开的澳大利亚全国行动研究研讨会上提出行动研究的具体程序（"迪金程序"），该程序由计划、行动、观察和反思四个环节组成（见图 6-2）。同时，在为《国际教育百科全书》撰写"行动研究"词条时，凯米斯把行动研究定义为："行动研究是有社会情景的参与者为提高所从事的社会或教育实践的理性认识，为加深对实践活动及其依赖的背景的理解所进行的反思研究。"[23]

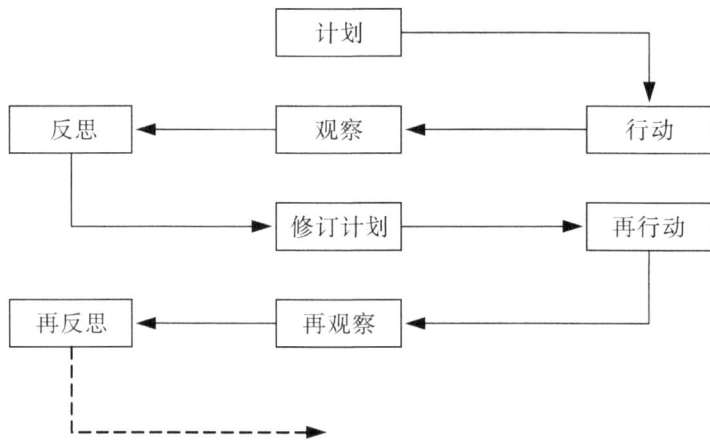

图 6-2　凯米斯行动研究程序图

成人教育研究是应该注重基础理论研究还是教育实践研究，一直是世界成人教育界普遍关注且争执不下的问题。理论论者认为成人教育作为一种教育形态，应有其固有的可研究性，理应创造出丰实的理论性基础知识；实践论者则认为，成人教育更多地应看待成一种"职业"，即使要强调研究的重要性，也只是创造出解决实际问题的途径而已。克里特洛（B. W. Kreitlow）是实践论者的典型代表，他提倡成人教育研究应着眼于成人教育功能的发挥，例如制定计划、方法、评估等。他在 1960—1970 年期间发表的论文体现了对成人教育研究倾向于实用性方面的观点。而另外一些研究者则表达了对理论性研究的强烈关注。萨特勒（B. B. Suttle）在 1982 年对这两种观点进行融合，指出成人学习者不能把学习的成功仅仅归功于实践而忽视理论的引导作用。他反对唯理论的研究取向，认为应该紧密结合实践来开展理论研究，即"行动理论"（Theory-in-Use）。[24]研究的长期争执，也使两派研究者逐渐认识到理论研究和实践研究不是非此即彼的对立关系，成人教育研究逐渐趋向行动研究。行动研究是一种由实际工作者在现实情境中自主进行的反思性探索，并以解决工作情境中特定的实际问题为主要目的，强调研究与活动的一体化。它要求研究者不仅仅是参与其中的观察者，而且还是一个活动者。这种研究在英国深受欢迎，研究者认为这种行动研究适应成人教育的模式，更容易把理论与实践结合，能刺激以学习者需求为基础的研究。国内学者高志敏也呼吁成人教育研究应走出书斋，采取一系列新的教育行动，这应当是我国成人教育研究的一个重要方向。

在成人教育实践中会遇到大量的实际问题，且这些问题是不断变化的，这不可避免地要涉及立足于实践又重在反思的行动研究。成人教育中开展行动研究的步骤如图6-3所示：

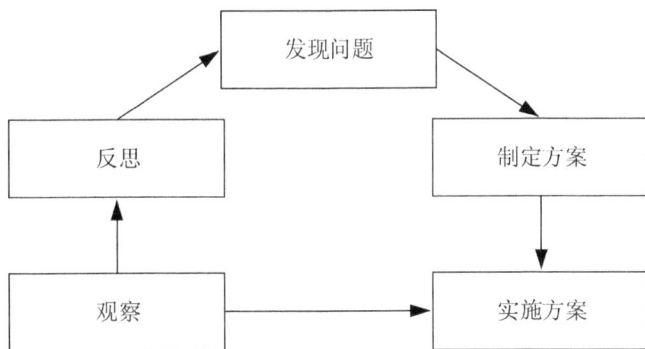

图 6-3　教育行动研究的实施步骤图

1. 发现问题

成人教育工作者时常会遇到各种各样的问题，应养成记录问题、积累问题的习惯，并通过观察和思考，确定问题是否具有研究的价值。对于一些具有研究价值并且方便实施研究的问题进行最初始的调查，并用尽量清晰的语言将抽象的问题进行具体化，即这个问题具体表现在哪几个方面，程度如何，等等。

2. 制定方案

行动研究的第二个重要阶段，是针对所确定的问题逐步形成解决问题的方案，根据行动研究螺旋循环的基本特征，这一研究方案本身也应该是有弹性的，根据实际研究需要适当做出调整，体现出方案自身的发展性和过程性。在这一过程中，由于教师自身研究能力、专业知识等方面的欠缺，可以有专业研究者以及其他成人教育工作者的适度干预性介入。在制定行动研究方案的过程中，成人教育工作者需要在阅读和分析文献资料的时候，建立自己的资料库，从而满足研究的不同需要。另外，对于是否有足够的经费维持研究，研究方案本身是否具有逻辑性与持续性，可以寻找哪些合作伙伴，怎样安排研究时间等一系列的问题都要进行充分的考虑与论证。

3. 实施方案并观察

实施计划阶段是一个复杂的行动观察过程，不少从事行动研究的学者们都在不断完善和建构更适合的表达行动研究过程的研究模型。"在行动中研究，在研究中行动"恰恰表达着这一阶段的研究状态和研究特点。在实施研究方案的时候要注意观察收集资料。可以让学习者写学习日志，记下他们当天的真实感受，或者向学习者发放调查问卷，了解学习者的真实想法。成人教育研究者自己也要善于观察，利用录音机或者摄像机记录当时的教学情况。便于日后与同行的讨论与研究。另外，在将行动研究方案付诸实践的同时，也要及时发现问题并及时对行动方案进行合理的调整。

4. 反思

反思贯穿整个教学实验，反思教学是一个不断肯定和否定并循环渐进的过程。成人教育工作者要将在一轮教育方案中观察到的、感受到的和记录到的各种资料加以整理和归纳，并对研究的过程以及学习者的表现及结果进行描述和评价。对于研究过程中需要改善的地方，要分析其原因并提出改进措施。另外，行动研究是一种公开的教育探究形式，所以，虽然理论上教育行动与教育专业实践持续不断地进行，但仍可以并且也有必要在一个阶段完成之后，以报告的形式予以公开呈现。行动研究报告也是成人教育工作者的反思日记，反思每一轮方案实践过程中的新问题，并拟定下一轮的行动计划和方案，开展第二轮实验，直到达到满意的教学效果。这个具体的行动研究报告既是科研论文，也是教学实践成果。

教育行动研究作为一种立足教育实践活动的研究范式，既具有重要的意义和价值，同时也对研究者提出了很高的要求。在进行行动研究之前，成人教育工作者应系统学习行动研究方面的理论和知识，尤其要注意伦理原则，摆脱固有的偏见和意识形态的影响，使教育行动和探究符合教育的内在规范与价值。

参考文献

[1] HANSEN D A, GERST J E. On education：Sociological perspective [M]. New York：Wiley, 1967：21.

[2] LONG H B. New perspectives on the education of adult in the United States [M]. London：Croom Helm, 1987.

［3］MERRIAM S B. Adult learning and theory building：A review ［J］. Adult Education Quarterly，1987，37（4）：187-198.

［4］APPS J W. Toward a broader definition of research ［J］. Adult Education Quarterly，1972，23（1）：59-64.

［5］OUTHWAITE W. Habermas ［M］. Polity Press，2009：22.

［6］DESHLER D，HAGEN N. Education research：Issues and directions ［M］// MERRIAM S B，CUNNINGHAM P M. Handbook of adult and continuing education. San Francisco：Jossey-Bass，1989：147-167.

［7］哈贝马斯. 认识与兴趣 ［M］. 郭官义，李黎，译. 上海：学林出版社，1999：66.

［8］HORKHEIMER M. Traditional and critical theory ［M］// INGRAM D，SIMON-INGRAM J. Critical theory：The essential readings. New York：Paragon House，1992：239-254.

［9］CARR W，KEMMIS S. Becoming critical：Education，knowledge and action research ［M］. London and Philadelphia：The Palmer Press，1986：229-232.

［10］COMSTOCK D E. A method for critical research ［M］// BREDO E，FEINBERG W. Knowledge and values in social and educational research. Philadelphia：Temple University Press，1982：370-390.

［11］GREENE M. Teacher as stranger：Educational philosophy for the modern age ［M］. CA：Wadsworth Publishing Company，1973：99.

［12］陈向明. 质的研究方法与社会科学研究 ［M］. 北京：教育科学出版社，2003.

［13］柳士彬. 我国成人教育学科发展的形上之思 ［J］. 成人教育，2005（3）：11-13，2.

［14］CANDY P C. Self-direction for lifelong learning：A comprehensive guide to theory and practice ［M］. San Francisco：Jossey-Bass，1991.

［15］梅里安，凯弗瑞拉. 成人学习的综合研究与实践指导 ［M］. 黄健，张永，魏光丽，译. 北京：中国人民大学出版社，2011：285-288.

［16］李喜先. 科学 ［M］. 贵阳：贵州人民出版社，2013：176.

［17］JENSEN G. How adult education borrows and reformulates knowledge of other disciplines ［M］// JENSEN G，LIVERIGHT A A，HALLENBECK W. Adult education：Outlines of an emerging field of university study. Washington，DC：Adult Education Association of the USA，1964：105-111.

［18］达肯沃尔德，梅里安. 成人教育：实践的基础 ［M］. 刘宪之，蔺延梓，刘海鹏，译. 北京：教育科学出版社，1986：35.

［19］BABBIE E. The practice of social research / 8th ed ［M］. Singapore：Wadsworth Publishing Company，1995.

［20］范伟达. 现代社会研究方法 ［M］. 上海：复旦大学出版社，2004：220.

［21］GALSER B G, STRAUSS A L. The discovery of grounded theory：Strategies for qualitative research ［M］. Chicago：Aldine Transaction，1967.

［22］LEWIN K. Action research and minority problems ［J］. Journal of Social Issues，1946（2）：34-46.

［23］HUSEN T. The international encyclopedia of education ［M］. Oxford：Pergamon Press，1985：35.

［24］SUTTLE B B. Adult education：No need for theories? ［J］. Adult Education Quarterly，1982，32（2）：104-107.

管理保障篇

GUANLI BAOZHANG PIAN

第七章
成人教育科学管理

成人教育是终身教育体系的重要组成部分，要充分发挥成人教育促进人的持续发展和社会不断进步的推动器作用，必须切实做好成人教育的管理工作。成人教育管理就是对成人教育系统的人力、财力、物力等进行计划、组织、控制，使其合理组合，协调运转，从而为实现成人教育系统组织目标发挥切实有效的作用。要切实提高成人教育的质量和水平，必须结合实际，对成人教育管理的基本问题展开研究和实践探索。

第一节　成人教育行政管理

伴随着成人教育事业的发展，成人教育机构日益增多，从业人员分工不断精细化、专业化。专职管理机构主要负责制定成人教育政策法规、规章制度，编制工作计划，指导监督办学情况等，进而形成系统的成人教育行政管理。成人教育行政管理离不开所在国家的政治体制、社会历史条件和文化传统差异等背景，不同国家的成人教育行政管理体制存在差异，即使是同一国家，其不同时期的成人教育行政管理也有着不同的特点。

一、成人教育行政管理体制的类型

按权限划分进行分类，世界各国的成人教育行政管理体制大体上可分为中央主导、地方负责、中央地方合作三种类型。而代表这三种类型的国家分别是法国、美国和英国。

（一）中央主导型

法国传统上是单一制国家，与美国、德国等联邦制不同，中央权力易于集中，地方阻力较小。20世纪60年代，法国设立中央、学区、省三级成人教育行政机关，其成人教育管理体制有着鲜明的国家主导特色。在中央，法国成人教育主要由教育部、劳工部两个部门进行管理。教育部主要负责成人教育学校与研究机构的创办、专业和课程设置、行政综合管理以及相关法令制定等领域；劳工部主要负责职业继续教育领域。两个部门在各自领域制定成人教育方针政策与培养任务，各下设专司机构承担具体的成人教育管理工作，如章程制定、经费划拨、质量监控等。各学区、省也设有专门机构，按照教育部、劳工部制定的成人教育方针和任务开展成人教育管理工作。

然而，法国这种中央主导型成人教育管理体制存在举国划一、地方缺少弹性余地的弊端，造成地方政府和社会团体组织发展地方成人教育的积极性不高。因此，法国从20世纪80年代初开始给地方以适当的自主权，从而调动地方和社会团体办学的积极性。现在，法国不仅建立了各种成人教育监督和咨询机构，还根据实际情况，适当扩大了地方成人教育行政管理的权限。由于中央权力下放，尤其是2009年颁布了《终身指导和职业培训法》，使学区获得管理权力，成为法国重要的成人教育行政管理机构。

除法国外，俄罗斯的成人教育管理体制也曾是中央主导模式。随着国家体制改革，俄罗斯逐渐下放教育机构管理权限。此外，绝大多数发展中国家的成人教育管理体制也属于这种中央主导模式。这些发展中国家通过立法，明确了国家对成人教育实施管理的地位，界定了各级各类成人教育管理部门的责权。同时为了加强统一管理，这些国家还在其中央教育管理机构下设专门的成人教育管理部门，负责收集并评估成人教育发展需求，制定成人教育发展规划和规章规程，编制成人教育年度预算，监督管理成人教育实施，培训成人教育师资等；而地方教育管理部门在国家统一管理指导下，结合各地社会、经济发展状况，对成人教育具体活动实施管理。

（二）地方负责型

实行地方负责型教育管理体制的国家，把教育看作是地方的事业。教育主要由地方、公共团体独立自主地经营管理，中央则主要进行援助与指导，不过多干预地方教育。纵观美国的成人教育行政管理体制，由联邦、州和地方学区三级组成，是典型的联邦政府宏观调控、各州政府负责、地方学区具体实施的地方负责型教育行政管理体制；横观则由立法机构、行政机构、司法机构及教育系统的内外集团构成。立法机构负责制定成人教育法律法规，教育行政机构依法行使教育行政管理权，而教育行政管理权的行使则要受到教育系统的内外集团和司法系统影响，是典型的三权分立的权力制衡体制在成人教育领域的体现，由此实现对成人教育的行政管理。

单一的地方负责政策很难保证美国各州成人教育事业的平衡协调发展。针对美国各州的经济、政治、教育发展的不平衡性，美国的成人教育行政管理在地方负责的基础上，加大了国家层面的成人教育宏观调控力度，采取必要措施加强国家和地方的共同参与。美国成人教育特点鲜明，以提高人民的生活水平、文化素养、生活质量为主要目标；挖掘已有学校体系、教育机构的办学潜力，设立专门教育机构。

加拿大、德国、澳大利亚等国家的成人教育也是地方负责型管理体制。加拿大、德国、澳大利亚均是联邦制国家，其教育管理体制大体相似，如加拿大政府从宏观层面支持和指导成人教育组织，而各行政省设立教育委员会用以指导本行政区域内的成人教育工作，企业、公立学校和专业协会具体组织实施教育活动；德国是国家监督成人教育事业，各联邦州政府掌握该州的成人教育立法组织管理等权力，履行推进成人教育事业的义务；而澳大利亚则随着联邦的建立，借鉴了英国的成人教育管理体制，越来越突显出中央与地方合作型的特征。

（三）中央与地方合作型

英国的成人教育行政管理体制，既不是严格的中央主导模式，也不是完全的地方负责模式，而是国家和地方协同管理教育的体制。英国成人教育行政权主要由英国教育部管辖，下设成人高等教育司，负责成人教育政策制定和经费管理等相关事宜。英国教育部既不直接管理成人教育机构，也不决定成人教育专业设置、课程教学和教师聘用等，这些均属地方政府机构和成人教育学校的职权范围。尽管不直接管理，英国政府组建了各种成人教育咨询委员会，协助政府管理成人教育，确保成人教育质量。英国的地方政府机构是县（郡），地方成人教育行政部门是由县议会建立的成人教育委员会。日本的教育管理体制也属于中央与地方合作型。日本的中央和地方教育行政各成系统，中央教育行政机关为文部科学省，负责统筹日本国内教育、科技、学术、文化及体育等事务；地方教育行政分为都、道、府、县和市、町、村两级，称为"地方公共团体"，具有法人地位，均设置教育委员会及由其管理的教育事务局，履行促进教育民主化、专业化的职责。随着日本社会发展及教育法规调整，日本成人教育行政管理的均权特点愈发鲜明。印度、澳大利亚等国作为曾经的英国殖民地，其成人教育体制主要借鉴英国的中央和地方合作负责模式，但随着国家独立及立法变迁，成人教育体制也逐步得到调整，日益突显出各自国家的独有特色。

综上可以看出，一个国家的成人教育行政管理体制受本国的政治体制、社会发展水平与文化传统差异的影响，同时随着社会发展、教育需求呈动态调整。但是，不论是中央主导模式还是地方负责模式，世界范围内成人教育行政管理体制都日益呈现出民主化、科学化、专业化的趋势，对我国成人教育管理体制的变革具有一定的借鉴意义。

二、我国成人教育行政管理体制

一个国家的成人教育行政管理体制特色，是由其社会政治、经济、文化发展状况决定的。是否符合教育需求并推动社会进步，是衡量一个国家成人教育行政管理模式是否高效的客观标准。从新中国成立到 1992 年，随着我国政府管理体制改革，成人教育管理体制逐步从"一级统管，高度集中"过渡到"两级管理、分类负责"的管理模式。自 1998 年至今，中央不断进行机构调整，成人教育的有关事务主要由教育部的职业教育与成人教育司负责，地方的成人教育司、局、处自上而下撤并。经过不断调整，形成了一套具有中国特色的成人教育管理体制。

目前，我国成人教育行政管理是条块结合的管理模式，主要有七个职能部门，分别是：国家成人教育管理部门（教育部职业教育与成人教育司）；各省（自治区、直辖市）成人教育管理部门；各地（市、县）成人教育管理部门；各省（自治区、直辖市）厅局业务单位成人教育管理部门；独立设置的成人教育学校管理部门；普通高等院校成人教育管理部门；各厂矿企事业单位成人教育管理部门。

我国的成人教育在国务院领导下，由教育部统一管理，职业教育和成人教育司具体负责各项事务。教育部是我国实行成人教育宏观管理的最高职能部门，在国务院领导下，对全国成人教育实行统一的政策指导、宏观管理。教育部在成人教育管理方面的职能主要包括：负责、协同有关部门制定成人教育工作的方针政策和法规；协调国务院各部委管理各自职能范围的成人教育，制定成人教育方针、确定教育或培训目标，做好资源保障、师资培训、信息服务等；掌管国家认定的各类成人学历教育规格标准，审批成人高等学校的设置；编制成人教育事业的发展规划；研究确定成人教育事业的发展重点、规模和步骤，指导、协调和监督教育规划的实施；组织和指导成人教育改革，包括成人教育体制和运行机制的改革；指导并推动科研工作、教材建设，规划教师队伍的建设和培养，主管教师的职务评聘工作；拟订成人教育基础建设投入、办学经费、师资编制和统配物资设备的管理制度及原则。

各省（自治区、直辖市）及各地（市、县）政府对所辖区域成人教育承担具体指导和管理的责任，主要通过教育厅或教育局下设的职业教育与成人教育处等成人教育行政管理部门实施管理。主要职责包括：贯彻国家有关方针、政策、法规，拟定成人教育政策、法规及实施方法；参照国家的教育规划，结合本地区经济发展、教育需求情况，制定本地区成人教育规划，包括培养层次、规格、规模和类型等；组织、协调、指导、推动本地区成人教育各方面的工作并进行检查监督；管理本地区成人高校和成人中专学校；筹措经费，改善办学条件，加强师资队伍建设，促进成人教育的有序发展等。

农村成人教育管理实行"政府领导、部门主管、社会参与"的原则。我国农村成人教育管理主要是以教育部门为主的多渠道管理体系，县、乡、村三级管理机构参与农村成人教育的管理工作，协调、解决成人教育发展及存在的问题。

我国成人教育管理体制本质上还是中央主导模式，在管理理念上强调统一，即统一要求、统一管理、统一实施、统一评估等；在管理体系上形成中央、省（自治区、直辖市）和市（县）三个纵向垂直行政管理层次。这种中央主导的管理模式缺乏灵活性，中央对各地成人教育管得过多、统得过死，地方缺乏结合实际情况开展成人教育的积极性和主动性，严重制约了成人教育事业的发展。在当今全球一体化和终身教育背景下，我们必须直面成人教育管理体制改革滞后于国家经济发展、社会进步、教育多样化需求的不足，顺应时代变革，在社会需求获取、成人教育权责划分、实施监控等方面，从制度保障、理念引领、技术提升、方式方法创新方面，推进成人教育管理向纵深发展。

三、成人教育行政管理的发展趋势

在终身教育时代，传统的成人教育管理体制已经无法适应新的形势发展要求，只有进一步优化我国成人教育管理体制，不断提升其发展活力，才能够更好地促进我国成人教育事业的健康发展。

（一）成人教育行政管理须满足教育民主化、多元化需求

我国成人教育实行中央统一领导下的管理体制，中央主导程度较高，各级地方教育管理机构、教育实施机构自主权较少，明显滞后于我国经济体制改革进程。在这种体制下，人才培养的单一性也与社会发展所需人才的多样性相矛盾，这要求成人教育管理体制建设须同步于国家发展成熟的市场经济、建设教育强国的要求。

（二）成人教育行政管理须适应科学发展观和学习型社会建设

党的十八大以来，围绕培养什么人、怎样培养人、为谁培养人这一根本问题，更加彰显了科学发展观。科学发展观是以人为本的发展观，要实践科学发展观，

经济社会发展的着力点必须由以物为本转向以人为本；社会发展形态必须由构建生产型社会转为构建学习型社会。这种发展战略的根本性转变，使人的价值得到极大提升，人的全面发展成为科学发展之本。而人的发展依赖于教育，成人教育涵盖了基础教育之外的终身教育的各个环节，更对我国长远发展战略目标的实现起着决定性作用。

以终身学习思想为指导的学习型社会建设，赋予社会以学习普遍性、终身性等特征，既是社会变革的深刻体现，也是社会进步的重要标志。加快建设学习型社会，是新形势下不断提升国家竞争力的重大战略任务，是促进社会和谐发展以及在更高层面上满足人民日益增长的个性化、终身化学习需求的重要依托，这迫切要求成人教育发挥更大的作用。

（三）成人教育行政管理须服务于民族振兴的伟大进程

进入 21 世纪以来，我国成人教育管理体制经历了重大改革。尽管成人教育管理体制逐步从中央主导式管理向下放管理权限过渡，但整体的调整内容、调整力度仍然与国家社会的深刻变革需求不相配套，没有起到先导性、全局性作用。成人教育作为终身教育的重要环节，亟待提升其行政管理水平。

教育是提高人民综合素质、促进人的全面发展的重要途径，是民族振兴、社会进步的重要基石，是对中华民族伟大复兴具有决定性意义的事业。[1] 实现教育梦，才能加快实现中国梦的步伐。目前我国正在向第二个百年奋斗目标迈进，对教育的需要比以往任何时期更加迫切，成人教育行政管理体制改革势在必行。

回顾国内外成人教育的发展历程，每一次变革都是成人教育应对经济发展、教育需求等做出的积极响应，也彰显了成人教育促进社会进步的终极追求。这在很大程度上预示着成人教育势必要从目前类型多样、机构庞杂、法规不健全、保障不平衡、认可度不高等困境中走出来，迈向融合性、实用性、智能性、终身性等特征鲜明的发展之路。

第二节　成人教育资源管理

成人教育资源是成人教育办学机构（学校）拥有的人力、财力、物力、信息等各种物质要素的总和，它是支撑成人教育教学活动乃至成人教育事业正常运转和高效实施的根基，更是促进成人教育事业不断自我完善发展的物质基础。其中，人力资源、财力资源和信息资源是成人教育的核心资源，其他资源是成人教育的保障资源。对成人教育资源进行有效管理，可以实现资源高效配置，帮助成人教育持续、协调、健康发展。

一、成人教育的人力资源管理

人力资源是成人教育资源中最活跃的核心因素，主要包括管理者、教师。其中，管理者是指直接从事成人教育管理活动或以成人教育管理活动为主要任务的相关人员，即教育行政部门、教育机构、培训机构以及合作机构的管理人员，是成人教育管理工作的主要力量；教师是成人教育教学活动的承担者，是实现成人教育目标、保障成人教育质量的重要力量。成人教育的人力资源管理主要指对上述成人教育的人力资源进行合理规划与配置，即对管理者、教师等教育从业人员的聘任、选拔、培养、留用、激励等具体环节进行管理，保证教育机构的正常运行与教育目标的最终实现。

（一）成人教育人力资源管理的现状

人力资源是所有组织系统正常运转的有效保障，在成人教育领域更是如此。在国际教育发展大背景下，成人教育在管理、质量、评估等各个方面都体现出科学化、规范化、现代化的鲜明特点。但是，我国成人教育受多种因素影响，人力资源管理仅以"管"为主，以完成既定动作为主，由此产生了一些问题。

1. 整体师资力量不强，专业化水平有待提升

当前，成人教育专任师资较少，大多是兼职教师，甚至有的办学机构仅寥寥几个专任教师，教师结构复杂，队伍不稳定，直接影响到教学质量的提升及培养目标的实现。尽管普通高校可调配全校师资进行成人教育教学科研工作，但也面临因教师的成人教育专业化水平不高而导致的师资困境。至于社区以及独立设置的成人教育学校，其师资更是多来源于聘任的兼职教师，存在师资队伍稳定性难以保证、有效的师资培养环境缺失等问题。

2. 人力资源管理体系尚未形成，管理者服务水平有待提升

人力资源管理的理念在企业中已经深入人心，但在成人教育机构中还未真正树立。成人教育院校设立的人事部门，仍是采用传统上以事为中心的管理模式，以人为中心的现代管理模式尚未形成，缺乏对教育从业者的系统化管理；人力资源管理信息化手段与全程追踪管理方式也有待深化。虽然当前已围绕人力资源管理开发了相应的人事管理系统等，但更多是为信息查看、统计等提供便利，甚少开展数据深度分析以服务于决策。院校等下设机构设置或撤销频率较快，人员配置随意化比较严重，岗位职责不明晰，部门间协调攻关能力较差，工作效率不高，成人教育工作者的服务水平有待提高。具体表现在：其一，还一定程度存在人员结构不合理、职责不分等现象，未能实现人岗匹配、人尽其才；其二，成人教育

办学机构的办学定位不明确，尤其是普通高等学校的成人教育院系游离于所在学校的主体业务之外，管理人员仅完成日常具体工作，缺少危机意识和开拓意识；其三，成人教育管理人员大多半路转行，未接受过系统的管理培训，成人教育理论基础较薄弱；其四，学习动力不足，思考不深入，自身定位不明确，服务理念未形成，未能较好履行自身服务职能。

3. 成人教育从业者心理压力大、工作积极性低

进入 21 世纪，随着教育市场竞争加剧、公众对教育期望值不断提高，成人教育社会认可度低、未来发展方向不明等问题加重了成人教育从业者的心理压力。成人教育机构并未为管理人员提供良性发展环境，教师则因待遇不高、职称难以解决等问题缺乏工作成就感，心态浮躁，学习动力不足。

(二) 成人教育人力资源管理现状的深层原因

造成目前成人教育人力资源管理现状的根本原因，就是成人教育人力资源管理机制不健全、管理体系不完备。具体来说，即教育从业者普遍反映的聘任机制不健全、培养机制不完备、激励机制不完善、发展空间受限等问题。在当前成人教育从业者队伍建设问题上，成人教育机构师资选聘还照搬普通高校，对与成人教育相关的教师专业技能要求较低。人力资源管理要有相应的资金投入，对人力资源进行培养，以确保其能更好为机构服务。当前，成人教育院校在人力资源管理上主要借鉴普通高校，在资金投入等方面尚显不足，比如在教师培养方面重视不足、投入较少，并未形成系统、科学、可持续的培养体系，未能针对成人教育自身特点形成有针对性的提升计划和培训方案，并兼顾到教师理论与实践并重的现实需求等；在管理者培训方面，多限于具体业务培训，且培训方式单一。成人教育院校现行激励机制与普通高校类似，突出表现在职称晋升与工资待遇上，这显然同成人教育教师专业化发展不相适应。此外，人力资源管理水平也体现在考核评价机制的科学性和合理性上，进而通过教育从业者的自我幸福感和效能感等方面展现出来。然而，成人教育院校目前采取的考核评价标准主要借鉴普通高校考核指标，未能体现自身机构、办学目标、社会需求、学习者等特定性区别。

(三) 成人教育人力资源管理的提升策略

成人教育从业人员是成人教育活动的具体实践者，他们自身素质的高低决定了其能否肩负起成人教育的社会职责。从业者素质的提升，既是承担成人教育使命角色的社会化发展需求，更是自身职业可持续发展的必然，这已是成人教育管理领域的共识。

1. 以成人教育发展的战略眼光，选拔高素质的从业人员充实人才队伍

要改变传统重理论轻实践的人才招聘机制，除保障教师招聘标准科学化外，

管理者招聘也应关注综合素质、进取态度和专业素养等多方面，对人力资源进行有效配置和合理使用，从而提高人岗匹配度。

2. 以专业化发展促进成人教育人力资源管理理念创新

当下，要提高成人教育质量，在成人教育人力资源管理上必须重视从业者的专业化发展，重视从业者诉求，提升从业者地位，增强其职业归属感和幸福感。通过搭建院校自身的沟通平台，促进管理者与教师、教师之间、管理者之间的交流互动，营造积极向上、民主自由、轻松活跃的院校氛围。

3. 形成并完善成人教育人力资源管理体系

一个完备的管理体系必然涉及管理的全过程，成人教育人力资源管理是涵盖从业者选留、培养、激励、考核各个环节的全过程管理，要进一步规范人才选用标准及聘任制度，并通过明晰环节任务和细化落实指标，实现人岗匹配，激励优秀从业者脱颖而出，促进成人教育院校人力资源管理体系的形成和不断完善。

二、成人教育的财力资源管理

作为一项全社会的教育事业，成人教育的发展依赖大量财力资源的投入保障。成人教育财力资源是投入到成人教育领域的所有物资和资金的总和，是推动成人教育活动实施的物质基础和基本保障。作为终身教育的重要一环，成人教育责任突出，涵盖面大，财力资源保障的需要迫切，已经突破了任何政府可独立承担的范围，必然要求财力投入主体的多元化。我国成人教育财力资源投入经历了国家财政全额负担，国家财政和用人单位分担，国家财政、用人单位、个人三者共同承担的变迁历程。[2]国家财政、用人单位、个人三者共同承担的方式，遵循了"谁受益、谁承担"的市场规则，一定程度上缓解了成人教育财力的不足，但仍存在不少问题，需要大力开拓投入渠道，优化财力资源配置。

（一）成人教育财力资源存在的问题

教育投入是支撑国家长远发展的基础性、战略性投资，是发展教育事业的重要物质基础，是公共财政的重要职能和保障重点。[3]成人教育具有动态性，不能将成人教育服务所带来的个人成长收益和社会发展收益的比例固定化。不同类别成人教育所发挥的个人成长和社会发展作用不同。侧重社会发展的成人教育类型，国家应该加大投入力度，发挥主导作用；侧重个人成长的成人教育类型，个人和社会就应该发挥更大作用。但自我国成人教育开展以来，一直面临着公共教育经费短缺的情况，如函授、业余教育的开展，经费保障主要依赖所在学校；对于网络教育试点工作，参与试点工作的高校等也是以自主经费投入作为保障，国家公共经费投入比例过低。

成人教育伴随着社会发展需求呈动态变化，体现人才培养的速效性和速成性，但各院校、行政管理部门对其教育经费投入过少。故而成人教育院校一直面临着规模与效益、质量与生存相矛盾的困境，不利于成人教育事业的良性发展，对其办学形象、社会声誉也造成了严重影响。

我国人口众多，区域经济发展不平衡，教育资源配置也不均衡。不同省份、地区对成人教育发展重视程度不一，造成财力投入配置的差异日益突出，教育公平性无法得到保障。同样，地区、行业的资源共享共建机制缺失等带来的低层次建设、重复建设、孤岛建设等现象严重，致使成人教育各类资源建设执行周期长、建设效率低下，均造成财力资源严重浪费，影响了财力配置优化。

当前，我国成人教育资金的来源渠道逐步多样化，注重社会投入，不断吸引社会资源，形成成人教育资金投入多元化态势。然而，社会投入带来的财政投入比例变化，容易造成办学主导权偏移。同时我国成人教育机构办学自主权不断扩大，且在资金管理、支配等方面缺乏相应的法律法规和行业规范，容易引发高收费、乱收费等现象发生。

（二）成人教育财力投入渠道的开拓

1. 加快立法步伐，为成人教育保驾护航

由于缺少法律约束，虽然国家规定了成人教育经费投入比例，不少地区并没有按照规定的比例提取、支付成人教育经费，造成了部分成人教育机构不得不通过扩大招生等方式摆脱生存困境。因此要加快立法步伐，以法律的形式确保政府政策性投入的持续和稳定。[4]有了相关法律建设，才能确保国家成人教育投入比例的落实。

2. 强化政府职责，加大政府投入

国家承担着保障成人教育财力资源的责任，须从国家政策法规等方面明确国家财政中教育投入比例及规模。同时，各级政府要进一步强化对科教兴国和人才强国战略的认识，真正确立教育的优先发展战略地位，认真贯彻国家中长期教育改革发展规划纲要精神，确保财政性成人教育财力资源有效投入使用。

当然，单纯依靠财政投入，政府及成人教育办学机构都难以应对成人教育庞大的经费需求。除财政拨款外，政府更应该积极拓宽财政投入渠道，通过政策吸引、资金引导等形式吸收社会捐赠，改变传统的财政拨款方式，为成人教育机构尤其是普通高校的成人教育院系提供基本的日常财政投入，让办学机构将主要精力集中到教育质量保障以及与社会发展需求相适应的发展重点和薄弱环节上来。

3. 注重企业资源，吸引企业投入

成人教育办学机构多样，大致可分为院校承办、企业承办、社会承办等。其中，企业培训是成人教育的重要组成部分。企业将职工培训作为一项生产性投资，在人力资源管理经费中占比很大。通过企业内部的人力资源开发，构建结合岗位需要的企业特色鲜明的培训模式和培训资源，可有效提升职工职业技能和工作绩效，增强企业创新活力，推动企业业绩提升，提高企业竞争力。尽管我国《劳动法》《职业教育法》等法律法规都规定了企事业单位培训的责任主体，《国务院关于大力推进职业教育改革与发展的决定》也明确规定企事业单位职工培训经费来源与比例情况，自 2010 年以来，还先后出台了《国家中长期教育改革和发展规划纲要（2010—2020 年）》《新生代农民工职业技能提升计划（2019—2022 年）》等相关政策文件，对职工培训、技能提升提出了明确要求，但目前我国职工培训还需不断成长成熟。企业必须强化培训意识，加强校地合作、校企合作，推动特定受教育人群的技能培训，带动企业职工培训经费、培训物资等有效投入，为企业可持续发展做好服务。

4. 多方联动挖掘社会潜力，鼓励社会多样化办学

面对不断变化的成人教育需求，除了普通高校、企业积极应对，社会办学机构更要进行快速需求定位，紧抓服务保障，提供相应的教育服务。各级政府必须有效引导社会潜力释放，为政府合作、校企联动、资金汇集等建立配套政策及激励机制，利用政府杠杆调控作用，带动全社会力量开办社会型培训，解决供需矛盾。

各类成人教育机构自身拥有长期积累的人力、资源、社会声誉等，必须充分发挥自身资源优势，积极寻求自主增加收入的途径。目前，许多成人教育机构紧跟中小企事业单位培训的巨大市场需求，开发培训项目，建立培训合作，增加经费收入。普通高等学校的成人教育院系发挥自身科研优势，不断加大与企业合作，提供技术转让、咨询服务等相关有偿服务。此外，各类成人教育机构要努力与政府、教育行政机构等加大合作力度，以此进行自我宣传、形象塑造，为后续其他合作奠定基础。

5. 鼓励个人自我投资、自我提升

个人是成人教育直接受益者，也是成人教育经费供给方之一。在终身教育体系下，知识技能更新速度不断加快，个人必须不断进行自我更新和提升，以适应快速变化的社会发展需求。终身学习已经成为现代社会个人生存发展的常态，进行不断的自我投资、自我提升已是大势所趋，必然加大个体对成人教育经费的注入。可喜的是，在鼓励个人自愿投资购买教育服务的同时，政府已逐步配套了相应的激励机制，涉及财政保障制度、奖助学、个税减免等方面。

（三）优化成人教育财力资源配置

优化成人教育财力资源配置就是将有限的成人教育财力资源科学合理地分配到各个成人教育系统之中，使其发挥最大效益。[5]成人教育财力资源配置通常分为宏观、中观、微观三个层次。

1. 宏观配置

宏观配置主要是指国家、教育行政管理机构等将成人教育经费在所属成人教育办学机构间进行有效调配。目前的宏观配置方式已经不能适应成人教育事业的发展，应对准制约发展的瓶颈，进行战略规划、科学调整。首先，针对众多成人教育机构需要自主承担办学经费的情况，为有效解决其生存与发展问题，必须改变现有财政拨款方式，确保其有基本的运行经费；同时发挥宏观调控作用，避免重复建设及资源浪费，加大教育服务购买式经费供给，支持示范性强、区域服务范围广的教育服务项目，进而解决成人教育的突出矛盾和建设难点。其次，针对存在的教育不公平问题，宏观配置必须做到定点精准投入，尤其是对贫困地区、弱势群体等的教育培训经费保障；同时做好经费使用管理，切实达到精准教育服务目的。最后，宏观配置必须综合考虑区域社会经济发展及教育状况，统筹规划成人教育资源部署，打破资源壁垒，实现资源整合，提高资源利用率，促进区域间成人教育均衡发展。比如，东部经济发达地区和西部偏远地区、省会城市与非省会城市、人口密集区域与人口稀疏区域间的成人教育财力资源配置不能一刀切。

2. 微观配置

微观配置即办学实体为了有效实现办学目标，将可调配的财力资源合理分布到办学设施、教学、科研等具体方面。成人教育机构是成人教育财力资源的直接使用者，也决定了财力资源使用效率。当前，社会发展不断对成人教育机构提出新的要求，成人教育办学机构如何在市场法则下进行自主办学、寻求效率突破，已成为其必须面对的紧迫问题。首先，成人教育办学机构须有自主管理权力，政府应从直接行政管控为主转向以宏观调控为主，给予和扩大成人教育办学机构依法行使自主办学权。成人教育办学机构更了解区域人才需求、自身办学实力等实际情况，拥有经费自主使用权，才能根据发展需求，有的放矢进行环境建设、教学保障、师资培养等财力资源分配。其次，成人教育机构不仅要拥有财力资源自主权，还必须谋求财力资源使用效率最优化。成人教育发挥着社会与学校、国家与区域沟通桥梁的作用，既有经济运作特征，又兼具社会使命。因此，必须树立财力资源使用效益观念，正确处理成人教育的经济效益与社会效应的关系。一方面要在确保办学机构生存情况下，不断提高教育质量，满足成人的教育需求，逐步提升成人教育的社会效应；另一方面要优化内部财力资源使用架构，动态调整内部资源分配，合理平衡财力支出比例，和谐内部关系，助力机构内部短期目标和长远目标的实现。同步完善财力资源监管制度，加大财力资源监控力度，切实保障财力资源公开、透明、高效使用。

3. 中观配置

中观配置即国家、社会和办学机构共同决定财力资源配置。首先，发挥社会第三方评价机构的作用，如借鉴普通高校排名等，吸纳社会第三方对教育经费投入进行评估管理，丰富现有成人教育评价考核形式，进而吸引政府经费投入，引导办学机构平衡经济效益与社会效益的关系。其次，政府要敏锐捕捉社会发展动向，建立地区性或行业性条例，对社会需求迫切的成人教育资源提出要求，明确办学机构社会服务方向。最后，社会与办学机构的合作要向纵深发展，为岗位技能提升凝聚不同层次的教育资源，引导个体理性投资教育，为成人教育事业发展注入源源不断的财力资源。

三、成人教育的信息资源管理

信息化已成为当代社会的基本特征，教育更离不开信息，成人教育管理对信息资源管理提出了更高要求。成人教育信息资源分类多样。按照教育资源功能不同，成人教育信息资源可分为教学资源、科研资源、服务资源、周边社会资源等。下面从功能区分的角度，就成人教育信息资源展开介绍。

（一）教学信息资源

成人教育教学信息资源是成人教育"教"与"学"有效衔接的媒介，它为学习者的个性化学习提供便捷，也为教师或教学团队有效组织教学活动提供资源支持，更以共建共享方式促进教育均衡配置。伴随着资源建设理念和技术提升，成人教育主要教学信息资源走过了从最初的电子化教案、电子化教材、课件等，到单机版教学辅导软件、网络课件、网络课程、精品课程的建设历程。同时，在资源供给模式转变和认证学习思潮影响下，MOOC课程、SPOC课程以及当前的金牌课程建设等，都是成人教育教学资源不断成熟的体现。为了降低无效信息干扰、提升学习者资源检索效率，成人教育资源管理部门对成人教育补充教材进行丰富与集成，建立展现大课程理念的专业性专题网站、生成性资源的案例库及多媒体资源库、用来答疑解惑的教学支持题库及答疑库等，并做好资源自生成管理与共建共享使用。成人教育教学信息资源不是静态的、显式的，会随着教与学组合变化等不同，呈现出动态性、隐藏性、自生成性等特征。

（二）科研信息资源

成人教育从业者自身的科研能力已经成为制约成人教育社会使命能否实现的重要因素，也是衡量成人教育与社会发展相适应的主要指标。成人教育科研信息资源主要指满足成人教育科研需求的信息资源。它为成人教育从业者提供沟通交流平台，增强科研凝聚和归属；帮助成人教育从业者开阔学术视野、提升实践探索能力。成人教育科研信息资源水平一定程度上决定了成人教育从业者的科研起点、科研思维、科研贡献等，必须加大成人教育科研信息资源的研发，才能从整体上提升成人教育科研实力，加速成人教育事业发展。目前，信息化教育科研资源主要涵盖学科门户信息网站、学术资源、图书馆、电子书、学术期刊、论坛、学会等。

（三）服务信息资源

成人教育服务信息资源泛指除上述两种信息资源之外的其他成人教育信息资源。成人教育服务信息来源广泛、内容复杂多样，对其进行建设和管理意义重大。常见的成人教育服务信息资源包括学习支持服务信息、通知公告信息、法律法规信息等。其中，学习支持服务信息主要指成人教育非学术支持服务所产生的信息，诸如咨询、建议、学习引导、学生活动等。

成人教育信息资源共同构成了一个开放性生态系统，其管理范畴不限于资源建设规范、研发模式、共享机制、资源分配等，无论从管理学还是系统论角度出发，对其进行管理和均衡配置，均可带动成人教育事业公平发展。故而在具体成人教育活动中，受制于办学机构定位、理念、所处社会环境的不同，成人教育信息资源管理内容、方式方法也有不同，但成人教育信息资源的模式优化、建设原则、核心要素、研发实施、管理运营、共建共享的思想理念是相同的。

第三节　成人教育教学管理

成人教育的教学质量、社会认可度是成人教育发展的核心问题，提高成人教育教学质量，必须紧抓成人教育教学管理。成人教育教学管理是一个庞杂的系统管理问题，包括成人教育专业设置、课程管理、教学资源研发以及教学过程管理。

一、成人教育教学管理的内涵

成人教育教学管理主要是指成人教育办学机构共同遵循成人教育教学规律，结合地区发展对人才的培养规格与需求，充分发挥管理职能，通过运用各种管理手段和方法，对教学系统的各个要素（学习者、教师、资源、教学、设施、支持服务等）进行优化组合，来协调教学管理的各子系统、各要素间的关联，保障教学管理组织能协调运转，确保教学活动有序、高效运行，完成国家规定的相关成人教育培养任务的过程。

成人教育教学管理任务可看作是结合区域发展需求和机构自身优势，采用科学有效的管理理念，运用高效的管理策略和管理方式，围绕确定的人才培养目标，将培养任务有效分解为一系列相互关联的子任务，科学组织和协调成人教育若干子任务所需要的人力、物力、财力、时间和信息等，进而建立相对稳定且持续完善的教学秩序，以保证教学过程的畅通与高效，促进教学真正发生，使教学取得良好的效果，确保办学机构办学目标及受教育者自我提升目标的实现，培养符合社会和时代需要的合格人才。

成人教育教学管理与国家教育政策、区域经济环境、教学体制变革等息息相关，更与教育质量的社会认可紧密绑定。因此，相对于广义的教学管理职能而言，成人教育的教学管理更侧重教学管理决策和计划职能。在终身教育体系下，成人教育教学管理活动应与时俱进、因需而变。如多样化的成人教育类型对成人教育教学管理提出更高的要求，多层级的教育质量评价改变了成人教育教学管理策略等，都使得成人教育教学管理有着自身的特点。同时也要看到，成人教育教学管理法规、制度缺失以及成人教育经费投入不足的现状，对成人教育教学管理实施造成了极大的制约。

二、成人教育教学管理的内容

(一) 课程管理

课程是成人教育的核心构成要素，是成人教育培养目标实现的最小单位，更是成人教育教学实施的主要承载体，是集中体现成人教育诸多特点的融合体。因此，对成人教育课程的管理与研究，就是抓住成人教育教学的重点环节进行研究与管理。

成人教育课程管理是指对成人教育课程规划、编制、实施、评价等环节建立规范标准、细化流程、落实指标、加强监控，进而促进预定目标实现的管理活动。成人教育课程管理分为宏观和微观两个层次。宏观课程管理侧重的是成人教育课程行政管理，包括中央和地方各级政府的成人教育课程管理，主要是指代表中央和地方政府的成人教育行政管理部门对成人教育课程的宏观调控，如课程标准的颁布、课程资源的审定、课程质量的监控、课程效果的评价等；微观的成人教育课程管理侧重成人教育办学机构的课程实施管理，管理职责细化为学校、班级、教师等层次，不同层次的管理职责不同，需相互协作以保障课程科学管理。故而微观管理主要是成人教育办学机构、专兼职教师、教育管理者从行政管理、课程实施、过程监管等不同角度出发，对成人教育国家课程、地方课程和校本课程所开展的管理活动。

成人教育课程管理对成人教育事业发展具有重要作用。成人教育课程整合了影响成人教育活动具体实施的一切资源，是成人教育质量的基本体现。具体地说，成人教育课程凝聚了办学机构、教师、学习者等资源，课程质量高低体现了成人教育机构办学水平高低、教师教学理念先进与否、满足社会发展需求与学习者自我需求的程度如何等成人教育质量问题。

因此，必须扎实推进成人教育课程建设，推动成人教育专业设置和课程体系不断优化。首先，要保持成人教育课程旺盛生命力，离不开成人教育特征鲜明、符合社会发展需求的专业设置保障。而优化成人教育专业设置，要从调研做起，积极应对社会及行业发展需求，运用前瞻性科学预判，并提供主动服务，才可能实现专业优化设置。简言之，就是专业设置的调研论证工作要扎实、专业建设特色要突出、预测更新机制要高效、完善提升要切实。其次，课程是专业建设的核心元素和重要组成部分。课程建设同样需要优化，应该做到四个"要"，即课程目标要全面、课程内容要整合、课程结构要融合、课程评价要持续。

课程管理关系到课程资源使用效率、教学目标实现等关键问题，加之成人教育复杂性、动态性等特点，成人教育课程管理的主体应是相关办学机构，有效的课程管理必须依赖办学机构来实施。首先，办学机构要坚定主体责任，在确保课程管理规定动作质量基础上，加强自主课程的研发和管理，持续关注课程管理的组织与实施，跟进问题解决，加大改进力度等。其次，成人教育课程管理具有跨部门合作、相互交叉、有机关联的复杂性，必须对其进行高效管理。办学机构需建立较为完善的课程管理组织架构和协作机制，确保课程管理的规划科学、研发高效、实施稳健、评价权威。最后，还应该建立健全成人教育课程管理的规章制度，在符合课程管理规律的基础上，遵循成人教育的自身特点，强化激励措施；加强对教育从业者管理素养和学习者自主学习能力的培养，促其从被动到主动、从服从到主导的转变，确保课程管理参与度和参与成效。

（二）教学资源管理

教学资源承载课程信息与课程内容，是教师、学习者共同展开教学活动的主要依据和基本条件，诸如教材、教案、视频、课件、题库、交流资源、实践资源等一切与教学相关的资源，广义上也包括教师资源、教学工具、基础设施等。就成人教育而言，教学资源是成人教育教学的最基本工具，是教学内容和教学方法的知识载体，是教学活动的直接媒介，也是推进成人教育教学改革、创新人才培养模式、培养高质量应用型人才的重要保证。

成人教育的教学资源是突显成人学习者特征的特定性资源，其管理工作主要包括教学资源的建设、研究以及日常管理。由于种种原因，成人教育机构对教学资源建设、研究的重视程度不够，而更侧重于日常管理工作。[6]与全日制教育对象集中、教学资源管理统一等不同，成人教育教学资源管理的特殊性体现在：成人学习者较为分散，加之成人个性化的学习需求，均加大了成人教育教学资源管理的难度。面对成人教育教学资源管理的特殊性及存在问题，必须加快教学资源管理的信息化进程，提升教学资源管理水平。总体来看，当前成人教育教学资源管理信息化的发展步伐较慢，信息平台建设进程有待加速。

（三）教学过程管理

教学过程本质上是一种认知过程，是教学理念、教学内容、教学设计付诸实施的过程，是教师遵循教学规律，引导学习者进行学习，完成教学任务，进而实现教学目标的有序活动。教学过程是成人教育教学活动的中心环节，成人教育通过具体教学过程传递知识与技能，促进成人学习者的终身发展。

一般来说，成人教育教学的常规过程融合了教师、学习者、教学内容、教学手段等内在要素。其中，教师根据教学内容选择一定教学手段，将教学内容与学习方法传递给学习者，促进学习者认知结构的形成，确保教学任务的完成与教学目标的实现。成人学习者要处理好工学关系，自觉遵守教学秩序，认真完成学习任务，积极促进知识和能力的能动转化。落实到日常教学工作中，教学过程则体现为教师备课、上课、答疑、考核、实践等教学实施环节和学习者学习、探讨、评价等具体学习活动。由此可见，教学过程是成人教育教学重要组成部分，关乎成人教育教学任务是否完成、教学目标能否实现。因此，对其进行科学有效的管理，是提高成人教育教学质量的重要途径。

成人教育的教学过程管理强调把影响教学质量的各要素、各活动看作相互关联的过程来实施。传统的教学管理注重考核结果，是一种事后把关的被动管理；过程管理则是强化教学全过程的主动管理，是将整体质量落实、分解到教学各个环节的具体质量要求上，系统地认识教学过程各环节间的相互关系，并对这些环节进行质量控制，从而有效实现整体教学质量的管理。

目前，我国成人教育管理缺乏系统性和协调性，代表统一标准的教育资源、教学培养目标、质量规范等很少，各区域成人教育管理机制、要求等也存在差异，统一的质量标准体系尚未形成。国家和政府教育管理机构仅在宏观层面进行管理调控、资源配置，不参与到成人教育办学机构具体管理活动中。而成人教育机构拥有一定的自主办学权，自主确定培养质量和培养规格；即使专业或培训项目相同，不同的实施主体呈现出的培训质量也不同。更有甚者，一些办学机构过度追求经济效益，无暇顾及质量管理。长此以往，成人教育的人才培养质量无法保障，社会效益与良好声誉难以形成。

因此，成人教育办学机构在实施教学过程管理、不断提升教学质量的同时，还应当不断进行调查研究，吸纳和运用适合本机构发展定位的管理理念、质量规范，提升质量管理意识，努力构建教学质量保障模式和制度体系，不断提高教学质量和人才培养质量，进而带动成人学习者和社会对本机构教育认可度的提升。

第四节　成人教育科研管理

成人教育科研管理，是对影响成人教育事业发展的科学研究活动的基本要素——人、财、物的协调过程。通过科学管理，可创设一种成人教育从业者能够充分发挥创造力、研究活动得以自由展开的环境氛围。

一、成人教育科研人力资源管理

科研活动离不开科研资源，即进行成人教育科学研究所需要的人力、物力、财力、信息等所有资源。人力资源（科研人员）、物力资源（科研场所、环境、设备、仪器等）、财力资源（科研经费）、信息资源（科研信息）被统称为科研四要素。其中，最具能动性的是人力资源，它在使用物力资源、财力资源基础上，产出高质量的信息资源。因此，成人教育科研资源管理，就是要以人力资源管理带动物力资源、财力资源和信息资源的科学配置和高效利用，确保科研成果的质量与产出。

科研人才队伍资源是推动成人教育科研最宝贵的"活资源"，其数量与质量是成人教育科研实力的决定性因素。目前，我国成人教育的研究队伍有不同的层次和来源：一是政府研究机构的专职研究人员，主要来自各级教育行政部门以及教育科研院所设立的成人教育研究所、研究中心、教研室等机构或组织；二是高等院校研究机构的专兼职研究人员，主要来源于众多普通高校下设的成人教育研究机构等。三是社会团体研究力量，主要指各级成人教育协会、高等继续教育学会的会员队伍。四是广大成人教育从业者，主要指成人教育科研的庞大基层力量，如成人教育专兼职教师、管理人员等。

尽管科研队伍庞大，但我国成人教育科研一直存在个体研究素养有待提升、整体研究团队尚未形成、研究氛围不浓厚等现实不足。解决上述问题，首先可采取调整专兼职科研人员比例、改革机构设置和绩效考核机制、加大培训和管理等针对性举措，夯实科研人员尤其是广大成人教育从业者的理论基础，完善其理论架构，开拓其学术视野，引导其形成创新研究思维，不断优化成人教育科研队伍。其次，发挥成人教育科研基地的平台作用，借助国家和省级政府所设研究机构人才聚集与成果显著的优势，加大从业人员交流和科研帮带；同时，切实发挥普通高校自建的研究基地对教育学科人才培养的支撑作用，提升成人教育从业者的理论素养。最后，积极开展成人教育科研协作，加强同行业同专业的强强联合、跨行业跨专业的互补协作，加强同行业提升成人教育从业者的实践操作技能及敏锐捕捉行业发展态势的能力。

二、成人教育科研信息资源管理

成人教育科研的信息资源是指科研活动所需要或产出的信息集合，有理论资源和实践资源之分。由于成人教育的受众群体庞大，开办类型丰富，造就了成人教育得天独厚的广阔实践阵地，拥有着丰富的实践资源，为我国成人教育科研提供了便捷获取第一手资料的实践平台。而理论资源则为二手资料，主要以知识信息形态为表现形式，以期刊文献、学术交流等形式在科研系统内外不断进行流动与交换。理论资源是前人、他人已有科研成果的积累，以及对以往科研成果再度探索思考的结晶。然而，目前我国成人教育实践资源尚未得到应有重视、理论资源集成度较低等现状，严重制约了成人教育科研整体实力的提升，必须对成人教育科研的信息资源进行有效挖掘与开发。

围绕理论资源开发，须强化理性归纳力度，利用学习机制、联通机制、比较策略等研究方法，发掘、整理已有的理论资源，创造新型的理论资源，不断丰富成人教育学科体系理论框架内容。其中，发掘、整理是理论资源研究的前提，学习、吸纳是理论资源研究的基础，突破、创新是理论资源研究的关键。

成人教育是促进知识与技能转化的阵地，离不开社会和学习者的实践检验。成人教育科研必须深入实践，才能扎根现实土壤获得实践资源。当前，我国围绕成人教育发展规律的实践研究存在诸多不足，如集体研究意识缺失，导致单兵作战；部分学者热衷于跟风研究、热点研究，难以形成体系化研究成果；研究成果零散、浅层次，未能形成研究合力；低层次工作的不断重复，导致理论内涵深、应用价值高的实践成果无法显现；成人教育科研呈现出碎片化特征，加速走向教育学科研究的边缘。有鉴于此，成人教育科研必须强调自我提升和团队提升共赢的价值认可，促进集体合作研究意识的形成，从科研选题、科研方法等入手进行整合，探索适合成人教育的科研方法，推进切合成人教育事业发展需要的创新性、创造性成果产出，为成人教育科研注入前行动力。

三、成人教育科研过程管理

成人教育科研过程在一定程度上折射出成人教育科研实力及科研产出情况。成人教育科研管理过程是否高效，成人教育科研组织模式是否合理，成人教育科研运作情况是否顺畅等，都直接影响和制约着科研效率的高低、成果质量的优劣。因此，必须做好成人教育科研的过程管理。

首先，要处理好不同研究内容的关系问题。成人教育研究有不同的研究内容与研究模式，以研究内容为例，成人教育研究分为学科理论研究和应用研究，应用研究侧重问题研究，即发现问题、分析问题和解决问题的研究。目前，由于职称评审机制等的不完善，在问题导向研究趋势下，部分成人教育从业者为了多出成果，流于选题追热化、探究表面化、结论简单化和效用短期化，导致科研成果低水平徘徊、持续性研究不足等问题出现。学科理论研究则是对成人教育自身发展规律进行系统化的基础理论研究，采用系统的研究方法，对实践探索进行梳理、汇总、提炼，构建出成人教育学科知识体系。理论研究和应用研究，偏向任何一方都是不正确的，偏重理论研究，不利于现实问题解决；偏重应用研究，则不利于对理论研究的总结、反思与提升。

其次，强化成人教育科研过程的运作管理。除了做好常规的科研管理外，更要关注具体科研活动，做好科研实施推进的纵向过程管理。常见的科研实施推进过程包括目标确定、过程推进、成果鉴定等三个主要环节。目标是成功的第一步，也是科研过程的第一步。成人科研目标必须科学、明确而合理，才能引导成人教育科研产、学、研相促相长。其一，制定合理的成人教育科研总体计划，要确保长远计划与短期计划相结合且衔接顺畅，组织计划和个人计划相结合且统分适宜。其二，选题要坚持科学原则，要体现对推进社会发展、学科进步的客观价值，更要突出时代特色。其三，科研立项申请环节要严谨、规范且手续齐全。申请立项过程中，要坚持诚信原则，自觉接受项目设立单位的管理。

成人教育课题立项后，科研管理重点就转到项目任务推进上来。普通高校、专业性研究机构在项目实施推进中有很多可供借鉴的成熟经验和优秀做法，成人教育科研实力及管理水平总体较低，应对此吸收借鉴、取长补短。针对成人教育科研管理水平不高等困扰研究推进的问题，成人教育办学机构须比普通高校、专业性研究机构更加强化阶段性督查和整改。此外，成人教育机构要为成人教育科研工作保驾护航，从人、财、物乃至制度保障方面做好必要的支持和服务。

成果鉴定是对科研项目任务完成情况的评价，是科研过程的最后一步。通常由各级各类机构或专家团队进行成果鉴定，成人教育科研成果形式多样，通常有理论专著、学术论文、研究报告（调研报告、实验报告等）、教育实验、技术应用以及教育技术创新等不同形式。不同形式的科研成果有不同的鉴定方法，但不限于一种或几种鉴定方法，可根据需要进行合理组合鉴定。

四、成人教育科研成果管理

成人教育科研成果是成人教育从业者在实际教育教学工作中的经验总结与理论提升，是探索与创新工作智慧的结晶，一定程度上反映了成人教育机构的科研水平。成人教育科研成果管理是科研管理的基础性工作，不等同于成果汇总、记录等简单统计工作。成人教育机构可以借鉴普通高校的做法展开科研成果管理，同时要切实抓好成果推介、发布、推广和应用等环节，进而提高成人教育科研成果转化率，优化成人教育学科发展，促进成人教育深化改革，从而充分支撑经济社会发展，取得良好的社会效益。

此外，要做好成人教育科研资源配置管理，通过科研资源使用考核、资源自组织与集成策略等，解决成人教育组织间、组织内部各系统科研资源配置不均衡的问题，提高成人教育科研资源配置的成效。

参考文献

[1] 范笑仙. 坚定不移秉持教育优先、科教强国发展战略：习近平总书记关于教育战略地位思想的核心要义 [J]. 清华大学教育研究，2018（03）：18-21.

[2] 闵维方. 高等教育运行机制研究 [M]. 北京：人民教育出版社，2002：22-43.

[3] 黄静，孙培东. 论成人教育的财力资源投入 [J]. 中国成人教育，2013（12）：9-11.

[4] 李珺. 上海终身教育促进条例成效、挑战及修订建议 [J]. 职教论坛，2017（12）：60-65.

[5] 孙培东. 成人教育财力资源的优化配置探析 [J]. 中国成人教育，2013（17）：8-9.

[6] 张小平. 新形势下成人教育教材管理工作思考 [J]. 山东广播电视大学学报，2017（1）：83-85.

第八章
成人教育专业建设与课程研发

成人教育专业建设和课程研发是成人教育特色的具体体现。专业是人才培养的基本形式，成人教育特色体现在成人教育专业建设上；而课程设置是实现专业人才培养的核心资源载体，同时又受限于专业建设。成人教育专业建设与课程设置相辅相成，共同促进或制约着成人教育人才培养目标的实现，进而影响着成人教育使命的履行。

第一节　成人教育专业建设

专业建设是成人教育基本建设的重要内容，是成人教育发展规划和目标实现的基本手段，通过专业建设，促进成人教育资源优化配置、合理调控，直接决定了成人教育人才培养质量与办学声望，更关系到成人教育的可持续发展。

一、成人教育专业

（一）成人教育专业的内涵

对于"专业"一词，教育学界基于不同的研究视角有不同的界定。广义的"专业"是指某种职业不同于其他职业的一些特定的劳动特点，是知识的专门化领域，是社会分工的宏观体现；狭义的"专业"是指特定的社会职业，诸如教师、医生、律师等具体职业，是社会分工的具体表现；特指的"专业"是高等院校或中等专科学校根据社会分工需要而划分的学科门类及进行的人才培养基本单位[1]，即是通常意义上的院校开设学科和围绕学科进行的人才培养，体现了学科门类和人才培养的双重特征。成人教育的专业就是特指的专业，它是成人教育联系社会、服务社会功能的具体体现，是办学机构根据社会分工以及学习者个体发展所需设置的不同学科类别。因此，成人教育办学机构开设专业，理应对接社会经济发展需求、衔接成人不同阶段的学习需求，本着提高成人素质、服务社会发展的教育理念，为社会培养技能型和应用型人才。

成人教育有不同的教育类型，无论是学历教育还是非学历教育，均落脚于成人素养、理论知识和职业技能提升等方面，这些都离不开专业培养。成人学历教育是普通学校教育的延伸，必然体现出专业教育特色；而职业培训等非学历教育，更是具有明确目标的专项任务，须体现特定的专业内容。

（二）成人教育专业的构成要素

在现代专业理念中，无论专业大小，口径宽窄，一般都由专业目标、专业知识、专业课程体系、专业伦理、专业师资、专业组织、专业保障、专业成长等八个基本要素构成。

1. 专业目标

即通常意义上的专业人才培养目标，不同的专业具有不同的专业目标。专业目标和教育培养目标之间的关系是个别与一般、具体与抽象的关系。前者属于微观层次，后者属于宏观层次，是两个不同层次的目标系统。[2]14-16因此，作为特定教育类型的成人学历教育目标，整体上必须与经济社会协调发展，是偏于抽象范畴的目标要求；而专业培养目标在与整体目标一致的基础上，应为特定领域人才培养引领方向。专业目标要受到科技水平、经济水平、社会发展水平等诸多因素的制约，更要依据国家的政治、经济、科技文化的发展水平而有一定的前瞻性及可操作性。本质而言，教育所处内外环境是变化发展的，故而所确立的专业目标也是动态发展的，需要随着社会需求的变化，不断地进行调整和完善。

2. 专业知识

专业知识的内涵丰富，主要包括本体性知识、条件性知识、实践性知识和操作性知识四个方面，这些知识都是作为一个专业人士所应具备的基础知识，具有区别其他专业的自身特色。其中，本体性知识是指一个专业所应具备的特定的学科知识；条件性知识是指与一个专业的本体性知识相关联的相邻专业知识；实践性知识是一个专业的本体性知识向实践活动迁移的成果，是实践经验的积累；操作性知识是将上述知识在特定的职业活动或情境中进行迁移与整合所形成的能够完成具体职业任务的知识。

3. 专业课程体系

如果说专业培养目标是纲领，专业课程（资源）体系则是细化条目，构成了专业的基本框架。专业课程体系是指为实现专业培养目标，把相关的课程（资源）按照一定的结构、功能要求组成的集合体，用以组织专业教学。课程（资源）体系依据目标来建构，同时又将目标具体化，使目标融入具体的教学内容和环节之中[2]14-16。常见的成人学历教育专业课程体系包括基础课、专业课、选修课等，突出师生"双主"教学特点和探究学习特征；职业培训等成人非学历教育专业课程体系除专业领域课程外，更突出了技能培养及成人个性化发展需求。

4. 专业伦理

专业伦理既属于专业知识范畴，又是专业的核心要义之一。通俗地说，专业伦理就是针对具体专业特性发展出来的道德价值观与行为规范，是在该专业领域里工作的行为指南，提供专业人士面临专业伦理道德事件时做正确抉择的依据。专业伦理最早范例之一，即是医护人员所遵守的希波克拉底誓言。适应和掌握专业伦理，能够帮助专业人士做出正确判断和选择，应用适当的技术，实事求是，确保行业规范得以有序传承。

5. 专业师资

专业师资是专业构成的主体，是专业构成中最积极、最活跃的因素，是提高人才培养质量的根本保证。专业师资既是专业培养目标实现的直接实施者，又是促进专业优化发展的直接推进者。一支高水平的专业师资队伍，是专业培养成败的关键。社会发展日新月异，教育事业突飞猛进，社会期望不断提升，均对成人教育教师专业化水平提出了全方位的要求，必须具备政治素养过硬、专业知识宽厚、师德高尚、教风优良、科研能力强、创新意识敏锐等综合能力。

6. 专业组织

即专业化的管理组织。专业化是一个职业或行业经过一段时间的发展，逐渐符合某一专业性标准或指标，并获得相应专业地位的过程。"专业组织作为专业化的主要标准之一，不但比个体掌握了更多的知识，而且负有一定的社会与伦理责任""通过创造与培育专业组织，个人的经验才能变为公共经验，人们才能共享专业知识并推动实践发展水平的提高。"[3]不同于政府层面或行业领域的各类专业组织，成人教育协会以及各省市继续教育学会等是确保成人教育事业顺利发展的专业化组织，促进着成人教育专业目标高效实现。

7. 专业保障

专业保障是指专业所需的经费、物资、后勤等保障要素。随着国家教育经费投入机制的调整，不同学校、不同专业可有效利用的经费不同，必须优化经费配置。教育物资供给随着社会物质条件的改善、教育理念的进步、科学技术的更新而与时俱进地发生变化，办学机构需以信息化手段为依托，高效利用教育物资供给，促进服务体验提升。后勤是成人教育办学区别于普通教育的一个明显特征，针对成人学习者无法统一管理的特点，后勤保障必须解决其求学的后顾之忧。

8. 专业成长

专业成长既是学习者实现学习需求、培养创新思维、提升专业技能的最基本要求，更是社会对专业人才培养的至高期望。在成人教育活动中，专业成长主要是指通过专业技能素养、学习能力、研究能力的培养，使学习者具有批判反省与自主学习能力，助力学习者自我规划、自我成长，实现充实自我、反省批判、更新改进的目标。在这里，专业成长也包含教师、管理者。成人教育教师、管理者和学习者都是成人，具有成人学习者的特征。通过构建学习共同体，让学习者适应社会发展、学会自主学习；让教师恪守专业伦理、秉承师德风范；让管理者规范行为、塑造社会认可品牌，推进成人教育事业走向可持续发展之路。

成人教育的任何一个专业，无论大小，都存在上述核心要素，这些核心要素既各自独立又相互联系。独立，是指每个核心要素自成体系，有着各自的内容及规范要求；联系，是指核心要素之间相互作用，共同构成了"专业"这一特定概念。只有抓住这些核心要素进行建设，才能推进专业优化配置，使专业适应社会发展并得到不断完善，朝着构建终身学习社会的方向稳步前进。

二、成人教育专业建设

成人教育以提高成人素质、服务社会发展为宗旨，脱离了成人发展与社会需求的成人教育专业是不科学的。成人教育专业建设既要遵循成人教育自身的规律，也要符合区域经济社会发展的要求；既要保持专业设置的稳定性，又要突出适应性，要有利于可持续发展。成人教育专业建设突显了成人教育紧密结合社会与成人发展需求的特点，是保障成人教育人才培养的关键环节。专业建设的落脚点在于课程建设，设置符合专业特点的课程体系有利于成人教育专业建设，保证成人教育质量的提升和培养目标的实现。

（一）成人教育专业建设的内涵

专业建设是根据经济社会发展对人才的需求，优化专业结构，培育专业师资，开发系列特色专业和配套课程体系，采取产学研合作、专项合作、跟岗实践等方式，确保成人教育专业与社会发展的衔接与适应。专业建设是个系统性工程，必须考虑到专业核心要素及结构布局，是专业规划设计、专业结构布局、专业设置与优化、专业目标制定与实施、专业课程体系构建与部署、专业师资规划与建设、专业组织设置与管理、人才培养质量设计与实现以及专业成长达成等系列工作的总称。成人教育专业建设的内涵，即是在体现专业特色的基础上，围绕专业核心要素的建设。成人教育专业建设由五个既各自独立又相互联系的子目标组成。

1. 专业标准

专业标准是专业建设的前提条件和评判依据，包括专业培养定位、培养目标、知识架构、资源保障要求、层次类型和培养规格。

2. 课程体系

课程体系是专业的有机构件，必须体现专业的办学定位、人才培养目标。具体的课程标准应规定本专业各类课程比例、各门课程性质、教学目标、大纲框架、教学实施要求、教学考核方式、教学质量保障建议等内容。

3. 专业师资

师资水平是影响教育质量的核心因素，专业化师资是人才培养质量的保障力量。成人教育师资建设要按专业学科特点、课程教育类型以及成人学习者的需求进行甄选培养，实施差异化教学科研培训，通过学习共同体、校本培训等形式，推进师资专业化成长，为师资核心价值认同、专业发展等提供不竭源泉。

4. 专业组织

教育管理部门、办学单位和评价机构是专业建设的基本组织，要明晰三方组织的责权利关系，做好人员配置及科学管理运营。

5. 专业保障

专业保障指经费投入、设备设施、支持服务、质量评价等专业建设的保障性因素。在成人教育专业建设中，要加大专业建设经费投入力度，保障设备设施的正常运转与维护，以及支持服务、质量评价的有效运行，确保专业建设的实施与完善。

当然，成人教育的专业建设成功与否，还取决于专业是否与社会需求变化相适应，多方合作机制是否建立与有效运作，谋求学习者发展与办学声誉的利益共享意识是否形成，等等，是长期建设积累和社会认可的集成体。为此，多方参与、合作机制、共赢模式也是成人教育专业建设的基本保障。

（二）成人教育专业建设的层次与特点

专业建设的层次，既与成人教育不同类型相关联，又与专业不同层次相对应。成人教育中的学历教育分为专科层次、专升本层次、本科层次、研究生层次，同普通高校专业建设有着相融相通之处；职业培训等非学历教育更是特征鲜明的专业理论知识和专业实践知识的融合。因此，成人教育专业建设必须考虑到学习者的不同层次以及所参与的不同教育类型，在培养定位、师资配置、资源保障与供给、支持服务等方面有所侧重，或提供层次较分明的不同建设方案。

进行成人教育专业建设，必须坚持遵循成人教育自身的特点，做好以下几个方面工作：其一，把握专业方向。具体包括培养对象定位、专业胜任能力、专业知识、专业伦理等；其二，坚持持续建设。专业建设的时间周期长，建设过程跨度大，不是短、平、快；其三，坚持可持续更新。须敏锐把握社会职业、岗位技术等变化情况，科学、灵活地更新专业内容，使其专业课程内容体现时代性、前沿性和科学性；其四，保持专业结构与技术发展紧密衔接。专业结构调整须与社会职业需求变化及生产方式变换协调同步，专业化培养须与所构建的专业产学研结构调整协同实施；其五，合作分工不可少。学校一己之力显然单薄，须得到国家、社会、行业乃至企业的多方参与。

（三）成人教育专业建设的模式

专业建设与专业设置不同。专业设置是根据社会或行业对专业人才的需求而设定相关专业，是专业建设的起点，是相对静态的，随着专业演化、社会发展而发生适应性成长；专业建设是在已有的专业设置基础上，为使专业培养目标适应社会或产业需求不断升级变化而进行建设，侧重于专业发展的线和面，是专业核心要素为专业目标服务而不断优化改进的过程，是动态发展的。[4]也就是说，专业建设就是不断完善或创造条件，保证专业培养目标实现的过程。

专业建设模式是指在专业建设过程中形成的较为固定的建设范型，用于指导具体的专业建设实施。专业建设模式必须体现一定的价值取向和办学方向，牢记人才培养使命，坚定正确的办学方向，统筹规划专业各个核心要素的职责及其相互关系，科学协调专业核心要素协同运作。常见的专业建设模式成长且成熟于普通高校，即"职业-专业-课程"模式和"职业-课程-专业"模式。[5]所谓"职业-专业-课程"模式，指当社会出现某种职业的需求时，高校首先会在现有学科资源基础上前瞻性地设置专业，然后结合办学优势构建并不断完善课程体系。而"职业-课程-专业"模式，指社会对新职业产生需求后，高校最先建设几门课程应对新需求，获得社会认可后开设系列配套课程，待师资、资源、保障成熟之后正式设置专业。这既是专业新增的模式，也是专业优化调整的基本策略。当已有专业无法满足社会职业需求，且大量课程内容陈旧时，该专业必然就业状况较差、社会认可度降低，就需进行优化调整乃至撤销。上述普通高校的专业建设模式和相关经验，可供成人教育专业建设来借鉴。此外，专业建设还可在政府企业联动、校本资源利用、特色品牌等方面强势出击，尤其是要做好专业设置调研、专业发展规划、专业标准指标设计、专业师资团队组建、课程资源体系构建、专业组织运作等。

总之，专业建设既要依据专业建设规范的基本要求，又要根据地区社会经济发展水平和办学机构实际情况，以产学研综合实力提高为导向，立足当前、兼顾长远，挖掘办学潜力，突出办学特色，形成品牌效应，不断提升办学的可持续竞争优势。

三、成人教育专业建设的现状

我国成人教育的专业建设成绩斐然，在践行成人教育的根本任务和社会职责中做出了重要贡献。但是，我国现阶段的成人教育不能完全适应形势发展，具体表现为成人教育发展与终身学习社会发展不相适应，与社会所要求的职责差距较大，这已引起了成人教育行政管理机构、办学机构、教育从业人员的高度重视。必须立足专业建设的现状，剖析存在的问题，寻求解决突破的策略。

（一）专业建设价值取向不明

党的十九大提出："办好继续教育，加快建设学习型社会，大力提高国民素质。"这是时代变革下国家对继续教育的新要求，更为继续教育发展指明了前行方向。办好继续教育，就是办好成人教育，必须推进成人教育改革，创新教学模式，提高人才培养质量，构建终身教育体系，才能为加快建设学习型社会提供强大动力。教育的根本任务之一就是培养人，这也是成人教育的出发点和归宿，更是检验成人教育履行职责的评价点。而围绕培养什么样的人，体现的是教育主体的价值取向。所谓成人教育价值取向，"是在开展教育活动中，成人教育主体根据自身需求进行教育选择时所表现出来的一种价值倾向性"[6]6-9。成人教育价值取向表现为教育主体的价值认同引导以及如何实现相应教育目标，这直接关系到人才培养所依托的专业设置。成人教育应在"最大限度地满足人们对高质量、多样化、精细化、个性化需求等方面充分发挥应有的作用"[6]6-9。因此，成人教育专业设置必须体现出提升成人教育社会价值、满足成人个性化发展需求、引领社会发展方向的价值理念。但在当前，成人教育的专业设置或片面追求热门专业，或循规蹈矩地跟随主办院校，或墨守成规地被动适应。这些状况从根本上说即是价值取向不明，未能立足国家、社会、成人学习者的多样化需求而求新求变。

（二）专业建设未能充分反映成人教育自身特色

我国成人教育在依托主办院校的办学实体的同时，也受到主办院校的办学影响，其所开设的专业有着主办院校专业设置的鲜明特征，没有形成符合成人教育办学定位、能满足成人培养需要的专业设置模式。主办院校的人才培养目标是培养与造就各个领域的精英人才，专业设置偏重体系化的理论研究，不利于应用型人才培养。同时，由于成人教育师资欠缺和高层次研究者不足，在专业设置方面缺乏主动性，存在被动照搬的现状。以成人学历教育而言，多数专业来源于所在学校已有的本专科专业，结合成人教育自身特色增设的自建专业不多，且学科培养方案照搬校内专业院系。故而在专业设置中，专业修订滞后于社会经济发展，培养形式较为单一，产学研结合力度不强，不能有效提高成人学习者的职业竞争力以及满足其发展需求。

（三）专业设置未能充分体现成人学习者的多元化特征

在传统的学校教育中，班级是最基本的教学组织单元，每个班级学生的认知发展水平、已有知识基础等差异不大，教学活动的组织实施较为统一。而成人教育发展至今，已经成为一种以民主和公平为基本教育理念的现代教育体系，对学习者的性别、年龄、地域、职业状态等均没有严格限制，只要符合基本的入学要求，每个成人学习者都可获得学习和提高的机会，真正实现了"有教无类"。教育对象的多元化是成人教育有别于传统学校教育的一个明显特征，但是当前成人教育专业建设照搬传统学校教育的现状较为突出，未能充分体现成人学习者的多元化特征，这对成人教育的教学组织与管理、教学考核与评价产生了极大的负面影响。

（四）专业建设体系尚不完善，专业设置随机性较大

当前，开展成人教育的院校都享有充分的办学自主权，可自主进行成人教育专业建设。然而，不同区域院校的校情不同，专业建设的理念、内涵、组成也不同，所形成的专业体系差异性过大，不利于成人教育发挥应有的教育职能。较为突出的问题就是专业设置随机性大、专业体系组成要素不同、人才培养效果无法衡量等，导致相同的专业存在不同的学科培养方案，这直接影响到成人教育的教学组织、考核评估、质量监控、资源共享，进而影响到成人教育目标的实现。普通高校的专业建设接受教育部高等教育司、省（自治区、直辖市）教育厅（教委）高等教育管理部门、学校三层管理，国家以及各省（自治区、直辖市）高等教育管理部门通过《普通高等学校本科专业目录》《普通高等学校本科专业类教学质量国家标准》等指导性文件，明确了宏观层面的专业建设标准、各院校的专业建设标准及建设规划，既有顶层宏观指导与调控，又能发挥学校专业建设的能动性，有利于优化调整专业结构，服务国家战略需求和经济社会发展需要。对于成人教育的专业建设，教育部也于2016年印发了《高等学历继续教育专业设置管理办法》，但仍存在管理环节薄弱，专业建设体系不完善，专业增减、调整随机性较大等诸多问题。

此外，成人教育专业建设偏重于理论知识培养或实践技能提升，而在人文关怀、道德培养等方面存在短板；成人教育专业建设与学科建设内涵界定不清晰，相互混用，进而影响成人教育的规划设计及质量保障；成人教育专业建设队伍和

机制还不完善，专业化的建设队伍、建设运营、资源保障、信息化管理、质量监控等方面有待加强。这些均是当前成人教育专业建设中亟待解决的问题。

四、成人教育专业建设的策略

（一）立足校情，把好方向，准确定位

成人教育办学机构的发展定位和专业建设的目标定位是相互联系、相辅相成的。发展目标定位必然不能脱离母体，必须依据自身的发展历程、传统特点、已有专业和办学实力，科学分析国家以及区域经济社会发展的趋势，明确国家、社会、自身的发展定位，并充分考虑到成人学习者的多元化特征，来确定科学可行的专业建设目标，高效有序地推进专业建设。

（二）更新专业建设理念，彰显成人教育专业自身特点

职业性、实用性是成人教育专业衔接社会发展需求的最基本体现。专业建设必须以培养学习者应用能力为目标，突出资源、教学、实践的职业性，进而达到学以致用。这就要求在师资保障、教学组织等方面进行理念更新、策略调整，从成人现实需求出发调整教学内容和教学方法，回归成人生活世界；面向行业、企业、农村和社区，实现专业建设、资源保障等重心下移。[7]

（三）提升师资内涵式发展，构建专业师资队伍

高素质的专业师资队伍是开展专业建设的人力基础。当前，成人教育专业师资队伍存在师资不足、专业素养不扎实、缺少实践教师等问题。为此，必须强化学科带头人帮带作用，开展多种形式教师培训，发挥专业组织团队作用，助力师资内涵式发展，形成专业知识宽厚、实践能力强的老中青专职师资队伍；同时，加大吸收行业专业人员、兼职教师进入师资队伍的力度。

（四）突出课程资源地位，确保专业教学质量

在准确把握专业定位的基础上，结合主办院校自身学科优势和课程建设经验，制定合理、科学的课程建设规划。以此为指导，构建科学的课程标准体系和有效的评价指标体系，完善课程资源建设的全过程管理，注重课程建设规划目标的有机分解和阶段性子目标的达成。建立质量保障体系，通过实施质量监控评价制度，加大课程资源建设的过程诊断和改进管理，构建常态化的课程质量保障机制，进而促进课程资源的层次目标和教学质量不断提升。

（五）内外双修，注重内涵，促进特色专业、品牌专业形成

成人教育办学机构应加强师资队伍建设，形成专业化、规范化管理，做好专业建设科学规划，以就业为导向带动专业建设的完善，尤其在特色专业、品牌专业建设方面，要多下功夫，以特色、品牌赢得自身的可持续发展。

（六）国家加快完善相关政策法规，保证成人教育专业建设的落实

成人教育专业建设离不开国家政策的保驾护航，国家要从政策层面对成人教育进行科学规划定位，并明确各级政府责任，加快推出新的政策法规或补充规定，保证成人教育、终身教育各项工作的落实。政府还应加大引导产学研深度合作，为成人教育专业建设构建良性的教育竞争市场。

第二节　成人教育课程研发

课程研发渗透了人的教育意识，必须建立在人们对教育的认识和预设目标基础上。同时，课程研发是一项系统工程，需要教育实施主体对研发活动的目标、要素和方法做精细准备，以已有理论为支撑，引导课程研发顺利实施。

一、成人教育课程建设的误区

经过几十年的发展，我国成人教育课程建设取得了一定的成绩，但由于受制于内外部环境及自身机制不健全等因素影响，总体上还是遵循或依托普通教育的专业体系实施人才培养活动，课程建设模式未有较大创新与突破。通常认为，课程是联结专业建设要素的纽带，是教育活动的核心环节，课程建设可以带动专业建设。以此衡量成人教育课程建设，则还存在诸多认识和实践误区。

（一）对课程建设的认识不到位、不全面

将课程建设的好坏作为衡量成人教育专业建设的重要标准，认为一个专业有多少精品课程、优质课程就是强势专业，需加大投入。这样，精品课程建设就成了竞相追逐的目标，试图通过几门精品课程来引领成人教育某一专业的高水平建设。

（二）忽视了专业与课程间的关联，片面强调课程的重要性

专业的范畴较课程更为宽广，是由多门不同类型课程组成的更为体系化的有机体，目的在于培养学习者扎实的理论基础、熟练的实践应用技能等。而课程更强调教育理念对教学内容的组织，是专业中某些是分散的、相对独立的知识体。如果以课程建设代替专业建设，培养出来的学习者必然基础不扎实、技能不娴熟、专业判断力不敏锐。

（三）不利于激发教学方法改革与创新，难以发挥师资专业特长

教师队伍是课程建设的灵魂，是课程开发设计、建设和实施的主体。尽管目前课程建设采取师资团队模式，但由于课堂教学内容设定等因素限制，教师难以

立足课程全貌组织课堂教学，教学内容间的分配衔接不够紧密，师资团队专业特长整体不足。此外，过分强调单一课程建设，而忽视专业课程体系建设，必然会对专业人才培养产生不利的影响。比如，尽管很多成人教育学校或机构具备专业师资队伍，但在实际培养过程中，教师之间缺乏必要的统筹协调、教师个体成长与专业发展间存在不和谐等问题并没有得到很好解决，导致教师无法全身心投入到课程建设中。

（四）照搬普通高等教育，未能考虑到成人学习者特征

成人学习者普遍存在工学矛盾，然而当前成人教育照搬普通高等教育的专业设置，开设课程数量较大，课程内容分割过细；教学组织方式不能体现不同学科的特点；各门课程的教学内容存在明显的重知识轻技能、重理论轻应用的倾向，对实验和实践教学环节重视不够。这种做法显然不符合成人学习的特点与规律。

综上，在成人教育课程建设中，必须确立专业建设与课程体系的正确关系，以专业目标指导课程资源建设方向，以课程资源建设促进专业目标达成。

二、成人教育课程体系构建的原则

（一）针对性原则

课程体系建设要体现专业特色，兼具学科特色和应用特色。应根据不同学习者群体的需求和专业发展趋势来综合考虑，合理进行课程规划，确定专业课程体系的总学分及学时要求、课程类别及权重、实习实践内容及要求、考查考核及评价等，以此来体现人才培养的专业特色和个性化要求，实现不同需求群体的人员分流培养，在一定程度上解决成人教育与社会分工的接口问题。[8]因此，在专业课程体系建设中，要把握成人需求和社会需要，构建符合自身专业建设内外条件的课程建设模式，如突出满足成人应用技能学习需求的核心技能课程，或突出满足社会资格考试需求的双证培养课程，有针对性地进行专业核心课程建设。

（二）应用性原则

成人学习者学习目的明确，主要是为了适应社会岗位需要、提升自我应用技能和提高职业竞争力。在专业课程体系中，基础课、专业课等课程设置要体现出理论知识与实践技能相并重的专业核心能力。在课程设计时，要突出成人教育培养应用型人才的教育目标，精心布局应用性、实用性强的课程，使专业课程更能满足成人学习者的学习需求，更能激发成人学习者的学习兴趣，促进其自觉、自愿、自主学习。

（三）岗位性原则

对在职在岗人员进行培训，是成人教育主要任务之一。因此，在设计课程体

系时要突出课程建设的岗位需求内涵，通过核心课程一体化建设，将基础课、核心专业课、应用性主干课、职业资格培训与岗位证书标准相结合，让理论与实践、学习与考试、结业与证书相挂钩，保持与社会行业需求、企业岗位需求有机结合，使专业课程体系具有科学性、实用性，使学习者的学习内容与社会发展、企业岗位的实际需求紧密结合。

（四）衔接性原则

要突破普通教育模式的制约，合理处理专业建设与各课程间的衔接问题。在设置专业课程体系时，最大的难题可能就是课程的衔接问题。专业课程体系既涉及基础课，又涉及核心主干课，要合理设置基础课与主干课间的前置关系、主干课之间的先后次序，既保证课程体系本身的连贯性，又保证基础理论课程全面、核心主干课程完整。

（五）行业考核原则

成人教育人才培养不仅是书本知识的传授，更是应用技能的培养。不仅有教学考核，还要接受社会、行业考核。行业考试、行业证书即是行业考核，越来越受到企业的重视和学习者的青睐。故而在课程体系建设时，还要兼顾行业考核的知识内容，秉承专业课程与社会证书接轨的原则，把专业课程与行业考核内容结合起来，推动专业学历教育与社会证书教育的相互融通，实现办学主体考核与行业考核并重。

三、成人教育课程建设的内容

课程的实施是实现教育目标的主要途径，课程建设在教育中居于核心地位，课程建设的优劣直接影响教育的质量。成人教育不同于普通教育，它直接服务于社会需要与学习者个人需求，培养社会急需的各类高素质的应用型、复合型人才，其课程建设的指导思想与具体内容，均有不同于普通教育的特殊性。

（一）课程建设的指导思想

首先，成人教育的课程体系应当建构在衔接理论知识和职业技能培养的基础上，课程设置要从社会需求、岗位要求出发，反向推出专业所需的课程体系。根据专业特点科学部署基础课、核心主干课的数量与比例，并与实践教学体系相互融通，以此来提高学习者的专业素养和实践能力。其次，专业课程体系要符合办学机构办学定位、专业培养目标、企业任职要求、从业资质标准等，符合成人职业发展诉求，促进成人全面发展，体现专业理论知识和社会胜任力的融合。第三，要准确把握课程在专业课程体系中的地位和作用。课程模块中的所有课程，都不是随意设立的，必须符合教育教学规律，贴合专业发展规划，有助于专业目标实现，并接受多方评价论证方可设立。第四，要有针对性地建设核心课程，有所侧重地推进整体专业课程体系改革。充分发挥核心课程的示范辐射作用，带动其他课程建设，通过核心课程精开发、强保障、深应用，来提升专业建设水平。以突出主干专业为基本原则，使之不要过于分散，以便着力建设体现办学机构办学方向的特色专业。

（二）课程建设的基本内容

课程建设是成人教育人才培养的基本支撑，是实施教学创新与改革、保证教学质量的重要组成部分，其关键是搞好课程研发，包括对课程脉络梳理、专业知识凝练归类、原有课程内容或新课程内容合理安排、课程体系构建或优化完善，确保课程目标取向有机融入人才培养的具体环节中，并可接受多方的评估监督。

1. 坚定专业目标，明确课程定位

专业课程的建设，要能进一步提升成人教育专业内涵，优化专业结构，突出专业特色；有利于树立品牌、打造精品；有利于提升培养质量，提升专业课程内涵，创新人才培养模式；有利于优化人力资源结构，培养社会急需的各类高素质的应用型、复合型人才。

2. 充分调研，联通职业与就业

无论是新建课程还是改造课程，不能脱离国家、社会的现实需求和自身的实际情况，必须确保与社会各个行业的职业需求衔接，因此要从社会经济发展目标入手，研究分析就业形势、职业特征和行业岗位要求、工作胜任力等，确定课程总体目标和教学基本内容的具体要求。

3. 有机组合，合理制定课程目标

在保持学科知识的系统性和完整性的基础上，纳入社会职业岗位的知识、素质、技术、能力要求，进行课程目标的修订。根据已修订的课程目标，充分遵循教育规律，综合考虑知识的相关性、独立性，来设计课程内容，形成以创新思维和应用能力为中心的多种课程组合模块，再将若干个模块组成一个完整的专业课程体系。[9]课程组合模块体现着标准件的作用，是大专业的有机部分，可围绕不同需求高效组合，提升办学机构的适应力。

4. 整体与独立相兼备，理论与应用相协调

课程建设不再是单一模式，必须在维持课程体系的整体性和系统性的同时，重视课程所特有的独立性。如何在体现独立性的同时又不丧失整体性，可以借鉴比较成熟的模块式课程组合机制。具体来说，就是围绕培养目标和任务，合理设置理论课程与应用性强或技术含量高的课程比例，有序搭配不同类型课程，形成若干课程模块集合，供学习者自主选择学习，以满足成人教育多样化学习需求。

5. 多级把关审核推进

教学组织实施的重要内容是实施教学，实现课程目标的教学依据是教学大纲。课程大纲必须经过多层级团队协同把关，譬如由行业专家、学科带头人及教育行政管理者组成的专家委员会掌控课程目标的方向性，专业教学能手等组成的教学委员会审核评价教学组织的合理性，最后由课程教学团队实施教学。

6. 多级监控，保障教学质量

对教学环节、教务管理等关键环节实施过程管理，制订教学质量评估标准，分解评估细则，确定评估方案。通过教育行政管理部门、办学机构自身、师生及第三方评价等多种渠道，获取课程建设的全面评价数据，据此科学评估课程建设情况。其中包括对培养目标、教学大纲、课程资源、教学方法、考核机制、师资水平、学习者参与、教学质量、反馈改进等方面进行评价分析，获得评估结论，进而循序渐进地优化课程建设。

（三）成人教育课程建设的重点内容

纵观成人教育课程建设过程，涵盖面广，涉猎点多，流程衔接紧密。如何做好课程建设，必须抽丝剥茧，以重点内容建设促进课程建设。

1. 通过调研确定专业培养目标

专业培养目标是专业人才培养定位的主要体现，即培养什么样的人。专业培养目标不能脱离国家育人目标、所处区域经济社会发展、历史文化风俗、职业岗位需求等，必须做到知己知彼。知己，就是对自身办学实际、办学不足以及已有专业培养目标优劣等进行剖析；知彼，就是对行业需求、行业发展动向、同类办学机构优势等进行把握。做到知己知彼，不能闭门造车，必须开展深入而广泛的人才需求调研，可以就业为导向反推社会人才的需求状况、职业岗位素养要求，结合主体院校现状，确定专业培养目标。

做好深入调研，必须关注就业态势，熟悉行业考核内容，探究用人单位对岗位的应用性要求；要形成一定数量规模的涵盖教育行政管理机构、用人单位、学习者、教师、主办院校等在内具有一定代表性的调研对象团队。专业培养目标是培养符合社会发展需求的人才，专业培养目标设定必须坚守人才培养方向，重点培养学习者的创新能力和实践能力。同时，力争提炼出专业培养定位、培养规格的核心点，用以说明该专业人才所必备的知识、素养和技能；做好行业人才需求预测的科学评估，在保证专业培养目标的社会适应性外，还应使其具备一定引领性；通过吸收借鉴，发现自身专业人才培养的不足，摸索出未来发展之路。

2. 规划与论证学科培养方案

学科培养方案是各专业开展教育工作的基本依据，即如何培养人。由于受到诸多因素的限制，很多成人教育主办机构只是参照或搬用普通高等教育的方案，造成其学科培养方案存在诸多不适应成人教育事业发展的问题。比如，现代远程教育作为成人教育的生力军，近年来有了长足发展，但其制定的专业课程设置方案和教学计划仍然没有明确符合国情、社情、学情等的成人教育办学定位，未能形成衔接国家、社会和自身发展需要的各专业学科培养方案。由于教学计划制定中忽视了成人教育的实际需求和多样化教学模式的特点和规律，在具体工作中不可避免地出现了一些问题和矛盾。一是校内本专科阶段的学科培养方案参照或搬用普通高等教育，不能充分反映成人教育的基本要求；二是在课程设置上，部分专业开设课程数量过多，课程内容分割过细；三是教学组织方式不能体现不同学科的特点和网络教育应有的优势；四是各门课程的教学内容存在明显的重知识轻技能、重理论轻应用的倾向，不符合成人学习的特点与规律；五是对实验和实践教学环节重视不够。

因此，成人教育主办机构须规范专业教学工作，明确学科培养方案的基本思路，实施学科培养方案改革。一是按照学习者的实际需求、各学科教学的基本要求，以及不同教学模式的特点，调整和修订已有的学科培养方案，增强学科培养方案的针对性和可操作性；二是从大众化教育的总体目标出发，避免理论课程在课程体系中所占比重过大，进行课程体系的优化设置，加大职业技能培训类课程的比例，减少单纯的研究性课程；三是探索数字化、信息化教育环境下的人才培养模式，对不同教育类型下成人培养的目标、规格、形式、途径、方法等问题进行全面探索，提升成人学习者信息化素养；四是在教学内容的选择与组织上，改变传统教育重理论、轻应用的倾向，加强实验课和实践教学环节的设计，从学习者现有的知识基础和职业技能培训需要出发，重新组织和规划课程教学内容；五是在课程考核和教学评估上，逐步形成多元化考核评估机制。

3. 构建科学合理的课程体系，制定操作性强的专业教学计划

科学构建课程体系，就是要根据培养目标对专业进行科学的课程设置。搞好课程设置的依据是专业人才培养目标，并参考地方经济发展的需要，引进校本师资教学科研成果，提炼出体现自身办学特色的课程设置标准，提升办学竞争力。同时在培养方案的指导下，注重实践性教学、考核、评价监控等环节的设计。同时要处理好基础课与专业课、通识课与主干课之间的比例问题。在构建课程体系的过程中，要向企业专家、教育管理者、学科专家、课程教学专家、一线授课教师等充分征询意见，并在进行科学论证后才能确定课程体系。

教学计划是保证教学质量和人才培养规格的实施蓝本，是下达教学任务、安排教学环节、组织教学过程的基本依据。教学计划既要符合教学规律，保持一定

的稳定性，又要根据经济和社会的发展需求适时进行调整修订，具有一定的动态性。要实现专业培养目标，就必须把专业培养目标落实为具体可操作的专业培养方案，从而进一步形成环节紧密、过程可追溯的专业教学计划。

4. 创新课程教学

课程教学是教学活动的重要环节，是实现人才培养目标的基本手段，必须摒弃守旧思想，做好成人教育课堂教学创新。尤其是当下多媒介、多环境以及学习者个性化的学习需求，对课程教学提出了新的挑战。要做好成人教育课程基本要素建设，包括师资团队、教学内容、课程资源、教学模式、教学环境、评价反馈、教学保障、支持服务、运行维护和质量保障等。要充分依托和发挥教学环境作用，根据课程层次、学习者特点、课程教学大纲目标、学习需求等选取具有针对性的教学内容，合理安排教学环节，结合不同教育理念选择不同教学策略或策略组合，高效利用多种信息技术手段，实现课程内容、课程组织交互，形成合理完整的成人教育教学实施方案。同时，建立由专家、师生、合作单位、社会力量等组成的咨询评价团队，多角度地为课程教学实施与课程教学效果提供可行性建议，进而促进课程教学的不断调整。与普通教育教学不同，成人教育应加强学习支持服务建设，从学习素养形成、学习计划建议、课程选择指导、就业方向咨询等方面，促进学习者信息化学习素养提升，引领并指导学习者实现自主学习，并做好支持服务自身的不断完善。课程资源是课程教学的载体，各种类型的成人教育都已形成了自己独特的课程资源，在资源生成、研发、运营、品牌塑造方面积累了丰富经验。要在现有基础上提炼挖掘，形成一系列特色课程、精品资源。在遵循资源有效供给、一体化设计、实用性理念的前提下，从知识结构、章节内容、媒体形式、交互方式、学习引导、个性化计划等方面入手，化分散为整体。不片面追求新形式、多样化，以课程资源有效供给为基础，突出实用、适用的基本原则，做到学习者自主学习的导、学、练、测、评及实习实践等各个环节的过程监控与管理。

5. 做好课程质量及教学效果的反馈与改进

课程建设具有周期循环性，必须接受教学实践的检验及有针对性地进行调整和完善，才能适应社会及学习者的专业发展需求，保持课程的持久生命力。对于课程质量及教学效果的反馈，应做好信息沟通，搭建起稳定畅通的沟通渠道和技术平台，采用师生座谈、就业态势回推、毕业回访、单位调研、网上问卷等形式，收集有关专业建设、课程资源等方面的反馈意见，进行分析甄选，客观评价，并及时进行调整与完善，更好地服务于成人教育的课程建设。

四、成人教育课程研发的策略

课程资源是成人教育资源的重要组成部分，是保证课程实施及教学质量的基本条件，是决定成人教育目标能够有效达成的重要因素，没有课程资源的教学犹如无米之炊。课程研发对坚持正确办学方向、促进教学发生、带动资源共享、推进成人教育向纵深发展均具有重要意义。因此，针对成人教育课程研发策略展开研究十分必要。

（一）建设模块化课程体系

建设课程体系和安排课程内容，要按照特色彰显、灵活选择、科学集优的原则，突出专业设置与产学研、课程体系与专业目标、课程内容与行业标准、理论知识与应用技能的结合。以系统化知识架构培养和职业胜任力培养为准则，以技能提升、任务实现为导向，积极推进学历证书和职业资格证书"双证书"制度[10]，建立以基础知识模块、专业知识模块、专业实训模块和实验实践模块构成的课程体系，灵活设置核心一体化课程模块。其中，基础知识模块主要由通识课、工具课、专业伦理课、跨专业拓展课组成；专业知识模块主要由专业基础课、专业主干课组成；专业实训模块主要由课程设计、课程实训、行业考级培训、社会调研等课程组成；实验实践模块主要由教学实践、专业实验、毕业设计（论文）等课程组成。可根据需要有针对性地选取几类模块中的某些课程构成模块化课程，并经过多方论证，应用于具体的人才培养中。当然，上述课程模块的划分只是参考，成人教育办学机构可结合自身特点，自行设计模块化课程体系。

（二）完善课程资源体系

成人教育发展历程久远，积累了丰富的课程资源。如何将课程资源进行高效研发，形成资源优势，就必须完善课程资源体系。常见的研发模式有需求驱动、项目驱动、教师自主、主办院校牵头等，这些模式各有利弊，应该取长补短，建立合理的课程资源研发模式，推进课程资源体系的构建。值得关注的是，现代远程教育已经形成了以网络课件为基础，包括导学资源、辅助资源、扩展资源在内的多层次的网络教学资源体系，且在专用教材建设方面有了长足的进展，以资源合力之势为现代远程教育教学提供了类型丰富的资源；函授、业余教育也构建了线上线下相结合的课程资源保障力量，既有传统教学模式的优势，又充分融合了其他教学模式的优势；职业培训更是围绕着实习实训、岗位技能培训形成了分层级操作的实践性极强的丰富资源。今后，成人教育课程资源体系将进一步走向完善、成熟。

（三）构建课程建设模式及保障体系

课程建设应体现出稳定性与动态性的结合。在国家教育方针以及所在机构政策导向下，围绕课程建设历程及经验做法进行总结，形成有一定示范价值的建设模式与运维机制，可供其他办学机构借鉴，这些体现出课程建设的相对稳定性。同时，为确保课程建设的实效性和维护的持续性，应建立特色课程建设组织和保障体系，从团队、组织、政策、创新发展、更新维护等方面，形成日益完善的建设模式与运维机制，构建学校、教学实施部门、教师和专业技术人员一体化建设和持续保障的体系，从人、财、物、技术等多个层面确保课程建设的持续性和创新性[11]，这些体现出课程建设的动态性。

（四）形成课程应用运营推广体系

一方面，应对信息技术发展，结合新型教育理念和模式，有针对性地开发多种类型的学习资源，提供学习指导和支持服务，拓展共享课程资源及共享应用渠道，满足学习者多样化、个性化学习需求。另一方面，通过资源研发、运维和共享应用，拓展成人教育服务范围，建立新的教育服务生态链，扩宽成人教育发展路径。单靠成人教育办学机构一己之力，很难达到预定的课程运维效果。因此，必须坚持合作思路，拉动国家、学校、社会、企业、学习者多方力量，从建设、应用、共享等方面，搭建贯通政府、办学机构、用人单位的开放共享服务体系，以市场机制促进课程资源优胜劣汰，激励优质课程的发掘、培养与推广。

（五）搭建成人教育教学体系

成人教育教学体系是由专业培养目标、学科培养方案、课程教学大纲、课程教学实施、教学系统构建和教学质量监督保障措施等要素共同构成的教学综合体，也是成人教育办学目标得以实现的基本条件。在成人教育教学实践中，办学目标定位是所有成人教育活动开展的逻辑起点，办学目标定位直接界定了成人教育教学的服务群体和具体目标。学科培养方案是组织实施教学活动的基本依据，学科培养方案的具体规划确定了各专业教学工作的计划、进程、模式与方法。在具体的教学活动中，学科培养方案的实施主要包括如下几个方面：一是教学平台建设。在互联网技术支撑下，网络教学平台的建设可充分整合优化教学资源，打破时空壁垒，改善教学效果，提高教学管理效率，扩大成人教育的覆盖面；二是课程资源建设。课程资源建设是成人教育的核心业务，目标是提供随时可学、随时能学的课程资源，资源建设状况在很大程度上直接影响和制约着成人教育的总体水平与质量；三是网络教学的监控与管理。对网络教学的管理与监控，是有效教学的重要条件；四是教学支持服务。网络教学中的支持服务既是教学活动的重要组成部分，同时又是促进学习者自主学习与探索，为学习者的学习提供引导、提示、帮助、支持的有效措施。网络教学的支持包括认知支持、情感支持和社会性支持等多种内容；五是教学监控保障体系和机制。为了确保网络教学系统的顺利运行，还需要建立起相应的监控保障体系和机制。

（六）一体化的教学支持服务体系

教学支持服务是成人教育教学系统的重要组成部分，也是促进成人学习者的学习，提高成人教育教学质量的有效保障。成人学习的困难不能在课堂教学、资源利用上有效解决，可以通过支持服务有效解决。成人在学习过程中需要得到三种有效支持，即认知支持、情感支持和社会性支持。认知支持是学习者进行建构性学习的"支架"，通过各种形式的认知支持，如课程资源推荐、答疑、协作学习、探讨交流等课程资源服务形式，对学习者的学习过程进行有效引导和监控，帮助学习者及时解决学习中存在的困难和问题，使其掌握必备的信息化学习能力，成为一个有效的学习者。情感性支持是指课程资源中包含的文化传承、励志典型等辅助资源，可以帮助学习者消除学习中的各种消极情绪，获得学习的原动力。社会性支持是成人教学支持服务的一种重要形式，通过各种技术手段的运用，可以进一步促进学习者在学习过程中的多向交流，形成教师与学习者及学习者之间的学习共同体，通过教师引导、伙伴示范等作用，激发学习者的学习兴趣，学会在合作中获得学习经验。现代信息技术发展改变了成人教育的教学模式，各种信息技术手段的运用大大提高了教学支持服务工作的效率和水平，使学习者在学习过程中享受到来自成人教育办学机构提供的包括信息服务、资源服务、学习服务、技术服务在内的全方位的教学支持与服务。

（七）形成成人教育课程质量保证体系

成人教育的教学质量是社会各界关注的焦点，也是各主办机构共同追求的办学基本目标。成人教育课程质量的好坏，直接关系到学习者乃至整个社会对成人教育质量的认可度。成人教育的不断发展要求办学机构必须建立起全面的课程质量保证体系，以功能强大的教学资源平台、高水平的课程资源供给、规范科学的教学管理、完善的教学支持服务、有效的质量评价以及扎实的质量改进为基础，不断提高成人教育课程质量水平，进而推进成人教育质量的提升，为社会培养全面发展的建设者。

成人教育课程质量保证体系是成人教育质量保障体系的重要组成部分，其建立和完善是一项长期而艰巨的工作，必须通过社会各界的共同努力，在观念、制度、管理、技术和操作层面不断地进行探索，才能逐渐构建起来并不断得到完善，从而确保成人教育质量稳步提高，扭转社会对成人教育认可度不高的现状。

参考文献

[1] 唐纪良, 曾冬梅, 武波. 论学科建设与专业建设的互动关系 [J]. 改革与战略, 2007 (11): 149-151.

[2] 陈太平. 高等学校专业设置要素及其构成 [J]. 建材高教理论与实践, 1995 (4): 14-15+18.

[3] 舒尔曼. 理论、实践与教育的专业化 [J]. 王幼真, 刘捷, 译. 比较教育研究, 1999 (3): 36-40.

[4] 金川, 唐长国. 高职院校重点专业建设的模式与思路 [J]. 职业技术教育, 2005 (10): 23-26.

[5] 杨荣昌. 关于我国高校本科专业建设问题的思考教探索 [J]. 高教探索, 2005 (1): 14-16.

[6] 王宇. 新时代继续教育价值取向的实现路径 [J]. 湖南广播电视大学学报, 2018 (3): 6-9.

[7] 傅雷鸣, 王兆烨, 陈一飞. 错位与重建: 我国成人教育学科建设的价值取向探究 [J]. 中国成人教育, 2018 (4): 6-9.

[8] 杨琳. 独立学院课程设置研: 以电气工程及自动化专业为例 [D]. 扬州大学, 2012.

[9] 莫善球. 关于成人高等教育课程建设的思考 [J]. 继续教育研究, 2008 (1): 35-39.

[10] 孙立斌, 崔海京. 优化成人高等教育课程体系的路径探讨 [J]. 成人教育, 2015 (11): 47-49.

[11] 孙姚同, 张清学. 成人高等教育特色课程建设与应用研究 [J]. 中国成人教育, 2014 (11): 114-116.

第九章
成人教育质量保障

质量是成人教育事业发展的生命线，是成人教育研究的重大主题。随着社会经济的快速发展，社会对人才的需求量也越来越大，逐渐由普通劳动力需求向技术型人才需求转变，这使得成人教育在我国整个教育体系中的重要性越发突显。我国的成人教育经过几十年的发展，在规模上已经能够满足社会的整体需求，但是成人教育的总体质量仍存在诸多问题，诸如教学基础设施不完善，师资整体水平不高，办学质量得不到保障，社会认可度不高，等等，这些均需要通过加强成人教育质量保障来加以解决。

第一节 成人教育质量保障概述

成人教育质量是成人教育工作的根本。成人教育在提升受教育者职业能力乃至国民整体素质方面做出了重要贡献，且在构建学习型社会与终身教育体系中占有举足轻重的地位，这些都离不开教育质量保障的支撑。以下简要介绍阐述成人教育质量及成人教育质量保障的内涵，在此基础上对成人教育质量保障机制进行探索。

一、成人教育质量保障的内涵

（一）成人教育质量

质量是教育质量保障研究的逻辑起点和实践成效的最终落脚点。但质量本身是一个比较抽象的概念，企业界认为质量是产品或服务达到行业要求且顾客对其具有相应的满意度与认可度。教育工作者认为，教育的功能是多元的，因而质量也应是一个多元的、整合的概念。教育是培养人的事业，受教育者有着不同的需求，因而教育质量是一个非常复杂而难以界定的概念，目前学术界对此没有完全达成共识。《教育大辞典》认为："教育质量是对教育水平高低和效果优劣的评价，最终体现在培养对象的质量。"[1] 这与企业界对质量的定义异曲同工，都强调了"人"（顾客或培养对象）的作用，培养对象对教育质量是否满意，是评价教育活动是否达到目标的标杆。总之，质量决定了教育的成败，教育质量是对教育水平高低和效果优劣的评价。

成人教育质量是成人教育整体水平高低和效果优劣的本质反映，主要包括教育工作质量和学习者发展水平或状态质量两大方面的内容。教育工作质量包括教育的基础设施、办学条件、师资水平等方面工作的质量，它是保证教育自身发展和学习者发展质量的基本条件；学习者发展质量是指在教育教学过程中，学习者身心发展的实际状态达到预期教育标准或规格的程度，它是教育质量的最终体现，是教育质量的核心。

21 世纪以来，信息技术的发展、终身教育理念的普及以及学习型社会的建构等，均对成人教育提出了更高的要求，并冲击和改变着成人教育的质量管理、质量评价、质量反馈等组织形式，多样化的成人教育教学方式更面临着社会需求的严格考验，诸多因素触动了成人教育质量保障体系的一体化模式变革研究。

成人教育质量的达成必须依赖具体的教学活动。成人教育的教学活动可看作是不同媒介平台下教学资源特殊传递的过程，本质上是教师与学习者之间以学为中心的交互活动。当今时代教育理念和信息技术不断发展变革，传统面授教学逐步转变为网络教学、移动教学、线上+线下教学等多元方式，教学交互活动也相应地发生改变。

在教学活动不断发生变革的背景下，如何保证成人教育教学质量就变得尤为重要。要保证教学质量，必须明确影响教学质量的要素，进而对其进行有效监控。成人教育教学活动已被定义为教学资源的特殊传递和特定人员的交互活动，故而可参照美国学者拉斯韦尔（H. D. Lasswell）的 5W 传播模型及其核心要素[3]，来明确质量要素和监控要素，并对模型进行必要改进。要素一是"谁"（Who），成人教育教学已从教师单一主体要素扩充为国家、社会、办学机构、教师、学习者等多元主体，承担着成人教育政策制定、专业设置、课程建设、教学实施、教学反馈等。要素二是"传播什么"（Says What），是指成人教育资源，包括教学资源、政策信息资源、反馈资源及自生成性资源等；要素三是"通过什么渠道"（In

Which Channel），既包括教学平台，也包括交流平台及内外部环境；要素四是"对谁"（To Whom），即不同主体与其受众间的交互活动，如教师引导学习者围绕教学资源展开学习、交流；要素五是"取得什么效果"（With What Effect），即教育质量是否满足学习者受教育期望，是否适应职业岗位需求，是否促进社会政治、经济文化的发展。此外，5W 模型未能考虑到传播过程中外部环境的影响以及反馈等因素，在教育质量保障环节中必须充分考虑技术、政策、质量反馈更新等对教育质量的影响，对其进行规避和根本性的改进。

一般把学习者、教师、资源和交互平台看作是教学内部质量要素，而把国家教育方针、社会经济文化、企业及行业等看作是教学外部质量要素。然而，成人教育质量不仅是教学质量，更包含社会认可度、社会功能发挥力等，涵盖办学执行力等诸多要素。

（二）成人教育质量保障

关于教育质量保障，联合国教科文组织的欧洲高等教育中心（European Centre for Higher Education, UNESCO-CEPES）发布的基本术语和定义表，对质量保障给出了如下定义："质量保障是对高等教育体系、院校或专业/项目进行的持续评估（评价、控制、保障、保持和改进）进程。作为一项监管机制，质量保障既重视问责也重视改进提高，按照确立的标准，通过一种公认的、具有持续一致性的过程，来提供信息和做出判断。很多体系会对内部质量保障（亦即出于监控和改进高等教育质量目的而开展的校内实践）和外部质量保障（亦即学校之间或学校上级部门为保障院校和专业/项目质量而采取的办法）加以区分。"[2]

20 世纪 90 年代以来，国内外学者围绕教育质量保障的内涵、机制、体系、方法等方面进行了大量研究。与此同时，将国际标准化组织的质量管理体系标准（ISO9000）、欧洲品质管理基金会的业务卓越模型（EFQM Excellence Model）等企业质量保证标准和管理方法引入教育领域，优化管理流程，提高管理效率，进而保障教育质量。[4]但也必须看到，企业管理模式在教育领域应用存在诸多局限性。目前，教育质量保障体系分层分类态势已经形成，围绕不同的教育形式及教育层次建立起了不同的教育保障体系，不仅涉及普通学校教育，也包括成人学历教育、非学历教育等各个方面。

教师、学习者、教学资源、办学机构是各类教育模式的核心要素。成人教育质量则主要体现在教育工作质量和学习者发展质量两大方面，包括教学的硬件环境、软件资源、师资、学习者、教育管理者等诸多要素。成人教育质量保障体系则是在上述两种质量目标下，围绕着教育质量相关要素及其相互关系，构建其内在的系统结构和逻辑体系。成人教育质量保障一般分为内部质量保障和外部质量保障。外部质量保障主要是指办学机构之外的质量保障实施，涵盖政府调控、社会发展需求及社会第三方监控评价，涉及的质量要素有政府调控评估、社会需求、社会评价等；内部质量保障主要是指办学机构内部结合自身情况，形成或构建的保障教育质量目标实现的制度、标准及要求，涉及的质量要素涵盖学习者、教师、教学资源、教学方式、支持服务、经费、设备设施等方面。

伴随着社会飞速发展及行业高素质人才多样性需求，国家对人才知识结构、素质结构的要求日益提高，要提高受教育者的知识、技能水平，必须提升教育质量。如何保障教育质量，推进教育教学活动有序高效实施，是现实而迫切的任务。成人教育如何履行社会教育职责，培养符合时代需求的合格人才，提升成人学习者的综合素质，质量保障是关键环节。

当前，我国成人教育质量保障理论研究体系化不强，学科质量保障模式及评估机制尚未形成。存在的问题主要有：围绕成人教育质量的理论成果较多，且重点围绕教学质量、师资管理、教学实践等质量保障过程环节或具体质量问题的分散研究，涉及成人教育质量保障本质的基础研究较少；对成人教育质量保障的管理机制探索较多，而较少涉及成人教育质量保障要素及要素间关联；成人教育质量保障多是以自身办学实际出发的内部或外部独立研究，较少贯通国家、社会等的内外协同研究；质量保障宏观理论研究较多，但宏观质量保障落地实施研究较少；内部质量保障制度的框架研究较多，内部保障实施的微观实践与评价共性研究较少。

此外，成人教育质量保障实践示范性不强。尽管各个办学机构有着自身内部的质量保障制度与管理，但多半是围绕某一质量要求或管理环节，较为零散，更谈不上内外联动，整体外部质量保障的联动力不强。尤其是目前成人教育普遍存在教育投入不足、培养模式普教化现象严重、管办学未能有效分离、培训职业性体现不强，质量保障机制不健全、监控力度薄弱、理论与实践脱节、应用存在局限性等共性问题，且存在着宏观与微观质量保障发展严重不足的核心问题，这些都迫切需要对成人教育质量保障进行体系化、科学化的研究。

二、成人教育质量保障机制

成人教育质量保障机制是指成人教育质量保障体系中的各要素相互联系、相互制约，从而发挥成人教育质量保障功能的运行规则与指标，是启动、运行、调整、改进和完善成人教育质量保障活动运行的各种条件和工作方式的总和。其系统结构层次如图9-1所示。

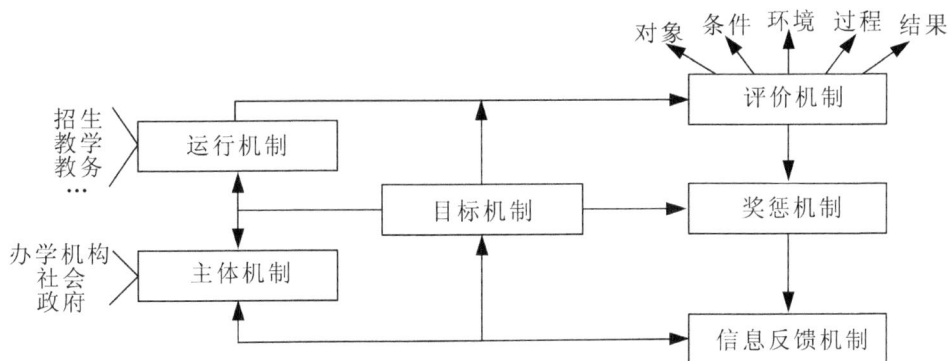

图 9-1　成人教育质量保障机制系统结构划分

（一）主体机制

成人教育是终身教育体系的重要环节，其发展受制于政治、文化、经济、地区等多种因素影响。同时所涵盖的教育形式多样，既要受学校教育发展规律的影响，又必须结合社会需求、职业岗位要求。故而，成人教育质量保障主体应由成人教育主办机构、政府和社会三方组成。主办机构是内部保障的实施主体，而政府和社会是外部保障的实施主体。主办机构承担着成人教育质量保障的推动者、促进者、协调者的作用，必须从其在质量保障体系中的主体地位出发，研究教学质量保障体系的要素、构建，从不同角度探寻质量保障提升策略。

（二）目标机制

成人教育质量目标与国家教育方针、主办院校办学宗旨相一致，是内外部主体对人才培养的总的质量目标和对应的规格要求，是进行各项成人教育活动质量保障的出发点和实践依据。整体目标制定一般依赖于四个方面：一是办学理念、定位、人才培养目标；二是社会发展需求；三是教育行政机构对人才培养的宏观调控；四是受教育者对教育的满意度，即是否接受到可提高自身社会适应力的教育等。

（三）运行机制

一般是指成人教育的工作实践运作方面，即过程管理，涵盖招生管理、教学管理、教务管理、师资管理、支持服务、评价反馈等具体工作实践环节。在目标机制和主体机制的指导和推动下，将教育质量运行机制细化为若干阶段指标并内化到具体工作环节中，同时根据成人学历教育、非学历教育等不同特点，有针对性进行研究，确保在对现有工作的梳理和完善基础上科学划分关键环节，制定具有可操作性的过程管理要求和具体控制指标，且所设定的阶段性监控指标具有切实的可操作性。

（四）评价机制

评价是检验质量保障是否达成的关键环节和基础工作。评价机制涉及评价对象、条件、环境、过程和结果。其中，对象涉及学习者学习质量评价、教师教学评价、主办机构的教学组织评价、管理人员的教学管理评价、学习支持服务评价、第三方评价机构的整体或专项评价等；条件评价主要涉及成人教育办学机构的内外办学环境、经费投入、师资力量等物质条件是否满足所承担的教育任务；环境评价指办学机构的文化认同，主要包括办学理念、学风、考风、行业评估、社会评价等方面，是办学机构社会形象的重要体现；过程评价反映具体工作实施的各环节是否达到预定指标等；而结果评价则反映成人教育质量和水平，与办学机构的质量目标紧密相关，一般涵盖学习者认知结构改变、就业或职业能力提升情况、社会认可度以及办学机构的社会声誉等方面。

（五）奖惩机制

质量保障机制需要通过奖惩机制来驱动，只有将质量保障活动与可引发其内在促动的措施联系起来才能形成一种动力效应。奖惩机制涉及学习者、教师、教育从业人员及相应结构，应为不同对象设定不同的奖惩方式，一定程度上落实相应的质量保障提升职能，才能促动各类对象实施质量保障的内推力，进而自觉接受质量保障过程管理等，助力质量保障目标的达成。

（六）信息反馈机制

信息反馈机制是指根据在成人教育质量保障活动中收集、存储、处理的信息，对质量保障目标、质量保障主体、质量保障内容以及各类决策运行状态等进行调控反馈的一种方式。通过信息反馈机制，不仅能及时发现存在的问题，而且可以检验质量保障体系的科学性等内在内容，在不断的调整、反馈、提升中增强成人教育质量保障自身的良性发展能力，使其不断完善与优化，以更加适应社会需求。因此，应当构建通畅的信息反馈渠道，从多层次、多角度快速获取资源建设、学习者服务、教学管理等各种信息，为完善质量保障指明改进的方向，同时增强信息反馈者对成人教育质量改进的快速反应认可，扩充质量保障体系的建设来源。

第二节　成人教育质量实施

成人教育质量是对成人教育水平高低和效果优劣的评价。成人教育质量实施主要是指对成人教育活动采取一系列推进举措，包括培养目标、资源配置和教学过程，以优化资源利用，提升成人教育质量，最终实现成人教育的培养目标。

一、成人教育质量实施的定位

成人教育质量是师资、资源、教学、管理、服务等多种因素综合作用的产物，唯有围绕这些要素推进质量工程管理，确保有效实施，才能促成成人教育整体质量的稳步提高。推进成人教育质量实施，要以观念革新为先导，通过组织机构的调整，规章制度的建立，管理体制的优化和细致入微的具体工作，将成人教育的各个环节落实到制度、规范、指标，使成人教育质量得到有效监控与管理，在政策、制度、人员、经费、技术等方面的可靠保障下实现稳步提升。因此，成人教育质量实施是由观念、组织、制度、管理、技术等因素构成的综合体。一个完整的成人教育质量实施体系大致可分为以下五个层次。

（一）观念层

成人教育的主办者和管理者要树立与社会发展需要相适应的新型观念，以正确的人才观、教育观指导成人教育实践。在具体人才培养中，要牢固树立以"学"为中心的教学思想，从学习者的实际需要出发不断完善各项工作，加强对学习者学习过程的引导和监控，为学习者提供周到、方便的教学与学习支持服务；在具体管理中，要不断强化服务意识，以创新的观念和方法对成人教育教学过程的各个环节进行科学、有效管理，规范办学行为，树立良好的社会形象。

（二）实体层

任何管理都是通过一定的组织机构实现的，组织机构是成人教育质量实施的实体层。成人教育的基本业务包括业务开拓、教学、管理、服务等，对内需要同教师、学习者、管理人员、内部机构等连同运作，严密实施全过程覆盖管理与有效考核；对外需要和教育主管部门、用人单位、行业机构等沟通，及时掌握国家的政策变化和社会及行业的需求新动向，助力自身良性人才培养态势形成。任何一个工作环节的缺失和滞后都会直接影响成人教育的整体质量。为了便于成人教育质量的监控与管理，必须对内做好规范工作，对各项业务过程建立科学考核指标；联动校内外，发挥各类专家集体智慧，通过组建第三方咨询、评价、督学委员会，以座谈、调研等形式，明晰成人教育办学思路、发展规划等，定期对各项具体业务的进展情况和成人教育质量进行检查、监督与评估，使成人教育质量管理落地实施，成为一项常规的工作。

（三）制度层

制度的建立是各项管理措施得以贯彻落实的基本前提。无论哪种成人教育类型，都必须坚持以提高成人教育质量为基本目标，建立健全各种规章制度，包括教师遴选和上岗培训制度、教学过程的中期检查与评估制度、教学资源评估与审核制度、教学效果追踪与反馈制度等，以制度的建立促进各项业务工作的顺利开展和成人教育质量的不断提高。

（四）管理层

科学有效的管理是提高成人教育质量的基本保证。成人学习者的个性化需求带来质量管理的多样性目标，直接加大了成人教育质量管理的难度，也对成人教育管理提出了更高的要求。针对具体的成人教育形式，要不断加强对成人教育本质和规律的认识，认真学习和借鉴各种管理理论与方法，强化质量意识，建立成人教育质量管理的目标责任制，通过规范的管理提高各项工作的效率和水平，并以此为基础促进成人教育质量的稳步提高。

（五）操作层

各项具体业务工作的水平影响和制约着成人教育的整体水平。在成人教育实践中，要将成人教育的质量观念和质量要求贯彻到人才培养的每一个环节。一般层面上，按照时间序列划分，分为入学前、学习中、学习后；按照教学管理环节划分，分为教学、教务、考核、实验实习、毕业等；按照管理内容划分，分为师资管理、资源管理、学生管理、平台保障等。无论哪一种划分，都有着确定的质量要求，且所有的过程都可追溯追责。

二、成人教育质量实施建设

成人教育质量要求已经内化到各项具体业务中，成为指导成人教育各项业务开展的灵魂。每个层面既可作为整体质量体系的一部分，也可作为独立的质量实施内容进行针对性建设，主要落脚在制度保障、过程管理、学习质量、支持服务等四方面。

（一）制度保障

制度就是为实现成人教育质量目标而在教育活动中共同遵守的规程。成人教育质量实施必须以制度作保证，建立健全完备的制度体系和监督保障机制。以制度保障成人教育质量实施的正常运行，主要包括建立质量标准、质量保障、质量改进等相关规程，并设立科学可行的指标数据及对照措施。

质量标准中，围绕目标机制有诸多指标，如增设新专业或项目的调研及条件、调整资源的原则、授课师资职称比例、教学资源研发等，必须对此进行详细界定。对于成人教育管理的质量标准，通常内化到具体的管理制度文件中，通过制度约束和指标数据掌控，来监督管理工作的水平和受众的满意度等是否达标。

质量保障分解到教学各环节，其运行机制的控制性指标有学习者的考核达标率，教师的教学参与度、教学评价，考务中的到考率、作弊率，成绩批改的正确率、复查率，毕业论文的通过率、学历学位的授予率，学习者的滞留率（超过学籍有效期末能毕业的比率）、辍学率，等等。

质量保障分解到教学外的管理各环节，主要包括质量监控、质量评价、质量改进等三个方面。质量监控是对阶段性教学管理、学习者学习参与、考核分析、实践、考务、学习者认可度、教师教学评价等方面进行管理和相应数据收集；质量评价就是及时分析质量监控数据信息，多渠道获取质量反馈信息，在此基础上挖掘出教育质量方面存在的问题，进行科学合理的评价分析，为质量改进提供参考依据；质量改进是质量保障体系调整优化的核心所在，必须强化改进的全面性和扎实性，进而有针对性地处理成人教育人才培养中存在的普遍问题。

（二）过程管理

过程管理是落实成人教育质量实施的关键环节。必须秉承强化过程、紧抓细节、注重成效的原则，将成人教育活动的具体教学周期划分为各个阶段，详细界定每一阶段的流程，提炼流程中的重要事务，理顺各事务间的关联，制定切实可行且执行效率较高的标准，确立各流程、各事务的管理监控点和监控基准。一般可将某一成人教育活动的整个教学周期划分为业务开拓、教学实践、教务管理、考核评价、资源研发、支持服务、沟通反馈、质量改进等阶段。这里，仅列举几项进行重点介绍。

1. 业务开拓

对于学历教育而言，业务开拓是在国家教育方针指导下做好招生工作，包括设立校外合作站点，加强合作站点招生宣传，做好招生录取工作等；对于非学历教育而言，业务开拓是积极承接各级各类培训项目。无论是学历教育还是非学历教育，都要从源头抓起，从不同业务开拓的实际出发，详细分解和设定严格的流程管理要求，在已有工作制度和工作流程基础上，健全完善的全过程管理和操作制度，使业务开拓管理工作更加规范化。在业务开拓过程中，要做到避免让不合格学习者入学，不开设有潜在问题的培训项目，不给后续管理造成麻烦。

2. 教学实践

教学涉及师资队伍、教学资源等方面。针对师资管理，要在保障教师职称比例和授课水平的基础上，采取遴选师资培训、周期座谈、不定期回访等举措，既可增强教师对成人教育特点的熟悉与掌控力，又可强化师资业务技能以及集体荣誉感等。通过学习者评教、问卷调研等方式，获取教师在学习组织、教学资源、教学安排等方面的评价监控数据，在进行分析整理之后，做好评价反馈和改进工作。同时，要不断优化专业设置、项目设置，不断完善考核方式，制定实施方案，强化落实监督，调整教学计划，才能不断推进教学的过程管理。

3. 教务管理

教务管理是关乎学习者的学习能否顺利实施的关键环节，工作成果体现在数据上，如教学数据、考务数据、学籍数据、考评数据、反馈数据等。扎实做好数据管理工作，稳中求进，是教务过程管理的追求目标，也是保障教学质量的重要环节。结合具体的成人教育类型，根据实际教务管理数据的流动关系，理顺数据流动方向，科学处理流动过程中的核心要素关联，以数据解决为突破口，理顺数据关系，改革数据管理模式，确保数据的准确性与一致性。基于教学质量中考核的重要作用，要重视考核管理，严肃考风考纪，加大技术手段投入，规避考试中不良现象发生，确保考核质量指标的达成。

（三）学习质量

学习者作为受教育者，其学习质量是成人教育履行其社会职责以及教育质量成果的最终体现。当前，由于受高等教育扩招等影响，参与成人教育的学习者层次水平有所降低，学习者的类型及其参与学习的动机呈现多样化，加之成人教育的社会认可度不高，均对成人教育教学质量目标的实现产生消极作用。如何降低这些消极作用，需要及时掌握学习者的学习习惯、接受能力、学习动机等情况，引导学习者树立正确的学习观，促进其自觉自愿学习，提高其社会适应力。

通常可以建立问卷调查、走访调研制度，及时获取第一手数据，关注学习者的学习需求变化，不断探索科学有效的学习质量保障途径与策略，逐步强化学习者的学习参与，促进其自主学习行为的发生。通过教学数据监控、考核分析、走访座谈等方式，确保学习者学习质量改进的有效性，提高其学习素养和能力，进而保障学习质量目标的实现。借助评价、信息反馈机制，让学习者感受到主办院校及教学管理人员在质量保障与过程管理等方面的认真态度以及快速响应能力，带动学习者参与学习的积极性。以优秀评比、返校活动等为平台，建立学习者与办学机构的沟通互联机制，提升学习者对办学机构的认知度和认可度，引导学习者从外在被动学习到内在主动学习的转变。

（四）支持服务

支持服务既是质量保障要素，也是质量保障运行机制之一，同时兼具二者的特性。支持服务按照其阶段性特点分为五个阶段：第一阶段是服务项目的生产，包括服务项目策划、服务制度建立、各类资源研发与高效供给、环境保障；第二阶段是服务资源流通，主要为支持服务项目实施的各类资源的媒介传输；第三阶段是服务应用，通过补偿式、非补偿式服务以及情感式活动，将支持服务贯彻落实；第四阶段是服务监控，指各项服务内容应用进度、效果等全过程或者目标性管理，通过定期与不定期、定量与定性相结合的方式及时获取应用的状态，以促进及时纠正；第五阶段是服务改进，指根据反馈沟通渠道所获取的各项目信息，实现支持服务工作的良性循环和提升。

同时，支持服务也是一个交叉的体系，既有人力因素的体现，也有技术因素的展示。支持服务在先进技术支撑下，依托丰富的资源保障，尽可能实现严谨有序的规范与灵活方便的服务贯通，教师的"教"与学习者的"学"融合，管理人员与学习者交互等，进而相互促进、共同提升。

第三节　成人教育质量监控

影响成人教育质量的要素很多，如教学运行、教学资源、师生素养、信息反馈与评价等，而提高教学质量的有效措施就是质量监控，既包括对要素、过程进行监控，也包括建立质量监控体系，设立监控指标，推进监控管理。

一、成人教育质量监控的现状

当前，我国的成人教育质量监控存在理论研究不全面、科学性不强、针对性不鲜明、操作执行力有待增强等突出问题。而内外监控体系不健全、指导思想不端正、操作执行力不强、监控客观性难以保证等深层次问题，严重影响了教育质量的提升。

（一）理论研究基础薄弱，研究不全面

成人教育研究队伍庞大，包括专兼职研究人员、社会团体研究力量、从事成人教育的广大从业者等。成人教育学作为教育学的二级学科，暂无本科生人才培养，故而广大成人教育从业者多为其他专业学科背景，虽然他们的实践经验较为丰富，但受制于无系统学科理论基础，研究多围绕质量监控的具体问题，鲜有能够站在宏观角度高屋建瓴地进行研究的成果，整体科研水平不高。专兼职研究人员大多有着教育学科相关背景，理论素养较好，但他们多隶属于某一科研机构，往往把成人教育质量保障作为学术问题进行研究，能深入成人教育实践阵地的研究人员比例较少。长此以往，形成研究思维模式较为固化、研究方法较为单一的局面，导致研究片段化、问题导向化、实证研究浅层化等问题，研究成果整体上对成人教育实践的指导意义不大。

（二）内外质量监控实施不到位

当前，众多成人教育办学机构属于经费自筹的独立办学机构，在关注教育质量的同时必须权衡自身的生存问题，对于实施教育质量监控，往往只考虑内外质

量要素及质量监控管理，未能充分发挥成人教育办学机构领导力的作用，去有效推动和激励整体质量监控水平的提高。此外，国家制定的成人教育专业质量标准系外部质量监控的最低要求，但无有效制约和监督措施。无论是独立办学机构还是非独立办学机构，均以招生、教学等为重点工作，有着较为完善的内部质量保证体系，但对质量监控重视不足，监控评价薄弱，如监控反馈与改进较为滞后，成效不佳；尤其是缺乏统筹有效、执行有力的质量监控机构，质量监控以内部监控为主，外部监控为辅。尽管各主办机构围绕教学质量或培训质量制定了若干内部标准和要求，但监控执行部门或是管办评一体，或是挂靠机构内部其他部门，监控主体实施不到位。

（三）质量监控缺乏全面性

成人教育的主要社会功能是提高学习者的专业技能和满足学习者的发展需求，成人教育质量监控必须围绕学习者的专业技能提升和发展需求。但是，目前成人教育要么侧重具体专业理论知识的培养和考核，对实践技能的提升培养比重较轻，实践技能质量监控在整体质量监控中处于次要地位；要么是单纯的岗位技能培训，侧重于某项具体操作能力的掌握和提升，考核和监控以提高岗位操作娴熟度为重点，针对学习者发展的质量监控甚少体现或无法体现。这就无从发挥成人教育的重要功能，客观上远离了成人教育促进学习者发展的定位和宗旨，使成人教育与普通教育、技能培训等混为一谈，从而使成人教育质量监控缺乏全面性。

（四）质量监控执行不到位、特色不鲜明

当前，对各种类型成人教育的质量监控评价要求和特点的研究不足，未能结合成人教育办学实际，探索特色鲜明的质量监控模式和标准，存在质量监控改进被动的状况。由于照搬或套用普通高校，导致成人教育质量监控制度及体制建设不完备，无法体现自身特色，监控评价多主观定性描述，监控信息反馈及改进落实不及时，从而阻碍了质量监控职能的有效发挥，弱化了质量监控实施的价值。

二、成人教育质量监控目标

前面章节围绕影响成人教育质量的内部要素和外部要素的分析，明确了两者相互影响、不可分割的关系。这里，对具体的监控目标分别加以介绍。

（一）成人学习者

成人学习者是成人教育的服务对象，其学习体验、学习质量是成人教育质量的体现和反映。成人学习者不同于普通全日制学生，他们在求学过程中受到家庭、单位乃至社会等诸多方面影响，无法适应固定时间、固定场所的学习方式。但是，成人学习者具有提升岗位技能及竞争力的需求，功利性的学习动机明确而强烈。

此外，成人学习者大多已接受了一定的知识技能培养，具有一定的学习经验及自主判断能力，对学习目标、学习资源、教学方式等有自主判断能力，关注学习的投入与产出，对个人技能提升、自我效能感实现有着很高的期待值。因此，成人的学习是基于个人经验、追求岗位技能提升和个体发展的自主学习，成人教育质量监控必须体现学习者的学习诉求是否实现、发展需求能否达成。

（二）教师

教师是成人教育教学活动的组织者、成人学习的促进者和引导者，同时也是成人教育质量的推进者。因此，教师自身的教学能力如何，理论与实践技能相结合的能力如何，都直接关系到成人教育的质量。教师对成人教育质量的影响主要表现在两个方面：其一，教师师德素养、理论基础、专业技能等自身特征影响；其二，教师教学设计、教学组织、教学效果等教学实践影响。因此，成人教育教师的作用仍十分重要，但教师的角色被重新定位。作为成人教育教学实施主体的教师，必须调整角色定位，提高自身素养，才能真正成为成人教育质量的推进者。

（三）教学资源

教学资源融合课程培养方案、教学理念、教学设计、评价考核、教材、作业等于一体，成人学习从本质上来说是一种基于教学资源的自主学习。在学习过程中，成人学习者享有很大的自主权，每一个学习者都可以从不同的起点出发，根据自己现有的认知水平，选择适当的学习内容，按照适合自己的学习方式进行探索与学习。成人学习对学习者的自我监控学习能力提出了较高的要求，要求成人学习者能够监控自己的学习过程，通过有效学习完成自己设定的学习任务。在教学资源研发过程中，除了要研发出适合成人学习者的知识技能资源，还要培养学习者的自我监控能力，加强对学习者学习过程的引导与监控。

（四）平台与服务

信息化平台建设是成人教育开展各项业务工作的基础。成人教育平台整合了成人教育的指导思想、办学定位、管理机制、教学理念、质量保障等，是通过各种技术及功能的结合，为成人教育提供的综合服务平台，是教师"教"、学习者"学"、办学机构"管"、质量监控"评"的联通媒介，是学习者与教学资源、教师与学习者有效交互以及教学质量落地推进的平台。同时，面对个性化的学习需求、多样化的教学模式，支持服务的作用大大增加。现代信息技术的发展为大规模的支持服务工作提供了良好的技术支撑，各种信息技术手段的运用极大地提高了成人教育教学支持服务工作的效率和水平，使成人学习者在学习过程中可以享受到来自办学机构的包括信息服务、资源服务、学习服务、技术服务在内的全方位的教学支持与服务，帮助学习者持续有效学习。

（五）办学机构

办学机构承担着成人教育的资源保障、教学组织、教学辐射等重要职责，是成人教育质量的主要执行者、监控者与提升者。社会及成人学习者需求转变、办学类型多样化发展、办学机构自身管理方式变化等，尤其是实用性人才培养的专业建设和相关课程设置，都直接影响着成人教育质量。如何处理办学机构在办学定位、领导执行力、质量意识、教学组织、专业设置、教学管理、评价改进等方面的作用，对成人教育质量保障有着至关重要的影响。

（六）教学管理模式

社会的发展、科技的进步不断冲击着传统的教学模式和管理模式，引发了教学管理模式的重大变革。成人教育从过去单一依赖某种教学模式到现在的多种教学模式融合，对教师教学、学习者学习以及主办机构的教学管理提出了新的要求，同时也影响着教学质量保障及其管理过程机制。只有从流程、过程中对教学管理进行有效监控，才能不断提升成人教育质量。

（七）外部社会环境

教师、学习者、教学资源、平台服务、教学管理模式等是成人教育内部质量监控要素，除办学机构外，其他能影响成人教育教学与学习质量的外部要素，如学习者自身的工学矛盾、社会背景等个人因素，国家政策法规、政治经济发展需求等外部环境变化，第三方评价体系的不断强化等，真实地显现了成人教育所处的教育生态环境。外部生态环境中有些是可以改变的，有些则不能，成人教育质量监控必须结合所处的外部生态环境，有针对性地进行操作。

成人教育质量监控需要根据国家政策、政治经济发展需求等外部环境变化，以宏观调控、行业监督等方式，对办学机构的人才培养工作进行引导，进而内化为具体的人才培养质量内部要素及其实施的标准、规范、要求，并落实在教师管理、学习者管理、教学管理、教学评价等方面，以监控教学和学习过程来实现对教育质量的管理。内部要素对成人教育质量发挥着直接的影响作用，而外部要素必须借助内部要素才能发挥作用。因此，研究成人教育质量，单独研究内部要素或外部要素，或者偏重内部要素而忽略外部要素，都是不科学、不全面的。但在具体实践中，成人教育质量监控多为对内部质量要素及实施管理的监控，这是成人教育质量监控的现实问题之一。

三、成人教育质量监控体系

关于成人教育质量的影响要素，可借鉴普通高等教育、知名培训机构、企业大学等做法，分析各要素的作用，理清要素间的关联，据此构建成人教育质量监控体系。成人教育质量监控是一系统性的工程，其体系主要由监控制度体系、教育质量监控、教育质量信息监控、教育质量督导监控和教育质量评价监控等组成。

（一）监控制度体系

监控制度体系即规范化管理体系，建立长期稳定的规范化管理体系是保证质量监控顺利实施的有效手段。与普通教育相比，成人教育的管理事项更多，流程更为复杂，管理规范性要求更高。就学习者资源管理来说，首先要做好对潜在学习者的咨询工作，将其吸引并转化为学习者；对已接收某一类型成人教育的学习者，将其发展为可持续培养的对象；其次要做好学习者的在学管理，包括报名、注册、付费、选课、学习、交流、作业、讨论、考核、社会实践、论文写作和毕业的所有个人信息、状态信息和过程信息的全程管理。除学习者管理外，与成人教育人才培养管理直接相关的日常事项还包括教师管理、规划管理、目标管理、计划管理、过程管理、教学资源管理等。为了进一步规范成人教育管理，推进质量提升，首先要树立全员管理和全过程管理的现代管理理念，形成与之相适应的一系列管理制度和办法，明确岗位分工及岗位职责，将各项工作纳入一个严谨有序的运行体系中。其次必须根据业务需要出台一系列管理规章制度，明晰过程管理的监控点，采取一系列措施，使大多数日常管理事项都有章可循、有法可依、有据可改、改进可追踪。

（二）教育质量监控

教育质量分为教学质量和教学过程管理质量两部分，教学质量监控一般通过教学信息监控和学习者学习效果监控来体现，教学过程管理质量则通过教学过程监控来实现。

1. 教学信息监控

作为教学质量监控的基础，教学信息监控由成人教育办学机构的信息管理人员和教学管理人员共同负责实施。其主要职责是把处理后的成人教学活动监控信息准确、及时地反馈给对口负责部门和相关责任人，据此调整教学实施过程出现的失误和偏差，为成人教育的人才培养预案提供及时、可靠、全面的信息数据。

2. 学习者学习效果监控

作为促进成人教育质量实现的重要手段，学习者学习效果监控的实施主体是教育管理人员、平台软件等，具体是指在学习者学习过程中，对学习者学习资源使用、学习互动参与、课程考核评价、实习实践效果、学习反馈等进行监控，及时获取学习者需求、学习体验及学习效果等各项数据。除跟踪学习者个体学习动态外，还可借助信息技术手段，把握学习者群体学习动态，将学习者进行有效分类，体现不同性别、区域、爱好的学习群体的学习竞争态势，并提出相对应的学习效果策略。

3. 教学过程监控

作为教学质量监控的核心，过程细节决定质量总体目标能否实现。教学过程监控具体是指在成人教育教学面授、辅导答疑、考核、教学实践等各个环节的教学过程中，由教学管理人员、学科专家、监督委员会成员和过程监控信息收集人员对教学过程进行一系列管理和监控。在监控过程中要有所侧重，必须对影响教学质量关键环节进行重点监控，对非关键环节做好常规监控，找出影响教学效果的核心监控事项或环节，据此重点部署实施，探寻核心监控下的教学过程的管理规划、目标完善及质量提升途径。

（三）教育质量信息监控

教育质量信息监控主要是由教学监控信息、质量监控信息、过程监控信息、学习者信息、师资信息、用人单位评价信息、第三方机构评价信息等众多反馈信息组成。通过信息反馈，及时了解和掌握教学活动和教学管理工作的具体情况，并借助网络技术或移动技术等，以通知、公告、消息、简报等推送方式进行教学动态通报，及时发现教学过程中存在的问题，探讨行之有效的解决方法。

（四）教育质量督导监控

教育质量督导监控主要由教学督导人员负责实施。办学机构大都组建了自己的专职或兼职督导队伍，负责制定成人教育各项质量管理制度和实施规范、完成各项教学或培训实施的过程监督等工作。通过常规或不定期的督导巡察、教学实践观摩、检查、评教、教学考核等方式，形成监督工作秩序，实现过程质量管理的目标。同时，对学习者学习状态与效果、师资的投入与产出、管理方式与成效、办学目标和社会期望等做出较为全面的评价和分析，据此提出针对性的策略。

（五）教育质量评价监控

成人教育质量评价主要是在成人教育行政管理、教学管理、资源管理等诸多方面进行评价，并围绕学习成果认证进行探索研究，推进不同类型成人教育的学习成果互认。其中，教学质量评价监控在整个成人教育质量评价监控中起着主导作用。教学质量评价监控需覆盖成人教育教学的所有过程，深入成人教育教学的方方面面。只有对教学质量进行有效监控与评价，方能促使教师改进教学，激励学习者持续有效学习，从而促进成人教育教学管理体制完善和管理职能提升。

而如何去评价成人教育活动是否符合质量要求，什么样的教育质量符合学习者的期望等问题，就涉及评价标准和评价指标体系。评价标准是指评价主体从自身所处环境、价值认同以及质量诉求出发，判断评价对象有无价值与价值大小的标准，体现了评价主体的意愿，多为定性描述，且易受评价主体的主观性影响。

评价指标体系是评价指标的具体化，教育质量评价需有明确的量化指标，开展质量评价监控就是对评价指标体系的实现进行监控。

总体而言，成人教育质量监控是保障和提高成人教育质量的重要举措，是在成人教育人才培养中对制约质量目标的要素、过程及标准进行制度保证、过程覆盖、督导评价、控制调节的一个全过程管理，是一个涵盖多层面的综合系统化工程。做好这项系统化工程，既能掌握成人教育质量现状，又能及时采取措施进行改进。

参考文献

［1］顾明远.教育大词典（增订合编本上）［M］.上海：上海教育出版社，1998：98.

［2］吴岩.国际高等教育质量保障体系新视野［M］.北京：教育科学出版社，2014：20.

［3］LASSWELL H D. The structure and function of communication in society［M］// BRYSON L. The communication of ideas. New York：Harper & Brothers，1948：37−51.

［4］尚云峰，GEORGES UBBELOHDE.浅析 EFQM 卓越质量模型在高校教学质量保证体系中的应用［J］.黑龙江教育学院学报，2019，38（9）：42−44.

实践探索篇

SHIJIAN TANSUO PIAN

第十章
成人高等教育的转型

几十年来，我国成人高等教育经历了由初创到中断、由恢复到扩大、由整改到规范、由下滑到转型的曲折历程。总体而言，成人高等教育为提升成人受教育者的综合素质、促进社会经济发展做出了突出贡献。然而，随着普通高等教育的扩招、社会经济的发展转型，成人高等教育办学模式与市场需求匹配度越来越低，导致生源数量、办学质量、学习者满意度、社会认可度等逐年下滑，已经不能适应我国当前教育和社会发展的整体需要。成人高等教育要生存、发展，急需转型与创新，有效解决发展中出现的各种矛盾和问题，使办学理念和管理机制等方面更加符合成人学习者的需求和社会发展的要求。

第一节　成人高等教育的发展历程

纵观国内外成人高等教育的发展历程，均与国家或地区经济、社会、文化的发展需求密切相关。美、英等国的成人高等教育发展较早，其成人高等教育以提升民众的文化知识水平和职业技能为出发点；德国、法国、日本则以职业需求的满足为主要目标。我国成人高等教育自新中国成立以来，经历了扫盲教育、职业技能培训、学历补偿教育和非学历教育等几个发展阶段。

一、国外成人高等教育发展历程

（一）美国成人高等教育

美国是世界上教育最发达的国家之一，其成人高等教育已有一百多年的历史。美国的成人高等教育起源于 1847 年马萨诸塞州公立中小学开办的成人班，主要招收移民，教授美国语言与文化，帮助他们在美国定居。为了推动工农业的发展，美国国会于 1862 年颁布《莫雷尔法案》（Morrill Land-Grant Act），通过赠拨一定数量的土地，支持各州开办以讲授农业及机械技能等实用技术为主的学院，加速培养社会急需人才。"赠地学院"的成立，使得劳工阶级能够获得实用的大学教育。1929 年《成人教育杂志》创办，标志着美国成人高等教育有了更规范的学术发展。随后，很多高校开始设立从学士到博士的成人教育学位课程。

第二次世界大战后，美国成为世界上经济和军事实力最强的国家。1958 年，美国颁布了《国防教育法》，规定各州要为高等学校学生提供无息贷款，并提出地区职业教育计划，规定给各州 6000 万美元捐款，为没有进入高校学习的青年拟定职业教育计划，从而将那些对科技发展有重大影响的人才吸引到国防系统中来。此后，美国成人高等教育步入快速发展时期，成立了专业的组织，从事专业活动，逐步建立起了此领域内的理论体系，诸多论文、著作等相继发表和出版。1964 年，美国成人教育教授委员会（American Council of Adult Education Professors，CPAE）出版了《成人教育：一个大学新兴研究领域的概要》（*Adult Education：Outlines of an Emerging Field of University Study*）。此书对成人及继续教育的课程、教学、行政和管理等均有初步研究，极大地推动了成人教育理论体系的完善。1965 年的《高等教育法案》提出加强对继续教育活动的援助，1966 年的《成人教育法案》就成人教育的相关概念、目的、任务、内容、教师培训、经费、管理体制等都作了全面而系统的规定，该法案确定了美国成人教育的法律地位，为终身教育的开展奠定了良好的基础。1976 年《终身学习法案》和 1982 年《职业培训与合作法案》的颁布和实施，为美国成人高等教育提供了法律支持和保障。20 世纪末以来，美国高等教育由大众化阶段向普及化阶段迈进，但仍有将近一半的本科和硕士毕业生是通过成人高等教育获得学位的，且成人高等教育的学生增长速度快于普通高等教育。

美国的成人高等教育办学机构十分广泛，上至大学及学院，下至社区学院，甚至还有一些企业大学，几乎所有高校都开展了成人高等教育。"美国的成人高等教育已成为名副其实的社会行为，其范围不仅涉及农业和工商企业，而且深入到了每个社区、家庭甚至个人。"[1]美国的成人教育行政管理体制虽属于典型的地方负责模式，但联邦政府制定的法案，如《美国成人高等教育法》《美国全国职业教育法》等，所有的州政府、学校及公民都必须遵守，且联邦政府会在法案出台后给予各州经费投入。在教育质量的把控方面，美国在成人高等教育领域设置了全国性和地区性的资格审定机构，负责制定各专业学科的课程标准和指导原则，按教学质量的有关规定审定大学或学院授予学位的资格。

（二）英国成人高等教育

英国成人高等教育起源于19世纪中叶，伦敦大学在"新大学运动"中应运而生，并于1858年首创校外学位修读制度，允许英国国内和海外学生报考伦敦大学的校外学位。学生可在获得基本的学习资料后，自行决定学习方式与考试时间等，只要参加统一考试，成绩合格者均可获得伦敦大学统一授予的正式学位。这样，学生通过大学本部的注册后，可以边工作边学习，对个人工作、生活影响较少。这一制度标志着大学教育开始真正走向社会，满足了更多人群对高等教育的需求，也推动了世界高等教育的改革。与此同时，剑桥大学、牛津大学等许多高校亦为校外生开设大学课程，把高等教育带给那些有教育需求的普通民众。1903年，英国创建劳工高等教育促进会，促进对工人的职业教育。之后，工人教育协会开始单独开课，英国各大学也纷纷建立成人教育系，极大地推动了英国成人高等教育的发展。

1963年，英国高等教育委员会发布《罗宾斯报告》（*Robbins Report*）明确指出，高等教育的目标是改变培养传教士、法官、律师和医生的传统，为人们提供在社会生活竞争中需要的技术和才能；国家办学的方针首先是使那些有能力、有条件、有意愿接受高等教育的人获得接受高等教育的机会（后被称为"罗宾斯原则"），英国的高等教育由此开始走向平民阶层。不同性别、阶层、种族的全日制或非全日制学生进入大学校园，成为教育民主化、多元化的最好标志。基于《罗宾斯报告》民主与平等的高等教育理念，英国开放大学应运而生。英国开放大学与普通高校在入学制度上有很大不同，它属于开放式办学教育模式，并且也不同于普通高校的精英教育，它更注重的是怎样为那些因为各种原因未能获得普通高校教育机会的成人（特别是社会中的弱势群体）提供接受高等教育的平等机会，成人群体来源非常广泛。开放大学为了满足成人多样化的学习需求，既开设有面授课程，也有凭借计算机信息网络技术、音频广播及其他电子媒体的远程授课课程，学习者有很大的自主性，可以自由地选择适合自己的授课方式。开放大学有学历课程（本科、研究生）和非学历课程，学习者可通过学历课程的学习和学分的积累获得学位。此外，开放大学的学习者还可将学分存入"学分银行"，进行学分积累与转换，有效地缓解了学习者的工学矛盾。自开放大学成立以来，其课程设置灵活，能及时开发新的课程，尽量满足成人对教育的不同需要，使开放大学不但规模上有了极大的发展，而且学校的教学及管理日臻完善，可以同任一大学媲美。[2]

1992 年，英国政府颁布《继续教育与高等教育法》，规定了成人教育的经费管理、成人教育的供给机构和地方教育当局的职责变革等内容。2006 年，又发表《继续教育：提高技能，改善生活机遇》（*Further Education*：*Raising Skills*，*Improving Life Chances*）白皮书，旨在提升成人的技能，并对 19—25 岁的青年人进行免费教育，发挥继续教育的功能，迎接社会发展提出的挑战。

英国的成人高等教育不仅侧重于人文科学，而且重视职业技能的培训。如今，英国已形成了综合大学、开放大学、多科技术学院、高等教育学院和继续教育学院共办成人高等教育的局面。英国成人高等教育的成功经验被许多国家借鉴，对世界成人教育的发展产生了广泛而深远的影响。

（三）德国成人高等教育

自第二次世界大战结束以来，德国迅速崛起，其获得的发展成就很大程度上得益于迅速发展的成人教育。德国在 20 世纪 60 年代出台的《就业促进法》高度重视职业培训，要求联邦劳动局为参加职业培训的人员提供必要费用，并按需举办培训。此外，《职业教育法》《继续教育法》《企业宪法》等均针对成人的职业培训和继续教育方面做了相应的规定。

随着 2009 年德国第一所双元制大学成立，德国对高等教育进行了一项重要改革：在高等教育阶段推行双元制，并向职后继续教育领域推广，让那些没有机会接受高等教育的成人能够一边工作一边完成大学学业，提高职业竞争力。为使在职人员有更多的机会接受高等教育，联邦政府自 2011 年开始实施"以教育促发展"为主题的课程竞赛活动，并提供经费支持。至今，教研部一直在向该计划投入经费。

德国成人教育的办学机构具有多元化特征。联邦和各州通过开办公立成人教育机构，为转岗和再就业人员提供培训。此外，企业、教会、工会、商业机构、高校、远程教育中心均可举办各种成人教育。[3] 根据国家发展的需要和民众的需求，德国的成人高等教育开办有学历教育、职业教育、继续教育、文化教育等。和英美类似，德国也实行开放性招生，不必经过严格的考试，也无学历要求，入学方式简便，学费也较低，这为成人工作之余学习知识、管理及操作技能提供了条件和平台。德国成人高等教育侧重于职业技能和素养的习得，课程内容切合现实，所有的学生都扎实学习，严格训练，理论与实践相结合。

（四）法国成人高等教育

法国的成人高等教育主要体现在职业培训和终身教育方面。1968 年颁布的《高等教育方向指导法》（又称《富尔法》）确立了法国高等教育"自主办学、民主参与、多科性结构"三项办学原则，大学享有教学、行政和财政等办学自主权。

1971 年颁布的《职业训练法》《终身继续教育法》等，明确职业培训是国家的义务，国家和企业应为雇员提供学习机会和资金支持。1984 年颁布《高等教育法》（又称《萨瓦里法》）明确规定，高等教育改革的重点是纠正大学教育过于强调理论的倾向，走与企业联合办学的路子。在这一趋势下，法国的成人高等教育机构纷纷成立了继续教育中心，对职工、企业管理人员甚至教师的继续教育提供培训和教育机会。学习者在累积了一定的学分后，可获得相应的证书和学位。

进入 21 世纪，为了提高各类从业人员的技术水平，法国积极实施技术工程教育，对有发展前途的初、中级技术人员进行较长时间的培训，将其提升为高级技术人员或工程师。作为终身教育思想的发源地，法国政府始终贯彻全民享有终身教育的理念，2018—2022 年宏大投资规划的四个优先重点之一即是对能力建设的投资，特别是对弱势青年群体的教育，计划用五年时间培训 100 万未受相关教育的求职青年。

（五）日本成人高等教育

日本政府一直十分重视各类教育的发展，特别是成人教育。1949 年日本通过《社会教育法》，规定社会教育是依据《学校教育法》进行的学校教学计划以外的活动，主要指对青少年及成人进行的有组织的教育活动。1958 年日本制定《职业训练法》，要求日本公司从企业员工入职开始就要根据岗位要求为其制定完善的培训计划。1990 年日本制定《终身学习振兴法》，把构建终身学习体系纳入国家发展战略之中。日本实施的成人高等教育主要有大学举办的公开讲座、大学或短期大学开设的夜间部和函授部[4]，学习方式有全日制、半日制、函授等，学习内容切合社会需求，实用性较强。日本的广播电视大学创办于 1983 年，生源以各类社会成员为主，学习者不需要通过考试便可入学，学校提供多种多样的学习方式和课程内容，学习者可根据个人需求选修一门或全部学科。

在日本，不同的大学和成人教育机构之间可实施学分互认，这提升了成人学习者的兴趣和信心，最大限度地满足成人学习需求和社会发展要求。日本的成人学生与普通全日制学生只是在学习方式上有所不同，成人学习者也可通过业余的学习获得相应的学历证书和职业资格证书。

二、我国的成人高等教育发展历程

自新中国成立以来，我国的成人高等教育主要经历了新中国成立后以扫盲教育为主的初创期，改革开放后以学历补偿教育为主的发展期，以及进入 21 世纪以来逐步转向非学历教育的转型期。在不同的发展阶段，成人高等教育都做出了特定的贡献。

（一）成人高等教育的初创期（1949—1965）

新中国成立之初百废待兴，各行各业急需社会主义建设的劳动者、管理人员和各类专业技术人才。1949 年 9 月《中国人民政治协商会议共同纲领》第四十七条规定要"加强劳动者的业余教育和在职干部教育"。1949 年 12 月，教育部在《关于中国人民大学实施计划的决定》中，要求中国人民大学开办夜大学。1950年，中国人民大学夜大学正式招生，1952 年又成立了函授部，标志中国的成人高等教育正式创办。此后，各类全日制高等学校在扫盲、普及初等教育和培养大量高级专业人才的号召下，广泛兴办夜大学和函授教育。1955 年 5 月，人民日报发表《举办业余高等教育》的社论，鼓励"积极创办和发展高等教育附设的函授部、夜大学"。1959 年 9 月，教育部在《关于夜大学仍应继续办下去，并力求办好的批复》中提出，"根据两条腿走路的方针，业余高等教育必须积极发展"。1960 年 3 月，北京电视大学创立，成为我国第一所电视大学，首批学习者达 6000余名[5]。

截至 1965 年，全国开办业余成人高等教育院校 1061 所，在校生达 43.4 万余人。其中开办函授教育的高校 126 所，在校生 14.9 万余人；夜大学 924 所，学员24 万余人；广播电视大学 11 所，学习者 4.4 万余人；成人高等教育当年毕业生16 万余人。[6]这一时期，成人高等教育已初具规模，主要表现在以下两个方面：第一，成人高等院校性质多样，有专门的成人高等学校、行业系统开办的成人高等院校及地区性的高等院校等。第二，高等院校推广成人教育的规模不断扩大。[7]

从新中国成立到"文化大革命"前，基于当时社会主义建设的现实需求，党和国家高度重视成人高等教育。这一时期的学习内容主要为扫盲教育和培养社会主义建设所需的专业技能等；学习方式有全日制与函授、夜大等；国家提供政策和资金支持。

（二）成人高等教育的发展期（1977—20 世纪末）

"文革"十年间，数以百万计的青少年无法参加高考、进入大学继续深造，这一缺憾的补偿成为成人高等教育发展期人才培养任务的一部分。1979 年，国务院批准教育部和中央广播局设立中央广播电视大学，运用广播、电视、文字教材、音像教材等多种媒体，面向全国开展成人本、专科高等学历教育，为行业、企业从业人员和部队士官及其他社会成员提供接受高等教育的机会。1980 年 9 月国务院批转《关于大力发展高等学校函授教育和夜大学的意见》，指出"高等学校除办好全日制大学外，还应根据自己学校情况举办函授教育和夜大学"。

1981 年 1 月，国务院批准教育部《关于高等教育自学考试试行办法》的报告，首先在北京、上海等地进行试点，再逐步将高等学校自学考试制度推广至全国。《关于高等教育自学考试试行办法》规定，凡中国公民，不受学历及年龄限制，均可自愿申请报考；各省、市、自治区的主考高等学校可采用学分累计制办法，按照专业教学计划要求，分学科进行考试；考试通过获得证书者，国家承认其学历。这项制度使得成人高等教育的举办院校和生源量增长迅速。

1986年，第一次全国成人教育工作会议召开，会议讨论修改了《关于改革和发展成人教育的决定》，要求"改革学校内部管理体制和运行机制，扩大办学自主权；突破单一学历教育模式，采取各种教育形态，促进学校教育与社会的紧密结合，培养多规格人才；加强评估督导工作，不断提高整体办学水平"。1986年中央电大招生数为21.51万，在校生60.44万；普通高校函授教育招生数为11.18万，在校生数为41.47万；普通高校夜大学招生数为3.95万，在校生数为14.84万[8]。

1987年6月，国务院批转国家教育委员会《关于改革和发展成人教育的决定》，确立岗位培训、成人基础教育、成人中高等教育、继续教育、社会文化和生活教育为成人教育的主要任务，其中岗位培训为成人教育的重点。[9]1988年11月，国务院颁布《关于授予成人高等教育本科毕业生学士学位暂行规定》，明确了普通高等学校、独立设置的成人高等学校、高等教育自学考试等申请学士学位的具体做法。1993年8月，国家教委在北京召开了全国成人高等教育工作会议，会后国务院办公厅批转了《国家教委关于进一步改革和发展成人高等教育的意见》。《意见》总结了成人高等教育自开办以来取得的成绩及现存的问题，制定了成人高等教育改革和发展的总体目标，并从管理体制、招生、学历教育质量控制机制、教学内容改革等方面提出了相应的政策措施。在《意见》指导下，成人高等教育进一步被纳入规范化、制度化的轨道并迅速发展。1998年《中华人民共和国高等教育法》第十五条规定："高等教育包括学历教育和非学历教育。高等教育采用全日制和非全日制教育形式。国家支持采用广播、电视、函授及其他远程教育方式实施高等教育。"

国家政策的大力支持和人们对学历、职业技能的追求，使得这一时期的成人高等教育迅速发展，从最初的不规范、缺乏具体指导，向逐渐规范化、有章可循过渡。教学方式主要以函授、广播、电视、夜大（业余）、面授等为主；学习内容以高等学历补偿教育为主，其他的非学历培训、继续教育为辅。

（三）成人高等教育的转型期（2001—）

2007年，教育部下发了《教育部关于进一步加强部属高等学校成人高等教育和继续教育管理的通知》，对各部属高等学校的规定有：一是要把成人高等教育和继续教育纳入学校的总体发展规划，统筹管理，协调发展；二是要结合学校自身的定位、特色和学科优势，科学合理地确定办学类型、层次和专业，主要面向在职人员开展业余形式的高中后和大学后学历教育和非学历教育培训，大力开展党政人才、企业经营管理人才和专业技术人才的继续教育；三是各校要从 2007 年秋季开始停止招收成人脱产班和高等教育自学考试社会助学脱产班，也不能与其他机构合作举办上述脱产班；四是现代远程教育试点高校要充分利用现代信息技术，逐步将函授教育过渡到现代远程教育；五是加强教学支持服务，进一步深化课程体系、教学内容、教学方法和手段等方面的改革，建立适合成人业余学习的人才培养模式及教学管理制度，全面推进弹性学制和学分制。

2012 年 6 月，国家开放大学正式成立。这是一所以现代信息技术为支撑，学历教育与非学历教育并举，实施远程开放教育的新型高等学校。学校在中央广播电视大学的基础上组建，面向全体社会成员，是一所没有围墙的新型大学。开放大学自开办以来，为社会培养了大批应用型专门人才，是我国成人高等教育为适应经济社会发展需要和人的全面发展而进行的一次重大战略转型。

2016 年，教育部印发《高等学历继续教育专业设置管理办法》的通知，对各地各高校关于高等学历继续教育的专业设置进行了具体、详细的规定，各校依据相关规定均可自主设置和调整高等学历继续教育的专业，这标志着普通高等教育和成人高等教育在学历继续教育上的融合发展正式开始。

表 10-1　2010-2019 年成人高等教育和普通高等教育招生数量统计表（单位：万）

时间	网络教育	开放大学	成人本专科	三者总和	普通高等教育
2010	166.3	95.1	208.4	469.8	661.8
2011	187.1	101.9	218.5	507.5	681.5
2012	196.4	101.8	244.0	542.2	688.8
2013	220.1	109.0	256.5	585.6	699.8
2014	206.1	92.5	265.6	564.2	721.4
2015	203.4	89.7	236.8	529.9	737.8
2016	229.6	89.9	211.2	530.7	748.6
2017	286.0	106.0	217.5	609.5	761.5
2018	320.9	137.9	273.3	732.1	790.9
2019	288.5	169.5	302.2	760.2	914.9

由《全国教育事业发展统计公报》(《中国教育统计年鉴》) 提供的以上数据可看出，成人高等教育仍是我国高等教育的重要组成部分，其在构建终身教育体系中的作用不言而喻。

21 世纪以来，随着高等教育的扩招，成人高等学历教育面临生源竞争的巨大压力，许多成人高等教育的办学单位存在降低入学条件、教学管理松散、成绩考核把关不严等问题，成人高等教育的人才培养质量逐年下滑。且在知识和技能日新月异的当今时代，办学单位的教学内容和教学模式仍然带有浓重的普教化色彩，不能很好地满足成人学习者的需求和用人单位的要求，导致成人高等教育学历在劳动力市场的认可度逐年下滑，甚至有的用人单位不认可成人高等教育的学历水平和毕业证书。针对这些现象，教育部也多次下发文件，对成人高等教育的招生、办学模式、教学方式、课程内容、学习方式等进行规范和引导。在实现人的全面发展和践行终身教育理念方面，成人高等教育转型发展任重而道远。

第二节 成人高等教育面临的机遇与问题

自新中国成立以来，我国成人高等教育蓬勃发展，虽然也经历过曲折，但总体上在我国高等教育事业和终身教育体系的构建中占有重要地位。然而，21 世纪以来，普通高等教育的扩招和职业教育的发展逐渐挤占了成人高等教育的空间。加之成人高等教育存在办学模式普教化、招生数量萎缩、课程设置缺乏吸引力、社会认可度不高等状况，造成成人高等教育的发展步履维艰。成人高等教育应跟上时代发展的潮流，适应经济社会转型对高等教育的要求，转变旧的发展模式，找准定位，抓住机遇，迎接挑战，努力实现转型发展，在新的时代实现自身的价值。

一、成人高等教育面临的机遇

2010 年，《国家中长期教育改革和发展规划纲要 (2010—2020 年)》提出"构建完备的终身教育体系""继续教育参与率大幅提升，从业人员继续教育年参与率达到 50%。现代国民教育体系更加完善，终身教育体系基本形成，促进全体人民学有所教、学有所成、学有所用"。《纲要》强调对从业人员的继续教育，同时还有学习指标的要求。2016 年，《中华人民共和国国民经济和社会发展第十三个五年规划纲要》提出："加快学习型社会建设。大力发展继续教育，构建惠及全民的终身教育培训体系。推动各类学习资源开放共享，办好开放大学，发展在线教育和远程教育，整合各类数字教育资源向全社会提供服务。"2019 年，中共中央、国务院印发《中国教育现代化 2035》提出，"建立全民终身学习的制度环境，建立国家资历框架""建立健全国家学分银行制度和学习成果认证制度。强化职业学校和高等学校的继续教育与社会培训服务功能，开展多类型多形式的职工继续教育"。2020 年 5 月发布的 2019 年全国教育事业发展统计公报显示：成人本专科招生 302.21 万人，比上年增加 28.90 万人，增长 10.57%；在校生 668.56 万人，比上年增加 77.57 万人，增长 13.13%。这些都大于 2017 和 2018 年公布的数字，表明成人高等教育仍在蓬勃发展。

从以上文件中均可看出国家对完善终身教育体系与建设学习型社会的决心，对继续教育的支持和鼓励，以及建立学分银行制度和国家资历框架的学习成果认定的策略，成人高等教育在此背景下迎来了重大发展机遇。

（一）终身教育体系的完善与学习型社会的建设

终身教育理念的出现推动了世界教育的变革，潜移默化地引导着成人高等教育的转型发展。终身教育指人的一生所接受的各种教育的总和，学习者离开校园进入社会后，承担了一定的社会责任，就成了社会学意义上的成人，其必不可少地要终身学习与工作、生活、社交等相关的各种知识、方法和技能。政府高度重视完善终身教育体系，加快建设学习型社会，稳步推进学历继续教育改革发展，大力发展非学历继续教育，推进各类学习型组织和学习型城市建设，不断健全继续教育、终身学习制度，致力于完善人人皆学、时时可学、处处能学的终身学习体系，这为成人高等教育举办切合成人需求的各类学历、非学历教育提供了广阔的市场需求和发展空间。

（二）国家资历框架的构建

现阶段，我国不断推出国家资历框架的建设，通过建设学分银行制度对各类学习成果进行认证、转化与积累，促进各级各类教育之间的衔接和沟通。国家资历框架又称国家资格框架，它起源于 20 世纪 80 年代的英国、澳大利亚等发达国家，现今已有 160 多个国家和地区已经或正在建设国家资历框架。[10]资历框架可实现各级各类教育和劳动力市场的衔接，通过设定标准和等级来反映人们参与学历教育、非学历教育以及各类培训的学习成果。国家资历框架建立了清晰的学习成果体系，学习者可明确知晓自己接受的教育所处的等级和与各级劳动力市场的匹配度等。我国采用"框架+认证+学分银行"的模式，即资历框架标准、学习成果认证、学分银行制度三者相结合的模式。资历框架是标准，是各类学习成果等级和标准的顶层设计，是学分银行中达到学分要求的上位标准，也是行业资历标准的母标准。学习成果认证是保障，是将个人在任何场所中通过多种方式获得的知识、技能、能力、态度和价值观，按照资历框架的等级和标准，基于质量保障机制，通过认证给予认可的制度，以保证各类学习成果互认的对等和公平，保证学分的质量和社会公信力。学分银行是一种制度和平台，社会成员通过学习成果认证的资历和学分，经由学分银行机制得到积累、互认和转换[11]。

（三）互联网+、人工智能技术的发展

互联网+、人工智能技术的发展，为成人高等教育提供了教学和管理的先进手段。由于成人群体存在特有的"工学矛盾"，很多时候无法对其开展线下教育，先进的网络技术可整合优秀的教学资源和模拟仿真的学习场景，打破了学习的时空限制，实现了时时可学、处处能学，使成人学习更具特色与吸引力。而人工智能技术可以在不提高人工成本的情况下，将成人群体多样化的学习需求进行统计和消化，建构起办学单位与成人学习群体之间的协调与对接，实现学习资源的有效配置和学习需求的充分满足[12]。此外，利用这些先进的技术，办学单位可高效地开展对成人学习者的学习管理工作，如学籍管理、学习检测、辅导答疑、组织考试等，许多相关工作会得到高效率、低成本的运作。

二、成人高等教育存在的问题

随着成人高等教育学历补偿功能的逐步完成、人们教育理念的转变以及社会的不断转型进步，成人高等教育既面临着各种机遇，也存在诸多制约其健康发展的问题。根据美国学者马丁·特罗（M. Trow）提出的"精英""大众""普及"高等教育阶段论划分[13]，我国已进入高等教育普及化阶段，但成人高等教育的招生数量却在逐年减少，社会认可度不高。其中存在的问题需要认真加以反思，这是成人高等教育实现真正转型的前提。

（一）缺乏立法保障

当前，我国成人高等教育立法层次不高，法律体系不完备。虽然自成人高等教育产生以来，国务院、教育部出台了一系列关于开展成人高等教育的文件，不断明确成人高等教育的地位、办学职责、历史使命、整改要求等，但至今仍没有针对成人高等教育的性质、地位、作用、教育教学、机构设置、经费投入与保障、责任与义务等内容进行权威的法律界定。由于缺乏立法保障，目前的相关法规对成人高等教育中成人学习者的权利与义务界定不够具体明确。成人高等教育不同于基础教育和普通高等教育，成人学习者作为成人高等教育活动的主体之一，应该依法享有接受教育的权利和履行接受教育的义务，他们有权依据自己的学习需求、经济状况、教育程度乃至学习方式进行选择。但是，当前我国的成人高等教育相关法规对成人学习者的权利保护较为薄弱。

（二）办学定位不准

首先，一些成人高等教育的办学单位仍定位于学历补偿教育。随着我国高等教育的大众化乃至普及化，成人高等教育的生源呈现逐年缓慢下降的趋势。当前，成人高等教育的学历补偿功能已渐趋完成，但多数高等学校的办学单位仍将成人高等教育定位于学历补偿教育。其次，一些成人高等教育的办学单位对非学历教育重视不够。一直以来，成人高等学历教育作为各高校实现创收的重要手段，其经济效益颇丰，在整个高校效益中所占比重甚高，导致一些办学单位至今仍不重视非学历教育。虽然部分高校开展了非学历培训，但重视程度仍然不够，经费投入不足，导致成人非学历教育发展缓慢。随着社会日新月异的发展，成人学习需求也在不断变化，如果成人高等教育不从学历教育向非学历教育转型，将失去今后生存发展的空间。

（三）管理模式不佳

受成人高等教育的办学历史和高校传统的办学机制影响，成人高等教育管理也存在明显的行业化特征。高等学校普遍采取产业化管理目标，将成人高等教育视作学校创收手段，以营利为主要目的。这种模式造成成人高等教育人才培养目标不清晰、教学质量不佳、办学声誉受损等问题，严重阻碍了成人高等教育的正常发展。普通大学生是为提高素质和将来就业而学习，适合教师导向型的学习模式，而成人学习者是为解决工作中的实际问题而学，适合问题导向型、即学即用型和自我导向型的学习模式。[14]但是，部分办学单位没有正确认识成人学习者和普通大学生在学习需求、学习经验、学习方式以及思维方式上存在的不同，简单套用普通高等教育的管理模式，导致成人高等教育办学效果不佳。

（四）普教色彩浓厚

以往成人高等教育蓬勃发展的重要原因是其契合了我国社会快速发展过程中人们对学历的需求。当前，普通高校仍是我国成人高等教育的办学主体，成人高等教育的专业体系、课程设置仍与普通高等教育同源，许多专业和课程设置照搬普通高等教育，不能满足成人学习者个性化的学习需求，且同质化现象十分严重，缺乏各高校自身的特色和特长。此外，大多数办学单位没有自己的专职教师队伍，其师资主要来源于各院系教师或退休教师。这些教师不熟悉成人高等教育的特点，大多以讲授法作为主要教学方法，教学内容往往照搬面向普通高校生的教学课件，没有针对成人学习群体开展教学，以满足其个性化的学习需求，导致成人学习者处于被动状态，学习动力与兴趣不足。虽然有的办学单位运用了"慕课""微课""翻转课堂"等新兴教学方式，但仍有不少采用传统的讲授法，没有做到多种教学模式的融合渗透。此外，成人高等教育评价方式也趋于普教化，大多沿用普通高等教育的评价模式，考评内容重理论轻实践的倾向十分明显。

（五）社会认可度低

目前，成人高等教育仍然在走普教化的路子，忽视成人学习者的特点及个性化需求，供给与需求结构性失调。这种模式造成培养质量逐年下滑，培养出来的成人学习者在综合素质方面明显逊于普通高等教育的学生。此外，一些办学单位在整个教育管理环节中严重"放水"，只追求经济效益，对管理不佳的问题睁一只眼闭一只眼，导致成人高等教育毕业学生实际才能与社会要求不符。更有甚者，一些办学机构为了抢夺生源，保住效益，不惜夸大招生宣传，甚至与其合作的第三方机构在招生宣传时采取各种手段，推送"保录取"等手机短信、电脑广告等，严重影响了人们对成人高等教育的信任度。这对于社会认可度已经下滑的成人高等教育无异于雪上加霜。

第三节　成人高等教育的转型发展

成人高等教育的旧患新疾严重制约着自身的发展，其转型是大势所趋，是发展的必经环节。21 世纪以来，在全面深化教育改革的背景下，成人高等教育受普通高校连年扩招、民办高校迅猛发展等因素影响，生源持续萎缩，虽然各个高校采取了各种措施，但招生工作依然步履艰难。当前，在国家大力倡导建设学习型社会的新形势下，成人高等教育要想摆脱困境，必须紧抓机遇，实现真正的转型发展。

一、成人高等教育转型的意义

《中国教育改革和发展纲要》明确提出："成人教育是传统学校教育向终生教育发展的一种新型教育制度，对不断提高全民族素质，促进经济和社会发展具有重要作用。"[15]成人高等教育作为成人教育的重要组成部分，必将承担着推动社会转型、促进人的全面发展以及构建终身教育体系与建设学习型社会的重任，这也是成人高等教育转型的应有之义。

（一）成人高等教育转型是社会转型的必然要求

当前，我国正处于社会转型发展关键期，社会的转型是整个社会结构的调整优化，必将带来社会各个方面的深刻变革，并会引起各种社会问题与矛盾。解决这些社会问题与矛盾，需要发挥包括成人高等教育在内的各类教育的作用。从工业社会向信息社会转型的过程中，随着城市化水平的提高，信息化技术的加快，庞大的成人群体面临着信息化、网络化、数字化社会带来的终身学习问题，专业技术人员的知识技能更新、下岗人员的再就业、农村剩余劳动力转移等问题变得越来越突出。这些问题的解决，离不开成人高等教育，而传统的学历导向型成人高等教育难以肩负这样的重任，需要由学历导向型向学习导向型加速转变。余小波认为："教育是社会大系统中的一个子系统，受社会大系统的影响和制约，社会转型既是教育变革的背景，也是教育发展的直接动力，社会的发展导致教育的发展，社会的转型必然带来教育的转型。"[16]129转型后的成人高等教育将适应整个社会发展的需求，提供适宜成人群体的教育和培训，为推动社会转型发展发挥不可替代的作用。

（二）成人高等教育转型是促进成人充分、全面、自主发展的需要

人的发展总是沿着一条客观轨迹而展开，由不充分、低级向充分、高级方向发展；由片面向全面方向发展；由依赖向自主方向发展。人的充分、全面、自主发展是人的本性之一，也是人类社会的最高目标。随着社会经济日益发展，人们生活水平不断提高，人的这种本性反映到教育活动领域内，就体现为人接受教育的终身性、非职业性、丰富性和个性化的特点。成人高等教育是人的终身发展教育中重要一环，随着我国高等教育的大众化、普及化进程不断加快，不同年龄、专业、行业、文化背景的成人均可进入高校进行深造学习。成人高等教育目标是提高全体民众的各方面素质，促进成人个体的社会化，以利于实现成人个体与社会的协调发展。成人高等教育的内容也会按成人个体需要加以设计，为成人个体通向充分、自由、全面发展搭起一座桥梁。但传统中单一的学历导向型成人高等教育以提升成人学历为主，不符合成人高等教育促进人的充分、全面、自主发展的目标。因此，成人高等教育的转型就是要以引导成人终身学习，促进成人充分、全面、自主发展为中心，实现成人高等教育的持续健康发展。

（三）成人高等教育转型是构建终身教育体系与建设学习型社会的要求

国务院 2004 年印发的《2003—2007 年教育振兴行动计划》首次提出："构建中国特色社会主义现代化教育体系，为建立全民学习、终身学习的学习型社会奠定基础；培养数以亿计的高素质劳动者、数以千万计的专门人才和一大批拔尖创新人才。"人的一生中，成人角色占据大约四分之三的时间，成人高等教育的转型可促进全民学习、终身学习，学习型社会的构建，实现"人人有学习机会，人人都能发展成才"的发展目标。2010 年，《国家中长期教育改革和发展规划纲要（2010—2020 年）》明确提出了我国构建终身教育体系和建设学习型社会的宏大历史任务。当前，我国正在积极构建终身教育体系和建设学习型社会，努力办好人民满意的教育，这已成为国家的重大战略任务。成人高等教育拥有较低的入学

门槛、开放的教育领域、弹性的学习年限、广泛的教育对象以及灵活的教育方式，能够为不同需求的学习者提供各种教育服务，在构建终身教育体系和学习型社会中发挥着不可替代的作用。社会在发展，时代在进步，在这样的社会背景下，成人高等教育必须以转型来迎接新的发展机遇。

二、成人高等教育转型的范畴

余小波认为，成人高等教育的转型是一场深刻的革命，涉及成人高等教育从思想、制度到具体操作层面的诸多领域。[16]166下面主要从观念、方向、制度和质量四个方面，对成人高等教育的转型范畴略做梳理。

（一）观念的转变

教育观念不转变，教育转型便无从谈起。就我国成人高等教育的转型而言，当前急需转变的观念是：首先，在教育教学观上，由教师为主的讲授式观念转向成人为主的学习式观念。成人高等教育不能再停留于传统的教育理念和形式，应充分尊重成人学习者的特征，满足其多样化的学习需求，努力办出让成人学习者满意的教育。其次，在教育价值观上，由效益增长优先转向能力培养优先观念。如果成人高等教育的价值观局限于片面追求效益优先，那么随着学历补偿教育任务的完成和社会培训机构的兴起，成人高等教育将越来越被边缘化，因此转型势在必行。再次，在教育类型观上，由非正规教育转向正规教育观念。成人高等教育需正视自身的定位，从培养目标、学习内容、学习形式、发展愿景等方面进行设置。成人高等教育也是一种正规的高等教育，只是在培养目标、学习内容、学习形式等方面与普通高等教育有着一定的分工和差别。只有定位准确，成人高等教育才能在自身领域实现转型并持续健康发展。

（二）方向的调整

成人高等教育转型需实现办学方向的调整，即由单一的学历教育转向学历教育与非学历教育培训协调发展。成人高等学历教育一直承担着向成人学习者传授基础理论、通识性知识的任务，随着我国高等教育大众化、普及化程度的不断提高，成人高等教育学历补偿任务已渐趋完成，社会经济发展需要具有综合素质的复合型人才，以往单一的学历教育已经不能满足社会对人才的需求。非学历教育培训旨在培养成人的职业素养，提高成人的职业技能，成人高等教育在此基础上，需更加重视对成人文化知识与职业技能等综合素质的培养和提升。为此，成人高等教育需明确自身定位与培养目标，大力开发相应的课程，并改革以往教学模式，就成人的文化知识与职业技能展开双向教学，并对两者分别实施管理，以此促进学历教育与非学历教育的双向沟通，实现学历教育和非学历教育的良性互补，使成人高等教育的自身特色更加鲜明。

（三）制度的创新

成人高等教育转型需对各项制度进行创新。首先，在招生制度上，可采用注册制。有些成人有继续学习的愿望和需求，但囿于现实困难或主观因素无法通过统一的入学考试，从而失去接受成人高等教育的机会。实行注册制，人人皆可申请入学接受成人高等教育。其次，在教学制度上，实行学分银行制。学习效果的评价应体现过程性，不应以一次性考查或考试作为主要依据。学分的积累可使成人学习的点滴均被记录，课程外的一些学习事件也会留下印迹，这会提高成人学习者的学习积极性，使成人高等教育的教学特色更加鲜明。再次，在学习成果认定制度上，实行学分累积、转换和资历认证等。资历认证是近些年终身教育理念下的重要成果，学分积累、转换与资历认证框架的建立为成人高等教育的学习成果认证提供了平台和便利。最后，在管理制度上，采用"宽进严出"的制度。纵观世界发达国家的成人高等教育，特别是英国开放大学等，均实行"宽进严出"的管理制度。任何成人皆有学习的机会，但只有经过系统、全面、深入的学习，满足一系列考核要求，才能达到毕业的水平。

（四）质量的提升

培养质量不高一直是成人高等教育转型中急待解决的重要问题。成人高等教育的转型发展在理论与实践两个层面已经开展有十余年了，但当前成人高等教育的办学质量仍然不高，主要原因在于：生源持续下降，导致成人高等教育的录取门槛不断降低，招收的成人学习者缺乏必要的专业基础；质量意识淡薄，一些办学单位仍然把成人高等教育当作创收手段；质量保障不力，符合成人高等教育特点的质量保障体系还没有真正建立起来。正是由于质量管理不规范，办学过程中的违规现象屡见不鲜，教学、考试、毕业论文与设计等一些重要环节上质量问题突出，导致社会对成人高等教育评价不高，存在对成人学习者的"隐性"歧视。因此，办学单位不仅要在认识上高度重视质量问题，强化质量意识，更要在质量保障体系建设方面做出切实努力，规范质量管理，以提高成人高等教育的培养质量。成人高等教育转型的最终目的就是服务社会，培养人才，这就首先需要不断提升培养质量，才能为社会提供更多的优质教育服务，才能为社会培养更多的高素质人才。

三、成人高等教育转型的策略

成人高等教育对于服务社会转型、促进人的全面发展以及建设终身教育体系与学习型社会等方面具有重大意义。成人高等教育只有明确自身发展中存在的问题及面临的挑战，并提出顺应时代发展的应对策略，深耕细作，才能行稳致远，真正实现转型发展。

（一）加强立法工作

美国、英国、法国、日本等发达国家的成人高等教育在其发展历程中，无不有立法的支持，但我国尚未颁布一部独立且完备的成人教育法来统筹管理整个成人教育活动，致使成人教育活动缺乏法律的保障与监督。针对成人高等教育转型发展中出现的问题，国家不断出台相应的"通知"和"决定"，但仍是以政策代法，基本上治标不治本。高校和成人高等教育办学单位只能依靠"政策""意见"等指导教育工作，但往往流于形式，使政策成为一纸具文。只有国家立法给予认可和支持，成人高等教育才能有准确的定位和切实的发展；只有建立法律的保障与监督，成人高等教育才能切实明确办学方向，提高办学质量；只有具备相关法律法规，成人学习者、成人高等教育管理机构以及成人高等教育组织的权利与义务才能得到保障。因此，国家要从法律层面对成人教育进行立法，以确立高等学校及成人教育在国家终身教育体系中的功能、地位和作用，以及各类教育类型之间的相互关系。这样，在实施成人高等教育时就可以有章可循，有法可依。当前，国家正在筹备与制定终身教育法，成人高等教育作为构建终身教育体系的一个重要组成部分，可以针对其发展中存在的问题，从法律上进一步完善教育体制，促进自身的转型发展。

（二）调整办学方向

随着学历补偿教育需求的降低，以学历教育为主的单一办学模式已经不能满足成人多层次、多样化的教育需求，加之成人学历教育在办学中出现的问题日益凸显，成人高等教育需要及时进行调整，实现"华丽转身"，以保障自身健康有序发展。成人高等教育的对象应是社会各级各类的成人学习者，成人高等学历教育市场虽不断萎缩，但随着经济社会的转型，成人的非学历教育需求与日俱增。如何在偌大的教育市场需求中找准自身的定位，开展正规、有效的高等非学历培训，是新时期成人高等教育转型发展的方向和突破口。乐传永认为成人高等教育发展的唯一出路必须是沿着学历导向型-职业导向型-学习导向型的路径转型，坚持以岗位技能培训为特征的"职业导向型"和以建设学习型社会为目标的"学习导向型"的成人高等教育，逐步取代以学历补偿教育为使命的"学历导向型"的成人高等教育[17]。宁波大学已根据上述培养路径，整合了校内实践资源，与专业学院合作开展"学历+技能"的人才培养模式。另外，还充分利用现代信息技术进行模拟实训。通过学分积累与折合互认，成人学习者可获取学历文凭，并作为其终身学习的成果进行储存。

（三）优化管理模式

1. 依托学分银行，建立资历框架制度

建立学分银行制度和资历框架制度可将成人的学习结果进行有效认证和清晰划分。国家开放大学已率先在全国开展学分银行的建设，逐步探索建立学习成果框架。学习成果框架是目前我国继续教育领域各类学习成果实现认证、积累与转换的共同参照系统，具有国际上通行的资格框架的功能，通过相关标准和规范，能够有效提高学习成果的透明性、可比性和转换性。同时，学习成果框架明确了认证标准和认证单元，认证标准是学习成果实现认证、积累与转换的参照和依据，是通过一个个认证单元实现的。

在国家开放大学学分银行学习成果转换管理网站（学分银行信息平台）上，明确说明了学分银行账户中的终身学习成果档案及学习成果积累转换规则。学分银行可帮助成人累积其学习成果，便于后续的学分转换和资历认证。欧洲许多国家将学习资历划分为八个级别（七、八级别分别对应硕士和博士）。我国广东、北京等省市也在积极尝试构建与国际接轨的资历框架，个人工作经历、工作经验、工作技能、技术创新成果、发表作品、专利、文化传承、竞赛奖励等均可以一定形式的学习成果计入资历框架。

资历框架不只关注高等教育，而是涵盖终身教育中的各级各类教育和培训，其实施通过学分认定、积累和转换来实现。因此，在搭建我国终身学习"立交桥"的过程中，资历框架是制订标准和制度，学分银行是实施资历框架的具体方法。[18]学分银行制度和资历框架构建成熟后，可有效地帮助成人认证其学习成果，届时传统的学历获得也只是资历框架中的一部分，通过其他形式获得的学习成果也可得到整个社会的认证。

2. 促进校企合作，实行教学–实践双导师制

成人参与高等教育的主要目的在于通过更新知识结构来实现职业再规划，而成人学习者都会将既有的实践经验与职业规划带入学习过程之中，这就要求成人高等教育在教学过程中将新知识与个体经验及原有职业规划融合在一起，形成新的知识结构和职业规划。[19]成人高等教育的教学必须以培养社会所需的应用型人才为目标，帮助已有工作经验的成人学习者完善知识体系，提升行业技能及构建全面的职业发展规划。成人学习者来自各个行业、单位，各办学单位应想方设法调研用人单位需求，结合自身资源优势，对成人学习者进行有针对性的、个性化的培养。

成人学习侧重于职业技能提升和实践经验传授等，而配备实践导师可有效帮助成人学习者提升职业技能和问题处理能力。办学单位可聘请实践导师，适当减

少理论课程，增加实践课程。双导师制的培养模式不增加办学成本，还能提高培养效果，甚至能为部分学习者提供实践基地，以便提升其技能，或培养其再就业能力。

3. 改革考核模式，落实宽进严出原则

在招生制度上，成人高等教育可实行注册制，只要成人学习者有学习意愿，均可报名注册接受成人高等教育，优质网课等教育资源应向注册后的成人学习者开放。同时，成人在学习一段时间或修满一定学分后可申请考试或考核。在考试或考核环节，落实"宽进严出"原则，不合格者一律不能毕业或取得证书。这种"宽进严出"的培养方式可提升培养质量，增加社会认可度，办学单位、成人学习者、用人单位等多方均会收益。

4. 整合教学资源，实现多种教学模式优势互补

以往，成人高等教育大多采用线上和线下教学相结合的模式，自 2020 年初新冠病毒肺炎疫情暴发以来，线上教学被广泛运用，但办学单位普遍缺乏对线上教学监督和管理的有效机制。近年来，利用互联网技术的远程教学在成人高等教育中的比重越来越大。成人群体由于其特有的"工学矛盾"，仅凭登录时长或不切换屏幕并不能确保成人自觉展开学习活动。如何确保成人学习的真正发生，促进成人线上学习内容的吸收、转化与产出，保证成人学习的效果，是各办学单位需深入思考的问题。应根据自身情况制定相应的保障措施，为办学效果负责，为自身口碑负责，也为成人学习者负责。各办学单位不能仅仅依靠视频课程及其他学习资源来履行教学职责，还应有效监督线上教学及学习过程。在线上教学监督和管理机制未落地前，线下教学仍是可以和成人学习者展开实时互动并掌握其学习状态的有效教学方式。未来的一段时间内，仍应采用线上和线下教学相结合的模式。

（四）开发特色课程

成人高等教育的不同专业，对应的课程应能体现专业设置特点。各专业对应的不同课程是成人高等教育转型中最重要的环节。

1. 编制具有成人特色的教材

要根据成人高等教育特定的培养目标，进行一定的市场调研，联合高校和用人单位相关专家学者共同编制具有成人特色的教材，以能有效提高成人学习者实践技能的专业知识作为课程主要内容。同时，充分利用高校各个专业的优质资源，开发各类行业证书的培训课程，帮助成人学习者打下良好的理论基础，帮助其在后续的职业生涯中实现可持续发展。

2. 系统开发特色课程资源

成人群体因存在固有的工学矛盾，不能长时间集中精力进行线上学习，故可

借鉴慕课、微课及国家精品课程等形式，开发简短精炼的视频课程，便于其随时随地学习。同时，应为成人学习者提供相应的课程目录提纲，方便其了解课程体系。

（五）培养专业师资

成人高等教育的办学单位是高校所属的二级学院或开放大学，有些学院无招聘教师的人事权，故其所属高校要转变观念，不能将其所属二级学院定义为"创收单位"而对其办学困境不闻不问，要协助这些学院解决专职教师的聘任问题。只有建立一支专业化程度较高的成人高等教育专职教师队伍，才能切实提高成人高等教育的培养质量。

在聘任专职教师方面，学历、职称、工作经验、阅历等都是应该考虑的因素。成人高校应依据专业及课程特点，结合学习者理论素质、实践技能、操作能力以及创新发展的学习需求，来配备适当的教学人员，这些教学人员应具备专业的岗位实用知识和技能、理论结合实践的操作能力以及较高的教学智慧和艺术。

参考文献

［1］黄日强. 世界成人教育热点研究［M］. 北京：新华出版社，2007：232-237.

［2］张新生. 英国成人教育史［M］. 山东：山东教育出版社，1993：325.

［3］陈辉映. 欧洲成人教育研究［M］. 上海：上海人民出版社，2019：140-141.

［4］张维. 世界成人教育概论［M］. 北京：北京出版社，1990：430-432.

［5］王蓉，等. 成人高等教育学［M］. 北京：中国农业大学出版社，2001：81-82.

［6］李国斌. 光辉的历程，辉煌的贡献：新中国成立60年来成人高等教育的发展与贡献［J］. 中国成人教育，2010（1）：5-8.

［7］李华金，史文浩. 中国成人教育概念的历史演进［J］. 中国成人教育，2017（24）：4-7.

［8］中国教育年鉴编辑部. 中国教育年鉴（1985—1986）［M］. 长沙：湖南教育出版社，1988：12.

［9］周嘉方，刘爱霞. 我国成人高等教育60年发展回顾与展望［J］. 成人高教学刊，2009（5）：4-8.

［10］王冲. 国家资历框架理念下1+X证书制度建设方略［J］. 职教论坛，2020，36（12）：52-57.

［11］张伟远. 构建"资历框架为标准、学习成果认证为保障"的学分银行制度［J］. 中国职业技术教育，2020（24）：5-7.

［12］任毅，张振楠. 人工智能技术在继续教育智慧化发展中的应用及其影响

[J].中国成人教育,2017(23):126-128.

[13] 特罗.从精英向大众化高等教育转变中的问题 [J].外国高等教育资料,1999(1):1-22.

[14] 姬睿铭.从模仿到特色:成人高等教育发展理念的嬗变 [J].成人教育,2018,38(11):12-15.

[15] 中国教育改革和发展纲要 [J].人民教育,1993(4):4-11.

[16] 余小波.中国成人高等教育转型研究 [M].长沙:湖南大学出版社,2010.

[17] 乐传永,马启鹏,卢美芬.成人高等教育"学历+技能"人才培养体系的研究与实践 [J].中国成人教育,2012(12):8-12.

[18] 张伟远,谢青松.资历框架的级别和标准研究 [J].开放教育研究,2017,23(2):75-82.

[19] 唐湘宁,陆南芳.校企合作:成人高等教育办学机制转型的现实选择 [J].成人教育,2017,37(9):17-20.

第十一章
现代企业培训的发展

　　培训作为人力资源开发的重要手段，被越来越多的企业视为有价值的投资行为。在激烈的市场竞争中，培训是企业和员工共同成长的支撑力，是打造和保持企业核心竞争力的重要途径。因此，如何建设一套以现代人力资源管理理念为基础，以企业实际需要为出发点的有效培训管理体系和培训方法，就成为企业必须思考的问题。本章将阐述企业培训的概念及主要理论，分析当今高校成人教育与企业培训的合作现状与问题，并对企业培训的未来发展趋势进行探究。

第一节　企业培训概述

　　了解企业培训的基本问题，是科学地认识企业培训的前提。首先要明确企业培训的概念，掌握企业培训的相关理论，在此基础上认识企业培训的类型，进而了解企业培训的流程。

一、企业培训的概念及主要理论

　　当今社会发展日新月异，企业员工的知识结构和技能水平需要不断更新、提高。因此，对企业员工进行培训，就成了企业人力资源开发与管理的重要内容。为了便于认识企业培训，有必要对其内涵进行阐释，厘清培训与开发、培训与教育的本质区别，并介绍企业培训的主要理论。

　　（一）企业培训的概念

企业培训作为研究对象，首先是在心理学和管理学领域进行的。1911 年，被誉为"科学管理之父"的弗雷德里克·泰勒（F. W. Taylor）在《科学管理原理》（*The Principles of Scientific Management*）一书中系统阐述了企业培训的重要性，并指出科学培训的意义。泰勒认为优秀的员工不是从天而降的，而是借助于"科学地挑选工人，并对他们进行培训、教育和使之成长"[1]，即通过两种途径产生：一是严格挑选；二是科学培训。此后，维特尔斯（M. Vittles）、戈德斯坦（I. L. Goldstein）以及汉弗莱（V. Humphrey）等学者又相继拓展了企业培训的内涵，使其成为一门系统的组织行为学。

关于培训的概念，国内外很多专家学者都进行过界定。那德勒（L. Nadler）认为，培训是雇主向雇员提供的一种与他们当前职位相关的学习活动，由于雇员当前的知识、技能、态度等与他们所从事的职位要求总是存在着一定的距离，培训的任务就是为了弥补这种距离。[2]诺伊（R. A. Noe）认为，培训是指企业有意识促进员工学习的行为，旨在提高员工的知识、技能和能力，并改善他们的行为方式。[3]德斯勒（G. Dessler）认为，培训是给企业新老员工传授其完成本职工作所需技能的过程，各大企业培训的目的主要有两种：一是向本企业员工传授更为广泛的技能，二是利用培训来强化员工的献身精神。[4]国内专家学者郑晓明认为，培训是一种系统化的过程，企业通过培训的方式使员工获得新的知识和技能，改变其原有的态度和行为，最终实现员工和企业的绩效目标。[5]董克用认为，培训是一种有计划且持续的活动，企业通过培训能够使员工掌握当前职位或更高职位应具备的知识、技能和态度，通过这种不断开发人才、培育人才的方式提升企业的核心竞争力。[6]264

综上所述，培训是指企业为了实现发展目标，有计划、系统性地对全体员工进行培养和训练，以提高与工作相关的知识、技能、能力、态度等综合素质，从而适应并胜任当前工作的管理行为和过程。根据上述定义可绘制出培训的作用模型（见图 11-1）。

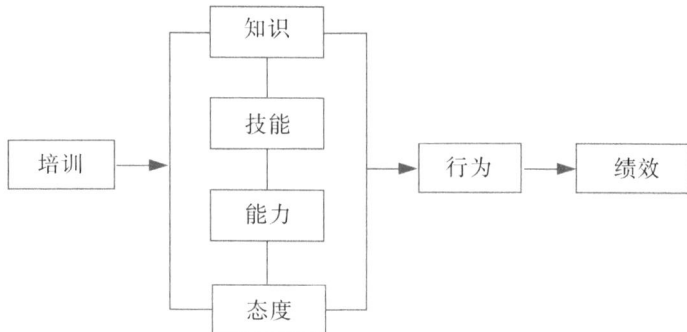

图 11-1　培训的作用模型[7]

关于培训的内涵，可以从下面四个方面来理解。

1. 培训的本质是学习

培训意味着使企业员工的行为、潜能或思维发生比较持久的变化，这一过程不仅包含知识、技能的传授，还有态度和能力的培养等。培训的"硬内容"往往包括与工作相关的知识、技能以及企业的战略规划、规章制度等方面；培训的"软内容"则包括工作态度、企业文化等方面，通过培训的方式让员工的行为、潜能或思维发生较为持久的变化，以便更好地服务于工作岗位。当然，并不是所有的培训都会导致学习，也不是所有的学习都是培训的结果，问题的关键在于培训提供了学习的机会，增加了学习的可能性。

2. 培训是一个有计划、连续性的系统过程

这主要包含两层含义：一是培训本身是一个系统，这一系统包括分析培训需求、确定培训目标、设计培训方案、实施培训过程、评估培训效果等要素；二是培训系统总是与组织的其他系统相互作用，培训效果就是这种相互作用的结果。日本著名管理学家大前研一提出，任何片面对待培训，将原本完整的培训系统肢解的做法会使其丧失价值，同时也浪费了企业资源。

3. 培训是一项全员性的人力资源管理活动

培训的全员性，即培训对象包含企业的全体员工，而不只是某部分员工。但这并不意味着每次培训的对象都必须是全体员工，而是说应当将全体员工都纳入培训体系中，不能将部分员工排斥在体系之外。企业通过培训的方式，进行人力资源开发与管理，从而提高全体员工的综合素质。

4. 培训的目的是提高员工的胜任力，满足企业更高层次的需要

企业是由一系列相互联系的岗位构成的，员工与各个岗位是一一对应的，企业的每个岗位对于员工的知识、技能、态度、能力等方面都有特定的要求。培训的目的就是为了使员工各方面得到改进，从而弥补其自身条件与岗位要求之间的差距。随着企业的不断发展，各个岗位会有新的或更高的要求，而培训则能够提高员工的胜任力，满足企业更高层次的需要。

(二) 培训与开发

对于企业而言，培训和开发都是提升员工素质，挖掘员工潜能的人力资源管理活动，员工的培训与开发同等重要。随着企业对员工培训与开发的日益重视，培训和开发的界限将日益模糊，开发被看作是更广泛意义上的培训。因此，在很多时候使用这两个术语时，不做严格的界定与区分。在理解其含义时，需要把握以下几点：

1. 培训与开发的目的是为了提高员工素质，挖掘员工潜能，实现企业经营目标和员工发展目标。

2. 培训与开发是员工职业发展的助推器，其直接任务是使员工提高与工作相关的知识、技能、态度和能力等。

3. 培训与开发是一项系统工程，由企业领导层、人力资源和其他职能部门以及员工共同参与进行。

不过，从严格意义上讲，培训与开发仍然是两个不同的概念。一方面，培训主要集中于员工当前的工作，追求的是短期目标，主要指企业有计划地帮助员工掌握与工作相关的知识与能力的过程，使员工能够在日常工作中加以运用，提高工作绩效；开发则主要集中于员工对未来工作的准备，追求的是长期效应，主要指企业帮助员工掌握未来工作所需要的知识与能力，促进员工的职业发展，提高他们向未来岗位流动或更高职位升迁的能力。另一方面，开发比培训的外延更加广泛，开发包含培训，培训不等于开发。培训与开发的区别，可参见表11-1。

表 11-1　培训与开发的区别[8]20

	培训	开发
关注	当前	未来
时间	周期较短	周期较长
内涵	较小	较大
目标	为当前做准备	为变化做准备
参与	强制	自愿
与当前工作内容相关性	高	低
使用工作经验的程度	低	高

（三）培训与教育

教育的含义有广义和狭义之分。广义的教育是指一切能够增进人们知识和技能、影响人们思想和观念、增强人们体质的活动；狭义的教育主要是指学校教育，指有计划、有目的、有组织地对受教育者的身心施加影响，把他们培养成为社会所需要的人的活动。[9]

一方面，教育和培训之间有着一定的联系，严格来说，培训也是一种教育，它属于成人教育范畴，泛指企业对员工的培养训练，即通过教学或实践操作等方法，使员工的知识、技能、态度和能力有所改进，从而使他们能够更好地完成本职工作。另一方面，教育和培训是两个不同的概念，培训主要着眼于企业的现实需要，针对特定的职业或岗位，对企业员工进行知识更新和技能提升，进而使他们能够最大限度地提高工作绩效，为企业服务；教育则更多地关注个人的全面发展，注重系统科学文化知识的传授、各项能力以及道德品质的培养，并不针对某个特定岗位。培训与教育的区别，可参见表 11-2。

表 11-2　培训与教育的区别[10]4

	培训	教育
目标	关注企业的现实需要	着眼于个人的全面发展
内容	针对特定的职业或岗位需要，进行知识更新和技能提升	传授系统的科学文化知识、各项能力以及道德品质
形式	包含企业内训、企业外训等多种形式	以学校为主体实施单位，有目的、有计划、有组织地进行教学
方法	主要有讲授法、视听技术法、讨论法、网络培训法等，注重与环境的融合，强调发挥学习者的参与度和积极性	以讲授法为主，此外，还有谈话法、谈论法、实验法、演示法、自学辅导法等。以学科为中心，注重教师的传授和指导
结果	获得相关的上岗培训证书	获得国家承认的相关学历

（四）企业培训主要理论

20 世纪 60 年代以后，为了适应经济发展的需要，国外企业越来越注重对员工进行科学培训。在此背景下，学者们开始将企业培训作为一个系统进行研究，研究内容涉及培训需求、培训模式、培训方法、培训评估等各个方面。

1. 培训需求分析理论

一是层次分析理论。1961 年，麦格希与赛耶（W. McGehee & P. W. Thayer）提出组织分析、任务分析和人员分析的 "三层次分析法"。[11]该方法要求对组织的每一层面都要进行测量和分析，每一层面的需求分析反映了这一层面的独特要求，这些分析用于组织选拔合格员工、设计培训方法和编制培训计划。至今，国内外学者和管理者仍使用该理论进行培训需求分析。

二是基于组织气氛的需求分析理论。1984 年，瑞文（J. R. Raven）提出基于组织气氛的需求分析理论，认为员工对组织的看法和感觉的一致性程度对组织目标的实现具有重要作用，组织中的称职行为既取决于价值观和胜任工作能力的模式，也取决于员工所处的组织气氛。[12]

三是基于个体的需求分析理论。1984 年，阿尔特曼（S. Altman）等人提出个体需求分析理论，认为个体行为是组织行为的基本单位，在分析组织培训需求时，应对组织中的个体行为进行深入研究，包括个体的个性、感知、学习、态度、技巧和能力等。[13]

四是基于胜任特征的需求评价。1973 年，麦克米兰（D. C. McClelland）提出基于胜任特征的需求评价，他主张用胜任特征的测量评估来代替传统的学绩和能力倾向测试，并提出了基于胜任特征的有效测验的原则。[14]

2. 人力资本培训理论

人力资本培训理论的代表是舒尔茨（T. W. Schultz）。他认为人力资本是通过投资而形成的，像土地、资本等实体性要素一样，在社会生产中具有重要作用。在人力资本的形成过程中，投资是非常关键的。舒尔茨把人力资本投资范围归纳为五个方面：医疗和保健、在职人员培训、正规教育、不是由企业组织的成人学习项目以及个人和家庭适应变换就业机会的迁移。[15]据此理论，应该把人力资本的再生产视为一种投资，其经济效益远大于土地、资本等实体性投资。

贝克尔（G. S. Becker）也认为，在人力资本投资中，教育、培训是关键，它是人力资本生产性投资的主要内容。人们通过教育和技能培训获得了相应的知识和技能，就是人力资本产出的一种重要形式。他还特别指出："职业培训是最直接有效的人力资本投资。与其在生产中增加机械设备等方面的投资，不如通过教育培训的投资来提高人的科学技术水平和能力，这是一种在发展生产中能取得最佳效果的最合理的投资。"[16]

上述理论的共同点就是通过人员培训可以大大提高用人成本的使用效益，企业培训理念从"培训是消费"向"培训是投资"转变，培训能够为企业带来资本收益。

3. 培训评估理论

1974 年，戈德斯坦（I. L. Goldstein）从心理学角度对员工培训进行研究，系统论述了心理学与员工培训的相关问题。[17]1986 年，他又提出了关于培训发展、应用及评估的一系列理论观点，形成较为成熟的员工培训理论体系。[18]

在培训评估理论中，效果评估的模型主要有柯克特里克帕（D. L. Kirkpatriek）的四层次评估模型、考夫曼（Kaufman）的五层次评估模型、奥尔（P. Warr）等人的 CIRO 评估模型、斯塔夫比姆（D. Stufflebeam）的 CIPP 评估模型和菲利普斯（J. Phillips）的五层次 ROI 框架模型等，其中最著名的是柯克特里克帕的四层次评估模型。该模型包括学习评估、反映评估、行为评估和效果评估，综合考虑了组织内各种因素对培训效果的影响，从而在组织层面上为评估培训效果提供了思路。[19]

4. 持续培训理论

1965 年，保尔·朗格朗（P. Lengrand）首次提出了终身教育理念，他指出终身教育"包括了教育的所有各个方面、各项内容，从一个人出生的那一刻起一直到生命终结时为止的不间断的发展，包括了教育各发展阶段各个关头之间的有机联系"[20]。该创新理论突破了传统的教育理念，在全世界掀起终身教育的浪潮。

1966 年，塞尔斯和斯特劳斯（L. R. Sayles & G. Strauss）也讨论了持续培训的问题，他们认为新的知识、问题、工艺、设备和新工作都在不断增加培训的需要，培训不是一种短期行为，而是一个不间断的、持续的过程。[21]

5. 集体培训理论

罗杰斯（C. R. Rogers）早在 20 世纪 30 年代就曾提出群体学习理论，其基本特点是非结构性、鼓励思考和接纳。他认为培训是非结构性的，没有固定的学习目标和教学模式，受训者在自由的氛围里学习；要鼓励学习者通过群体学习形成创造性思维，通过培训，改善人际关系，促使个人的人格得到健康发展。

1990 年，汉弗莱（V. Humphrey）提出了集体培训理论。他认为，集体培训是从整个组织的角度考虑员工培训问题，是一种通过培训改变复杂组织的行为过程。他提出的集体培训模式包括分析、设计、开发、执行和控制五个子系统，每一子系统中都有一系列工作需要完成，各个子系统相互关联。[22]

总体来看，国外企业培训理论体系较为系统、成熟和健全。培训需求分析理论研究了企业培训需求分析的维度；人力资本培训理论强调了人力资本投资在提升人的生产能力、实现其价值增值上的重要意义；培训评估理论讨论了培训评估的方法、技术及模型；终身教育理论与持续培训理论探讨了关于组织成员发展的持续教育培训问题；群体学习理论和集体培训理论则从组织整体出发，分析了不同层次、不同环节的员工培训模型以及集体学习的重要性。

二、企业培训的类型

对企业培训进行分类，可为企业确定培训目标和培训对象、制定培训计划和培训标准、组织与实施培训、评估培训效果等提供依据。由于各企业培训内容、培训对象、实施主体、培训职责等有所不同，故其分类依据也不尽相同，大体有以下几种分类方式。

（一）按培训与工作的关系划分

1. 入职培训

入职培训是指为新员工提供有关企业和工作基本情况介绍的活动。这既是企业将新入职员工从社会人转变为企业人的过程，同时也是新员工从企业外部融入企业内部，逐步熟悉、适应企业环境，定位自身角色，成为企业一员的过程。在新员工刚入职的过渡期内，将会按照自己对企业的感受来决定自己是要在公司谋发展还是将其作为跳板，企业文化、管理行为都会影响新员工在工作中的态度、绩效等等。因此，入职培训是企业留住优秀人才的关键一步，有利于企业吸纳优秀员工、提升组织活力并开发新的人力资源。对于新员工来讲，入职培训能够帮助他们更快地融入企业，熟悉岗位工作。入职培训已经成为越来越多企业的固定项目。

2. 在职培训

在职培训通常指不离开工作岗位的培训，即受训者不脱离工作岗位，利用业余时间接受各种形式的培训活动，旨在提高受训者在工作中所需要的知识和技能，这是当前最为常见的培训方式之一。在职培训的学习内容主要有两种：一是结合工作实际进行以岗位技能为主要内容的培训；二是员工利用业余时间进行提高个人学历及其他技能等方面的培训。[10]24前者通过利用企业现有的人力、物力来实现培训，往往在工作场所中进行。后者则由员工结合自身实际情况，利用业余时间进行。在职培训的优势在于其针对性和实用性较强，学习和工作二者都能够兼顾，受训者在学习期间无须离开岗位，可继续从事本职工作。不足之处在于该方式会占用员工的大量休息时间，容易给受训者的生活和工作造成一定影响。

3. 脱产培训

脱产培训是指受训者离开工作岗位，利用一段专门时间集中学习一门知识或掌握一项技能。企业在引进一项新的技术或是为了提高员工的能力时，通常会采用脱产培训的方式。脱产培训主要包括长期脱产培训和短期脱产培训。这种培训方式更适合于专业技术人员和管理人员的培训。脱产培训的内容多种多样，主要有传授知识、发展技能以及改变工作态度的培训等。脱产培训的优势在于员工有充足的时间进行系统学习，学习效果相对较好。不足之处在于培训内容可能会与实际工作脱节，且培训成本较大，培训人次可能会受到限制。

（二）按培训内容划分

1. 知识培训

知识培训的主要任务是帮助员工掌握必要的基础知识和专业知识，并对员工已有知识进行补充或更新，从而满足新的工作需要。知识培训具体表现在帮助受训者对基础知识和专业知识的概念、原理等进行理解和掌握，对工作要求、工作程序以及企业各项规章制度等进行理解和记忆。随着现代社会的发展，知识的老化速度大大加快。当一个人的知识更新速度大于知识老化速度时，就能够保持自身的竞争优势；相反，当一个人的知识老化速度大于知识更新速度时，就会有落伍的可能，甚至会有被淘汰的危险。[23]面对这样的形势，知识培训是十分必要的，可以及时将培训对象所拥有的知识进行更新，使其具备完成本职工作所必需的基础知识和专业知识。

2. 技能培训

技能培训的主要任务是帮助员工掌握和运用专业技术的能力，从而使员工将知识转化为能力，进而转化为生产力。技能培训具体表现在帮助受训者掌握和运用某项技能，例如软件开发技能培训、电脑技能培训、厨师技能培训、汽修技能培训等等。由于现代社会对各个行业、各个岗位不断有新的技能要求，加之现代产业结构不断调整，企业员工的岗位转换频率不断加快，这些都对员工技能提出了更高的要求。在激烈的市场竞争中，企业应如何转变"统一计划，统一指挥，大批量专业化生产"模式，将员工培养为掌握多种技能的人才，这是当今国内外企业普遍关注的问题。因此，技能培训需要将受训者的技能进行补充，使他们的能力更全面、更专业。

3. 思维培训

思维培训的主要任务是帮助员工将其固有的思维模式进行创新，培养他们从新角度看待问题的能力，激发员工的创造性思维。培训并不仅仅是灌输知识和传授技能，更重要的是培养受训者整合创新的能力。也就是说，通过培训，应当使受训者对自身原有的思维模式提出挑战，进行改变和创新，学会从不同的视角看待问题，不断丰富达到目标的方法和思路。创新是引领发展的第一动力，现代社会越来越注重创新思维能力的培养，因此企业应注重对员工进行思维培训。思维培训对于企业的管理人员和技术人员来说十分重要，新型的思维模式有时能给企业带来巨额收益。

4. 观念培训

观念培训的主要任务是帮助受训者将自身持有的与外界环境不相适应的观念进行改变，从而更好地顺应社会和企业快速发展的需要，提升员工的工作与生活质量。一个人有了良好的知识结构、优秀的专业技能以及创新的思维方式，接下来需要关注的就是观念层面了。对于个体来说，观念是一种生活沉淀下来的惯性，不同的观念产生不同的态度，不同的态度决定不同的行为，而不同的行为又会导致不同的结果，因此，观念培训必不可少。观念培训就是为了改变员工固有观念而开展的培训，其目的在于让每个员工都做到自我革新，从而在工作中充满热情和干劲。

5. 心理培训

现代培训超越了以上四个层面，深入到心理与潜能领域。心理培训的主要任务是开发受训者潜能，通过心理调整，引导员工利用自身的显能去开发潜能。心理培训涉及许多未知因素，靠的不是灌输和传授，而是心理方面的训练和调整。"冰山理论"认为，人的能力就像是一座漂浮在水面上的巨大冰山，仅有一小部分浮在水面，可以看得见，这部分能力为显能，约占人的能力的 20%；而大部分的能力隐藏在"水底"，不被人们所发现，这部分能力为潜能，约占人的能力的 80%。心理培训就是希望帮助受训者用 20%的显能去开发 80%的潜能，从而让他们更好地突破自身，在工作和生活中创造更大的价值。[24]此外，当今快节奏的生活方式使得人的心理压力越来越重，心理调整自然成为一种广泛的需求。近年来，心理培训越来越受到人们的重视。

（三）按培训对象划分

1. 决策层培训

决策层培训是指企业高级管理人员，包括董事长、正副职总经理等的培训。高级管理人员的决策能力和思想境界不仅主导着企业文化和经营方向，而且决定着公司成败。决策层培训的主要目的是提高企业高级管理人员的思想理念、决策能力等，使其成长为企业的改革者和战略领导者。对于决策层培训，企业注重对受训者领导能力、管理能力以及组织协调能力的提升，例如提高战略规划能力，明确激励措施和效果等。培训方法主要有外出考察学习、座谈讨论、会议交流等等。

2. 管理层培训

管理层培训是指企业第二层次的管理人员以及职级相当的人员等的培训。第二层次的管理人员是企业的中坚力量，担负着上传下达的任务，在企业管理中有着举足轻重的作用。[6]109管理层培训的主要目的是让管理人员掌握必要的管理技能，或者学习新的管理知识和先进的管理技能，帮助他们建立正确的心态以便于更好地领导和管理下属。培训重点包括管理概念与能力的培训，专业知识的深化培训以及如何处理人际关系等实务技巧。对于决策层培训，企业注重增强受训者管理本部门的能力，例如加强上下级间的沟通、培养本部门成员的合作互助精神、提高团队工作效率以及学会时间管理、项目管理的方法等。培训方法主要有集中学习、实践训练、离职培训等等。

3. 执行层培训

执行层培训是指企业各科室负责人、车间主任、班组长等基层管理人员等的培训。基层管理人员在企业的计划实施、任务完成等方面起着决定性作用。执行层培训的主要目的是提高基层管理人员的管理能力、计划能力、计划实施能力以及团队管理能力。执行层培训的主要内容包括具体职能部门的专业知识和技能，绩效考核和具体工作的管理技能等。培训方法主要有集中培训、经验交流、工作实践等等。

4. 操作层培训

操作层培训是指各级各类岗位上主要从事技术操作的工作人员，如技术工人、操作工人以及勤杂人员等的培训。操作岗位人员对于企业的生产和经营具有十分重要的作用。操作层培训的主要目的是帮助他们掌握必要的岗位知识和技能，提高他们操作水平。操作层培训的主要内容包括岗位工作知识和操作技能、操作技巧和工作程序、设备性能和操作规范等。培训方法主要有集中培训、以老带新、实践训练等等。

（四）按培训实施主体划分

1. 企业内培训

企业内培训，指在企业内所举行的各项培训，是由企业人力资源部门负责设计培训课程，由企业内部人员或外部专家到企业担任培训讲师，负责培训工作。[25]6企业内培训通常有着明确的训练需求，因此培训目标和内容十分明确。其优势在于培训课程和方案具有较强的针对性，在培训时间和地点等方面又具有一定的灵活性，不足之处在于企业培训资源有限，有时无法满足自身的培训需求。企业内培训主要分为工作岗位上培训和工作岗位外培训。

2. 企业外培训

企业外培训，又称为厂外培训，指在企业外各职业培训单位所举行的各项培训，是由外部的专业培训公司或学校对企业员工进行培训。[26]企业外培训的对象范围较广，培训目的不尽相同，因此培训内容需要有一定的广泛性，以满足不同受训者的兴趣和需要。其优势在于可以利用社会上的培训资源，提高培训效率；不足之处在于针对性相对较弱。培训方法主要有聘请咨询公司、聘请专门培训机构、聘请外部讲师、聘请学校教育机构等等。企业外培训主要分为国内培训和国外培训。

除了上述分类方式以外，企业培训还可按培训方式分为面授和网络在线培训；按培训成本分为通用培训和专业培训。培训的方式多种多样，培训管理者的任务则是选择符合企业现阶段发展特点和员工要求的、行之有效的培训方式，为企业发展提供人力资源保障。

三、企业培训的流程

有效的培训流程是员工培训的保障。一般来说，企业培训的流程可分为三个阶段：培训的准备阶段、培训的实施阶段、培训的评估阶段（见图11-2）。

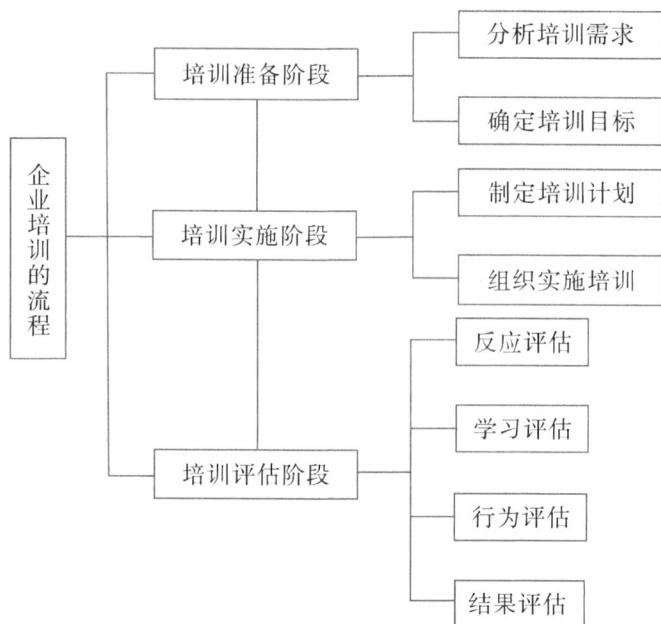

图 11-2　企业培训的流程[27]156

（一）培训准备阶段

1. 分析培训需求

培训需求分析是指了解员工需要参加何种培训的过程，一般可分为组织分析、工作分析以及个人分析三个层次。组织分析是指从企业角度出发，将培训需求的估计与企业想要达到的目标联系起来，主要从企业目标和企业战略、企业外部环境以及企业内部情况等方面进行分析，从而确定培训在企业范围内的需求；工作分析是指从工作角度出发，将员工的实际工作情况与理想工作状况进行比较，发现二者之间的差距，分析员工达到理想工作状况所需要掌握的知识和技能，从而确定相应的培训内容和培训项目；个人分析是指从个人角度出发，分析个人实际工作绩效与理想工作绩效之间的差别，从而确定培训在个人层面的需求。[27]157

总之，培训是为了解决企业的问题，没有问题就无须培训。因此，对于各企业的培训需求应当具体问题具体分析，不能照搬其他企业现成的培训方案。只有根据企业实际情况进行需求分析，才能达到良好的培训效果。

2. 确定培训目标

培训目标为制定培训计划提供了明确的方向和依据，有了培训目标，才能确定培训对象、培训内容、培训时间和培训方法等具体内容以及培训效果的评估。同时，培训目标是激励培训者和受训者的重要手段。

培训目标可分为若干层次，从某一培训活动的总体目标到某项学科至每节课的具体目标，越往下越具体。按照培训内容的不同，培训目标主要分为知识传授目标、技能培养目标以及态度转变目标三大类。按照培训对象的不同，培训目标可分为战略目标、年度目标、职位目标以及个人目标。确定培训目标应从企业的实际情况出发，要现实可行，其结果应是可测评的。

（二）培训实施阶段

1. 制订培训计划

制订培训计划是培训目标的具体化和操作化，应根据培训目标制订科学有效和可操作的培训计划。培训计划主要包括：选择合适的培训内容、设计科学的培训课程、选择适当的培训场地、制订合理的培训经费预算、制订规范的教学计划、选择恰当的培训教师等。

2. 组织实施培训

制订了培训计划后，就要组织实施培训。培训计划的落实与操作主要分为以下几步：选择培训项目负责人、选择培训师资、选择接受培训人员、选择培训教材、确定培训具体时间等。

（三）培训评估阶段

企业培训应用最广泛的评估模式是柯氏四级评估模型，这四个级别分别是反应评估、学习评估、行为评估和结果评估。[8]192

1. 反应评估

反应评估是第一级评估，主要是了解受训者对培训的主观感受和看法，例如受训者对培训方式、培训人员是否满意等。反应评估往往在一次或一天的培训结束后立刻进行比较有效，通常可以采用问卷的形式获得受训者的反馈意见。

2. 学习评估

学习评估是第二级评估，也是目前最为常见的评估方式，主要是评估受训者在知识、技能或态度等方面学到了哪些内容，掌握程度如何以及培训过程中的方法、手段是否合理、有效。笔试是了解知识掌握程度最直接的方式，对于一些技术工作，可以采用绩效考核的方式进行评估。

3. 行为评估

行为评估是第三级评估，主要是评估培训是否带来了受训者行为上的改变，以及受训者能否将所学知识运用到实际工作中。培训的主要目的是提高受训者的能力，而能力可以通过行为表现出来，行为的改进则能够提高工作效率。行为评估往往发生在培训结束后的一段时间，通常由上级、同事等观察所得。

4. 结果评估

结果评估是第四级评估，也是最高层次的评估方式，主要是评估受训者工作行为的改变对其部门绩效的影响作用。结果评估通常以工作绩效为标准，通过对生产率、产品质量等指标的分析，企业能够了解培训的最终效果。

第二节　高校成人教育与企业培训的合作

随着我国高等教育的不断发展，高校成人教育逐步完成了"学历补偿教育"的特定历史使命。面对社会需求的不断发展和变化，高校成人教育应当转变观念，主动创新，将培养社会实用型人才作为发展目标，努力拓展办学思路和空间，了解企业培训需求，不断深化校企合作。近年来，我国高校成人教育与企业培训的合作取得了长足进步，为企业发展培养了大批技能型人才。但是，目前成人教育校企合作还存在着诸多问题。对此，我们应着眼于构建成人教育校企合作保障机制，不断提高企业培训与高校成人教育的合作效果。

一、高校成人教育与企业培训的合作现状

2006 年，中共中央办公厅、国务院办公厅发布《关于进一步加强高技能人才工作的意见》，提出应"建立高技能人才校企合作培养制度"。2010 年，国务院常务会议审议并通过了《国家中长期教育改革和发展规划纲要（2010—2020 年）》，纲要提出应"发展和规范教育培训服务，统筹扩大继续教育资源。鼓励学校、科研院所、企业等相关组织开展继续教育"。在这样的时代背景下，高校成人教育与企业培训作为开展继续教育的重要载体，应当以优势互补和互利共赢为基础，以人才培养和实力提升为目的，通过校企合作开展继续教育。

高校通过与企业合作开展继续教育活动，可以缓解办学经费的不足，改善办学条件，进而提高学校竞争力；对于企业来说，通过利用高校的教育资源进行人才培养，可以解决企业培训中存在的教育形式单一、师资力量缺乏等问题。近年来，企业培训与高校成人教育的合作取得了一定的成效，概括起来主要为以下四个方面。

（一）规模不断扩大

新中国成立后，我国在很长一段时间内实行的是计划经济体制，根据当时的教育方针，大多数院校普遍实行半工半读制度，校企合作需要遵循上级部门的指令和计划，规模十分有限。随着改革开放的推行，我国的经济体制、政治体制以及教育体制等方面都发生了重大变革，在成人教育中更加注重产教结合，在校内

外建立相应的实习基地。到了 20 世纪 90 年代，我国对校企合作的实施有了明确的制度规定，校企合作问题逐渐受到国家和社会的广泛关注。21 世纪以来，我国成人教育发展迅速，校企合作的步伐不断加快，规模不断扩大。我国相关部门不断出台新的政策法规，指导校企合作的开展。教育部等职能部门负责搭建合作平台，举行校企合作对接会议，为校企合作营造良好的氛围。总体而言，我国校企合作的制度建设不断加快，规模不断扩大。

（二）实践成果不断增多

校企合作的效果受多种因素影响，包括合作内容、合作方式以及双方态度等。随着合作的日益加深，高校成人教育在校企合作的实践中探索出了多种模式。对于企业来说，主要有"校中企""企中校""集团化办学"等合作模式，对于学校而言，主要要有"订单化培养""现代学徒制""顶岗实习"等合作模式。在高校成人教育中，学校一般会在学生学业的最后一年，安排学生到某企业的岗位进行专业对口的带薪实习，之后根据学生实际情况，可选择在本企业或者其他企业就业；企业还可以与高校合作进行订单化培养，在这种模式下高校会根据企业的人才订单来确定学校的教学目标、教学内容以及课程标准等等，学生毕业后需要在该企业就业。此外，学校和企业可以开展深度合作，即企业的培训师与高校教师联合起来，进行人才培养，学生在学习知识的同时，掌握相关实用技能，上课即上岗，毕业即就业。

（三）效益有所提高

近年来，校企合作的社会效益和经济效益不断提升。在新中国成立初期，我国经济主要以恢复生产为主，校企合作的目的是为企业输送人才，提高企业发展能力，促进国家经济发展，增加国家财政收入。在这个时期主要通过半工半读的方式进行人才培养，具有明显的政策性特征。改革开放后，各企业对技能应用型人才的需求不断增长，在产业结构调整和经济制度改革的背景下，校企合作逐渐得到重视，并被社会普遍认可。与此同时，校企合作的各种效益逐渐凸显，不仅能够为国家和企业带来巨大的经济效益，而且培养了大批技能人才，带动了就业，提高了人民的生活水平，从而实现了经济效益与社会效益的统一。

（四）合作制度建设水平有一定的提升

随着我国校企合作的规范化，相关的法律法规以及政策措施等日益完善，校企合作制度建设水平也有了一定的提升。在制定措施时，通常会有行业、企业参与，并且以广泛调研为基础，使决策更加科学、民主；既有激励性的措施，又有指导性、规范性的政策。我国在成人教育方面积极开展广泛的国际合作，引进发达国家先进的校企合作经验，致力于提升校企合作的制度建设水平。总体上，我国高校成人教育的校企合作呈现出科学化、规范化的发展趋势。

二、高校成人教育与企业培训合作存在的问题

(一) 政府层面

1. 政府主导作用缺位

政府在社会和经济领域发挥着重要作用，其职能是任何组织及个人所无法替代的。在教育领域同样如此，政府的作用十分重要。关于高校成人教育的校企合作，仅仅依靠学校和企业是远远不够的，必须要有政府扶持。与国外相比，我国政府对于成人教育校企合作的支持力度不够，对工学结合的调控、指导作用也不明显。总体而言，政府的主导作用尚需加强。

2. 法律制度不完善

国家相关法律规定，成人教育必须充分依靠社会力量，推行产学研结合，服务于社会企业，促进区域经济发展。然而，目前我国有关成人教育的法律法规，更多是在方向层面上做了规定，缺少与之配套的可操作的实施细则，且未能明确政府、教育单位、社会企业在校企合作中的权利和义务。如此一来，校企合作就完全依赖于高校成人教育和企业间的自主合作，没有一套完善的法律法规进行约束，导致校企合作难以深入展开。

3. 专项资金投入不足

高校成人教育校企合作，其中涉及的人力资源、物力资源以及技术资源等都需要资金作为后盾。如果没有资金，校企合作则无从谈起。在我国的教育投入中，用于成人教育的比例非常少，社会资金投入到成人教育中更是屈指可数，这就导致了高校成人教育校企合作的专项资金严重不足。现有的校企合作多是由企业买单，学生实习实训时产生的机器损耗成本、安全隐患问题，以及学生的实习补贴经费等方面的成本，严重制约了企业参与人才培养的积极性。由于资金限制，校企合作始终处于浅层次，难以向纵深方向发展。

(二) 学校层面

1. 高校成人教育对校企合作的思想认识不足

大多高校缺乏寻求合作机会的主动性，对校企合作存在一定的盲目性和认识误区，难以准确把握高校在校企合作基础上的人才培养计划与企业岗位需求的一致性，从而无法提出规避校企合作带来风险的预警机制，也就难以激活双方的合作动力。

2. 高校成人教育对校企合作的管理能力不强

目前，大多高校成人教育发展方式落后、办学思维较为固化。高校成人教育

对校企合作的治理能力不强主要体现在两个方面：一是高校在师资队伍、教学资源、实践经验等方面无法做好与企业的对接工作；二是高校在企业发展、行业定位、市场需求等方面缺乏敏锐的利益思维，无法赢得企业真正的信任。

3. 高校成人教育对校企合作的监管力度不够

大多高校对企业的运作模式和实习流程不甚了解，无法找准高校在校企合作过程中对企业和学生的监管方向，这就导致了高校学生的监督管理以及后勤保障等方面存在一定的漏洞。

（三）企业层面

1. 企业存在逐利倾向，参与热情不高

企业作为以经济效益为指标的实体，主要追求的是利益成果，在与高校成人教育合作中，往往存在因参训者知识结构不强、技术能力不够、劳动效率低下所造成的资源和物质浪费等问题，导致对与高校成人教育合作的热情不高。

2. 企业缺乏战略眼光，影响合作发展

许多企业着眼于短期的经济利益，无法准确认识到自身长远发展以及经济效益的增长离不开科技创新和科学研究，缺乏高瞻远瞩的战略眼光。同时，部分企业缺乏对人才培养重要性的认识和承担社会责任的意识。

3. 企业教育意识不强，合作不够深入

许多企业缺乏利用教育革新企业乃至行业发展的前瞻思维，同时缺乏利用科学知识武装企业发展的意识。企业未能清晰地认识到将盘活人力资源市场和促进产业结构的升级与教育挂钩，意识不到教育可以为企业带来经济效益和企业形象的提升。

三、推进高校成人教育与企业培训合作的对策

世界范围内校企合作的成功模式，主要可归纳为两种：一种是以企业为重心的合作方式，例如德国的"双元制"模式、日本的"产官学合作"模式、英国的"工读交替"模式等；另一种是以学校为重心的合作方式，例如美国的"合作教育"模式、新加坡的"教学工厂"模式等。在我国，高校成人教育校企合作起步较晚，合作深度不够，这就导致高校无法根据企业的人才需求标准设置专业、制定人才培养方案，加之高校成人教育偏重理论教学，忽视实践训练，培养出来的学习者往往不能满足企业要求，致使企业与高校进行合作的意愿不强，阻碍了校企合作的深度开展。因此，我们应积极借鉴国外成功的模式，立足本地，探索具有自身特色的校企合作新思路、新模式，从而实现校企共赢，促进校企合作深入发展。具体而言，提高企业培训与高校成人教育的合作效果应从以下几个方面

入手。

（一）政府层面

要确立政府在高校成人教育校企合作过程中的主导地位，政府要加强对高校成人教育的政策支持，组织引导校企合作并进行相应的考核评估，从而确保高校成人教育校企合作顺畅进行。同时，政府应统筹校企合作发展经费，加大专项资金投入，针对参与校企合作的企业，应当给予一定的优惠政策，激发他们参与校企合作的积极性。此外，政府部门应推动相关立法工作，积极搭建校企合作平台，保障校企合作有效进行。

（二）学校层面

高校成人教育应积极主动寻求与企业的合作，同时注重学校自身发展，提升学校实力，吸引企业主动上门合作。高校应根据企业对人才的个性化需求，依托自身的教师资源、教学资源、科研优势，进行订单式培养。同时，高校应有效地利用企业的资源和优势培养人才，以理论指导实践，用实践检验理论，提升高校的教学科研水平，促进高校的改革与发展。此外，高校应加强对企业的了解，包括企业的发展规划、行业定位、市场需求及运作模式等，从而开发出更适合企业需要的课程体系和人才培养标准。

（三）企业层面

作为企业，应意识到自身长远发展以及经济效益的增长离不开科技创新和科学研究，因此要着眼于长远利益，积极主动地寻求校企合作。企业发展需要高端人才，应根据发展需求来制定人才培养计划，借助高校优质教学资源，定期对员工进行理论更新和技术提高，提升员工整体素质，增强企业竞争力和创造力，促进企业健康发展。同时，企业应积极主动地为校方提供实习、实训场所，使教师和学生都能得到实践锻炼，进而实现互利双赢。

总之，政府、学校、企业应当共同努力，积极构建高校成人教育校企合作的保障机制，不断提高企业培训与高校成人教育的合作效果。

第三节　企业培训的发展趋势

现代企业都将员工培训看作是企业发展的源泉和动力，尤其在近三四十年，企业培训更是有了突飞猛进的发展。现代企业要真正搞好培训工作，就必须了解企业培训的发展趋势。

一、培训理念更富时代性

随着企业培训的发展，培训理念也在不断更新，打造学习型组织逐渐成为企业培训的目标，企业培训的理念逐步由知识更新型为主向智能增强型为主转变，由大众普及型向个性化方向转变。

（一）打造学习型组织逐渐成为企业培训的目标

学习型组织，又称为学习型团队或学习型企业，是指通过培养整个组织的学习气氛，充分发挥员工的创造性思维能力而建立起来的一种有机的、扁平的、高度柔性的、符合人性的、能够持续发展的组织。这既是知识型组织的理想状态，也是知识型组织的实践目标。这种组织具有持续学习的能力，也具有高于个人绩效总和的综合绩效的效应。[25]203打造学习型组织逐渐成为企业培训的目标。

（二）企业培训从知识更新型为主向智能强化型为主转变

在社会经济转型时期，企业培训大多以知识更新为主，通过知识更新来推动企业发展。随着经济发展与科技进步，知识的学习在未来会越来越多地依赖智能的增强。智能培训不同于以往的知识培训，它强调智力水平的训练和提高，尤其注重思维能力的提高。智能培训在以往三大传统能力，即技术能力、交际能力和概括能力的基础上，加入了合作能力和适应能力培训，并进一步发展灵活应变的智能和潜力，从而使受训者获得出色的智能。智能强化型为主的培训理念对培训机构和培训师提出了新的要求，要求其更为全面地掌握智能培训的新技术、新方法、新策略，同时应不断提高培训师的专业能力和综合智能。

（三）企业培训从大众普及型向个性化方向转变

在过去，企业培训主要是大众普及型，把企业某一层次的管理人员或者某一工种员工作为对象进行培训，班级大的通常有一二百人，小的往往也有三四十人。大众普及型的企业培训能够有效利用教学资源，为数量庞大的企业成员提供培训机会。如今，这种以普及专业知识与技能为特征的、面广量大的培训仍然是不可替代的。但随着时代发展，个性化差异与需求越来越突出，培训应当充分重视这种个性化差异与需求，尽可能地实现个性化服务。

个性化培训具有针对性、灵活性、多元性、实效性的特点，其培训难度较大，要求培训者和培训管理者充分研究、精心设计、认真实施、综合评估。但总体而言，个性化是顺应知识经济和信息社会发展的培训方向。唯有坚持个性化的培训理念，才能够为企业提供全方位、高质量、高效用的专业性培训。

二、培训方式日趋多元化

培训方式日趋多元化主要表现在网络在线学习成为培训的主流方式之一，培训的虚拟化以及自我培训受到更多重视。

（一）网络在线学习成为培训的主流方式之一

近年来，网络技术广泛运用于企业培训，在线学习成为培训方式的主流之一。网络在线学习能够最大限度地为员工创造学习条件、开发合适的培训内容，让每一位员工都能够选择适合自己的学习内容，从而使员工自主学习成为可能，并为学习型组织的构建提供了条件。总体而言，网络在线学习有着不可替代的优势，员工能够随时随地进行自主学习，降低了培训成本，而且培训管理者能够及时更新培训内容，以适应知识变化，便于管理。因此，这种培训方式受到越来越多的企业青睐。

实践表明，利用网络开展在线培训方便快捷，且能够满足多种行业需要。此外，在线培训利用网络实现跨国、跨地区联网，既能满足异地培训需要，又能较为便捷地获取新的知识和信息。随着网络的普及，网络在线学习这种培训方式在各行各业得到普及和应用，已经成为培训方式的主流之一。

（二）培训虚拟化

随着经济全球化的发展，各行各业竞争日益激烈，努力规避风险并降低成本就成为企业竞争的有力武器。在这种形势下，培训虚拟化技术应运而生，它以虚拟现实（Virtual Reality，VR）技术为基础，综合了计算机、动画仿真、人机交互、3D建模等技术手段，建立起一种仿真度较高的虚拟交互式的三维空间环境。总体来说，培训虚拟化是一种虚拟现实世界的人力资源培训技术。

培训虚拟化主要包括时空、内容、设备以及角色的虚拟化，具有沉浸性、自主性、适时交互性、开放性和资源共享性等特点。[25]208虚拟现实技术为现代企业的人力资源培训开辟了一条新的道路，特别是为那些投资成本较高、难度较大、环境危险、操作性强的技能培训构建了崭新的平台。建构在虚拟现实技术之上的企业培训有着传统企业培训所无法比拟的优势，体现了教育信息化的发展趋势。随着全球经济一体化加速，企业竞争日趋白热化，虚拟化的培训方式必将得到越来越多企业认可，具有强大生命力。

（三）自我培训受到更多重视

随着跨国公司大量涌现，企业的国际化业务量不断上升，企业员工的分布变得日益分散。如果要将这些分散的员工进行集中培训，不仅会耗费巨额资金，而且难以执行。对此，较好的解决办法是动员这些员工进行自我培训。由于这种培训方式省时、经济、可行度高，受到企业管理者的重视。

关于自我培训的内容和计划，由企业培训管理者与各位员工进行沟通，在对企业需求和员工个人需求综合分析的基础上，与员工共同制定自我培训计划、确定培训内容并安排培训进度。企业通常会为员工提供自我培训的教材，并会酌情考虑培训所需时间，给予相应保证。为了保障自我培训效果，企业通常还会制定一系列培训效果评估体系。

三、培训内容更加丰富多彩

随着企业培训的发展，培训内容更加丰富多彩，不仅包含以往的知识培训、技能培训和态度培训，还增加了企业文化培训、跨文化培训以及职业生涯管理培训等。

（一）企业文化成为必不可少的培训内容

企业文化是企业在生产经营的过程中所形成的经营理念、经营方针、价值观念、社会责任以及经营形象等方面的总和。它既是企业个性化的体现，又是企业生存、竞争和发展的灵魂。企业文化具有导向、激励、辐射和约束作用，对于企业具有重要意义。目前，越来越多的企业开始重视并着手构建自身的企业文化，企业文化也随之成为必不可少的培训内容。

（二）跨文化培训成为主要的培训内容之一

跨文化培训是指为企业外派员工提供的针对不同国别文化氛围而进行的培训，其目的在于培养员工对于不同文化的敏感性和认同度。经济全球化的发展使得企业内部人力资源日益多样化、国际化，即一个企业内的员工群体可能由不同民族、不同肤色的人组成。具有不同文化背景、成长环境以及宗教信仰的员工在工作和生活中还要面临着不同的文化环境，因此，对员工进行跨文化培训就成为整合企业人力资源的一项必不可少的培训内容。跨文化培训不仅能让企业内的人力资源有效发挥作用，而且能帮助企业更好地开展国际化业务。

（三）培训是职业生涯管理的必要途径

职业生涯管理是指企业通过帮助员工设计职业发展计划，并给予相应支持，从而满足员工的职业发展愿望以及企业对员工不断提升的质量要求，进而实现企业发展目标与个人发展目标的相互协调以及企业与员工的共同成长、共同受益。在职业生涯管理中，员工需要对自己的职业生涯进行设计，即对自身的职业发展有一个系统的规划。与此同时，企业需要制定与之配套的培训计划，帮助员工实现职业生涯管理，从而达到企业和员工双赢。综上所述，培训是职业生涯管理的必要途径。

四、培训模式更加专业化

企业的培训模式正朝着专业化方向发展，主要表现为企业大学的建立以及培训外包的兴起。

（一）企业大学

企业大学是指由企业出资，以企业高级管理人员、高校教授及专业培训师为师资，通过实战模拟、案例研讨等实效性培训手段，以培养企业内部中、高级管理人才为目的，满足企业员工终身学习需要的一种新型培训体系。企业大学是一种较为完善的人力资源培训体系，同时也是企业规模与实力的有力证明。企业大学并不是自封的，需要具备三个基本特征：一是有明确的职位管理体系和职业发展通道，这是企业大学建立的前提和基础；二是建立了核心的素质模型、岗位任职资格体系和相应的评估体系；三是建立了基于素质模型并与员工职业生涯相对应的课程体系，以便员工在职业生涯发展的每个阶段都能够接受相应培训。[25]216

企业大学的教学方式较为灵活，能够很好地结合企业的生产实践。它可以为企业提供全面的解决方案并全程追踪企业运营状况，还可以结合员工的职业发展规划，实现员工发展目标。企业大学的优势在于它既能提升企业的综合实力，实现企业战略目标，又能巩固企业自身的人力资源体系。企业大学不仅仅是进行知识的补足和技能的训练，更重要的是对员工潜能进行开发，从而促进员工的全面发展。一个较少为员工提供培训机会的企业，将是缺乏吸引力的；而注重通过企业大学使员工得到发展的企业必然士气高涨。总而言之，企业大学是对人力资源进行培训与开发的投入，这种投入能够为企业带来丰厚的回报，其效益是巨大的，且具有综合性和长远性。

（二）培训外包

培训外包是指将制定培训计划、实施培训过程等培训流程外包出去的一种培训方式，由外部的专业培训机构或学校对企业员工进行培训。企业把培训职能进行外包的原因是这些机构不仅有专业的培训师资队伍，而且还可以提高人力资源管理服务的附加值，优化资源配置。其优势在于企业可以用更低的培训费用获得更高的成本效益，并且责任更清晰。随着企业的不断发展，新的培训需求会不断涌现出来。因此，企业不仅要制定长期战略规划，而且要根据该规划来评估这些培训活动，从而确保培训外包的质量，使企业与合作伙伴之间达成互惠互利的关系。

当前，培训正在成为企业适应不断变化和日趋复杂的环境过程中日益重要的核心职能，"向培训要效益""以培训谋发展"的理念已是许多企业领导者的共识，企业培训正朝着综合化、广泛化、专业化、精细化的方向发展。对此，企业在建立自身的学习文化，努力实现创新发展的同时，应注重提升培训效果，推进培训工作不断创新。只有这样，才能在激烈的企业竞争中立于不败之地。

参考文献

[1] 泰勒. 科学管理原理 [M]. 黄榛，译. 北京：北京理工大学出版社，2012：19.

[2] NADLER L, NADLER Z. Developing human resource [M]. San Francisco：Jossey-Bass, 1989：25-27.

[3] 诺伊. 雇员培训与开发（第6版）[M]. 徐芳，邵晨，译. 北京：中国人民大学出版社，2015：6.

[4] 德斯勒. 人力资源管理（第6版）[M]. 刘昕，吴雯芳，译. 北京：中国人民大学出版社，1999：256.

[5] 郑晓明. 人力资源管理导论 [M]. 北京：机械工业出版社，2012：211.

[6] 董克用. 人力资源管理概论 [M]. 北京：中国人民大学出版社，2011.

[7] 费英秋. 中小企业人力资源管理 [M]. 北京：经济管理出版社，2012：163.

[8] 王江涛. 培训能力开发及管理实务 [M]. 上海：复旦大学出版社，2014.

[9] 全国十二所重点师范大学联合编写. 教育学基础（第2版）[M]. 北京：教育科学出版社，2008：3.

[10] 李春苗. 企业培训设计与管理 [M]. 广州：广东经济出版社，2002.

[11] MCGEHEE W, THAYER P W. Training in Business and Industry [M]. New York：Wiley & Sons, 1961.

[12] 瑞文. 现代社会胜任工作的能力：能力的鉴别、发展和发挥 [M]. 钱兰英，译. 厦门：厦门大学出版社，1995：180-181.

[13] 阿尔特曼. 管理科学与行为科学：组织行为学：实践与理论（上）[M]. 魏楚干，译. 北京：北京航空航天大学出版社，1990：59.

[14] MCCLELLAND D C. Testing for competence rather than for "Intelligence" [J]. American Psychologist, 1973, 28（1）：1-14.

[15] 舒尔茨. 论人力资本投资 [M]. 吴珠华，译. 北京：北京经济学院出版社，1990：9.

[16] 贝克尔. 人力资本 [M]. 梁小民，译. 北京：北京大学出版社，1987：25.

［17］GOLDSTEIN I L. Training：Program development and evaluation ［M］. Pacific Grove，CA：Brooks Cole，1974.

［18］GOLDSTEIN I L. Training in organizations：Needs assessment，development，and evaluation ［M］. Pacific Grove，CA：Books Cole，1986.

［19］KIRKPATRICK D L. Techniques of evaluating training programs ［J］. Training and Development Jounal，1979（33）：78-92.

［20］朗格朗. 终身教育引论 ［M］. 周南照，陈树清，译. 北京：中国对外翻译出版公司，1985：16.

［21］SAYLES L R，STRAUSS G. Human behavior in organizations ［M］. Englewood Cliffs，NJ：Prentice Hall，1966.

［22］HUMPHREY V. Training the total organization ［J］. Training & Development Journal，1990，44（10）：47-64.

［23］于虹. 企业培训 ［M］. 北京：中国发展出版社，2006：17.

［24］王萍，付滨，金岳祥，等. 人力资源管理（第2版）［M］. 杭州：浙江大学出版社，2012：210.

［25］李前兵，周昌伟. 员工培训与开发 ［M］. 南京：东南大学出版社，2013.

［26］林媛媛. 企业培训理论与实践 ［M］. 厦门：厦门大学出版社，2005：8.

［27］严新明. 人力资源管理 ［M］. 武汉：武汉大学出版社，2011.

第十二章
社区成人教育的探索

社区成人教育是以社区为依托的成人教育，以成人为对象的社区教育。国外社区成人教育发展较早，而我国社区成人教育仍处于起步探索阶段。本章从社区教育和成人教育两个方面来认识社区成人教育的内涵，总结社区成人教育的特征，对社区成人教育的内容进行分类，在此基础上对社区成人教育的实施策略进行探讨，并对我国社区成人教育的前景做出展望。

第一节　社区成人教育的内涵与特征

社区是我国社会的基本单位，是一定地域空间内的人们的生活共同体。未成年人的受教育场所以学校为主，而社区教育主要面向成人，是一种以社区为依托的、以成人为主要教育对象的教育方式。了解社区成人教育，可先从社区成人教育的内涵入手，并从社区成人教育的特征中进行初步把握。

一、社区成人教育的内涵

社区成人教育的概念由"社区教育"和"成人教育"结合而成。社区教育是一种以社区为教育空间，以社区资源为主要教育内容，以满足社区和居民的发展需求为目的的新型教育方式。就教育空间来看，社区教育以社区作为教育空间。然而，社区不仅是一种地理空间上的范畴，也可以指某种程度上的社会空间，换言之，社区就是一个区域化的社会，由一定空间范围内的社会群体组成。叶忠海认为："社区是指由聚居在特定的区域内，具有某种互动关系和共同的文化特质和心理归属感的人群所组成的社会生活共同体。"[1]就教育内容来看，社区教育的内容立足于该社区的现有优势和资源，以社区和居民的发展需求为导向，具有广泛性和实用性。区别于学校教育内容的相对统一性，社区教育的内容存在地域性，不同的社区会有不同的教育内容，这种差异性也决定了社区教育具有灵活性和适应性，不同社区可以根据自身特点因地制宜，扬长避短。就教育目的来看，社区教育可提升社区的发展水平，促进社区居民的全面发展；同时，社区作为一种区域性的社会单元，推进社区教育是建构学习型社会的重要措施和手段。

成人教育是以成人为对象的教育活动。成人学习者不同于一般全日制在校学生，其所具有的一系列特征决定了成人教育的特点。首先，成人学习者自身具有丰富的经验，他们在学习过程中不可避免地会受到以往在工作、生活、社会等环境中积累的经验的影响，这些经验有可能促进成人对学习内容的理解和运用，也有可能成为成人正确理解事物的障碍。其次，成人学习者具有较强的自主意识，他们具有明确的学习目的，或是为了职业晋升而学习，或是为了在生活中获得某项技能，或者为了获得其他知识或能力。最后，成人承担着多种社会角色，他们需要协调家庭、社会、学习等方面的关系，因此成人学习者的学习时间具有零散性，学习方式具有灵活性，学习手段具有多样性，学习效果也具有差异性。

成人学习者所具有的这三个最主要的特征决定了成人教育的特点。首先，成人教育的对象具有复杂性，成人教育在承担传授新经验的同时还要更正成人已有的负向经验，并强化其正向经验。其次，由于成人学习具有明确的目的，成人教育的内容应该在实现一般教育目的的基础上尽量满足成人的个性化发展需要。最后，成人教育在实施中应该考虑成人身兼多重角色的特点，在创设学习环境与条件时，要使成人学习者能够根据自身的具体情况进行灵活选择。

二、社区成人教育的特征

社区成人教育是以成人为教育对象的社区教育，是重要的成人教育方式。社区成人教育具有社区教育的特点，也具有成人教育的特点。结合社区教育和成人教育的特点，可以总结出以下社区成人教育的特征。

（一）教育活动的区域性

社区成人教育以社区为基本单位，区域性是社区成人教育的基本特点之一。社区成人教育以促进社区整体发展与居民全面进步为出发点，因此社区成人教育活动无不体现了提升社区发展水平、满足居民学习需求的宗旨。社区成人教育产生于社区范围内成人在生活、工作、学习、休闲等方面的需求，也产生于社区进行自我优化和提升的需要。一方面，成人学习者根据自身发展的需要，在社区成人群体的相互影响之下，产生一定的学习需求，这些学习需求体现了该区域成人学习者的特色；另一方面，社区以整体社会发展导向为基础，结合社区自身的发展现状和社区成人的学习需求，根据社区所具备的条件、优势和资源等为社区提供相应的成人教育活动。因此，社区在开展成人教育活动的过程中，首先体现了全社会的发展方向。其次，该社区的经济条件、政策引导、地理位置、资源信息等将影响社区成人教育活动的开展。最后，社区成人教育活动在一定程度上是该区域成人学习需求的反映，体现了该区域的自身特色。

（二）教育过程的全员性

社区成人教育是面向全体社区成人群体的教育，社区成人教育的过程具有全员性。全员性是指社区每个成人都有权利接受社区教育，有权利享受社区的教育资源，有权利为社区教育的发展建言献策。一方面，社区成人教育产生于社区成人学习者的学习需求，往往是在社区成人学习者特点的基础上形成社区成人教育的内容。另一方面，社区成人教育的资源覆盖了整个社区，社区成人教育的过程具有全员参与性，社区的每个成人都可以在社区教育中找到适合自己的学习内容。社区成人教育产生、发展的整个过程，都是社区所有成人学习者共商、共建的成果，同时也实现了教育的共享。社区成人教育过程的全员性是社区教育的优势体现，有利于集思广益，在补偿教育机会的同时实现教育公平；全员性也是社区教育经久不衰的原因所在，全员参与有利于促进教育的创新和发展。

（三）教育内容的广泛性

社区成人教育过程的全员性决定了社区成人教育内容的广泛性。成人学习者的年龄、学习背景、学习需求等存在较大差异，导致社区成人教育的内容也具有广泛性。对于不同年龄的成人学习者来说，青年人可能更需要从社区教育中获得与职业相关的知识和技能，中年人更需要获得知识迁移的能力以帮助自己度过职业瓶颈，老年人则更倾向于获取相关的健康知识并学习如何养生。对于不同学习背景的成人学习者来说，知识水平较低的成人可能需要学习基本的知识和技能，知识水平较高的成人则可能需要学习更高级的知识和技能。同时，不同学习者的学习需求也会存在差异，由于成人的职业、可利用的学习时间、经济实力等存在不同，他们对社区教育的需求也不尽相同。社区成人群体的复杂性和多变性，决定了社区成人教育内容的广泛性。在安排社区教育内容时，应该将抽象的知识与具体的实践相结合，针对不同行业和领域，开发从易到难的课程。只有覆盖广泛的成人教育内容，才能满足不同年龄、不同文化水平的成人学习者的学习需求。同时，社区成人教育内容的广泛性也决定了其具有灵活性和创新性，只有不断发展的教育内容，才能永葆社区教育的生机和活力。

（四）教育形式的多样性

教育形式是教育内容的实现形式，社区成人教育内容的广泛性决定了其形式的多样性。社区成人教育的内容具有广泛性和灵活性，其形式也应该根据教育内容的特点进行灵活多样地选择。从教育内容的知识性和实践性特征来说，对于那些偏重于知识教育的内容，可以采用讲授法、报告讲座等形式进行；对于那些偏重于实践性的教育内容，则应该尽可能让成人学习者参与实践的环节。从社区成人教育内容的难易程度来说，难度较低的教育内容应该用通俗易懂的方法让成人尽快掌握；难度较大的教育内容可以采用深入讨论、调研等形式让成人渐进掌握。从社区成人教育内容的适应群体来说，有些教育内容适合所有成人群体进行学习，比如安全知识、法律知识等，而有些教育内容适合特定成人群体进行学习，比如女性的身体保健知识、老年人的心理健康教育。对于适合所有成人群体的教育内容，应该采用所有群体能够接受的形式，并考虑同时适合青年、中年、老年的教育方式；对于适合特定成人群体进行学习的教育内容，应该考虑到该群体的特殊性，并对弱势群体给予适当照顾。

（五）教育目的的实用性

区别于应试教育，社区成人教育往往追求教育的实用性目的。社区成人教育的实用性一方面与社区教育的性质有关，另一方面受到成人学习特点的影响。就社区教育的性质来看，社区教育存在的直接意义即解决社区问题，满足居民发展需求，因此社区成人教育的内容具有针对性，社区成人教育的内容往往是根据居民的需求进行菜单式开发的，直接面向该社区成人学习者的用户需求。就成人学习的特点来看，青年人的学习内容大多来自职业需要，还有部分成人的学习目的是出于家庭教育或者为了获得某项生活技能。另外，成人学习者的学习时间和空间受到工作、家庭等因素的限制，他们往往希望以最少的时间和精力去学习所需要的课程。基于满足社区成人的学习心理和学习需求，目的实用性成为社区成人教育的重要特点，同时也是吸引成人学习者广泛参与社区教育的重要因素。

第二节　社区成人教育的内容与实施

社区成人教育的内容是社区成人教育运行的载体，体现了该社区成人教育的理念，也反映了该社区成人学习者的学习需求。社区成人教育的教育内容具有丰富性，教育形式具有多样性。根据社区成人教育的性质和成人学习的特点，可将社区成人教育的内容分为通识教育、实践技能教育、健康养生教育、家庭教育、休闲娱乐教育、特殊教育。社区成人教育的实施以社区成人教育的内容为基础，从树立成人终身学习的理念、加强社区师资队伍的建设、开展丰富的社区教育活动、完善社区教育法律保障体系、健全社区成人教育的管理等方面进行展开。

一、社区成人教育的内容

2016 年 6 月，教育部等九部门颁布了《关于进一步推进社区教育发展的意见》，明确提出要丰富社区教育的内容：广泛开展公民素养、诚信教育、人文艺术、科学技术、职业技能、早教教育、运动健身、养生保健、生活休闲等教育活动，提升居民生活品质，推动生活方式向发展型、现代型、服务型转变。积极开展面向社区服务人员、社区志愿者、社区社会组织成员的教育培训，增强其组织和服务居民的能力。社区教育的内容制定首先以我国社区教育政策为依据，并受到该社区的经济实力、教育条件、思想观念等因素的影响，同时立足于社区居民在生活、学习、工作等方面的发展需要。社区成人教育的内容指社区教育中面向成人的教育内容，是社区教育内容的进一步具体化。根据社区教育的性质和成人学习者的学习特点，一般将社区成人教育的内容分为以下几个类别。

（一）通识教育

通识教育是指对成人进行基础性的、具有普适性的知识教育，这些知识往往是已经被普遍公认的、并且作为一个合格公民应该掌握的基本知识。通识教育的内容一般包括公民道德知识、科学知识、安全知识、法律知识等。社区在进行通识教育时，应该考虑整体社区居民的学习能力和水平，选择与居民学习能力相匹配的通识教育内容，过于简单的通识教育无法达到学习效果，过于复杂的通识教育又不具备普适性。同时，通识教育的内容应该是与时俱进的，如社区在疫情流行的情况下，可以适当增设与传染性疾病的预防和应对相关的知识。当社区成人群体学到这些通识知识后，也会将这些知识进一步传授给儿童。通识教育是最基本、最容易开展的社区教育内容，也是最常见的社区教育内容，如社区中张贴的知识宣传海报、标语、知识横幅等都是通识教育的内容。同时，通识教育也是宣传社会主流思想的一种途径，如"八荣八耻""社会主义核心价值观""扫黑除恶""绿水青山就是金山银山"等内容，都是通过社区教育逐渐在人民群众中实现宣传和学习的。

（二）实践技能教育

实践技能教育是指对成人进行实际操作技能的教育，以区别于知识性的通识教育。社区实践技能教育以成人掌握某项具体技能为目的，这些实践技能或是社会对公民提出的有必要掌握的基本技能，或是社区居民在生活、学习、工作等方面的学习需求。常见的社区实践技能教育包括职业技能教育、生活技能教育、自救技能教育等。活跃于职场的青年群体往往对职业技能有所需求，他们希望在社区教育中学到与工作相关的实践技能，比如演讲能力、计算机应用能力、写作能力等；家庭主妇一般对生活技能有一定的学习需求，他们希望能在社区教育中学到处理家务或提升家庭生活水平的技能，比如烹饪、缝纫、种植等；无论哪个年龄阶段的成人都需要学习一定的自救技能，如火灾逃生、地震逃生等，这些技能能够在一定程度上帮助他们在意外事件中化险为夷，应成为社区教育的重要内容并通过教育实践让社区居民真正掌握。由此可见，实践技能的教育内容一方面取决于社区成人的学习需求，即他们希望从社区教育中获得哪些技能，社区在开设相关课程时可以根据居民的需求进行整合；另一方面，实践技能教育也体现了社区管理人员的教育理念和相关意识，基本生活和逃生技能应该成为社区教育中必不可少的部分。

（三）健康养生教育

健康养生教育主要包括四季养生、营养保健、医学常识、食疗健身等。这类课程适用范围广泛，具有实用性的突出特点，不仅中老年人受益，其家人、朋友也受益。健康养生教育的内容应该是多样性的，比如社区可根据居民的情况配备相应的健身器材以满足居民的锻炼需求，或根据居民的意愿不定期组织健身活动来丰富居民的业余生活，还可以设计健康养生方面的知识教育课程来宣传健康养生知识。只有丰富多样的健康养生教育才能多方面地满足居民的学习需求，达到增强居民身体素质、促进居民身心和谐发展的目的。然而，很多社区的做法是仅仅为居民提供一定的场地和器材，缺乏对居民进行知识层面上的教育，无法满足各类居民对健康养生的需求。比如患有身体疾病的居民可能不适合器材运动，他们更希望从社区教育中学到一些日常保健知识，而患有心理障碍的居民可能更需要心理层面的健康教育。因此，社区成人教育中的健康养生教育内容应该与时俱进，不断适应居民不断增长的多样化健康需求。

（四）家庭教育

家庭是社区的基本单位，家庭教育是社区教育内容的重要组成部分。家庭教育指具有增进家人关系与家庭功能的各种教育活动，如生活能力培养、勤俭节约教育、爱国主义培养、伦理教育、婚姻教育等。家庭教育是教育的起点和基点，对一个人的成长至关重要。以社区教育的形式进行家庭教育具有可行性和必要性。其可行性在于社区以家庭为组织单位，社区是家庭成员集中的场所，社区具有开展家庭教育的资源和条件，同时社区的地缘优势有利于形成家长学习团体，方便家长在家庭教育方面进行沟通和交流；其必要性在于家庭发展是促进社区发展的基础和条件，社区教育的水平在一定程度上取决于社区中每个家庭的教育水平和综合素质。社区家庭教育的内容极为丰富，教育对象具有广泛性，参与家庭教育的成员几乎涵盖了整个社区。同时，社区家庭教育的形式也具有多样性和灵活性。在知识教育方面，如生活基本常识、健康知识、法律常识等，可以在每个家庭中选派知识水平较高的成员作为代表到社区中心进行学习，然后传授给其他家庭成员；在操作技能方面，如计算机、智能机器的使用等，可以通过用视频的方式将具体操作方法录制下来，然后以家庭为单位进行观看和学习；在情感陶冶方面，如树立诚信意识、弘扬家庭美德等，可以通过集体讲座、知识竞赛等活动增强人们的认识。

（五）休闲娱乐教育

社区不仅是居民生活和学习的场所，也是居民进行休闲娱乐的场所。在社区教育内容中增设休闲娱乐教育，有利于有组织、系统化地开展各项文娱活动，丰富居民的精神文化生活。社区教育中的休闲娱乐教育内容主要有文学类、体育类、艺术类的活动。文学类活动包括演讲比赛、诗词大赛、阅读等；体育类活动包括球类运动、广播体操等；艺术类活动包括各类舞蹈、唱歌比赛等。社区在开展休闲娱乐教育时，要为居民提供内容丰富、形式多样的文娱活动，让每个年龄阶段的居民都能有适合自己的活动项目；同时，社区还应该合理安排各项活动的场地和时间，避免居民在进行活动时由于场地和时间的冲突而发生矛盾。休闲娱乐活动是社区教育中不可缺少的内容，社区在开发场地、组织活动、后期维护等方面都承担着相应的责任。社区应以居民的兴趣、个性等为出发点进行文娱活动的开发，并根据社区环境的资源和特点进行活动的组织和安排，还要定期维护相关设备或者进行场地的升级。丰富多彩的社区文娱活动是教育与生活相结合理念的重要体现，是促进人们身心和谐发展的重要途径，不仅有利于居民愉悦身心、强身健体、提高生活品质、解决实际生活问题，而且有利于构建和谐社区，提高社区生活的活力。

（六）特殊教育

社区成人教育除了面向普通大众的教育内容以外，还有面向特殊群体的特殊教育内容。这些特殊群体包括失业人员、高龄老人、残疾人、矫正人员等。这些特殊群体可能由于各种原因而存在一些生活困难，也可能由于自身经历和外在环境而存在一些心理问题。社区教育应该积极关注这些特殊群体，发挥社区教育的力量，帮助这些特殊群体缓解生活困境或解决一些实际问题。例如，对于失业人员来说，社区可根据具体情况，开展多方面的职业技能培训，增加失业人员就业技能，拓宽其就业范围，使其掌握一技之长，为实现再就业打好基础；对于高龄老人来说，可以根据老年人的身心状况和接受程度，对其采用个别辅导或者团队活动的方式进行心理健康教育，让他们对生活和生命保持平稳乐观的心态；对于残疾人而言，社区一方面要建设方便残疾人生活和出行的相关设施，另一方面也要对其进行生活和心理上的适当照顾，让他们充分感受社区对他们的关爱；对于矫正人员来说，社区矫正教育即是将罪行较轻、主观恶性较小、社会危害性不大的犯罪人员放在社区中，遵循社会管理规律，运用社会工作方法，整合社会资源和力量，对其进行教育改造，使其尽快融入社会，从而降低重新犯罪率，促进社会长期稳定与和谐发展的一种非监禁刑罚执行活动。不同的特殊群体有其各自的特点和诉求，社区教育在进行特殊教育时，应充分体现人文关怀，根据各类群体的特殊性进行具体分析，不断丰富、完善社区成人教育的内容。

二、社区成人教育的实施

社区成人教育的实施是指将社区成人教育的内容有组织、系统性地投入实践，通过开展丰富多样的社区成人教育活动并建立相关的制度体系，来实现社区教育的价值，达到成人教育的目的。社区成人教育的实施是一个系统而全面的工程，整个过程包括树立成人终身学习的理念、加强社区师资队伍的建设、开展丰富的社区教育活动、完善社区教育的政策体系、健全社区成人教育的管理等多个要素。所有过程中的参与人员包括政府工作人员、社区管理人员、成人教育工作者、社区居民等。

（一）树立成人终身学习的理念

社区成人教育以终身学习理念为指导，树立成人终身学习理念是发展社区成人教育的基础和前提。联合国教科文组织发布的《学会生存——教育世界的今天和明天》报告中对终身教育作的定义为："终身这个概念包括教育的一切方面，包括其中的每一件事情，整体大于部分的总和。世界上没有一个非终身的而又分割开来的'永恒'的教育部分。换言之，终身教育并不是一个教育体系，而是建立一个体系的全面组织所根据的原则，而这个原则又是贯穿在这个体系的每个部分的发展过程之中的。"[2] 保罗·朗格朗认为终身教育"包括了教育的所有各个方面、各项内容，从一个人出生的那一刻起一直到生命终结时为止的不间断的发展，包括了教育各发展阶段各个关头之间的有机联系"[3]。从时间上来看，终身教育指学习贯穿人发展的一生，成人在完成学校教育之后并不等于自身学习生涯的终结，成人在离开学校后依然需要进行不断学习；从空间上来看，终身教育指学习覆盖成人所处的各种场所，成人学习的场所不局限于学校，家庭、社会等也都是可供成人进行学习的资源和环境。社区成人教育是伴随终身学习理念的出现而产生的，以终身学习理念为指导，并以其地缘优势和资源便捷等因素而逐渐成为主要的成人教育方式之一。一方面，终身学习理念的产生促进了社区成人教育形式的出现；另一方面，社区成人教育的出现也是为了更好地贯彻终身学习理念。因此，社区成人教育在开展成人教育实践的过程中，应该首先从意识观念上为成人树立终身学习的理念，从而增强成人学习的信心和动力，并理解成人学习的意义和价值。成人学习者只有首先从观念上具备了学习的动机并明确了学习的目的，才有可能进一步产生学习上的行动。

（二）加强社区师资队伍的建设

根据社区成人教育的师资队伍类型，可以将其分为专家队伍、教师队伍和志愿者队伍。其中，专家队伍由高校、社区学院、妇联等专业机构的人员组成，他们主要对社区成人教育进行调研、视察、评估、指导等工作，促进社区成人教育的专业化、规范化和科学化。教师队伍指直接参与社区成人教育教学的教师团队，其中包括专职教师和兼职教师，他们直接将社区教育的课程内容付诸教学实践。志愿者队伍是师资队伍的补充力量，他们主要协助专家和教师完成社区成人教育的活动，以社区内的居民为主要组成人员。加强社区师资队伍的建设，可以从提升这三种教师队伍类型的水平入手，在选择专家队伍时，可以变被动为主动，根据社区的需要事先拟定选聘的标准，并明确社区成人教育办学的诉求。在培养教师队伍时，教师一方面要掌握成人教育学的理论知识，充分认识成人学习者的学习心理，另一方面也要增强自身的教学实践技能，提升成人教育教学的专业化水平。在培养志愿者队伍时，社区要根据成人教育的规模和组成人员，选择结构合理、分工明确的志愿者队伍，同时要对其进行培训和指导，充分发挥志愿者团队的优势。不同的师资类型可以发挥各自的优势，也可以通过合作的方式提高工作成效。只有加强社区成人教育师资队伍的建设，才有可能进一步开展丰富的社区成人教育活动。

（三）开展丰富的社区教育活动

丰富的社区成人教育活动是社区成人教育运行的载体，是社区成人教育目的的实现方式。社区成人教育活动的选择一般有两种途径，一是直接借用现已存在的较为成熟的社区课程体系，一是自行开发新的社区教育课程。一般来说，较为合理的方式是以现有的社区教育课程为参考，以社区的资源条件和居民的学习需求为基础，通过教师团队和成人学习者的沟通交流，制定合理的社区教育课程。社区成人教育活动的开展受到三个方面因素的影响。首先，社会主流价值观和社会时事热点对社区教育活动具有导向作用。社会主流价值观包括中华优秀传统文化、中国特色社会主义核心价值观及发展理念，社会时事热点包括新闻事件、新政策、公共卫生事件等。其次，社区成人教育活动的开展受到社区经济水平、场地、地理位置等条件的制约，社区可以发挥自身的区域优势，开展具有区域特色的成人教育活动。最后，社区成人教育活动的选择应是社区成人学习者的需求反映，多数居民的学习需求可以作为新课程开发的起点。社区的成人居民年龄跨越较大，各自的学习水平参差不齐，学习需求也具有多样性，因此社区成人教育的课程无法做到统一和标准化，这就需要社区将成人教育的各种因素进行综合分析，最后做出合理的统筹规划，开展丰富多样的社区成人教育活动。

（四）完善社区教育法律保障体系

社区成人教育是一项内容丰富、参与人员广泛的系统性工程，因此需要完善的社区教育法律保障体系作为支撑。社区教育法律保障体系的建立，主要包括国家层面的法律保障体系和地方性政府的相关法规及政策的实施。从国家层面来看，目前我国对社区教育主要以倡导和鼓励为主，缺乏专门的社区教育法律保障体系，国家应该逐步完善相关法律法规，推动社区教育的进一步发展。从地方性法规及政策来看，不同发展水平的地区，其地方政策对社区教育的支持力度也存在差异。经济较发达的地区，其地方政府对社区教育的支持力度更大，在有些沿海城市，甚至出现了以政府主导政策推进的社区成人教育。社区成人教育在提升城市核心竞争力、推动当地经济发展等方面具有不可低估的作用，而社区成人教育的发展离不开当地政府的财政支持和政策引导。地方政府应该通过提升社区教育的水平来促进当地经济、文化、科技等方面的全面进步。完善与社区教育相关的法律法规及政策，有利于发挥其引领作用，调动社区教育各成员的积极参与和实践，并促进社区教育的规范化、科学化发展。

（五）健全社区成人教育的管理

社区成人教育的管理需要吸收各企事业单位、学校、群众组织、社会团体、社区居民及志愿者等社会成员加入其中，成为社区教育管理的主人，从而努力形成"政府统筹领导、教育部门主管、有关部门配合、社会积极支持、社区自主活动、群众广泛参与"的社区教育管理局面。[4]在管理体制方面，将社区教育进行分级管理，有利于明确分工，提高管理效率。一般来说，社区教育的管理可以分为"区级-街级-居级"的三级管理体制，区级管理即以城区为单位，对社区教育进行统筹规划和协调监督等；街级管理即以每个城区的街道办为单位，负责传达上级的教育政策并落实相关措施；居级管理即以社区委员会为单位，直接组织社区成人教育活动并进行宣传和动员。完善三级管理体制，有利于将社区成人教育的管理进行明确的分工，并形成以街道办为核心的合作管理模式，街道办将上级法规和政策直接传达给居委会并协助居委会开展教育活动，居委会也可以通过街道办将社区的诉求反映给城区，以促进上级政策的合理性和科学性。只有集中社会各界力量并发挥三级管理制度的优势，才能促进社区成人教育的可持续发展。

第三节　社区成人教育存在的问题及改进对策

随着终身教育和学习型社会理念的深入人心，社区成人教育的理论不断发展，社区成人教育的内容不断丰富，社区成人教育的管理体制也逐步完善。然而，我国的社区教育起步较晚，对社区教育的探索也还处于初始阶段，加之我国的成人教育发展也存在一些不足，我国的社区教育还存在许多需要完善的地方。研究社区成人教育的创新发展途径和方法，对于完善我国成人教育体制、优化社区教育模式具有重要意义。通过丰富社区成人教育的理论体系、推动社区"慕课"教学方式的普及、创新社区成人教育的管理，可以对当前社区成人教育存在的问题提供改进对策。

一、丰富社区成人教育的理论体系

目前我国关于社区成人教育的研究仍然不够，缺乏完善的社区成人教育理论体系。理论来源于实践，也是进一步实践的先导，只有不断丰富社区成人教育的理论体系，并适应我国社区成人教育的实践，我国社区成人教育的改革才具有明确的方向。

（一）我国社区成人教育的研究现状

我国的社区成人教育起步于 20 世纪 80 年代初期，经过了几十年的发展，社区教育至今在我国已经取得了一些阶段性的成就。在实践方面，我国的社区成人教育试点从集中于沿海发达城市向内陆城市及乡镇地区逐步推进，尽管内陆城市和乡镇地区的社区教育还不够完善，但已经完成了从无到有的转变，并不断地向更广大的地区推进。在理论方面，从研究区域来说，对发达国家中已经发展成熟的社区成人教育模式的研究较多，对社区成人教育本土化的研究还不够全面；对城市社区成人教育的研究较多，对乡镇社区成人教育的研究较少。从研究内容来说，主要局限于社区成人教育基本问题的研究，比如我国社区成人教育的本质、特征、内容、法律体系等，缺乏将社区成人学习者作为主体对象的研究成果；从研究深度来说，仍停留在表面性的现状描述阶段，理论总结甚至滞后于实践，没有很好地发挥理论对实践的引领作用。

（二）丰富社区成人教育的理论体系

基于上述社区成人教育研究存在的不足，可以通过扩大研究范围、丰富研究视角、提升研究水平来更好地丰富社区成人教育的理论体系。

1. 扩大研究范围

我国社区成人教育的研究范围主要局限于发达城市地区，由于乡镇或农村地区的研究团队、研究条件等方面存在严重不足，导致不管是在实践探索方面，还是在理论建构方面，乡镇和农村地区的社区成人教育研究都远远不够。因此，为了更好地丰富我国社区成人教育的理论体系，将研究扩展到更基层的范围是有必要的，而且基层的社区教育发展反映了我国社区教育发展的基础水平，这对于我们进一步研究适应我国国情的社区教育模式来说具有重要意义。对此，政府应加大对乡镇和农村地区社区教育研究的投入，发挥社区教育对该地区经济、政治、文化等发展的推动作用；成人教育工作者也应该加大对基层社区教育的关注，对我国社区成人教育进行自下而上的研究，提高社区教育理论的实践性和应用性。

2. 丰富研究视角

目前我国对社区成人教育的研究视角主要局限于社会视角，缺乏以成人学习者为中心的主体性研究视角。成人学习者具有特殊性，其学习目的、学习特点、学习能力、学习心理等都在一定程度上不同于儿童学习者。同时，对成人学习者的了解是进行成人教育的基础和条件，只有了解成人学习者的学习机制，才能更好地完成成人教育的过程。然而，目前社区成人教育理论缺乏对人的研究，这就导致社区成人教育只具备形式上的存在意义，而缺乏促进成人发展的意义。以成人学习者为研究中心，要求社区成人教育理论体系应该包含成人学习者在社区成人教育过程中的学习心理，即成人学习者在社区成人教育过程中的学习动机、学习方法、学习过程、学习效果等。社区成人教育的目的在于提升居民的文化素养、满足居民的学习需求、增强社区的综合实力，社区成人教育能否实现教育目的直接取决于成人学习者的学习情况，因此加强社区成人教育的主体性研究对丰富社区成人教育的理论体系来说具有重要意义。

3. 提升研究水平

只有理论先行，才能更好地发挥理论对实践的指导作用，社区成人教育理论的发展应该走在实践的前面。一方面，我国社区成人教育的很多实践都是在缺乏理论指导的情况下进行的，这些社区成人教育的实践在形式上过于单一，在内容上缺乏创新，社区资源的利用效率较低。这些实践缺乏对成人学习者的系统研究，对当地资源优势的综合分析以及对社区教育政策的解读应用，难以达到社区成人教育的效果。另一方面，我国社区成人教育的理论缺乏应用性和实践性，难以将理论构想直接转化为实践操作，难以推动实践的进步。为了避免理论和实践的不相适应，必须进一步提升我国社区成人教育的研究水平。首先，要坚持理论先行的原则，用社区成人教育的理论来指导社区成人教育的实践。其次，要坚持理论来源于实践，我国社区成人教育实践中的问题是理论研究的重点。最后，要坚持理论与实践相结合的原则，实践和理论是天然的共同体，社区成人教育的理论是对社区成人教育实践的探索，社区成人教育的实践是对社区成人教育理论的应用。

二、推动社区"慕课"教学方式的普及

"慕课"作为一种新型的学习资源，对于成人学习者来说具有较大的学习价值，并且在学习方式上具有优越性，可以成为社区成人教育的主要内容之一。然而，目前大多数成人学习者对"慕课"了解较少，使用更少，需要推动社区"慕课"教学方式的普及。

（一）"慕课"与成人学习

"慕课"（MOOC）即"大规模的开放在线课程"，是近几年来涌现出来的一种在线课程开发模式。"大规模"体现在一门"慕课"具有成千上万的注册量，这相对于传统课堂仅仅能容纳几十个学生来说具有明显的优势；"开放"体现在课程面向全国甚至世界各地的学生，只需要具备上网条件便可以学习课程；"在线"是指"慕课"是一种远程教学，不受时空限制。随着互联网技术的发展和教育资源的整合，如今我国的"慕课"教育资源已经相当丰富和完善，且在内容和形式上都在不断更新和升级。"慕课"对于成人学习者来说，具有不可忽视的价值。首先，"慕课"平台的课程都是经过专业化处理的，课程具有权威性和可靠性，这为成人学习者提供了大量集中且优质的学习资源，成人学习者不需要花费时间精力就可以找到自己需要的学习资料。其次，丰富的"慕课"资源为成人学习者提供了多样的选择，成人学习者可以根据自己的需求和兴趣进行选择和学习，当学习者发现课程不适合自己时，可以自主更换课程，这与传统的课堂学习模式相比，大大提高了学习效率。最后，"慕课"突破了时间和空间的限制，解决了成人学习者学习时间分散、学习场所不固定的问题，只需要具备上网条件，成人学习者便可以随时随地进行学习。

（二）社区成人教育的"慕课"教学普及

"慕课"具有学习内容的丰富性、可靠性，学习方式的便捷性、灵活性等优点，主要是面向在校大学生和自学能力较强的成人学习者。在社区成人教育中，普及"慕课"教学方式，对于推动社区教育的现代化发展、满足社区成人学习者的多样化需求具有重要意义。

在我国近几年的教育发展中，"慕课"十分流行，很多高校在"慕课"平台上发布了相关课程，注册"慕课"平台的学习者数量也越来越多。然而，"慕课"平台的学习者以普通高校的学生和成人院校的学习者为主，将"慕课"作为主要学习平台的社区成人学习者还比较少。"慕课"课程开发主要由权威机构、科研院所、高校等负责，不需要社区参与到课程的开发与建设，只要将"慕课"这种便捷高效的学习方式引入社区进行宣传即可，让"慕课"不再是在校学生的专属品，而是大众共享的学习资源。因此，社区教育从业者要对"慕课"平台有所了解和熟悉，对"慕课"进行宣传和推广。社区的成人学习者只有充分了解并认识到"慕课"的学习价值后，才有可能将"慕课"作为自己学习的主要途径之一。同时，社区还应该教会成人学习者如何使用"慕课"平台，推动"慕课"教学方式在社区成人教育的普及。

三、创新社区成人教育的管理

社区成人教育管理即管理者通过组织协调社区教育队伍，充分发挥社区教育人力、物力、财力等信息的作用，利用社区教育内外各种有利的条件，高效率地实现教育管理目标的活动。其主要管理措施有：创立终身学习发展委员会，为社区成人教育的开发和运行提供领导机制；加强社区成人教育的数字化建设，提高社区成人教育管理的效率和便捷性；构建学校与社区的学习共同体，发挥教育合作互惠互利的优势；促进学习型社区建设，推动学习型社会的创建。

（一）创立终身学习发展委员会

社区成人教育的建立和运行需要有专门的管理机构进行规划和统筹。社区成人教育是终身教育和学习型社会理念的实践成果，为了更好地推动社区成人教育的实践发展，应该创立与之相关的终身教育管理机构——终身学习发展委员会。终身学习发展委员会的创立以城市为单位，应该为每个城市创立一个终身学习发展委员会，发挥该组织在完善社区成人教育管理体系、规范社区成人教育运行、整合社区成人教育资源等方面的职能。在完善社区成人教育管理体系方面，由终身学习发展委员会来建立该城市的社区教育管理体制和运行机制。每个城市以终身学习发展委员会为最高管理机构，由终身学习发展委员会逐步向下建立区级的学习型城区建设领导小组和街级的街道社区教育委员会，各个级别的管理机构之间都是分工与合作的关系。在规范社区成人教育运行方面，终身学习发展委员会为该城市的社区成人教育制定基本的统一标准和实施规则，每个社区可以在遵循基本标准和规则的基础上根据本社区的特色进行一定的发挥，这样有利于为社区成人教育提供参考并提高社区成人教育的规范化程度。在整合社区成人教育资源方面，终身学习发展委员会可以让非教育机构和学校、学院、大学都参与其中，为它提供工具和预算。[5]进行社区内外的联动，有利于集中人力、物力、财力，发挥统筹的最大优势。

（二）加强社区成人教育的数字化建设

日新月异的信息技术正在向前所未有的广度和深度发展。虽然人们曾广泛探讨信息技术革命对教育发展的利弊得失，但如今我们不得不承认：一方面，为了适应世界的变化我们不得不加强教育与信息技术的融合；另一方面，我们只能通过逐步改革和升级来实现教育信息技术在教育中的应用。因此，建设数字化学习型社区，是教育顺应时代发展的正确选择，也是信息时代背景下社区成人教育发展的方向。

在数字化建设的过程中，可以联合政府、市场以及社会组织的共同力量来发挥信息技术在完善社区成人教育管理等方面的价值和作用。首先，政府是构建数字化学习社区的主导力量。政府在引进数字化教育设备、组织和统筹社区数字化教育运行等方面具有天然优势，社区成人教育的数字化建设离不开政府的财政支持、政策扶持等。其次，市场是构建数字化学习社区的动力机制。市场可以高效率地为社区成人教育数字化建设提供技术支持和全程服务，并实现社区教育资源的最优配置。最后，社会组织是构建数字化学习社区的重要参与方。社会组织能全面汇集并满足公民的多样化需求，调动广大民众积极参与社区教育数字化建设，并能有效实行对社区教育数字化建设的监督。[6]

社区成人教育的数字化建设提高了社区成人教育管理的效率，为社区成人教育的管理提供了新的思路。数字化学习平台的大量资源满足了居民多样化的学习需求，解决了社区教育内容众口难调的难题；数字化学习平台能够有效记录学习者的学习进度、及时反馈学习者的学习情况，同时智能答疑库能在一定程度上解决成人学习者在学习中遇到的难题，这些优点有利于解决由社区成人教育师资力量不足而产生的问题。总之，社区成人教育的数字化建设减轻了社区成人教育管理的负担，降低了社区成人教育管理的成本，提高了社区成人教育管理的效率。

（三）构建学校与社区的学习共同体

学校是教育资源最集中的场所之一，将社区与学校相结合，可以实现优势互补、资源互惠。学校与社区相结合，意味着社区和学校在教育内容、师资力量、教学等方面实行交流和共享。对于高校来说，可以将社区作为教育科研的实践考察之地；对于社区来说，学校的教育内容为社区教育课程开发提供了思路。

共同体的核心是通过互动合作而形成的一种相互依存、和谐共生的关系。共生理论认为，精神共同体是共同体存在的前提与发展的方向，制度共同体是共同体有效运行的保障，实践共同体则是最终达成共同体目标的关键。[7]构建学校与社区相结合的学习共同体，也可以从精神共同体、制度共同体、实践共同体这三个层面来分析。从精神共同体来说，学校和社区要树立共同体的意识。学校教育和社区教育都是培养人的活动，两者是相互依赖、共生共荣的关系。从制度共同体来说，学校和社区要共同遵守办事规程或行动准则。社区和学校要在共同协商的基础上达成一致的规则，以此作为划分各自权责边界与加强合作的参考。从实践共同体来说，学校和社区可以根据自身的优势和条件进行教育活动上的合作，在增大共同利益的同时弥补自身不足。

（四）促进学习型社区建设

"学习型社会"由美国学者哈钦斯（R. M. Hutchins）于1968年首次提出。两年后，联合国教科文组织国际教育发展委员会在《学会生存——教育世界的今天和明天》的报告中正式论述了"终身教育"和"学习型社会"这两个概念，并把学习型社会作为未来社会形态的构想和追求目标。从此，终身教育和学习型社会的教育理念迅速在全球范围内广泛传播，成为许多国家实行教育改革的指导原则。学习型社会是指在信息社会中，随着科学技术的迅速发展，信息与知识急剧增长，知识更新的周期缩短，学习就成为个人、组织，以及社会的迫切需要。构建学习型社会是未来世界发展的必然趋势，是提升国家综合实力的重要策略。社区是人们生活的基本单位，要构建学习型社会，必须以构建学习型社区为起点。只有构建学习型社区、学习型组织，才能进一步构建学习型城市，并最终实现学习型社会的构建。因此，社区教育是构建学习型社会的着力点，是贯彻终身教育与学习型社会理念的根基。社区教育以其丰富实用的教育内容、多种多样的教育手段、便捷高效的教育资源等优势为社区居民提供了基础性的教育，并在一定程度上激发了人们主动学习的意识，这为进一步实现全民学习、构建学习型社会提供了现实可能性。大力发展社区教育，对于全面构建学习型社会具有重要意义。

参考文献

[1] 叶忠海. 社区教育学基础 [M]. 上海：上海教育出版社，2000：124.

[2] 联合国教科文组织国际教育发展委员会. 学会生存：教育世界的今天和明天 [M]. 华东师范大学比较教育研究所，译. 北京：职工教育出版社，1989：41.

[3] 朗格朗. 终身教育引论 [M]. 周南照，陈树清，译. 北京：中国对外翻译出版公司，1985：16.

[4] 张燕农，张琪. 社区教育发展模式的理论与实践研究 [M]. 北京：首都师

范大学出版社, 2011: 37.

[5] 朗沃斯. 学习型城市、学习型地区、学习型社区 [M]. 欧阳忠明, 马颂歌, 陈晓燕, 译. 北京: 中国人民大学出版社, 2016: 182.

[6] 张琪, 李娟. 数字化学习社区: 信息时代社区教育发展的方向 [M]. 北京: 首都师范大学出版社, 2013: 39.

[7] 邵晓枫, 刘文怡. 中国学校与社区的教育共同体演进与构建 [J]. 现代远程教育研究, 2020, 32 (4): 86-92.

专题讨论篇

ZHUANTI TIAOLUN PIAN

第十三章
基层中小学教师教育

教师教育是建设高素质教师队伍、保障教育高质量发展的重要措施。中小学教师教育是对取得教师资格的中小学教师所进行的继续教育与培训，以提高中小学教师的专业化水平和教师队伍的整体素质。本章关注的"基层"，特指我国广大农村乡镇、西北部、少数民族、边疆等中小学教师教育欠发达地区或区域。大力发展基层基础教育，不仅要靠办好师范教育，更要靠发展教师教育。

第一节　中小学教师教育概况

世界范围内的中小学教师教育发展历程久远，呈现出分阶段、多内涵的发展特征，一系列的教师教育政策为各国优化教师队伍、提升教育质量起到了重要的推进作用。在此发展进程中，中小学教师教育的内涵也不断得到发展和完善，逐渐呈现出全方位、一体化的特征。

一、教师教育的内涵

（一）师范教育

"师范"一词的古义是"可以师法的模范"[1]。到了近代，在法国把专门用来培养老师的机构称为 Normale，本意为"规矩"。美国最早使用 Normal School 来表示培养教师的学校，我国将其翻译为"师范学校"。1896 年，梁启超的《论师范》中"故师范学校立，而群学之基悉定""故欲革旧习，兴智学，必以立师范学堂为第一义"[2]，在中国近代率先发出了设立师范学校的主张。

"师范教育"通常被定义为"专门用以培养师资的教育"，理论上应当包括教师职前教育、入职培训和职后教育。但是在具体实践中，"师范教育"通常是指教师职前在师范院校中所接受的系统化的学习与培训，具有封闭性和终止性，学生有明确的职业定位，较少选择其他就业方向。

（二）教师教育

20世纪60年代，随着美国 Normal School（师范学校）的消失，取而代之的是 Teachers College（综合大学教育学院）。但是，教师教育的概念是在国际上普遍重视教师职前教育与在职培训一体化的基础上发展而来的。1972年，英国著名的《詹姆斯报告》（James Report）第一次将教师培养的过程分为职前教育、入职训练、在职培训三个连续的阶段，明确指出职前教育是培养教师的基础，而在职培训则是提高在职教师业务水平的重要手段，由此确立了师资培训的连续化与终身化发展方向。20世纪八九十年代，随着成人教育事业的发展以及终身教育思潮的兴起，教师在职培训的内涵也被赋予了新的意义，逐渐向着"继续教育""终身教育"转换，而教师在职培训的实践也向着"教师专业发展"及"教师教育"演进。

我国首次用"教师教育"一词替代"师范教育"一词是在20世纪80年代，然而"教师教育"一词正式出现在文件中应是2001年的《国务院关于基础教育改革与发展的决定》，文件明确指出"完善教师教育体系"，教师教育开始走向专业化。2002年《教育部关于"十五"期间教师教育改革与发展的意见》中首次对"教师教育"作出明确定义："教师教育是在终身教育思想指导下，按照教师专业发展的不同阶段，对教师的职前培养、入职教育和在职培训的统称。"2006年《国务院关于基础教育改革与发展的决定》中提出"完善以现有师范院校为主体、其他高等学校共同参与、培养培训相衔接的开放的教师教育体系"。

教师教育源于师范教育同时又包含师范教育，是师范教育的延伸和转型。与师范教育的封闭性和终止性相比，教师教育具有开放性和持续性的特征。所谓开放性，一是教师教育的对象开放，不仅面向师范生也面向综合性大学的学生以及在职教师；二是教师教育的途径开放，教师教育不仅可以在师范大学或综合性大学中进行，也可以在中小学课堂之中进行，具有很强的实践性和针对性；三是教师教育的内容开放，结合了学科知识与教育学理论，同时增强了教师通识知识的学习，为教师教育高质量、内涵式发展奠定了基础。持续性是指教师教育包含职前教育、入职训练、职后培训，贯穿教师的整个职业生涯。

2020年，教育部印发《中小学教师培训课程指导标准（师德修养）》等三个文件，为中小学教师分级、分科、分类培训提供了可参考的标准，教师教育的标准不断被细化、提升。目前，我国的中小学教师教育已经建立起了从职前培养到入职培训再到职后专业化提升的全方位、一体化制度体系，教师教育的内涵从原来狭义的"师范教育"扩展到教师专业发展的全过程，教师教育不再局限于师范院校对师范生和教师储备力量的培养，而是更加关注教师生涯的全面、可持续发展。

二、国内外中小学教师教育的发展历程

追溯国内外中小学教师教育的发展历程，能够挖掘历史发展过程中的丰富信息，从跨地域、跨文化的视角出发，在对比之中互相借鉴，互通有无，为新时代教师教育的高质量和创新性发展提供理论与实践参照。

（一）国外中小学教师教育的发展历程

发达国家的中小学教师教育开展较早，各具特色，其发展历程可为我国中小学教师教育工作提供有价值的启示。下面以日本、美国、德国为例，对国外中小学教师教育的发展历程进行简要介绍。

1. 日本

日本教师教育的发展分为三个阶段。第一阶段自明治维新至 1945 年，明治维新时期，日本效仿美国设立师范院校如官立师范学校和女子师范学校；20 世纪初为进一步强化国家主义教育而对教师教育进行整顿，这一时期的教师教育有明显的定向性，主要依靠单独的师范学校来培养师资，为日本基础教育的稳定发展提供了大批师资保障，同时也存在师资结构单一的问题。第二阶段自 1945 年到 1978 年，日本战败后全面学习美国，确立了民主化的教育体系，实行开放的师范教育体制并确立教师许可证制度，以法律形式规定了教师资格。《教育公务员特例法》更是规定了教育公务员的职责和义务，逐渐健全了日本教师教育制度。第三阶段为 1978 年至今，伴随国民经济的快速发展，日本教育暴露出了许多问题与乱象，因而教师教育重心转向提升教师素质，创设教师研修制度，以多元灵活的方式培养教师，1974 年的《人才确保法》以立法的形式确立了教师地位。

2. 美国

美国教师教育的发展分为三个阶段。第一阶段自 19 世纪 20 年代至 19 世纪末。1823 年，美国第一所私立教师师资培训班在佛蒙特州设立，标志着美国师范教育的创生，而后逐渐由私立师范向州立师范发展。1825 年，俄亥俄州颁布了美国教师证书法令，是美国第一个教师资格制度，教师教育体系初步形成，但至 19 世纪末教师培养还处于较低层次，教师地位并未得到提升。第二阶段自 19 世纪末

至 20 世纪 80 年代，师资培训主体由中等师范学校转变为高等师范学院，而后又由独立师范学院转向大学师范教育，中小学教师教育实现了升级，高等师范教育体系初步确立。第二阶段为 20 世纪 80 年代以后，美国教师教育逐渐向职前、入职、职后一体化培养模式发展，教师专业化能力不断提升，自 1986 年起教师专业发展学校（Professional Development School，PDS）在美国大量出现，这种大学与中小学合作的教师教育模式大大促进了教师教育领域内理论和实践的发展。

3. 德国

德国教师教育发展分为四个时期。一是 17 世纪初至 18 世纪末的专门化发展阶段。1619 年德意志魏玛公国公布了《义务教育规定》；随着义务教育的不断推进，国家对合格师资的需求越来越大，德国出现了最早的教师行会来规范教师职业，同时也出现了私立或邦立的教师培训机构。二是 19 世纪初到 20 世纪初的制度化发展阶段。国家层面开始关注教师培训，在教育家裴斯泰洛齐（J. H. Pesta-lozzi）的影响下，德国开办了大量师范学校；普鲁士政府颁布的《1810 年法令》使教师资格证书考试制度得以确立，教师培训体系逐渐制度化，教师地位也得到了空前提升。三是大学化发展阶段。20 世纪初"不莱梅计划"主张取消原有不同学段对应不同层次教师教育的做法，所有类型的学校师资都应由专门的高等教育机构来培养，由此全面提升了教师素质。四是一体化发展阶段。20 世纪 90 年代加强高等教育学校与基础教育学校之间的沟通和衔接，为教师在修业、见习、在职的不同阶段提供了一体化的教育路径。

（二）我国中小学教师教育的发展历程

自 1897 年上海南洋公学师范院创立至今，教师教育在我国已经走过了一个多世纪的历程。总体上看，我国教师教育一直伴随着国家政治、经济、文化的发展而发展，同时又保持一定的教育独立性。可用三个重要节点将我国中小学教师教育发展划分为四个不同阶段，分别是 1922 年"壬戌学制"引入美国"六三三"学制；1949 年新中国成立，我国开始向苏联学习；1999 年第三次全国教育工作会议指出，全国综合性大学也可以办师范。教师教育的发展有其自身的逻辑性和持续性，以重大历史事件或教育事件进行阶段划分，只是为了凸显不同时期中小学教师教育的主要特征，还应以延续性、整体性的眼光来看待整个教师教育的发展历程。

1. 教师教育形成阶段（1897—1921）

1897 年，清末洋务派代表人物盛宣怀创办的上海南洋公学师范院是中国第一个师范培养机构，由此揭开了近代中国教师教育的发展篇章。1902 年，国立京师大学堂师范馆创立，开启了近代中国高等师范教育的先河。同年 8 月，清政府颁布由张百熙效仿日本学制主持拟定的《钦定学堂章程》（也称"壬寅学制"），标志着我国近代教师教育制度的起源，其中的《钦定京师大学堂章程》"聘用教习"一章，提出了校方和聘用者应签订聘任合同，并且应明确聘用者的职责义务和聘用年限。1904 年，清政府效仿日本颁布了《奏定学堂章程》（也称"癸卯学制"），规定设立初级师范学堂和优级师范学堂两级师范学堂，并将原有的京师大学堂师范馆的优级师范科单独设置为优级师范学堂。该章程也对师范学生的学习费用、学业年限、职责义务做出了明确规定。1912 年，民国初年第一个有关师范教育的通令《师范教育令》颁布，次年 2 月，民国政府颁布《高等师范学校规程》，标志着我国师范教育制度开始形成。

2. 教师教育探索阶段（1922—1949）

1922 年《学制系统改革案》（也称壬戌学制）颁布，将美国部分州实行十年的"六三三学制"引入中国，标志着我国在教育制度上由仿效日本转而学习美国。师范性教育也开始模仿美国的综合大学培养教师的模式，高等师范院校相继改为综合性大学或列入综合性大学的院系。到 20 世纪 20 年代末，全国仅剩一所师范大学，即由北京师范大学和北京女子师范大学合并而成的国立北平师范大学。国家也相继取消了一系列关于师范生的优惠政策，师范教育的地位陡然下降。20 世纪 30 年代初期，随着一系列法规和政策的颁布，中小学师范教育重获生机。1932 年《确定教育目标与改革教育制度案》通过，规定师范学校应独立于中学和大学而存在，而后相继出台的《师范教育法》《师范学校规程》提出要为乡村小学和基础教育培养师资。《第一次中国教育年鉴》统计显示，中学教师中由师范大学毕业的人数占 4.39%，由高等师范毕业的人数占 11.42%[3]，说明当时中小学合格师资还处于极度匮乏的状态。1938 年，国民政府颁布《师范学校规程》，提出可以单独或在综合性大学中设立师范学院，培养中等教育阶段师资。多种政策与制度的探索为后来教师教育体系走向成熟奠定了基础。

3. 教师教育成熟阶段（1950—1999）

新中国成立之初，中小学教师无论是在数量还是质量上都不能满足教育的需求，人口多、文盲率高与教师匮乏的矛盾突出。因此我国开始仿照苏联模式，即由专门的师范学校承担中小学师资的培养。先后在各省辖市、县设立师范学校，包括幼儿师范学校、初级师范学校、中等师范学校，并在华北、华东、东北、华中、西北、西南等大区进行院校调整，每个大区设置一所独立的师范学院，逐渐形成了各级教育师资由独立的各级师范院校培养的教师教育模式。改革开放后，1980 年召开的全国师范教育会议中强调师范教育是整个教育事业的"母机"，再一次奠定了师范教育的地位。职前教师教育实行三级师范制，即中等师范培养小学和幼儿园教师，师范专科学校培养初中教师，师范学院和大学培养高中教师。1985 年出台的《关于教育体制改革的决定》也明确强调了培养师资的重要性，指出合格的师资是基础教育和义务教育发展之大计。这一时期师范院校适应当时基础教育发展的需要，院校和师范生数量都大大增加，但师范教育单独发展的本质依旧没有改变。

4. 教师教育转型阶段（2000—）

1996 年，全国师范教育工作会议指出，要"形成符合中国国情的中小学教师培养培训体系"[4]。1999 年，《中共中央国务院关于深化教育改革，全面推进素质教育的决定》提出，鼓励综合性大学和非师范类院校参与中小学教师的培养。自此我国打破了由师范院校单独培养师资的局面，师范教育体系逐渐走向开放。进入 21 世纪，我国教师教育逐渐显现出中国特色，开始由重数量向重质量转型。2001 年，国务院《关于基础教育改革与发展的决定》中提出要开放教师教育、鼓励竞争，由此来提升教师队伍的水平和质量。2012 年《关于加强教师队伍建设的意见》有针对性地就如何管理教师队伍、完善教师教育的薄弱环节做出了指导。2018 年中共中央国务院出台《关于全面深化新时代教师队伍建设改革的意见》，这是为适应新时代发展所提出的国家层面的教师队伍建设部署，是新中国成立以来首个中央出台的面向教师队伍建设的里程碑性的文件。文件指出，要大力振兴教师教育，不断提升教师专业素质能力。2020 年 10 月，中共教育部党组发布《开启全面建设高素质专业化创新型教师队伍新征程》，明确了我国未来教师教育将以高质量发展为目标。总体上看，这一时期师范教育由封闭转向多元开放，由培养师范生为主转向职前职后一体化培养，不断完善教师专业发展，促进教师终身学习，逐渐形成了具有中国特色的教师教育体系。

三、国内外中小学教师教育的主要模式

为提升教师队伍素质，保障教育高质量发展，世界各国在实践和理论上历经摸索、总结，形成了若干教师教育的典型模式。这些模式尽管来源于不同国家、不同时代，但对其教师教育的发展都发挥了重要作用。不但有理论研究价值，在实践方面也提供了丰富多样的经验。各国中小学教师教育的主要模式可按价值导向、教育方式、组织机构和教育途径分为若干类型。

（一）按教师教育价值导向分类

1. 能力本位模式

20 世纪 50 年代，苏联成功发射人造卫星之后，美国开始反思教育，认为必须大力提升教师质量。60 年代，行为主义心理学兴起，推动了"能力本位教师教

育"（Competence-Based Teacher Education，CPTE）的产生。[5] "能力本位教师教育"又称为"表现本位教师教育"，是以发展教师能力为主要目标。"能力"指教师可被观察的展示教学知识内容的技能，强调以师范生或教师的认知、演示、使学生发生变化为标准。这一模式在 20 世纪 70 年代得到了快速发展，其原因一是资本社会要求教师要利用有限的资金和资源最大限度提升教学成绩，二是数字化教学（如微格教学）、程序化教学的出现对教师能力提出了更高要求。

2. 标准本位模式

20 世纪 80 年代，美国发表了《国家处在危机中——教育改革势在必行》（*A Nation at Risk：The Imperative for Educational Reform*）的报告，教师教育领域也开始呼吁改革，要求教师教育要有高标准的课程。同时，伴随着认知主义心理学发展，教师教育逐渐有了新的模式——标准本位教师教育（Performance Standards-Based Teacher Education，PSBTE）[6]。各个高等学校根据教师教育组织或机构所制定的教师专业标准，开发各类教师教育课程、计划和评价。这种模式相对于简单机械式的能力本位模式而言，更加注重教师的整体发展，让教师能够在多变的情境中灵活应对各种教学任务。

（二）按教师教育方式分类

1. 个体学习模式

以个体学习为主的教师教育模式有自我导向式和自我反思式。自我导向式是以 1966 年塔夫（A. Tough）提出的成人学习者"自我导向学习"为理论基础，是在充分尊重教师学习需求的前提下，由教师自己或在他人帮助下制定学习目标，利用一定的学习资源进行自我学习的过程。这种模式有利于激发教师学习的内在动力，实现教师专业的可持续发展，已在日本得到了成功验证[7]；自我反思模式要求教师记录下日常的教育教学活动和各类事项，分析教学过程中的优点和缺点，精进自身优势，弥补存在不足，在不断总结成功经验或失败教训中完善自身专业发展。

2. 团队学习模式

良师辅导模式和名师工作坊属于这种模式。"良师辅导模式"起源于美国通用汽车公司培养新员工的方式，而后用于教师教育。即为新入职的教师分配一名"良师"作为指导老师，良师享有一定的特殊待遇和荣誉，但同时其选拔也有很高的要求，要求良师不仅要指导新教师提升教育教学技能和班级管理能力，也要帮助新教师融入校园文化并建立良好的人际关系，同时也有评定新教师发展状况的责任。这一模式有利于新教师的快速成长和良师的自我更新。

2018 年，我国《教育部关于实施卓越教师培养计划 2.0 的意见》明确指出通过共建中小学名师名校长工作室，建设一支长期稳定、深度参与教师培养的兼职教师教育师资队伍。[8]"名师工作坊"的具体实施方法是，遴选有较高专业素质和影响力的名师担任坊主，坊内采取集中研修的方式，以任务为导向，各成员通过平等的对话、协商、合作、沟通进行共同学习。通过这种团队学习模式，坊主优秀的学科素质、师德情操、教育理念可以产生辐射效应，使教师在良好的氛围中互促学习，提升教师的教育理论水平、学科专业能力、问题探究与解决能力。

（三）按教师教育组织机构分类

1. 高等学校职前培养模式

英国的教师职前教育主要有两种模式，一是"教育学学士学位课程"（Bachelor of Education，BEd），二是"研究生教育证书"（Postgraduate Certificate in Education，PGCE）。前者以培养小学教师为主，学制为四年，学习内容同时包括教育专业知识和学科专业知识。后者以培养初中教师为主，学制为一年，申请PGCE的学生必须经历三年以上的专业学科学习，而后再经过一年的教育专业训练才可以获得证书，因此这种模式也被称为"3+1"模式。PGCE模式注重教学实践经验的培养，既可以保证专业知识的学习，也可以提升教育专业素质，逐渐成为英国主流的师资培养模式。

2. 跨机构合作培养模式

1986年，美国霍姆斯小组（The Holmes Group）在《明天之教师》（Tomorrow's Teachers）的报告中首次提出，要密切小学与大学之间的合作来平衡教师教育中的理论与实践，而后美国出现了大量由地方中小学与高校的教育学院联合办学的教师专业发展学校。这种师资培训模式使得大学和中小学之间的深度合作成为现实，在教师专业发展学校中，师范生是学校文化的一部分而非独立存在，可以得到校长和多名老师的全面指导，在体验、合作之中发展教师能力。这种模式可以实现师范生的职前培养、在职教师的专业发展、研究生学习的一体化教师教育，促进教师专业发展的终身化。同时，大学与中小学之间的密切合作，也可缩小教育理论与实践之间的鸿沟，促进教学实践问题的解决和教育理论研究的发展。

在我国，东北师范大学于2007年提出并开始实施"高等学校–地方政府–中小学"（U–G–S）的教师教育新模式，三方面各司其职，共同发力，构建一体化的教师教育发展实践基地。这种三位一体的教师教育模式自上而下整合了教师教育资源，充分利用政府、高校和学校的优势，为师资培养提供牢靠的保障体系，改变了以往单一的师范生培养模式，解决了师范生培养中实践不足或不深入的问题，捏合了教师教育与基础教育的密切联系。

3. 中小学校本培训模式

中小学校本培训模式是"以学校为中心"开展的教师教育模式。这种模式以学校的需求出发，学校有充分的自主权，通过与外界如高校、教育机构等合作，开展针对本学校发展的教师培训，满足学校自身和在校教师发展需要。这种模式的优点在于能够有针对性、精准地开展教师教育，提升教师的凝聚力和对学校的认同感，但不足之处在于此种培训往往不够系统，会出现理论或资源支持不足的问题。

（四）按教师教育途径分类

1. 线下培训模式

线下培训是传统的中小学教师职后培训模式，主要形式为专家讲课、老师听课。这种模式下教师处于被动地位，教师对于课程内容没有选择权，专家面对大批教师只能讲授具有普遍性的主题，因此在教师教育内容上缺乏针对性。同时，由于大规模的讲授式培训与实践环境相距甚远，往往会造成理论与实践相脱节的问题。

2. 远程培训模式

随着互联网科技的飞速发展和普及，在线培训凭借其大量的优质资源优势和便捷的传播形式成为教师教育的新模式。这种培训模式可将优质的教育资源通过网络传递给乡村和偏远地区，同时应用于教师培训，其优点在于传播面广、规模庞大、成本较低、方式便捷，可以让教师足不出户就得到相应的教师教育资源。目前我国还出现了网络学习社区、教师研修共同体等多种形式的远程教师教育模式。身处不同地方的老师通过互联网组成研修小组，他们共享资源、探讨教学问题、在交流与协作中解决问题，在分享经验中反思和提升自我。

3. 混合培训模式

单一的培训模式无法突破其固有的短板，混合培训越来越成为中小学教师职后培训的主流模式。多种培训模式的混合可以互相弥补缺陷，但是混合并非简单相加，需要不同模式的相互适应和深度融合。例如翻转课堂理念在教师教育的应用[9]，这种模式借助信息化手段，将网络学习与具体教学实践相结合，培训前基于教师的需求针对性地准备学习资源包，并设计相关活动，而后由参训教师自学或者在远程交流下学习资源包中的内容，培训中对参训教师进行测试和补充指导，在互相分享交流之后教师亲自实践录制课程，最后集体评议并反馈评价。这种模式弥补了传统教师培训内容形式单一的问题，有效地将理论学习与教学实践相结合，发挥了网络教学和现场指导的双重优势。目前我国混合式的教师培训还有利用信息技术整理数据的学习支持模式、网络分级分层培训与线下学习相整合的模式，以及校本研修与网络研修相统一的模式等[10]。

随着社会经济的不断发展，知识更新速度加快，知识半衰期逐渐缩短，教师教育面临着巨大的挑战。中小学教师教育不再是单纯的理论培训课程，也不是短期暂时性的研修学习，随着社会发展和教育需求的变化，教师原有的知识结构、教学方法并不能完全适应新的需求，原有的教师教育内容、方式也都需要不断推陈出新。以上诸多模式之间并非对立关系，而是相互补充的，每个模式都在其特定的时期和地域发挥了特定的作用。因此，总结国内外教师教育模式，借鉴和吸收各种模式之所长，对于促进我国教师教育多元化、体系化、创新化发展发挥着积极作用。

第二节　我国基层中小学教师教育的现状与问题

基层基础教育的良好发展关键在于一支素质良好的中小学教师队伍，基层中小学教师队伍的建设依赖于教师教育。了解基层中小学教师教育的现状，发现其存在的问题与不足，进而提出改进途径与策略，对提升我国教师教育整体水平是十分必要的。

一、我国基层中小学教师教育的现状

基层中小学教师教育是我国教师教育的薄弱环节，对教师队伍数量、结构以及整体素质等有着重大影响。几十年来，基于对基层中小学教师教育重要性的认识不断提高，各级政府不断加大经费投入力度，丰富培训内容，基层中小学教师教育状况逐步规范，总体向好，教师的整体素质不断得到提升。

（一）基层中小学教师队伍数量与结构现状

《中国教育统计年鉴》《中国教育事业统计年鉴》统计数据显示，21 世纪初，我国基层小学和初中教师占全国专任教师比重超过八成，高中基层教师占比超过六成（见表 13-1）。[11]随着国家经济快速发展，城镇化稳步推进，至 2019 年，基层教师占全国教师比重总体有所下降，但基层小学与初中专任教师在全国专任教师中的占比均超过了半数，基层高中专任教师占比将近一半（见表 13-2）[12]。由此可见，基层教师一直以来是我国教师队伍的强大支柱。

表 13-1　2000 年我国中小学专任教师情况（单位：人）

	乡村专任教师	县镇专任教师	基层专任教师	城区专任教师	全国专任教师	基层专任教师全国占比
小学	3678015	1255146	4933161	927155	5860316	84.18%
初中	1682277	918947	2601224	647384	3248608	80.07%
高中	104049	356020	460069	296781	756850	60.79%

表 13-2　2019 年我国中小学专任教师情况（单位：人）

	乡村专任教师	县镇专任教师	基层专任教师	城区专任教师	全国专任教师	基层专任教师全国占比
小学	1825757	2290899	4116656	2152428	6269084	65.67%
初中	558280	1812525	2370805	1376624	3747429	63.26%
高中	63655	840901	904556	954686	1859242	48.65%

另据《中国教育概况——2019 年全国教育事业发展情况》统计数据，2019年，我国小学专任教师学历合格率（高中及以上学历）为 99.97%；初中专任教师学历合格率（大专及以上学历）为 99.88%，高中专任教师学历合格率（本科及以上学历）为 98.6%，中小学教师学历合格率均较前一年有所提升。全国小学阶段专科及以上学历教师比例为 97.3%，比上年提高 0.8 个百分点。其中，城市小学为 99.1%，农村小学为 96.3%，城乡差距为 2.8 个百分点，比上年缩小 0.7个百分点。全国初中阶段本科及以上学历教师比例达到 87.4%，比上年提高 1.1个百分点。其中，城市初中为 93.1%，农村初中为 84.0%，城乡相差 9.1 个百分点，比上年缩小 0.5 个百分点。农村义务教育阶段教师学历高于规定学历的比例涨幅高于城市，这说明城乡差距在进一步缩小。[13]

（二）基层中小学教师教育实施现状

1. 基层教师补充机制渐趋完善

我国长期处于城乡二元结构，存在城乡教育发展不均衡的问题。为解决这一问题，我国出台了一系列基层乡村及中西部地区的教师教育相关政策，希望吸引更多的优秀人才到乡村任教。2006 年，国家出台《农村义务教育阶段学校教师特设岗位计划》（简称"特岗计划"），通过公开招考的方式选聘优秀高校毕业生到中西部贫困县农村学校任教，以缓解我国农村教师资源短缺、质量不高的问题。政策实施十五年来，累计招聘了 95 万名特岗教师，覆盖中西部省份 1000 多个县、3 万多所农村学校，成为补充农村教师队伍的重要举措。全国乡村教师本科及以上学历的比例从 2006 年的 5% 提升至 2019 年的 49%，[14]特岗计划在其中做出了重大贡献，为推动乡村振兴和教育扶贫发挥了基础性作用。

2007 年，教育部、财政部等部门共同制定了《教育部直属师范大学师范生免费教育实施办法（试行）》，由中央财政承担公费师范生的在校学费、住宿费和生活补贴，要求学生在毕业之后回生源省份从事中小学教育工作，任教服务期为 10 年。2018 年该实施办法更改为《教育部直属师范大学师范生公费教育实施办法》，履约任教服务期由原来的 10 年调整为 6 年。截至 2019 年，国家累计招收公费师范生 11.5 万余人，每年吸引 4.5 万名高校毕业生到乡村任教，向全国尤其是基层的基础教育欠发达地区输送了大批教师，成为建设基层高素质教师队伍的源头活水。

2015 年，国务院印发《乡村教师支持计划（2015—2020 年）》，提出了拓展乡村教师补充渠道、推动城镇优秀教师向乡村学校流动、全面提高乡村教师思想政治素质和师德水平、全面提升乡村教师能力素质等八项举措。这一计划的发布与实施，标志着国家更加关注乡村教师队伍建设，提升了乡村教师培养的政策高度和法律地位，大大改善了乡村教师"下不去、留不住、教不好"的难题。此外，从 2015 年开始在一些地区实施"县管校聘"制。经过几年的试点，已在全国范围内推进"县管校聘"改革，在区县范围内实现教师轮岗交流常态化与制度化，盘活教师队伍，提升教师队伍活力。

2. 基层中小学教师培训标准化

为加强教师培训，提高中小学教师队伍素质，2010 年教育部与财政部决定开始实施"中小学教师国家级培训计划"（简称"国培计划"），主要包括中小学教师示范性培训以及中西部农村骨干教师培训，以农村教师为重点，进行分类、分层、分岗、分科大规模组织教师培训。[15]"国培计划"优先支持贫困地区县，依托信息化教育手段开展培训教育。实施十余年来，中央财政投入超过 170 亿元，培训教师超过 1600 万人次，产生了巨大效应。[16]首先，在中央财政的有力保障下，形成了我国省、市、县三级教师培训体系，在全国范围内开展大规模的教师培训活动；其次，培养了大批优秀的中小学骨干教师、班主任、任课教师等"种子"教师，产生了良性的辐射效应，带动基层中小学教师素质的整体提升；最后，形成了一支专业化的教师培训者队伍，确保培训实施层面的高质量、高标准。李瑾瑜认为"国培计划"的创新点还在于重构了教师培训理念和价值、提升了培训课程研发标准等[17]。也就是说，"国培计划"更新了教师教育理念，促进了中小学教师价值观念的转变与提升；在实践中研发符合我国教师教育现状的课程标准，推动了教师培训的标准化进程。但是，国培计划在实施过程中也发现了一些问题，如培训内容偏理论化，缺乏教学实践课程；培训内容与教师需求不匹配，部分教师积极性不高；部分地方的组织经验不够，管理不到位；地方针对性指导不足等。这些问题都需要在实践中进一步总结经验，不断改进。

2020 年 7 月，教育部印发《中小学教师培训课程指导标准（师德修养）》等三个文件，教师培训课程标准按照"师德为先、能力为重、学生为本、实践取向、分层培训"五个理念研制，指导全国范围内分类、分科、分层实施五年一周期的教师全员培训。[18]中小学教师师德修养培训课程共有 4 个一级指标，12 个二级指标，同时又细化出 28 个研修主题；中小学教师班级管理培训课程与教师专业发展培训课程，都分别根据班主任和教师的工作实际，确定了核心能力目标或核心能力项，同时也研制了分别用于班主任和教师自我诊断的"能力诊断极差表"和"发展水平极差表"。这一标准的出台，对于教师培训课程的实施有具体的指导作用，对指导教师教育课程设计、规范教师培训活动、完善教师教育体系、提升教师队伍整体素质均具有重要作用。

3. 师德建设常态化

2018 年 1 月，中央印发《中共中央国务院关于全面深化新时代教师队伍建设改革的意见》，从教师个人师德提升与外部氛围营造同时入手，明确师德师风建设的目标、重点和举措，保障师德师风建设常态化、制度化。2018 年 11 月，教育部制定了《新时代中小学教师职业行为十项准则》，对教师职业行为提出了要求并划定底线，进一步推动师德师风建设的具体落实。2019 年 12 月，教育部等七部门印发《关于加强和改进新时代师德师风建设的意见》[19]，这是七部委在充分调研后形成的改进新时代师德师风建设的又一政策。《意见》从加强教师队伍思想政治工作、提升教师职业道德素养、将师德师风建设要求贯穿教师管理全过程、营造全社会尊师重教氛围、加强师德师风建设工作保障五个方面出发，提出了十五项具体任务，完善了我国师德师风建设的新格局。

4. 新时代中小学教师教育发展趋势

2020 年，教育部等六部门印发《关于加强新时代乡村教师队伍建设的意见》，为进一步推进乡村教师队伍建设高效率改革和高质量发展提出了新的要求。提出要"加强师德师风建设、创新挖潜编制管理、创新教师教育模式、拓展职业成长通道、提高地位待遇、关心青年教师工作生活"，一系列要求和措施为农村地区教师数量补充与质量提升提供了重要保障，对乡村教师的专业提升、职业发展和个人生活提出了关切性措施，进一步提升了乡村教师的地位和待遇。为落实《教师教育振兴行动计划（2018—2022 年）》，2019 年 7 月，成立国家教师教育咨询专家委员会等七个专家委员会，充分发挥专家在教师教育中的咨询和引领作用，推进教师队伍的高素质、专业化发展。2020年10月，中共教育部党组印发《开启全面建设高素质专业化创新型教师队伍新征程》指出，目前我国教师队伍的各项政策措施、制度体系在不断完善，教师教育有了坚实的基础地位，未来教师队伍应向高质量、高素质、专业化和创新型方向发展，进一步加强师德师风建设，振兴教师教育，提升教师地位和待遇，让尊师重教蔚然成风。2021年3月11日，十三届全国人大四次会议表决通过了《中华人民共和国国民经济和社会发展第十四个五年规划和2035年远景目标纲要》（简称"十四五"规划），指出"重点建设一批师范教育基地，支持高水平综合大学开展教师教育，健全师范生公费教育制度，推进教育类研究生和公费师范生免试认定教师资格改革"。"十四五"规划为教师教育的接续发展翻开了新的篇章。

二、我国基层中小学教师教育存在的问题

在基层中小学教师教育培训制度逐步完善的过程中，教师队伍建设不能与实际需求相匹配的矛盾仍十分突出，当前的基层中小学教师教育仍存在诸多不容忽视的问题。

（一）基层中小学教师教育软性制度不完善

软性制度建设即教师教育价值建设，涉及教师"为何学"的问题。目前我国已经形成特有的基层教师培养和培训体制，这些努力都在教师素质提升方面取得了一定成效。但是，以上都是从外部推动式的教师教育，教师专业发展的内生动力方面还有所欠缺，软性制度的建设还有待加强，主要表现为以下三个方面。

1. 师德师风建设有待加强

目前缺乏规范的师德考核机制，虽有为教师行为划定底线，但没有完整的促进教师自觉修养的机制保障。受功利教育观念的影响，教师更加注重知识技能的传授，而忽视了品德教育，同时一小部分教师自身缺乏奉献精神，缺乏提升自我修养的自觉性。

2. 教师自主发展的内在机制建设有所欠缺

在缺乏明确的提升教师内驱动力的教师教育机制状况下，基层教师的学习动力大多源于外部施压，部分教师缺乏职业认同感，教学兴趣不浓，自我提升动力不足。这不仅会影响教师的工作积极性和教学效果，甚至会导致教师教育情怀的缺失。

3. 教师文化建设缺失

当前基层中小学教师教育存在重视硬性的教学能力提升，忽略软性的教师文化建设的问题。一些地区的教师教育只注重教师专业能力培训，而没有组织教师

深入学习当地优秀的基层文化和教育文化，也没有充分挖掘、宣传、革新教师文化，因而导致教师对基层教育工作的文化认同感下降，降低工作的热情和积极性。

（二）基层中小学教师教育课程单调

教师教育内容涉及教师"学什么"的问题。长久以来，我国教师教育的课程安排都以教育理论与学科能力提升为主，这样的课程适合一定时间对教师教育发展的需求，但要面对建设高质量教师队伍的新任务，提升基层中小学教师素质，还需要直面以下三方面问题。

1. 课程内容缺乏针对性指导

在教师培训过程中，专家讲授的理论知识未充分考虑基层教师的实际需求，造成供给与需求的偏差，教师面对具体的教学任务有具体的教学问题，而培训的内容具有普遍性与抽象性，若不结合当地的教育实际加以分析，教师难以将新理论新思想应用于教学实践当中。

2. 培训内容单一，缺乏学生发展指导能力的内容

2014 年，上海市和浙江省拉开了新高考改革的序幕，改革经验将向全国推广。新高考改革的主要内容为"综合评价、多元录取、分类考试"，这意味着学生对于考试科目、升学路径、高校及专业的选择更为自主。在这一背景下，2019 年国务院办公厅《关于新时代推进普通高中育人方式改革的指导意见》明确指出，要做好对学生的理想、心理、学习、生活和生涯规划等方面的指导，加强对创新教师培训方式。而目前仅有 14 个省份制定了本省的学生发展指导意见[20]。因此，提升中小学教师的学生发展指导能力成为大势所趋。

3. 课程内容缺乏创新性

随着我国《教育信息化 2.0 行动计划》《中国教育现代化 2035》等文件的出台，信息化手段在教育中的应用越来越广泛，影响越来越深远，"互联网+教育""人工智能+教育"等的发展意味着教师教的环境与学生学的环境都会发生深刻变化，教师不再仅仅是知识的传授者，也是学习情境的建设者与人机交互协作的指导者。因此，教师教育课程必须紧跟时代需要，提升教师信息化素养和创新能力。

（三）基层中小学教师教育方式固化

教师教育方式涉及教师"如何学"的问题。目前我国基层教师的培训以传统的专家讲授式或远程培训式为主，这种传统的方式在大规模、短时间内对提升教师基本素质做出了巨大贡献，但随着基层中小学教师专业结构的不断完善，教师教育的方式也应不断创新。为实现教师高质量发展，应当看到当前的教师教育过程中还存在缺乏情境性、实践性、合作性的问题。

1. 教师教育缺乏情境性

教师教育培训环境局限于教室或讲堂，培训内容限于教育知识的传授，并没有在实践中增加教师的体验和经验，是一种"过度关注超越、剥离身体的思维训练和知识传递"[21]的过程。如果教师学习缺乏与周围情境的互动，将无法发生"具身学习"。龙宝新认为，教师"具身学习"是相对"离身学习"而言的，有涉身性、情景性和生成性，[22]即教师学习必须在身体与情景的互动之中实现。

2. 教师教育缺乏实践性

新教师往往在刚入职时缺乏基本的实践经验，师范学校在培养过程中存在偏理论、轻实践的趋向。周钧等人的调查显示，我国大部分师范院校的教育实习时间都低于规定标准，调查的30所院校教育实习时间平均仅为10.16周[23]。实习单位与学校之间合作深度不够，导致实习表面化，学生并没有得到质的提升。师范生侧重理论知识的学习而缺乏将理论与实践相结合的机会和能力，同时，职后教师培训也缺乏给教师实践锻炼和分析评价的机会。

3. 教师教育缺乏合作性

当前的教师教育主要以个体为单位组织进行，在培训活动的组织上缺乏团队合作和互助协作环境的创设。个体为主的方式虽然可以提升培训的效率，但教师之间缺乏有效沟通交流，成员之间的思想交流不够深入，因而降低了培训效果。

（四）基层中小学教师教育评价缺失

教师教育评价是对教师教育活动过程与结果的价值判断，具有重要的诊断功能、导向功能与改进功能。然而我国基层教师教育评价还存在诸多问题有待解决，主要表现在以下四个方面。

1. 评价主体单一

在教师教育评价中，被评价者处于相对被动的地位，很少有机会参与到评价活动当中来，难以发挥教师、教师教育者和学校及社会的多元主体评价优势，政府在评价过程中占主导地位，缺乏一定的市场竞争和监督机制来平衡。

2. 评价标准单一

在教师教育评价中，缺乏多样化的评价准则，忽视了基层教师、指导者和教师教育机构之间的个性差异和特色发展；评价体系缺乏动态性，教师教育的标准难以随着地域情况、教育实践现状和教师质量和教师教育期望的变化而变化[24]。

3. 评价强调结果而不注重过程

在教师教育评价中，缺乏有效的过程性评价和质性评价，达不到综合评价的目的。这样的评价模式忽略了被评价者本身的学习效益。教师教育的成果不仅仅体现在一场量化考核的结果上，更体现在教师自身获得感的增强和教学行动的改变和提升上。因此，质性评价的缺失使得评价难以体现真实情况，并且也使教师教育活动的改进与提升少了一项重要的参考指标。

4. 缺乏对教师教育机构的评价体系

2017年，国家出台《普通高等学校师范类专业认证实施办法》，构建了具有中国特色和世界水平的教师教育质量监测认证体系[25]，为师范类专业人才的高质量培养做出了重要贡献，但是目前还缺乏针对实施教师职后培训的教育机构的评价体系。随着教师教育体系的开放，教师教育培训主体和机构也在逐渐增多，为此应该完善教师教育评价体系，补充对各类教师教育机构的评价标准和办法，才能确保教师教育有序、高效、高质量发展。

总之，教师教育评价应该将量化评价与质性评价相结合，终结性评价与过程性评价相结合，尊重教师发展需求和主体地位，鼓励多元主体参与评价和多样化评价模式，逐渐完善教师教育评价体系。

第三节 基层中小学教师教育的改进对策

针对当前基层中小学教师教育存在的诸多问题，以下尝试性地提出若干改进对策和建议，以期明确基层中小学教师队伍建设中存在的问题，促进基层中小学教师教育进一步规范，推动乡村县镇中小学教师的专业化以及基础教育事业的健康发展。

（一）强化教师教育信念，激发教师内生动力

基层中小学教师是我国教师队伍中最庞大的一支力量，在师德师风建设方面，首先应当重视基层教师个人发展状况，关注乡村及偏远地区教师需求，并制定相关的指导和帮助计划，强化教师信念。其次，将师德考核作为教师评定的重要因素。长期以来，基层教育对中小学教师的评价都更加关注成绩和升学率，并没有给予师德以充分的重视，但师德是衡量教师的重要标尺，教师的德行会在潜移默化中影响学生，因此应充分重视师德考核机制的完善。最后，要让尊师重教在社会中蔚然成风。当整个社会给予教师更多关注和尊重，社会舆论和氛围会使教师自觉提升自我修养，增强专业发展的内在动力。

教师专业发展离不开教师所处的地方文化和学校文化的孕育，要培养出扎根基层、热爱基层教育事业的教师，就必须重视基层中小学教师的文化建设。一是发展培育基层特色文化。基层文化是当地教师文化的根基，是教师所处的"大环境"，展现和利用当地原生态特征，不断培育和发展当地的优良传统文化，让教师对基层文化有更加深刻的理解，有利于提升教师对当地文化的认可和热爱，保持

教师在基层工作的热情。二是重视基层教师文化事业发展。要大力促进教师多元文化交流，吸收和借鉴其他地区的优秀教师文化，在交流之中取其所长为我所用，提升当地基层教师文化。可组织基层教师文化活动，建设教师文化场所，为偏远、贫困地区的教师补充文化物资，确保基层中小学教师文化建设良性发展。三是在共同发展中促进基层文化与教师文化的融合。原有的基层文化与教师文化并非互不相容，而是相辅相成，基层文化为教师文化提供了发展的营养基底，教师文化的创生会不断丰富基层文化的内涵。因此，应使得二者在发展的过程中相互吸收，实现深度融合，让教师文化有可靠的依托，让基层文化在革新中不断孕育出更加优良的教师文化。

(二) 优化教师教育课程，丰富教师教育内涵

基层中小学教师教育课程在提升教师队伍素质、促进城乡均衡发展方面发挥着基础性作用，要造就一支扎根基层的高水平教师队伍，就必须优化教师教育课程，丰富基层教师教育的内涵。

1. 提升课程内容的针对性

针对课程内容，可增设当地特色主题课程，增强师范生或教师对于当地基层社会文化和教育现状的了解，在普适性课程的基础上增设针对当地教育问题的指导性课程，关注基层教育核心诉求。课程设计前充分收集基层教师的问题和需要，在设计课程与活动时充分考虑当地实际和地方特色，将教师教育的供给与当地的实际需求紧密结合起来，有针对性地解决基层教师的困惑，提升培训的收获感，构建灵活的、具有地方特色的教师教育课程体系。

2. 提升教师对学生发展的指导能力

提升教师对学生发展的指导能力，培养素养完备的指导型教师。学生发展指导需要教师参与，这就要求首先应提升教师的指导意识与责任感，将学生指导视为自己的本职工作；其次，要提升教师的指导能力，增强教师指导技能培训，组织教师学习与学生发展规划相关的专业知识，并增强实践练习；最后，要提升教师将学生指导融入平时教学过程中的意识与能力，做到将学科教学与学生发展指导深度融合。

3. 提升教师信息化教学创新能力

在教育信息化时代，各项教育技术发展与更新速度加快，教师教育和培训的内容应与技术发展相适应，增强有关信息化教学的前沿知识与技能的学习。提升教师发现、搜集、组织、应用各类电子教育资源的能力，提升教师运用信息化教学手段的积极性，在实践中培养创新能力。信息化教学知识与能力的提升不仅能够弥补基层教育短板，还能够有效利用技术资源提升教师素质，均衡教育资源，

缩小城乡教育差距。

总之，要不断完善基层教师教育课程，完善教师认知体系，让教师不仅仅掌握"教"的知识，也掌握"学"的知识；不仅熟悉自身学科知识，也了解通识知识；不仅会教学生知识，也要会指导学生发展；不仅了解先进的教育技术，也要懂得在实践中应用与创新。

（三）拓宽教师教育途径，提升教师教育效能

2020 年《开启全面建设高素质专业化创新型教师队伍新征程》的印发，意味着我国教师教育要不断向高素质、专业化、创新型的方向迈进。为实现这一目标，教师教育应基于目前现状，正视教师队伍需求，突破传统固化的教师教育模式，拓展教师教育途径。

1. 创新教师培养与培训模式

要落实实践项目，优化教育实践、实习过程，促进基层中小学与大学的深度合作，延长师范生实习周期，让师范生深入参与到中小学的课堂与教研活动中，避免实习流于形式。在教师培训方面增加参观、见习、评课等实践活动的占比，提升教师培训质量。

2. 探索合作学习模式

首先，在教师培训过程中要创设合作环境，给教师互助、互学、互评的机会，营造和谐的学习气氛，调动教师主动参与合作的热情。其次要搭建平台，组建教师合作学习团队。如基于问题式的团队，即在项目的指引下分工协作，探究问题的解决方式，在不断发现问题和解决问题的过程中共同进步；基于专家引领的团队，是在一名有影响力的专家带领下，共同研修、讨论、反思，使新手教师得到快速成长。最后是要建立保障机制，从硬件和软件两方面确保教师合作学习的顺利进行，如创设教师学习空间，为教师提供交流的场地，或搭建教师在线交流平台，借助网络手段实现远程合作学习。

3. 探索教师"具身学习"途径

"具身学习"在教师教育领域是一个新兴概念，但其对教师教育的实践具有积极的指导意义。在组织培训活动时注意增加教师身体体验式活动，在教师教育中综合应用视觉、听觉、触觉等感性学习途径，增强教师对教育的情感体验，将教师完全卷入学习之中。裴淼认为可以采用角色扮演、教育戏剧等形式来触发"具身学习"，这种综合性的活动是激活转化性学习的有效路径[26]。对于基层中小学的教师而言，可以通过"具身学习"的方式让教师体验学生的感受，体会与学生的相处之道，从而拉近基层教师与学生的心理距离，增强自身对职业角色的理解与对基层教育事业的认知。总之，"具身学习"理论指导下的教师教育更为尊重教

师的个体感受，能够带动教师的感觉、知觉和心灵全面而主动的参与，推进教师教育途径的转型升级。

（四）完善教师教育评价，保障教师教育质量

教师教育评价的缺失，会导致教师教育过程中隐藏的问题难以暴露出来，不能及时发现问题和革新；会使教师教育活动缺乏一定的目标指引，难以激发实施者的内在动力和工作积极性；无法及时明确自身优势与不足，影响教师教育改进的进度。因此，应从以下四方面来完善教师教育评价。

1. 树立合乎教师教育规律的评价标准

教师教育评价标准对于整个教师教育活动具有导向功能，对于教师教育的课程、活动、教学方式和行为都有着巨大影响，因此，教师教育的评价标准必须符合教师教育规律和发展要求。教师教育评价应该以教师职业道德要求为前提，"学为人师，行为世范"，要求教师以身作则，为学生树立榜样形象，良好的道德品质是做好教师的首要前提，同时，爱岗敬业、关爱学生亦是最基本的要求。

2. 评价内容和评价方式要多元化

在教师教育评价内容方面，应该既包括教育理论知识、基础学科知识，也包括教育实践方面的评价；既包括职业道德考核，也包括教育素质测试。在评价的方式上，既要有总结性评价，也要有过程性评价，并且将量化评价与质性评价相结合，即教师教育的评价可以通过培训后的答题考核来实现，也可以通过记录教师集体活动中的表现和成果来进行综合评价。

3. 发挥第三方评价机构的作用，将内部评价与外部评价相结合

教师教育的内部评价主要是由直接从事教师教育活动的组织者、指导者以及其他参与者所进行的评价，我国目前也以这样的模式为主，并且多以评价教师个体为主。外部评价是由不直接参与教师教育活动的教育行政主管部门或第三方机构等进行的评价，而我国目前缺乏这种对教师教育机构的评价和认定。美国全国教师教育认证委员会（National Council for Accreditation of Teacher Education, NCATE）就是教师教育认证机构，它根据一定标准对教师教育机构进行评价和鉴定，只有获得认可的机构才有资格承担教师教育培训[27]。引入第三方评价能够加强教师教育评价的专业性，完善教师教育评价体系，有利于保障教师教育质量。

4. 重视评价的改进作用，落实评价的发展性和指导性原则[28]

一方面，教师教育评价不以单次的终结性评价为目的，评价的目的并非终止于教师教育活动的结束，而是着眼于促进教师专业发展，激发教师的职业热情和自我提升的积极性。另一方面，要仔细分析评价结果以及结果形成的原因，找到组织方面的问题，进一步改进方案，完善之前课程或活动当中的不足，提升教师

教育服务和指导质量。教师教育的指导性原则还要求在进行评价的同时，指出被评价教师的优势与不足，并提出建设性的意见或建议。

总之，以尊重教师发展规律为前提，通过多元、开放的评价方式，适时给予教师相应的反馈，可以强化其优点，及时改正不良的教学观念或行为，避免教师盲目自信或丧失信心。因此，以服务教师和发展教师队伍为目的的教师教育评价是促进教师队伍高质量发展的重要保障。

参考文献

[1] 教育大辞典编纂委员会. 教育大辞典（第 2 卷）[M]. 上海：上海教育出版社，1990：3.

[2] 梁启超. 梁启超全集（第一卷）[M]. 北京：北京出版社，1999：28-29.

[3] 刘捷，谢维和. 栅栏内外：中国高等师范教育百年省思 [M]. 北京：北京师范大学出版社，2002：77.

[4] 何东昌. 中华人民共和国重要教育文献（1991—1997）[G]. 海口：海南出版社，1998：4044.

[5] 王金波. 美国能力本位师范教育初探 [J]. 教育评论，1985（3）：45-48.

[6] 杨尊伟. 美国教师教育：从“能力本位”到“标准本位”[J]. 比较教育研究，2004（1）：8-11

[7] 赵丽，李妍. 中外教师专业发展研究：热点、问题与对策 [M]. 上海：华东师范大学出版社，2013：194.

[8] 教育部. 教育部关于实施卓越教师培养计划 2.0 的意见 [EB/OL]. (2018-09-10). http：// www. moe. gov. cn/srcsite/A10/s7011/201810/t20181010_350998. html

[9] 邵晓霞. 基于翻转课堂的“国培计划”培训模式探究：以天水师院“国培计划”中西部农村英语骨干教师培训项目为例 [J]. 中小学教师培训，2015（1）：20-24.

[10] 陈晓彤，武丽志. 国内中小学教师培训模式研究综述（2010—2019）[J]. 中国成人教育，2020（10）：74-78.

[11] 刘昌亚，李建聪. 中国教育统计年鉴 [M]. 北京：中国统计出版社，2019：147-163，67-146.

[12] 牟阳春. 中国教育事业统计年鉴 [M]. 北京：人民教育出版社，2000：81-89，49-80.

[13] 教育部. 中国教育概况：2019 年全国教育事业发展情况 [EB/OL].

（2020-08-31）．http：// www. moe. gov. cn/jyb_ sjzl/s5990/202008/t20200831_ 483697. html

［14］教育部.提升农村教育质量："特岗计划"实施十五年［EB/OL］.（2020-09-04）．http：// www. moe. gov. cn/fbh/live/2020/52439/sfcl/202009/t20200904_ 485101. html

［15］教育部.财政部关于实施"中小学教师国家级培训计划"的通知［EB/OL］.（2010-06-30）．http：// www. moe. gov. cn/srcsite/A10/s7034/201006/t20100630_ 146071. html

［16］开启全面建设高素质专业化创新型教师队伍新征程［EB/OL］.（2020-10-06）．http：// www. moe. gov. cn/jyb_ xwfb/moe_ 176/202010/t20201006_ 493343. html

［17］李瑾瑜,王建."国培计划"对我国教师培训的创新性贡献［J］.教师发展研究,2017（2）：1-9.

［18］钟祖荣.中小学教师培训课程指导标准研制思想方法［J］.教育研究,2021,42（1）：138-146.

［19］教育部.印发《关于加强和改进新时代师德师风建设的意见》的通知［EB/OL］.（2019-12-06）．http：// www. moe. gov. cn/srcsite/A10/s7002/201912/t20191213_ 411946. html

［20］关于政协十三届全国委员会第三次会议第2453号（教育类225号）提案答复的函［EB/OL］.（2020-12-08）．http：// www. moe. gov. cn/jyb_ xxgk/xxgk_ jyta/jyta_ jiaoshisi/202101/t20210128_ 511574. html

［21］毕亚莉,张永飞.教师专业学习的身体性路径研究［J］.当代教育科学,2019（3）：47-51.

［22］龙宝新.具身学习视野下的教师学习形态变革［J］.教师发展研究,2020,4（1）：12-19.

［23］周钧,唐义燕,龚爱芊.我国本科层次教师教育课程设置研究［J］.教师教育研究,2011,23（4）：44-50.

［24］黎志华.教师教育评价研究［D］.华东师范大学,2011.

［25］教育部.关于印发《普通高等学校师范类专业认证实施办法（暂行）》的通知［EB/OL］.（2017-10-26）．http：// www. moe. gov. cn/srcsite/A10/s7011/201711/t20171106_ 318535. html

［26］裴淼.教师具身学习的概念内涵、价值意义和达成路径［J］.陕西师范大学学报（哲学社会科学版）,2018,47（1）：170-176.

［27］周晓燕，聂丽霞.国际教师教育评价经验及其对我国的启示［J］.教育理论与实践，2012，32（8）：41-43.

［28］王道俊，郭文安.教育学（第七版）［M］.北京：人民教育出版社，2016：248.

第十四章
新生代进城务工人员教育

新生代进城务工人员是指出生于 20 世纪 80 年代以后，年龄在 16-40 岁之间，户籍地在乡村，进入城市主要从事低端制造业、基本服务业等非农劳动 6 个月以上并以此作为主要收入来源的劳动者。随着我国社会转型和新型城镇化建设速度的加快，大批新生代进城务工人员已然成了城市的新兴人口，但由于他们与城市的关系特殊，职业技能水平等方面也存在不足，大多沦为城市的边缘人群。在新的经济形态下，他们如何提升自身的竞争力，在城市中获得持续发展，更好地融入城市生活？本章对新生代进城务工人员的继续教育问题进行探讨。

第一节　新生代进城务工人员概况

国家统计局发布的《2018 年全国进城务工人员监测报告》显示，2018 年全国农民工总量为 28836 万人，比上年增加 184 万人，增长 0. 6%。其中，进城务工人员 13506 万人，平均年龄为 35.2 岁，40 岁及以下所占比重为 69.9%。由此可见，进城务工的人员增速虽有回落，但总量仍在继续增加，新生代则占近七成数量。无论是本地还是异地的新生代进城务工人员，他们与城市有着极为特殊的关系，城市的建设需要他们，但城市中的部分人却对他们怀有某种程度的排斥心理。他们的生存与发展受到城市的种种影响，有城市给予的发展机遇，也有城市带来的消极体验。

一、新生代进城务工人员的特点

新生代进城务工人员大多是 80、90 后,他们大多没有务农经历,乡土观念较为淡薄,有着物质和精神方面的双重追求。他们继承了老一辈进城务工人员吃苦耐劳的精神,知识文化水平更高,在城市中遵纪守法,相对易于管理。

(一) 乡土观念淡薄

新生代进城务工人员与上一代的进城务工人员有着不同的经历,他们接受过学校基础教育,学业结束后就进入城市务工。他们与城市的同龄群体经历趋同,大多没有从事农业生产活动的经历,对乡土的依附感不强。另外,由于长期存在的城乡二元户籍制度,他们仍是农村户籍,离开农村进入城市谋生,一旦在城市落脚,享受到城市优质的资源和丰富多彩的生活后,其乡土观念更加淡薄。

(二) 职业期望较高

新生代进城务工人员大多受过较好的教育,其思想观念与上一代进城务工人员存有明显的差异,如进城务工的动机从"改善生活"转变为"体验生活"。而城市可供选择的职业多样,分工也倾向于细化,他们选择职业的范围也就更为宽泛。此外,新生代进城务工人员的整体受教育水平有所提升,在择业时更为关注工作环境、发展前景及社会评价,对职业的期待值较高。客观地讲,这种较高的职业期待在一定程度上带有盲目性,一是他们的就业受他人的影响较大,二是他们自身的技能水平难以满足技术性岗位的要求。

(三) 工作耐受力低

在上一代进城务工人员的辛苦打拼下,新生代进城务工人员有着相对优越的成长环境,生活较为平顺安稳,同上一代进城务工人员相比,工作耐受力与心理承受力不高,这导致较多的新生代进城务工人员职业转变较为频繁,就业稳定性差。并非新生代进城务工人员不够吃苦耐劳,他们大多从事城市低端制造业、基本服务业中的高危苦累职业,填补了这些城市岗位的空缺,只是由于进城务工人员的身份使他们的情感更为复杂,心理更为敏感和脆弱。他们在城市中缺乏归属感,一旦遇到挫折就更容易陷于消极情绪的困扰中。

(四) 保障程度有所提升

我国正处于城镇化加速发展期,农村社会保障体系逐渐完善,现已基本形成了以社会养老保险、合作医疗、最低生活保障、五保供养、医疗救助等为主要内容的农村保险体系。在宏观的社会发展背景下,新生代进城务工人员的保障程度虽不及城市人群,但提升幅度还是清晰可见的,这将为他们的生活提供有力保障。当然,他们的社会保障程度与城市人口还存在较大的差距,需要政府和有关部门继续努力，不断缩小城乡之间社会保障的差距。

（五）具备自身的发展优势

虽然城乡二元户籍制度阻碍了农村和城市的互通，但城市对农村人口越来越开放，城市人口对进城务工人员的接纳度持续升高，只要新生代进城务工人员在城市努力工作，完全能够适应并融入城市生活。而且，新生代进城务工人员并没有脱离农村户籍，依然可以享受到政府的农村扶助政策。就新生代进城务工人员自身来说，他们容易满足且能吃苦耐劳，只要在城市有发展前途，就会付出加倍的努力。他们有着上一代进城务工人员的淳朴性格，待人热情，做事认真。虽然他们对城市生活还不够了解，但大多能遵纪守法，服从城市管理。

二、新生代进城务工人员与城市的特殊关系

新生代进城务工人员是新城镇建设的主力军，他们虽然是农村户籍，但主要从事的是非农产业，大多就职于城市的低端制造业或基本服务业。而随着城乡一体化的深入推进，新生代进城务工人员在城市建设中的作用更加凸显，对城乡的合理化演进有着积极的促进作用，但在进城务工的过程中也给城市带来了流动人口不可控的隐患。就新生代进城务工人员自身来说，他们在城市务工的过程中既能享受到城市发展带来的福利，同时也承受着城市生活压力等消极体验。

（一）新生代进城务工人员对城市发展的影响

新生代进城务工人员为城市的建设和发展输送了大量劳动力，填补了城市低端制造业和基本服务业的岗位空缺，缓解了这些劳动密集型行业用工难的问题，从而促进了城市建设的平稳进行。新生代进城务工人员的职业素质有了大幅度提升，客观上推动了城市产业的结构改革和产业升级，城市对他们的开放程度也将更加深入，有利于完善城市统一开放劳动力市场的形成。当然，新生代进城务工人员流入城市，为城市建设注入活力的同时也给城市的发展埋下了某种隐患，增加了城市市容、环境卫生乃至治安管理的难度，给城市化的优质推进带来不利影响。

1. 提供大量廉价劳动力

新生代进城务工人员为城市发展提供了大量的廉价劳动力，填补了城市一些岗位的空缺。现如今，农村土地被大规模流转承包，个体小农户种地收益日益降低，而且在农业科技的引领下，机械化、科学化、规模化种植已然成为一种趋势，这就使得农村剩余劳动力逐渐增多。农村无法解决这些剩余劳动力的就业问题，进城务工就成为一种较好的选择。绝大多数新生代进城务工人员没有从事过农业生产，缺乏土地耕种经验，即使是愿意在农村务农，也很难获得理想的土地收益，

加之又有较多的农闲时间，进城务工就成为很自然的选择。城市中的劳动力密集型行业用工缺口较大，为新生代进城务工人员提供了充足的就业岗位。相较于农业生产活动，进城务工相对轻松，收入也较高，城市对他们来说是极有吸引力的。

2. 完善城市统一开放的劳动力市场

新生代进城务工进一步打破了城乡分割的就业壁垒，推动建立城乡统一开放的劳动力市场。[1]在教育强国理念的推动下，我国教育事业取得了显著成就，新生代进城务工人员整体的学历水平有所提升。国家统计局发布的《2018年全国进城务工人员监测报告》显示，初中文化程度占55.8%，高中文化程度占16.6%，大专及以上占10.9%。知识文化水平的提升，为其转向城市务工创造了条件。另外，新生代进城务工人员的职业素质与城市人口的差距不断缩小，能够满足城市建设的岗位要求。城市的建设需要投入大批量的人力、物力及财力，新生代进城务工人员的总量继续增加，且劳动力成本相对较低，不仅为城市建设输送了大量劳动力，还降低了建设成本。因此，城乡之间的就业壁垒将逐渐被破除，而互通、互享、互赢的就业市场也终将形成。

3. 增加城市管理的难度

越来越多的新生代进城务工人员选择定居在城市，这就使得城市人口数量急速增加，促进了我国城市化水平的提升。当然，新生代进城务工人员大量涌入城市，必然会产生一些问题。新生代进城务工人员的就业和居住地大多不稳定，出于经济收入状况，他们大多租住在远离市区的城乡接合部，这些区域基础设施建设滞后，一直存在着刑事案件高发、人口管理失控、交通消防隐患突出、群体性事件较多等问题，向来是治安管理的"洼地"。此外，新生代进城务工人员大多从事低端制造业和基本服务业，尤其是果蔬市场、小苍蝇店、流动摊点等低端沿街商业的违规经营，在带给城市生活便利的同时，也对城市环境、交通秩序、群众生活等造成了客观的负面影响。

（二）城市发展对新生代进城务工人员的影响

时代在高速发展，城市创造的就业机会越来越多，吸收了大量的农村剩余劳动力，在一定程度上解决了农村人口闲置的难题。城市的经济发展可以养活更多的人口，新生代进城务工人员在城市打工，不仅可以获得较好的经济收入，还能够享受到教育、医疗等优质资源，有助于提升生活的质量。但因农村户籍导致他们不能享受与城市人口同等的社会福利，住房、教育、医疗等方面的沉重经济负担，不仅增加了他们城市生活成本，也造成了诸多心理问题。

1. 提供就业机会

城市提供的就业机会和薪资待遇远远高于农村。改革开放几十年来，我国经济持续快速增长，并逐步发展成为制造业大国，工业门类齐全，体系完整，工业生产逐渐由低端向中高端迈进。1954 年，美国经济学家刘易斯（W. A. Lewis）即首先提出，在传统农业部门和现代工业部门的二元框架下，发展中国家在工业化和城市化过程中，传统农业部门的剩余劳动力可以通过工业部门的扩张实现转移。[2] 城镇占据了第二产业、第三产业的绝大多数岗位，这些岗位的就业门槛较低，吸引着农村剩余劳动力向城市转移。

如今，在产业结构持续优化的推动下，城市的服务业蓬勃发展，新业态、新模式不断涌现，电子商务、数据消费、现代供应链、互联网金融等行业更是为城市提供了诸多新的就业岗位，新生代进城务工人员凭借自身条件可自由选择职业。《2018 年全国进城务工人员监测报告》的数据显示，进城务工人员从事第三产业的比重为 50.5%，比上年提高 2.5 个百分点，其中从事基础服务业的人数持续增加。因脱贫攻坚而开发了大量公益岗位，进城务工人员在公共管理、社会保障和社会组织等行业就业的比重为 3.5%，比上年提高 0.8 个百分点。

2. 增加收入，改善其生活质量

农村劳动力向城市转移不但有助于增加其经济收入，也有利于缩小城乡差距。近些年来，新生代进城务工人员在城市务工的月均收入呈稳定增长的趋势。经济收入提高了，其生活水平和生活质量才会有所提升，才能享受到更多的城市便利。相较于农村来说，城市在就业机会、教育资源、医疗设施等方面具有优势，这也是吸引农村人口转移至城市的重要因素。

新生代进城务工人员在学习型城市建设的推动下，也越发重视终身学习。但城乡教育资源的分布并不均衡，城市的教育资源相较农村地区更为优质，教育观念和教育投入都远远好于农村地区，这为他们继续学习、适应知识经济社会提供了便利条件。此外，高质量、高水平的医护人员和医疗技术大多集中于城市的大型医疗机构，生活在城市中的新生代进城务工人员，能够享受到优质的医疗资源，这不仅有利于提升他们的健康水平，也有利于提高医疗资源的利用效率。

3. 城市带来的消极感

新生代进城务工人员仍然是农村户籍，这种二元结构的户籍制度使他们徘徊在农村与城市之间，既不愿意再回到农村生活，也很难真正地融入城市。在进与退之间，他们承受着沉重的物质和精神方面的压力。就生活层面而言，由于社会福利与户籍挂钩，新生代进城务工人员不能获得与城市人口在就业、教育、医疗、保险等方面同等的福利待遇，这无形中增加了他们在城市生活的成本。

新生代进城务工人员缺乏在城市安居乐业所需的基本条件，这种生活负担直接影响着他们的心理状态。首先，不少新生代进城务工人员缺乏身份认同感，他们生活在城市，但户籍归属农村，对自身角色带有一定的迷茫感。其次，不少新生代进城务工人员存在内心矛盾感，他们期待融入城市却存在现实困难，非城非乡的处境让他们感到无奈，这种矛盾如果得不到很好的解决，就会产生越来越多的消极体验，进而对自身能力产生怀疑，这显然不利于他们在城市中的进一步发展。

第二节　新生代进城务工人员教育面临的挑战

近些年来，随着农业现代化的不断发展，新生代进城务工人员的队伍日益壮大。随着知识经济的发展，各行各业对知识和技能的要求也越来越高，但大多数新生代进城务工人员缺乏较高的专业技能及知识素养，必须适时更新自身的知识体系，提升职业技能。而进入教育情境的个体带有自己独特的性情、历史和目的，每个个体都以不同的方式与既定的教育格局互动，并产生不同的结果[3]。在这种互动中，新生代进城务工人员会面临诸多的问题与挑战。

一、新生代进城务工人员自身层面

新生代进城务工人员的就业岗位大多来自劳动密集型制造业或低端服务业，他们的工学矛盾更为突出，繁忙的、高强度的工作极大地消耗了他们继续学习的精力。此外，新生代进城务工人员或多或少都担负着家庭责任，也是影响他们继续学习的一个重要因素。当然，除了这些工作、家庭等外在因素，新生代进城务工人员的继续教育状况还与他们自身的内在因素有关。

（一）自主学习认识不足，学习意志较为薄弱

随着终身教育、学习型社会观念的普及，新生代进城务工人员深知继续教育的重要性，但他们的学习方式尚未更新，大多倾向于认可传统的班级授课等被动接受式学习。自主学习不同于传统的被动接受学习，它把足够的学习权力下放给学习者，学习者对学习的内容、方式以及使用的资料都有自主选择权，学习趋于自立性、自为性和自律性。

但是，新生代进城务工人员的业余时间和精力有限，对学习往往是"三分钟热度"，学习意志较为薄弱，每当遇到棘手的问题或困难时，不是求助于他人，就是选择逃避。长此以往，就会失去应有的学习自制力，更容易受外界的影响，丧失坚持学习的意志。

（二）合作学习观念不强，互联网及移动学习设备利用尚不充分

新生代进城务工人员的人际交往范围较小，出入的活动场所相对固定，加之部分新生代进城务工人员的学习基础较为薄弱，参与合作学习的热情不高。合作学习鼓励学习者在完成共同任务的过程中实现自我发展，在互教互学、彼此启发的学习氛围中共同提高，共同进步。新生代进城务工人员要及时更新学习方式，更加积极主动地参与学习过程，学会合作学习，学会交流合作，而非被动地接受学习。

在互联网中，个体之间的联系和交流趋于平等，而手机作为现代移动终端设备，集通话、上网功能于一体。但网络学习和移动学习作为一种非正式学习方式还远未被新生代进城务工人员充分利用，他们通常只是将手机视为一种通讯或休闲娱乐工具，很少将手机作为移动终端用于学习。如何充分利用网络资源和手机资讯来弥补以往学习的缺失，提升学习的广度和深度，是需要新生代进城务工人员加以重视的。

(三) 继续教育支出较少，家庭学习氛围不浓

新生代进城务工人员的家庭收入有限，加之城乡二元户籍制度导致他们无法享受与城镇居民同等的社会福利保障，其家庭实际可自由支配的收入不高，用于继续教育的支出就更少。有些收入较高的新生代进城务工人员，在分配家庭支出份额时，往往更倾向于置备家庭生活所需物品而非继续教育。

学习型家庭秉承终身学习的观念，将学习活动看成是家庭生活的一部分，能够对学习时间和费用支出做出合理安排。在家庭学习中，无论是夫妻之间的合作学习、异辈之间的相互学习还是全体家庭成员的共同学习，其营造的平等、进取的学习氛围不仅有益于家庭和睦，还有助于提升家庭生活的品位和质量。但大多数新生代进城务工人员并不重视构建学习型家庭，不能将互勉互励的学习作为家庭生活的有机组成部分，有的甚至不了解学习型家庭理念，家庭学习氛围不浓。

二、企业或组织层面

大多数新生代进城务工人员所在的企业或组织属于技术含量低、附加值低的劳动密集型企业或行业，这些企业或组织管理层关注的是劳动消耗在产品成本中所占的比例，为了节约成本以获取最大利润，不对员工进行定期培训，尽可能压缩教育投入，也不重视他们的学习诉求。即使有些企业开展了相关的培训活动，培训效果也不佳。

(一) 忽视对新生代进城务工人员的培训投入

员工的成长代表着企业的成长，要想在社会竞争中保持优势，就需对员工进行定期培训。当前，不少企业依然将新生代进城务工人员视为廉价劳动力，错误

地认为只要将劳动力成本降到最低就可以获得竞争优势，培训的投入在短期内见不到收益，因而不愿意开展培训活动。

新生代进城务工人员大多从事那些技术要求低、劳动力密集或依托廉价劳动力的低端制造业和基本服务业，这些岗位的工作内容较为单一且具有重复性，加之用工人员流动性较大，不少企业管理者并不重视对他们的培训投入，培训制度形同虚设。企业培训有技能补偿的作用，是继续学习的重要途径，也是提升人力资本的重要手段，美国著名经济学家贝克尔（G. S. Becker）就明确指出："教育和培训投资是人力资本最重要的投资。"[4]新生代进城务工人员在学历教育上欠缺优势，参与企业培训是他们继续学习的有效途径，但他们所能就职的企业规模有限，难以发挥培养优秀技工的主体作用，甚至很多小型企业无法开展培训活动。另外，大多数企业缺乏科学管理的理念，只关注如何降低用工成本，不关心人力资本的后续开发，从而导致员工缺少学习的机会和平台。

（二）培训与激励机制脱钩

行为是学习者对环境刺激所做出的反应，通过考核和激励能够改变学习者的行为。激励机制对于调动学习者的学习积极性和主动性，促进其知识技能水平的提升具有十分重要的作用。其实，要求自己的成就得到外界的赞赏，是一种正常的心理需求。如果员工的培训表现达到了要求且总体令人满意，应当得到企业或组织的赞赏，缺少激励机制将会对员工的培训积极性和主动性产生消极影响。

考核是保障，为培训活动的顺利进行保驾护航；激励是牵引力，拉动培训的整体效力。但目前，关于新生代进城务工人员的培训规划与激励机制尚未形成，培训结果往往与后续的绩效考核和薪酬奖励脱钩，甚至有些企业或组织的培训活动还需员工自费参与。当新生代进城务工人员参与培训活动后，发现培训对于提升他们自身的工作绩效并没有产生效力，他们是否还会对培训抱有期待？如果培训长期缺乏激励机制，他们是否还有参与其中的动力？答案显然是否定的。培训与激励机制脱钩，会阻碍新生代进城务工人员继续教育的发展。

三、政府宏观管理层面

近些年来，国家虽然逐步加大对农村教育的扶持力度，但农村教育经费投入不足、城乡教育资源配置不均衡等问题依旧困扰着农村继续教育的进一步发展。新生代进城务工人员的户籍在农村，享受不到和城市人口同等的待遇，没有更多的收入能够用于继续教育。此外，很多新生代进城务工人员毕业于专科院校或职业技校，社会对其学历认可度不高，严重限制了他们向技能型员工身份的转变。

（一）教育资源的城乡配置仍不均衡

党的十九大报告明确指出，坚持教育优先发展，坚持城乡教育一体化发展。在新型城镇化建设的大背景下，城乡发展趋向于互补和协调，为了发展的良久性和均衡性，城乡的教育资源必须得合理配置。但在现实中，教育资源仍然集中在城市，城乡在教育投入、办学条件、师资水平等方面差异明显。教育资源配置不均衡将直接导致新生代进城务工人员的教育需求得不到基本满足。当教育资源供给难以满足学习需要时，大量农村学生被迫中止学业，甚至没有完成义务教育就进城打工；还有部分农村学生因学习上的无助感而产生厌学情绪，最终也选择辍学进城打工。

（二）初始学历歧视

虽然新生代进城务工人员的整体教育水平有所提升，但相较于城市人口仍然总体较低，且大多就职于一些低端制造业与基本服务业。高考就像一个过滤器，分数高的学生可以优先选择进入重点高校深造，而高考成绩不理想的学生只能选择专科院校、职业技校或成人教育学校就读。但社会对于专科、技校、成人教育等认可度并不高，在很大程度上打击了他们的自信心。新生代进城务工人员在这种学历观念下，即使通过成人教育提升了学历，很多时候也是不被社会认可，待遇稍好的企业或单位在招聘简章上往往明文规定"成人教育不在本次招聘范围之内"，这就致使他们继续学习的积极性严重受挫。

更有甚者，如果初始学历不是一流院校，即使最高学历是研究生，也会在一定程度上受到学历歧视。但很多时候并非农村学生不够优秀，由于他们所掌握的行业发展信息有限，在填报志愿时常带有盲目跟风性，也有不少考生因报考志愿失误而没有学校可上。虽然学历水平是评断个体学习能力的一个重要依据，但并非唯一标准，当下第一学历的歧视仍然客观存在，新生代进城务工人员的后取学历还很难获得社会及企业的认可。

综上所述，新生代进城务工人员的继续教育面临着诸多问题，这些问题如得不到改进，会对我国的城市化发展产生较大影响。一方面，如果新生代进城务工人员不能持续提升自己的技能素养，不仅难以适应经济转型及产业升级的需要，还可能导致未来大规模的失业问题出现；另一方面，新生代进城务工人员面临的生存与发展困境有可能会诱发负面效应，形成社会问题。

第三节 新生代进城务工人员教育的改进对策

新一代进城务工人员的继续教育直接关乎城市建设和农村经济的发展，关系着新型城镇化建设的全局，社会各界必须对这一新兴群体予以高度重视，引导他们加强职业教育和技能培训，协力为他们的继续教育扫清障碍。要提升新生代进城务工人员的继续教育质量，需要其自身、企业以及政府三者协力合作，共同发挥效力。

一、新生代进城务工人员自身的对策

当今时代，世界在飞速发展，知识更新的速度大大加快，个人只有不断学习才能持续增长新知，跟上时代发展的步伐。因此，新生代进城务工人员要将终身学习看作是一个永恒的主题，充分认识学习的重要性和必要性，借助互联网技术更新学习方式，将学习贯穿一生。新生代进城务工人员的思维较为活跃，有一定的教育经历，又时常往返于城乡之间，适应能力较强，也有条件进行自主学习，实现自我提升。

（一）改变对学习的认知，增强自主学习能力

虽然新生代进城务工人员的受教育程度整体高于上一代进城务工人员，但他们大多只接受过初、高中（中专）教育，只有少数接受过高等教育。相较于那些拥有较高知识水平和文化程度的劳动者来说，他们对企业技能培训缺乏积极性，更为重视学历教育，对终身学习的认识不足。他们需要改变这种片面的认识，将终身学习、非正式学习纳入自己的认知体系，并努力提高其自主学习的能力。

1. 做好职业规划，明确学习目标

新生代进城务工人员在融入城市的过程中，大多只是被动适应，对自身的职业发展缺乏长远规划，学习目标和学习动机不明确。韦恩·蒙迪（R. W. Mondy）指出，职业规划是一个人制定职业目标并确定其实现方法的不断发展的过程。[5]个体的职业规划与其所处的家庭、组织以及社会环境有着密切的关系，个体在制定职业规划的过程中需要考虑多种因素，如年龄、性别、婚姻、职业倾向和职业技能等。大多数新生代进城务工人员或缺乏过职业规划的理念，或无法做好职业规划，企业或组织要提供有效的咨询通道，协助他们了解职业规划的含义、具体做法及需要注意的问题等，帮助他们正确定位自己的"职业锚"，规划出适合自己的发展方向和提升途经。

2. 注重自我反省，并进行适当的自我奖励

新生代进城务工人员在思维认知方面相对不足，对学习策略知之甚少，在自主学习的过程中会遇到很多问题。在学习过程中，经过自我反省，明确自主学习中出现的问题和漏洞之后，才能得到企业或组织的有效帮助和指导。虽然新生代进城务工人员的文化程度整体不高，但也具备一定的学习能力，当学习取得成效

时，可视情况进行自我奖励，来提升自我效能感，不断增强自主学习能力。

（二）提高学习需求辨识力，探索多种学习方式

学习需求辨识力是指对一生发展变化所导致的学习需求的一种洞察、选择、辨别和确认的能力。[6]新生代进城务工人员对学习需求的辨识力不足，很多时候不知道学什么，对学习表现得无所适从，这将直接影响他们对于学习的投入力度。学习不是完全从新的知识点开始，而是通过与已有事物建立联系，并在头脑中形成自己的知识体系。如果能够清晰定位自己的学习诉求，遇到个人不能解决的难题时善于向他人寻求指导，通过种种努力，终会实现自己的学习目标。

1. 明确学习需求，培养良好的学习习惯

要想提升学习的实效性，需注重学习需求辨识力的培养，明确学习需求。首先分析自己在不同的年龄阶段或发展阶段已具备的学习条件，为学习行为的展开奠定基础；其次，分析当下关乎自身发展的主要任务和技能，以保证学习的针对性；最后，确定学习需求，找寻相关资料，选择真正需要的学习内容进行学习。在学习的过程中，需要保持专注、讲求策略、反复练习，形成能够自我监控的学习习惯，包括独立思考的习惯、自主学习的习惯、合理把控学习过程的习惯等。

2. 拓展交往圈，学会合作学习

新生代进城务工人员城市生活负担沉重，生活余力不足，合作学习有助于节约学习成本，提高学习效益。具体来说，可以和同事、朋友一起展开学习活动，彼此之间相互督促，利用合作学习带动自己的学习步调，合力攻克学习难关，在合作中实现同步发展，共同进步。

3. 充分利用互联网或移动终端设备，业余时间开展泛在学习

网络教育突破了时空界限，学习者可以根据自己的时间弹性地安排学习，能极大地缓解新生代进城务工人员的工学矛盾。现在，越来越多的现代远程教育试点高校大力开展成人网络学习，设计出网络学习平台和网上虚拟课堂，如清华大学发起的精品中文"慕课"平台——"学堂在线"。新生代进城务工人员通过电脑或手机，借助网络端口就可以选听知名高校及知名教授讲授的课程。另外，微信、微博等平台相继推出的公众号也是一种很好的学习渠道，通过关注官方公众号，查阅推送的文章，也是学习的有效途径。

（三）树立终身学习理念，努力创建学习型家庭

家庭也是成人学习的场所，每个家庭都应强化学习理念，努力创建学习型家庭。创建学习型家庭，有利于营造更加浓厚的家庭学习氛围，通过家庭成员间的互动学习提高自身的知识素养。

1. 树立终身学习的理念

当今时代，终身学习的观念已被越来越多的人所认可。如果缺乏终身学习的意识，不适时更新知识与技能，将很难适应社会的快速发展。因此，新生代进城务工人员在家庭中要发挥带动作用，确立终身学习的价值取向，使学习成为家庭生活的常态，成为家庭成员成长与发展的自觉行为。新生代进城务工人员要相信知识可以兴家、知识可以强家、知识可以富家，从思想上把学习设定为家庭生活的新形式和家庭走向富裕的新途径，并通过各种家庭学习活动潜移默化地提高家庭成员的综合素质。

2. 积极营造学习氛围，创造丰富的学习活动载体

家庭成员是平等的学习主体，家长和子女要开展学习对话，进行互动式学习。已为人父母的新生代进城务工人员要做好表率，认真创设家庭学习情境，设立"家庭学习日"，努力使家庭成为自己和子女可持续学习的场所。同时，要制定家庭学习守则，保障家庭的持续学习，在相互交流、相互激励中保持家庭成员的学习热情。家庭负担不重的新生代进城务工人员，学习时间和精力就相对充裕，可事先做一份学习计划并鼓动其他家庭成员加入，在家庭学习日里全家一起读书、一起观看教育视频等。总之，新生代进城务工人员要从自身做起，全力营造能够发掘家庭成员潜力的家庭学习氛围，培养家庭成员终身学习的意识，积极开展丰富多彩的家庭学习活动。

二、企业或组织层面的对策

在我国城镇化建设快速推进过程中，大量新生代新城务工人员涌入城市，主要就职于城市的低端制造业与基础服务业，他们大多在这些企业或组织中处于次级位置，并不是企业发展的中坚力量，企业并不注重对他们的培训教育。相关企业应配合国家政策，协助政府打造出一支与城市发展需求相适应的外来务工人员队伍，深化学习型组织的理念，加大培训投入力度。为了保证培训的效果，企业及其管理者应合理把控整个培训过程，包括培训前的准备和培训后的反馈机制，并将培训成果与绩效考核和激励制度挂钩，调动新生代进城务工人员参与培训的积极性。

（一）深化学习型组织理念，注重培训投入及实施

新生代进城务工人员从事的行业多为低端制造业和基础服务业，定期培训在短期内收不到明显的经济效益，但是企业或组织要想长久生存和良好发展，必须不断地学习与变革，通过培训来开发员工潜能从而获取竞争优势。因此，企业或组织要转变管理理念，从思想上重视培训，采取相关措施，以保证培训活动顺利进行。

1. 转变管理理念，构建学习型组织

一个只关注盈利而不注重员工发展的企业是不会成功的。学习型组织倡导把学习力转化为创造力，通过培训开发人力资源来扩大未来组织的建设力量。新生代进城务工人员大多就职于各中小微企业，这些企业在向学习型组织转化的过程中，应根据企业的运营现状，建立有自身特色的学习模式。如在信息化背景下，可以充分利用互联网和移动终端设备，为员工提供一种可以随时随地、自我选择的学习机会和资源，并经常开展培训活动，以提升整体的学习积极性。近些年来，知识联盟的组建为中小微企业培训提供了充分支撑，其知识体系具有共享性，有助于各企业之间的信息互动，帮助企业改善和扩展其培训功能。

2. 通过交谈沟通，制定职位说明书

工作分析是通过确定工作的目标、任务或行动来搜集分析与工作相关信息的过程，是人力资源在短时间内用以了解有关工作信息与情况的一种科学手段。[7]一般体现为职位说明书，它回答了培训应该传授些什么知识和技能，即培训内容的设定；同时也明确了企业中谁需要培训以及需要什么类型的培训，即培训人员的拟定。将工作分析和人员分析完成后，企业结合自身财力状况及发展所需，可初步形成培训需求报告。新生代进城务工人员从事的企业多为中小微企业，这些企业一方面对系统的评测机制认识不足，另一方面也不愿对培训投资太多，这些企业或组织的管理者可通过与有经验的员工或绩效突出人员真切交谈，并借鉴其他企业或机构的测评体系，制定出能够清楚描述岗位需求的初级职位说明书。

3. 确定培训人员，展开实际培训

培训需求分析是我们确定受训人员的关键环节，其需求调研可以定期或不定期地展开，可以是访谈问答形式的，也可以是调查问卷形式的，随着个体培训需求的动态变化而适时调整。鉴于每个岗位所需要的知识和技能不同，首先依据职位说明书对企业员工进行考核，并以此为参照找到新生代进城务工人员的工作差距，筛选出需要参与培训的人员。其次，根据这种现实的差距确定培训内容，培训内容可以指向新生代进城务工人员自身的硬实力，即提升他们的工作能力，为企业创造更大的业绩；也可以指向企业持续发展的软实力，即提升员工的工作满意度，营造良好的工作氛围。最后，各企业可根据新生代进城务工人员的具体工作内容来灵活选择培训方式，可通过课堂讲授、远程视频、情景模拟、仿真游戏、案例分析等多种方式进行培训和学习。

4. 重视培训考核，保证培训效果

培训本身不是目的，不能为了培训而培训。许多企业在培训后给员工做个访谈或问卷调查就结束了本期的培训活动，这种形式化的培训考核方式并不能发挥培训工作的效力。企业应适当地加强培训考核管理，包括培训中的纪律考核与培训后的成果考核，给新生代进城务工人员一种外在的学习压力，防止他们在参与培训时不认真对待。具体来说，管理人员可采取奖惩的方式，对受训人员的出勤、课堂表现、课业成绩等情况进行实时记录，并作为培训考核的一个参考因素。其次，每次培训活动结束，管理人员可及时对学习成果进行测验，测验形式可以是口头提问，也可以是实地演练，根据他们培训前后的表现进行对比分析，并据此及时调整培训的方向与进度。此外，还可以将培训考核外包给专门的团队负责，通过多样化的考核方式，吸引更多的新生代进城务工人员参与培训活动。

5. 做好培训反馈，强化培训动机

培训结果考核完成后应将培训的结果反馈给新生代进城务工人员，一方面是帮助新生代进城务工人员充分认识自己，知道自己哪些地方做得好，哪些地方还有待改进，以引起他们满意或不满意的情绪体验；另一方面，新生代进城务工人员也可以从反馈中获得相关信息，为今后的发展指引方向。培训活动的最终目的是将在培训中习得的知识和技能应用到工作中去，实现学习或培训的"迁移"，将学习成果顺利转化为绩效。培训反馈可以由新生代进城务工人员自己发起，他们依据自我的真实体验，向培训机构获取学习帮助，也有助于他们调整自身的状态，更好地参与到培训活动中去。另外，来自外在的企业评估反馈也是保证培训有效性的重要途径，他们给予的反馈信息，不仅可以检验、调整培训活动，还可以强化培训参与动机。

（二）建立激励机制，保证培训效果

培训是提升新生代进城务工人员岗位胜任力的重要方式，而激励机制作为辅助手段，有助于培训活动产生良好效果。要发挥培训的最大效力，需兼顾物质和精神激励。

1. 落实物质激励，提升培训热情

新生代进城务工人员收入相对不高，激励的起点要满足员工的切实需求，物质奖励不可或缺。在实际的物质激励过程中，培训结果可与工资相挂钩，薪金的发放可依培训实效来确定。为了保障新生代进城务工人员参与培训活动的效果，企业或组织的管理者可及时地给予达到培训要求的员工相应物质奖励，如发放奖金、提升福利等，让他们意识到学习可以给他们带来实际的收益，从而促使他们积极地参与到培训和学习活动中去。

2. 借助精神激励，实现心理认同

虽然新生代进城务工人员出于现实需求，对物质激励的要求比较强烈，但企业或组织的管理者也不能用物质来完全取代精神上的奖励。如果在进行物质奖励的同时，给予精神嘉奖或颁发荣誉证书等，效果就会大大增强。经常给予新生代进城务工人员的精神激励，能增强他们融入城市生活的自信心，勇敢应对城市生活的各种挑战，从而在心理上认同培训活动。此外，给那些学习模范及优秀人才提供一定的参与企业决策的机会，也能激发他们对企业的忠诚度和终身学习的热情，增强为城市建设奋斗的决心，在促进企业发展的同时也为城市留住了庞大的劳动力群体。

三、政府层面的对策

随着社会的发展，城市为农村务工人员提供的可就业岗位将逐渐减少。新生代进城务工人员只有确立终身学习的意识，不断学习，与时俱进，才能应对劳动力市场的变化，在城市中站稳脚跟。对此，需要政府发挥强有力的作用，在增加财政支持的同时，唤起社会的广泛参与，为新生代进城务工人员提供更为优质的教育服务。

（一）加大扶持力度，降低新生代进城务工人员受教育成本

近些年来，我国各个城市都在大力打造高附加值、高技术含量、高科技创新的产业，力求推动城市产业升级，这就对新生代进城务工人员的职业素养提出了更高的要求。但新生代进城务工人员的知识储备欠缺，他们进城后接受教育培训的比例又相对较低，很难满足城市发展的需要。对此，政府应当采取措施，推动新生代进城务工人员的教育与培训，促进优质教育资源在城乡共享。

1. 增加农村教育投入，实现优质教育资源城乡共享

农村地区缺乏资金、设备、技术及人才，各级政府要大力开展职业教育，提升新生代进城务工人员的职业技能。此外，各省级人民政府要积极响应并推动建立统筹规划、统一选拔的乡村教育补充机制，鼓励区域内教师、校长交流轮岗，实现优质教育资源在城乡间的共享。针对农村本地的教育设施，政府可设立相应基金建设学习型农村家庭、学习型村落，为人口密集的村庄设立展览馆、影剧院等文化基础设施，为新生代进城务工人员提供继续教育的硬性条件。

2. 提供新生代进城务工人员的教育补偿

新生代进城务工人员流入地一般都较为发达，区域内的职业教育条件明显优于流出地区，因此流入地政府应尽可能提供针对新生代进城务工人员的补偿教育培训，制定新生代进城务工人员接受成人教育、职业教育、企业培训的审批标准，规范审批条件和补偿行为，并与相关部门协力推动新生代进城务工人员与城市人口享受同等教育，努力实现教育公平。政府还可以在政策上对新生代进城务工人员的教育问题给予一定程度上的政策倾斜，如减免新生代进城务工人员继续教育

费用，让他们参与各种公益性培训活动等。此外，增加政府财政资金投入，适度提高中小型企业的补贴力度，灵活制定这些企业的税收减免政策，对连续开展新生代进城务工人员的培训工作并有良好成效的企业可适当减免税收，从而激励企业开展培训活动。

（二）推动校企合作，建立学历与培训成果互认体系

政府是为企业和公众服务的，要全力保障有关教育和培训信息的畅通性，让新生代进城务工人员充分了解各种培训类型和培训课程，将教育和培训落到实处，发挥教育和培训的最大效力。政府在组织相关教育和培训工作时，要注重企业对相关信息的传达，并促进校企合作，为新生代进城务工人员获得从业资格证书和学习证书创造便利条件，促使他们快速转化成为技术型员工，在城市中获得可持续发展。

1. 促进校企深度合作，推动教育培训良性发展

校企合作是学校与企业建立的一种合作模式，学校为企业员工提供学习平台，企业为员工提供实践机会，共同承担参与培训员工的日常学习及管理工作。院校和企业的联合，有利于整合、优化教育资源，提升教育与培训的质量。对此，国家也相继出台了相关政策来支持校企合作，但由于校企合作尚未有明确的法律保障，且新生代进城务工人员大多分布在一些中小微企业中，这些企业财力不足，开展校企合作较为困难。政府要在提供政策支持、财政补贴、税收优惠的同时，尽快制定相关的法律，并切实督促法律的实施，从而推动新生代进城务工人员教育培训的良性发展。

2. 建立培训成果转化机制，促进各培训活动互认

随着社会发展的日新月异，新生代进城务工人员职业技能与岗位需求的差距逐渐拉大，但部分职业技能鉴定标准的确立明显滞后。对此，政府应采取相应措施，让企业在确定人才需求、人才规格、人才标准等方面发挥相应的作用。当前，各个企业的培训工作大多只是为了满足本企业的岗位需要，彼此之间的培训成果互认还存在难度。对此，政府及有关部门要建立健全培训成果转化机制，搭建企业培训网络服务平台，政府负责审核录入、上传培训信息和培训结果。新生代进城务工人员借此可以获得更多的学习机会，提高职业技能水平；企业则可以据此查询员工的培训经历并评测其技能水平，促进培训成果互认的实现。

3. 打破旧的人才观念，以技能水平评价人才

当前，社会仍然普遍认可全日制普通高等教育的学历，这不仅消减了新生代进城务工人员参与教育培训的热情，还限制了成人教育和职业教育的健康发展。这种"唯文凭论"的观念由来已久，且根深蒂固，需要国家和政府在政策层面破除这种旧

的观念。此外，国家及政府单位需带头在聘用人员时摒弃学历歧视，彻底打破这种旧的用人观念，将技术与能力作为衡量人才的标准，而不是"唯文凭论"。

新生代进城务工人员的教育问题关乎我国的劳动力素质提升，关系着我国城镇化建设的稳步推进，社会各界都应对新生代进城务工人员的教育予以足够的重视。2019年7月25日，中共中央政治局委员、国务院扶贫开发领导小组组长胡春华赴国务院扶贫办开展"不忘初心、牢记使命"主题教育调研指导时强调，要把主题教育成效转化为脱贫攻坚的具体行动，以确保如期全面完成脱贫攻坚任务。由此可见，教育是农村摆脱贫困的重要推手，是实现全面建设小康社会的有效助力。就新生代进城务工人员自身来说，他们接受教育或培训，一是能够起到学历补偿的作用，弥补他们以往的教育缺失；二是提升技能，为自己从务工人员向技术型员工转变提供动力；三是增加自我效能感，乐观地融入城市生活。无论是成人教育、职业教育，还是企业培训，都是提升人力资本的有效途径，是提高职业技能水平的重要手段。我们有理由相信，在新生代进城务工人员自身、企业与政府的共同努力下，他们终将通过教育培训转变成为技术型职工，为我国的城市化建设发挥更大的作用。

参考文献

[1] 巢小丽. 沿海发达地区农村妇女人力资源开发研究 [M]. 杭州：浙江大学出版社，2013：85.

[2] LEWIS W A. Economic development with unlimited supplies of labor [J]. Manchester School, 1954 (22): 139-191.

[3] 克雷明. 公共教育 [M]. 宇文利，译. 北京：中国人民大学出版社，2016：29.

[4] 贝克尔. 人力资本理论 [M]. 郭虹，译. 北京：中信出版社，2007：2.

[5] 蒙迪，诺埃，普雷梅克斯. 人力资源管理 [M]. 葛新权，郑兆红，王斌，译. 北京：经济科学出版社，2003：267.

[6] 高志敏. 终身教育、终身学习与学习化社会 [M]. 上海：华东师范大学出版社，2005：248.

[7] 斯内尔，伯兰德. 人力资源管理 [M]. 张广宁，译. 大连：东北财经大学出版社，2011：112.

第十五章
老龄化社会中的老年教育

20 世纪末以来，世界步入老龄化社会，我国人口老龄化问题更是日益严峻。2017 年，国务院印发的《"十三五"国家老龄事业发展和养老体系建设规划》指出："十三五"时期是我国老龄事业改革发展和养老体系建设的重要战略窗口期。预计到 2020 年，全国 60 岁以上老年人口将增加到 2.55 亿人左右。未来，我国老年人口总数还将以每年 3.2%的速度持续增长，到 2035 年将突破 3 亿人。人口老龄化程度的日益加深，给社会发展带来巨大的挑战，大力发展老年教育是应对老龄化这一问题的有效举措。本章主要探讨老年教育的相关问题，包括老年教育的内涵、特征、内容、功能以及国外理论探索与发展模式，在此基础上对我国老年教育进行回顾和展望。

第一节　老年教育概述

一、老年教育的内涵

关于"老年"，需从生物学、心理学、社会学的角度来理解，通常最简单的说法，就是以年龄作为老年的指标。老年的年龄标准，国际上尚未取得一致，大体存在两种标准，一种是以 60 周岁为标准，如以我国为代表的发展中国家；另一种则是以 65 周岁为标准，如以日本、美国、英国等为代表的发达国家。对老年教育的界定，是认识老年教育的起点。首先，老年教育作为成人教育的一种形式，具有教育属性；其次，老年教育是以老年人为教育对象，具有其特殊属性。关于老年教育的内涵，国内外学者有着不同的见解。

（一）国外对老年教育内涵的认识

在国外，老年教育（Elderly Education）又称为第三年龄教育、老人教育、高龄教育等。近年来，随着社会的发展，国际社会特别是发达国家，对老年群体的看法有了极大的改变：由过去弱势、被救济的社会边缘群体转变为现在睿智、具有独特作用的社会重要群体。同时，对老年教育的看法也发生了根本性的转变：由过去的救济观、福利观转变为现在的教育观。[1]48基于上述转变，国外对老年教育内涵的认识也在随之变化。

国外早期主要认为老年教育是一种养老教育或休闲教育。持养老观者认为，老年教育是为了解决贫困问题，对退休人员进行的再教育，便于老年人学习一技之长，用于养老。持休闲观者认为，老年教育是为了减轻老年人退休后所产生的边缘化、孤独感等心理问题，为丰富退休人员生活所进行的休闲教育。20世纪70年代后，学者们对老年教育有了新的认识，主要有两种观点：

一是认为老年教育是一种参与适应的教育。麦卡克拉斯基（H. Y. McCluskyz）指出老年人是丰富的社会资源，他们的潜力可以推动社会进步，因此应该继续参与社会的重要活动。老年教育就是促使老年人的角色正常化，帮助老年人增加社会参与，适应社会变迁，改进生活品质。[2]

二是认为老年教育是一种自我完善的教育，这种观点强调老年人心理的成长及精神的改造。穆迪（H. R. Moody）认为，"老年"可视为一种"封闭"的象征，他们想要总结经验的意义并对所获得的知识进行整合。因此，减少参与社会的活动如能导致老年人反思人生，达到对自我的重整，也是一种积极的目的。越来越多的学者强调，晚年的这种心理成长，是老年教育的最高目标。[3]

（二）国内对老年教育内涵的理解

《新编老年学词典》（2009年版）将老年教育表述为："由教育者按照一定的社会要求，向老年人施加有目的、有计划、有组织的影响，以使他们的身心发生预期变化的活动。"[4]

我国台湾学者黄富顺将老年教育表述为"老年教育是指为年满65岁以上的人所进行的有系统、持续的学习活动，其目的在于促进知识、态度、价值和技巧上的改变"。[5]

孙连越认为老年教育的目的是"满足老年人的三大需求：一是生活质量提高的需求，即通过教育让老年人能适应退休所带来的变化；二是职业技能提高的需求，即通过教育为老年人提供再就业的技能，使之适应社会发展；三是自我发展的需求，即通过教育使老年人在自我发展上得到满足"。[6]

叶忠海将老年教育表述为："按照老年人和社会发展的需要，有目的、有组织地为所属社会承认的老年人所提供的非传统的、具有老年特色的终身教育活动。它是终身教育体系中老年阶段一切教育的总和，包括正规、非正规和非正式老年教育，是终身教育的最后阶段。"[1]49

综合上述观点，老年教育由"老年"和"教育"组成，我国对老年教育内涵的认识有如下两种倾向。

一是老年教育中的"老"，强调老年教育的养老性。老年教育是终身教育体系中老年阶段一切教育的总和，包括正规、非正规和非正式老年教育，是终身教育中的最后阶段。虽然老年教育属于教育范畴，但又不同于其他年龄阶段的教育。老年教育不仅仅是为了传授知识与技能，更重要的是帮助老年人适应现代社会发展，寻找精神寄托。老年教育是老年文化事业的组成部分，也是一项社会公益事业。老年教育的根本出发点和归宿都在于提高老年人的综合素质，进而提升其生活和生命质量。因此老年教育不仅要为老年人创设学习平台，还要为其精神文化养老提供平台，让老年人怡情养性，获得精神的愉悦和思想的更新。

二是老年教育中的"教"，强调老年教育的教育性。首先，老年教育的根本属性是教育。如果将老年教育仅仅作为老年人的康乐活动，那么将会抹杀老年教育的教育性。其次，老年教育属于教育体系中的成人教育范畴，是终身教育体系的最后阶段。终身教育提倡教育的全民性和终身性，主张教育在空间上是全民的，旨在提高全民素质；教育在时间上是终身的，强调终生学习。全面承认老年教育，包括承认其教育性。再次，老年教育不仅具有教育的普遍规律，还具有自身的特殊规律，它不仅需要实践的支撑，还需要理论的指导。最后，老年教育有着自身的体系。老年教育经过多年的发展，已经有了相应的理论基础，发展成为一门学科。

因此，对老年教育内涵的不同诠释不仅是理念的差异，而且是导向性的问题，关系到老年教育的定性和定位。结合上述观点，从老年教育的"定性"角度，可将其表述为：教育者根据社会发展要求和老年人的特点，以促进老年人全面发展、提升其生命质量为目的所实施的具有老年特色的终身教育活动。从老年教育的"定位"角度，可将其表述为：老年教育是以高龄者为教育对象，为满足其探索求知、康乐有为的需求，提升生活、生命质量而进行的自觉、自主的学习活动，同时老年教育也是推进健康老龄化、积极老龄化，实现全民学习、终身学习，构建学习型社会的战略选择。

二、老年教育的特征

从教育过程来讲，人的一生大体要经过学前教育、少年教育、青年教育、成人教育和老年教育几个阶段，即"从摇篮到拐杖"的教育。老年教育作为成人发展第三阶段的教育，既是成人教育的延伸，又是终身教育的最后阶段。老年教育与成人教育有着天然的联系，相对于学前与青少年阶段的教育而言，有着共同的特征。

一是教育对象的广泛性。成人教育的对象具有社会广泛性，年龄跨度较大，从青壮年到老年人，旨在促进提高全民综合素质，构建学习型社会。

二是教育过程的终身性。成人教育作为终身教育体系的重要阶段，具有终身性的特点。终身教育将教育看作是个人一生中持续不断的学习过程。

三是教育内容的丰富性。教育内容是为了满足不同层次成年人的需求和兴趣，包含了各个学科的理论知识以及生产实践的技能技巧。成人教育的内容根据实际需要，在动态中不断丰富。

四是教育形式的多样性。相对于传统的学校教育而言，成人教育在形式上具有更大的灵活性和多样性，它摆脱了传统教育的层层束缚。不同年龄段、不同学历的成人可以根据自身需要，选择不同的教育形式，例如面授学习、网络学习等等。

在认识到老年教育与成人教育之间共性的同时，更重要的是分析其与成人教育的不同特征。

一是教育对象老龄化。成人教育的对象十分广泛，包含了成年早期，成年中期以及成年晚期。而老年教育的对象主要局限于成年晚期，多为60周岁以上的老年人。

二是教育过程整体化。成人教育的过程一般是将工学结合，目的是将所学直接转化为实践。而老年教育则是将学、乐、为结合成有机整体的过程。老年教育的主旨是让老年人感受自主学习的乐趣，重新认知自身价值，提高其生活质量。对于老年教育来说，快乐学习十分重要，要将快乐融入学习之中，进而作用于现实生活，促进老年人全面发展。

三是教育原则弹性化。基于老年人的身心特点及他们的社会角色，老年教育是具有弹性的。所谓弹性，指的是老年教育不统一规定相关的硬性指标，更多地体现出宽松的特点。老年教育主要基于老年人的自觉自愿，在学习规划、学习进度、学习内容及学习方式等方面都体现出较大的弹性。

四是教育方式个性化。老年教育针对的是不同的老年人，其目的主要是为了提升老年人的综合素质，实现自身价值，寻求生活乐趣，因此应该更加注重老年人的主体地位，依据老年人的兴趣及需要来开展形式多样、独具特色的老年教育活动。在开展老年教育活动的过程中，应充分尊重老年人的个性化需求，灵活自主地选择教学内容和教学形式，此外，还要鼓励老年人更多地参加实践活动，在彼此互助的基础上进行协商、讨论。

三、老年教育的内容

老年教育具有特殊性，其教育目的不是为了学习系统的科学文化知识，而是为了提升老年人的综合素质，促进其全面发展。因此，老年教育的内容应充分考虑到老年人这一特殊群体的实际情况和现实需要，制定适合他们的教育内容，主要包括以下五个方面。

（一）退休教育

退休教育是以即将退休或已经退休的职工为教育对象，通过有目的、有计划、有组织的教育活动，使其能够合理规划并及时适应退休生活，进而提高晚年生活质量。随着我国社会老龄化的加剧，退休人员的数量也在逐年增长。在老年人退休的过程中，他们要经历角色转变，生活方式改变以及心理状态的变化等等，这一系列改变需要老年人去学习应如何适应并处理好这些变化。退休教育正是为了提高老年人的适应能力，使其更好地融入社会。

（二）健康教育

健康教育是指通过有计划、有组织的卫生教育活动，促进老年人健康发展的教育，主要包括健康观念教育、身体健康教育和心理健康教育等方面。健康教育强调根据老年人的身心发展特点选择适合的教育内容及方式，从而提高老年人的健康意识，丰富健康知识，从而促进老年人身心健康发展。目前常见的老年健康教育课程主要有健身、营养、卫生、养护、保健和心理咨询等。

（三）休闲教育

休闲教育是指通过高质量的休闲活动培养老年人的休闲技能和技巧，以提高生活质量的教育过程。休闲教育是着眼于生活的教育，帮助人们利用闲暇时间，更好地享受生活。首先，休闲教育要帮助老年人走出思想误区，正确认识休闲。其次，通过培养、提高各种休闲能力，最终达到提高生活质量的目的。常见的老年休闲教育课程主要有音乐、健身、美术、舞蹈、旅游等。

（四）知识技能教育

知识技能教育主要以教授老年人生活知识和技能为主，为有需要的老年人提供帮助，比如学习如何保护人身安全及财产安全、如何用科学的方法对待代际关系等等。由于教育对象的特殊性，老年知识技能教育的内容并不仅仅是书本上的理论知识，更多的是面向生活，对现实有指导意义的知识、技能，主要强调知识的实用性。知识技能教育有助于老年人了解更多的生活知识和技能，从而促进自我完善，提高自身综合素质。

（五）生命教育

生命教育包括生死教育，目的在于帮助老年人树立正确的生命观，既要珍爱生命，又要正视衰老和死亡。到了老年期，每个老年人都要面对疾患、病痛甚至死亡，许多老年人因此产生了情绪低落、心理焦虑、精神绝望等问题。生命教育可以帮助老年人理性地看待疾病和死亡，让老年人认识到"死"是每个人不可避免的归宿，还可以让老年人主动思考生命的意义，明确自身价值。

四、老年教育的功能

老年教育的功能可分为社会功能和个体功能两大类。社会功能是指老年教育系统对社会经济、政治、文化等外部环境的作用；个体功能则具体表现为对老年人自身的生理、心理等内部要素的作用。

（一）老年教育的社会功能

1. 经济建设功能

对经济社会的发展而言，老年人力资源开发与利用是老龄化社会必须面对的问题。随着人类寿命的延长，未来会有越来越多的老年人在自身体能和智能较强的状况下退休，这也就意味着越来越多的老年人会成为潜在的再就业劳动者。老年人有着丰富的阅历和经验，具有不可替代的经济社会价值。老年人可以通过不断学习来更新自身的知识和技能，延长就业时间，实现自身价值。通过老年教育可以实现对老年人力资源的开发与利用，实现再社会化。研究表明，我国离退休科技人员愿意继续为国家贡献力量的人数约占70%，他们的社会阅历和生活经验非常丰富，通过老年教育实现再生产，有助于发挥他们的余热，从而促进经济的发展和经济发展方式的转型。

2. 政治建设功能

老年群体是社会发展的重要力量，特别是老年人才，在社会发展中起着掌舵、调节、指导等作用。大力发展老年教育是构建社会主义和谐社会的重要举措。首先，要实现社会和谐稳定，就必须要稳定老年队伍。据调查发现，受过教育的老年人比未受过教育的老年人拥有更加自信的精神面貌。在接受老年教育后，老年人的整体素质普遍有了提高，使他们更具幸福感，并且老年人群的稳定能够带动整个社会的稳定。其次，老年教育是保障老年人受教育权、实现教育公平的具体表现。因此，老年教育可以将思想政治教育与文体活动结合起来，使老年人思想开阔、心情舒畅，始终保持政治上的清醒，从而促进家庭和睦、邻里团结和社会稳定。

3. 文化建设功能

不同年龄阶段的群体有不同的文化内容和文化活动，老年群体也有自己的老年文化。老年文化具有务实、理性、传统等特点，但往往缺乏革新精神和创造精神。老年文化对于其他年龄阶段的文化乃至整个社会的文化建构都会产生潜移默化的影响。[7]339而老年教育则有助于发挥老年文化的积极影响。中共中央在《关于社会主义精神文明建设指导方针的决议》中指出，"应重视老同志在青少年教育中的积极作用"，可见老年人在青少年教育方面具有其独特的优势。开展老年教育，可以提高老年人的文化素质，进而促进青少年的健康成长。且相当一部分老年人有着丰富的知识储备和人生阅历，让更多的老年人接受老年教育，不仅有助于带动社会的学习风气，还有助于优秀文化的传承和弘扬。

4. 社会建设功能

积极发展老年教育，有助于保障老年人的基本权益，促进社会和谐稳定以及学习型社会建设。在我国这样一个尊老敬老的社会中，老年人的言行对社会稳定起到十分重要的作用。通过老年教育可以提高老年人的综合素质，发挥他们的示范效应和人际协调作用，从而促进和谐社会的构建；且老年人在潜力开发后，能够提高为社会服务的能力，从而缓和社会保障方面的矛盾；老年教育作为一项社会性公益事业，关系到老年人的生活质量和共同利益，对于积极应对老龄化和发展老龄服务事业都有着不可替代的作用；老年教育还有助于丰富老年群体的精神文化生活，起到保障和改善民生以及完善社会养老保障体系的重要作用；此外，发展老年教育有助于创新社会管理、促进社会组织健康发展。

（三）老年教育的个体功能

1. 健康保健功能

随着年龄的增长，老年人的身体机能和抵抗力下降，人体各个器官逐渐衰退，患病率、伤残率也随之上升。研究表明，引起老年人死亡的原因大致可分为三类：疾病、意外和生理衰竭。其中疾病死亡占 90%—95%，意外死亡占 5%—10%，而生理衰竭仅仅占 1%—3%。由此可见，绝大多数老年人都是因病死亡。究其原因，在于绝大多数老年人的卫生保健知识缺乏，这就导致了他们对疾病的了解和预防能力较弱，因此让老年人掌握一定的卫生保健知识是必要的。国外相关研究表明，那些坚持学习并保持思维活跃的老年人患阿尔茨海默氏病及老年痴呆症等衰老性疾病的可能性较小。[8]通过老年教育，老年人可以掌握防老抗病、健康保健的相关知识，提高自我保健的意识和能力，进而自觉地进行预防保健，这样就可起到延缓衰老和延长寿命的作用。

2. 心理调适功能

个体在步入老年期后，从原有岗位退了下来，社会角色发生了重大变化，很多老年人对此没有较好的心理调适能力，出现了不同程度的失落、孤独、空虚、抑郁甚至绝望的心理。相关调查表明，有相当数量的老年人表示在健康、心境、人际交往等方面的自我感受比退休前糟糕，其中有27.3%的老年人感觉心境比退休前差。且随着年龄的增长，老年人的身体素质随之下降，这就让他们更容易出现一些心理问题。若处理不当，很可能导致老年人自我封闭、甚至产生抑郁等心理疾病。老年教育能够为老年人提供学习与交流的机会，丰富、充实他们的晚年生活并帮助老年人进行角色转变，使老年人更好地适应退休生活，增强自信心。良好的心态有助于老年人塑造健康的体魄，且通过学习带来的精神力量能够帮助老年人直面疾病、与病魔斗争。

3. 观念革新功能

受传统观念影响，人们普遍认为学习是年轻人的事，老年人只能碌碌无为、消磨时间，不需要接受继续教育。老年人由于思想观念落后，身体机能衰退等原因，认为自己不需要接受教育。其实随着年龄的增长，人脑细胞逐年略有减少，但大脑未曾利用的部分高达90%以上，且人脑细胞的减少不足以影响老年人的智力，老年人仍然有较高的学习能力。[7]51国外有一项研究，样本为79岁或79岁以上的老年人，结果发现，历史学家、哲学家、植物学家、发明家这四类人群，在60岁左右成就最多。[7]66这说明老年人不仅具有学习能力，还具有一定的创造能力。想要变革传统的旧观念，就要通过老年教育来帮助老年人重拾信心，开发潜能，使他们通过学习革新观念。老年教育还有助于帮助老年人摆脱因循守旧的观念，跟上时代步伐，学习新的思想观念，开阔视野。

4. 个体享用功能

个体享用功能是相对于个体谋生功能而言的，不是为了外在目的接受教育，而是通过教育实现高层次的精神需求，从而获得幸福感。对于老年人来说，生命质量的提升至关重要。经济发展水平的提高使得老年人的物质生活有了保障，随之越来越多老年人开始追求精神世界的满足。老年教育可以充实老年人的生活，使其各方面都得到提升，丰富他们的精神世界。老年教育有着自身的独特优势，即通过丰富多样的课程类型，灵活弹性的时间安排，民主和谐的学习氛围，自由平等的人际交往，尽可能满足老年人的精神需求，使其获得幸福感和满足感。老有所为的目标要求老年人不断学习，激发自我潜能，实现自我完善。除了保障老年人的课堂学习外，老年大学会举办各种各样的文艺活动，比如举办舞蹈演出和合唱团表演，开展书画展和摄影展等等。有些老年大学还会到周边地区举办慰问表演，成立老年志愿队到敬老院慰问孤寡老人等等。越来越多的老年人通过各种各样的团体活动，促进自身不断完善并为社会做出了贡献，提升了自我价值。

第二节　老年教育的理论探索与发展模式

老年教育的理论建设是与老年教育的实践相伴而生的。1973 年，法国创办了世界上第一所老年大学——第三年龄大学，标志着老年教育实践的开端。老年教育实践的兴起必然带动老年教育理论研究的发展，而老年教育理论的发展又能反过来促进老年教育实践。近年来，随着终身教育思想的普及，越来越多的专家学者对老年教育理论进行了深入研究，成果日益丰硕。在实践层面上，各国政府十分重视老年教育实践，形成了多种发展模式。

一、老年教育主要理论

（一）需求理论

1971 年，麦卡克拉斯基根据马斯洛（A. H. Maslow）的需要层次理论，提出了老年学习者的五种需求，分别是应付的需求、表现的需求、贡献的需求、影响的需求和超越的需求。应付的需求又被称为生存需求，主要是指老年人为了应对或适应因老化带来的困难及自身生理、心理等方面变化的需求；表现的需求指的是退休后的老年人为弥补年轻时的兴趣或爱好，主动参与休闲活动和社会活动的需求；贡献的需求是指老年人通过帮助别人或服务社会来充实自己，提高自信心和自我价值感的需求；影响的需求是指老年人渴望通过自身的能力来影响社会从而实现自我价值的需求；超越的需求是指老年人希望深入了解生命的意义，甚至超越因老化带来生理限制的需求。麦克拉斯基教授的研究成果为有针对性地开展老年教育、开发其潜能提供了有益的启示。

当前，我国大多数老年人的生理需求和安全需求得到了满足，追求的是更高层次的需求，即社会需求、尊重需求及自我实现需求。因此，老年教育必须考虑到老年学习者的实际需求，开设真正符合老年人参与意愿和参与能力的课程，从而更好地满足老年人的各项需求。

（二）权利理论

权利理论强调每个人都有接受教育的权利，以保障教育平等。老年教育诞生于西方发达国家，受人权及教育平等观影响，许多国家的公民受教育权突破了义务教育阶段，通过立法的形式，将受教育权作为老年人的一项基本权利加以保障。权利理论运用到老年教育领域，老年人参与老年教育被视为实现老年人平等受教育权利的重要体现。20 世纪 80 年代以来，"赋权"和"解放"的思想在老年教育中得到了重视和强调。这就意味着，在教育教学过程中，老年学习者具有自我控制的权利。因此，教育工作者需要树立"赋权""解放"的教育观，让老年学习者能够自主学习，并进行深度反思，充分发挥其主体性。

（三）福利理论

早在老年教育发展初期，西方国家普遍将老年教育作为福利事业开展。目前，世界上很多国家都将老年教育视为一项社会福利事业，并纳入社会经济发展战略之中。美国相关法律规定，老年学习者在各类高等教育机构接受教育可享受奖助、减免或免费，老年游学营的经费则由老年人所在州及联邦进行财政补助；英国政府鼓励各类民间团体和组织开展丰富多样的老年教育活动，同时给予资金保障和财政补贴；日本的老年教育作为本国福祉政策的延伸，也是一种公益教育，政府颁布了相应法律以规范福祉人才的培养。我国在各地创建老年大学并通过社区老年教育的方式发展老年教育，由各级政府给予财政支持，致力于改善老年教育基础设施，这也是福利理论的具体体现。

（四）老年社会学理论

老年社会学理论对于老年教育的理论研究同样具有重要价值。早期研究揭示了老年人因老化而引起的诸多变化，具体表现为老年人面临因年龄老化失去一些重要角色或活动所导致的自尊降低及社会地位下降等困境。对此，"角色变换理论"主张老年人在失去原有角色时，应积极寻求新的角色或活动，来替代失去的角色和活动。[9]这是解释个体如何应对衰老的最早尝试之一。

20 世纪 60 年代，美国社会学家卡明（E. Cumming）和亨利（W. E. Henry）提出"疏离理论"。该理论认为，随着年龄的增长，老年人的生理、心理及社会行为会逐渐向内收缩，疏离他们原有的社会角色及社会活动，且这种疏离是老年人随着衰老而产生的正常要求，也符合社会发展的需要。[10]与此相反，哈维赫斯特（R. J. Havighuest）提出了"活跃理论"。该理论认为老年人应该积极地参与社会活动，只有这样才能让老年人重新认识自我，改善情绪低落并保持生命活力。[11]纽加顿（B. L. Neugarten）提出的"连续性理论"，则是针对"疏离理论"和"活跃理论"的不足而提出的。该理论认为老年期的生活方式在很大程度上会受到中年期生活方式的影响，如果老年人能保持中年期的个性和生活方式，就会有一个幸福的晚年。[12]

"老年亚文化群理论"是由罗斯（A. M. Rose）提出。该理论认为老年人因为共同的习惯、信仰、特征等因素形成了自己的亚文化，当同一领域成员之间的交往超出和其他领域成员的交往时，就会形成一个亚文化群，而老年群体正是符合这个特征的亚文化群体，因此应将老年人作为一个群体进行研究。[13]莱利（M. W. Riley）等人提出的"年龄分层理论"强调角色和年龄的关系，认为年龄可以直接或间接地影响个体在社会所承担的角色，即在总体上某一阶段的年龄总是对应着某一特定的角色，因此应将老年人按照年龄进行分层。[14]

老年社会学理论对于老年教育有着非常重要的指导意义。"角色变换理论"启发我们应当创造更多的交往空间，让老年人重新融入社会，从而实现社会角色的转变；"疏离理论"启发我们应当为老年人提供一些弥补性服务设施，例如图书馆、社区中心等，从而让他们更好地适应脱离社会的过程；"活跃理论"启发我们应在老年人密集的地方开展各种社会活动，从而保持他们的活跃程度；"连续性理论"启发我们应考虑老年人的个性差异，在居住环境等方面要适合老年人的连续性；"老年亚文化群理论"启发我们应建设老年公寓、老年活动中心等来增加老年人之间的交往，同时，还要增加老年人与其他群体之间的交往，促进社会融合；"年龄分层理论"启发我们应充分评估老年人的年龄等基本资料，以满足不同年龄阶段老年人的需要。

（五）终身教育理论

1965 年，保罗·朗格朗（P. Lengrand）在联合国教科文组织的成人教育促进会第三次会议期间，首次提出终身教育（Lifelong Education）这一概念。1970 年，他在《终身教育引论》一书中，对"终身教育"的概念做出解释："教育不能停止在儿童期和青年期，只要人还活着，就应该是继续的。教育必须以这样的做法，来适应个人和社会的连续性的要求。"[15]

终身教育在时间上要求保证每个人一生的连续性教育过程，在空间上要求利用学校、家庭和社会机构等一切可用于教育和学习的场所，在方式上要求灵活运用集体教育、个别教育、面授或远距离教育。因此，终身教育具有终身性、全民性、广泛性和灵活性的特点。1996 年，国际 21 世纪教育委员会将终身教育定义为"与人的生命有共同外延并已扩展到社会各个方面的连续性教育"。也就是说，教育是伴随生命全过程的，它随着生命的出现而开始，随着生命的消失而结束。

近年来，终身教育思想在全球范围内广泛传播，许多国家在制定本国的教育方针、政策时都提到了终身教育，不少国家还通过立法的形式加以保障。比如法国在 1971 年、1984 年前后颁布了《终身职业教育法》和《职业继续教育法》；美国于 1976 年颁布了《终身教育法》；日本于 1990 年颁布了《终身教育振兴整备法》。1993 年，我国在《中国教育改革与发展纲要》中首次提出"终身教育"的概念，1995 年，在《中华人民共和国教育法》中将终身教育制度确定为基本教育制度之一。

终身教育理论为老年教育的发展奠定了基础，主张老年人在退休后还应该继续接受教育，根据实际情况选择适合自己的学习内容、学习时间、学习地点和学习方式。老年教育作为终身教育体系的组成部分，应为老年人提供适合他们的教育。

（六）人本主义理论

人本主义理论兴起于 20 世纪 50 年代，其代表人物是马斯洛（A. H. Maslow）和罗杰斯（C. R. Rogers）。该理论认为应关注人的高级心理活动，如信念、热情、尊严等内容，从全人教育的视角出发来发展人性，并坚持以人为本，凸显人的本质属性；同时还应关注学习者的经验和潜能，引导其肯定自我，进而实现自我。[16]老年教育要坚持以人为本的理念，兼顾老年人生理和心理的全面健康发展，并将其作为老年教育的出发点和落脚点。对此，老年教育应尽可能地满足老年人多元化的学习需求，并依据其身心发展特点和认知水平差异进行课程设计，编排适合他们的教学内容，选择适当的教学方式等。在具体教学过程中，要突出老年人的主体性，提高他们对所学内容的掌握、接受和运用能力。此外，老年教育还要注重开发老年人的潜能，提升他们的整体素质，实现其社会价值。人本主义理论作为老年教育办学的根本标尺和实行准则，决定了老年教育的办学性质和办学宗旨。

二、老年教育的发展模式

（一）政府主导模式

老年教育作为一项非营利性社会福利事业，需要国家和政府的大力支持。政府主导模式，即由国家和政府投资创办老年教育，老年学校的各项开支由政府拨款进行资助，代表国家有日本、美国等。

日本是世界上人均寿命最长的国家，被称为长寿之国。早在 20 世纪 70 年代就已经步入老龄化社会。因此，日本政府高度重视老年教育问题。日本的老年教育由政府出资兴办并承担管理责任。在文部省（相当于教育部）的领导下，由各级教育委员会主办老年大学、长寿大学、高龄者学院以及各种活动班和培训班。日本老年教育主要有四种类型：一是福祉行政广域型老年教育，其招生对象大多为都道府县或大都市范围内的老年人，主要以福祉行政类型的老年大学为代表；

二是福祉行政密集型老年教育，其招生对象大多为市、町、村或区级范围内的老年人，开设地点为某地区的老年人福祉中心或福祉会馆等；三是教育行政广域型老年教育，其招生对象主要是都道府县或更大范围内的市民，隶属于文部省教育委员会，主要以长寿学园为代表；四是教育行政密集型老年教育，开设地点为公民馆等社会教育设施，主要以高龄学院为代表。政府统领模式借助政府力量，有助于实现老年教育的普及。

（二）社区服务模式

社区服务模式是指将各个老年大学连成网络，由社区成员进行自我管理，属于非营利的社会福利组织，其经费大多来自私立大学及个人捐赠，代表国家有美国、加拿大等。

美国是较早进入老龄化社会的国家之一，人口老龄化所带来的社会问题对美国产生了巨大冲击，因此，政府高度重视老年教育。为应对老龄化问题，美国政府设立了专门的机构来管理老年教育，即美国联邦老年局，该局是美国在老年教育方面的最高决策机构，主要任务是保障《美国老年人法》的实施，制定老年教育规划以及管理政府专门用于老年人的财政拨款等。同时，政府鼓励民间老年教育组织参与老年教育，现存的民间老年教育组织主要有美国老年学会、老年公民全国理事会、美国退休人员协会以及退休联邦雇员全国协会等。目前，美国的老年教育已较为成熟和完善，并形成了自身特色。美国的老年教育主要是在联邦老年局的资助下，依托于各地社区，建立社区服务机构，由社区成员进行自我管理，通常采取正规教育、非正规教育和非正式教育三种形式。美国的社区学院在本国教育体制中有着举足轻重的地位，覆盖面非常广，从数量和布局上都能够充分保障老年人的教育需求。社区学院由各州和地方政府负责领导，面向整个社区提供教育服务，其经费来源主要是州政府拨款、地方税收以及学生的学费。社区学院有助于消除地缘障碍，且成本较低，能够满足更多老年人的需求。

（三）自治自助模式

自治自助型模式是指由老年人自发组织成立的非营利性质的志愿者组织，其中有专长的老年人可以执教，经费主要来自慈善事业的捐赠，代表国家有英国、澳大利亚等。

英国早在20世纪30年代就已经步入老龄化社会，同样是世界上最早进入老龄化社会的国家之一。英国的老年教育起步较早，发展较为完善。按照教育资源的提供渠道进行分类，英国老年教育可分为高等教育系统、地方教育系统和志愿团体组织系统。在前两者中，老年人是以普通成人学习者身份与其他年龄段的成人共同参与教育，后者则是专门针对老年人展开的教育，其办学形式为第三年龄大学，由老年人自主自治办学。英国的第三年龄大学由老年人自发成立、自行组织、自助分享，其中有专长的老年人可以执教，轮流教学。同时，第三年龄大学非常重视小组学习，老年人基于共同的兴趣爱好形成学习小组，小组人数一般不超过10人。其活动经费自给自足，主要来自慈善事业的捐赠，用于房屋租金、设施设备购置以及举办各类活动。

（四）共享高校模式

共享高校模式是指老年教育依托于高等院校，利用大学的规章制度、图书馆、教学设备等公共资源及师资力量，使得老年人和年轻人能够共同享受高等院校的教育资源。其经费大多来自公立大学，少数来自地方政府。该模式在西方发达国家运用十分广泛，代表国家有法国、瑞典等。

以法国为代表的欧洲国家一般将老年教育称为第三年龄教育，将老年学校教育称为第三年龄大学（University of Third Age），其中第三年龄指的是处于退休阶段60—75岁的老年人。1972年，维拉斯（P. Vellas）教授在法国图卢兹大学创办了世界上第一所第三年龄大学，但这并不是独立设置的老年学校，而是在原有大学内开设了相关课程，供老年人进行学习，老年人可以选择独立开班或跟青年人在同一班级内听课，在学校课程结束后，可以获得相应的学历证书。第三年龄大学的师资主要来自正规大学，学术水准很高且费用较低。此后，欧洲一些国家相继开办第三年龄大学。1975年，欧洲成立了国际第三年龄大学协会（International Association of the Third Age University，IAU），其宗旨是推动第三年龄大学的发展，促进国际间的交流与合作。目前，第三年龄大学已经普及到世界160多个国家和地区。

（五）非营利机构模式

非营利机构模式是指由非营利组织为老年教育提供帮助，采用公司制来运作，实现收支平衡的一种模式。此模式以美国的老年寄宿所最为典型。

美国的老年教育模式多种多样，能够极大地满足老年人的多样化需求，其中老年寄宿所就是一种很有特点的非营利机构模式。老年寄宿所活动主要是为55岁及以上的老年人提供旅游和教学相结合的学习方式，通常会利用暑假在大学院校举办，参与者没有学历限制。老年寄宿所采取公司制运营，董事会作为老年寄宿所的最高管理机构，负责联系大学，并统筹安排筹款、宣传等工作。其经费主要来源于州政府、大学和民间基金会的补助及校友赞助。

以上介绍了几种典型的老年教育发展模式，可从核心组织、支持组织、经费、监督、服务对象及特点和代表国家这些维度，对这五种老年教育的发展模式进行分析比较（见表15-1）。

表 15-1　老年教育发展模式对比[17]

	核心组织	支持组织	经费来源	监督部门	服务对象	代表国家
政府主导模式	政府	地方政府	中央和地方政府	政府	老年人，尤其是贫穷、病残老人	日本美国
社区服务模式	社区学院	地方政府、社区	地方政府拨款、税收	地方政府、社区	社区老年人	美国加拿大
自治自助模式	自治教育机构	慈善组织	慈善事业的捐赠	市场	老年人	英国澳大利亚
共享高校模式	高等院校	中央和地方政府、高等院校	公立大学、地方政府	政府	所有成人	法国瑞典
非营利机构模式	非营利机构	地方政府、高等院校、慈善基金会	州政府补助、大学补助、民间基金会补助、校友捐赠	市场	老年人	美国

第三节　我国老年教育的发展与展望

老年教育是解决人口老龄化问题、提升老年人生活质量的重要途径。自 1983 年第一所老年大学成立以来，我国老年教育的发展经历了初始起步阶段、探索发展阶段、快速发展阶段，并于 2010 年开始进入了科学发展阶段。30 余年来，老年教育逐步发展并日益完善。但是，当前我国老年教育还存在着立法保障不完善、管理体制不健全、发展水平不均衡以及群体参与度不高等问题。在未来，老年教育将随着我国社会人口老龄化程度的不断加深而发挥日益重要的作用。

一、我国老年教育的发展

在我国，老年教育是随着干部离退休制度的改革发展起来的，并受到国际终身教育理念的持续影响。1983 年，山东省红十字会老年人大学成立，这是我国历史上第一所老年大学，也是我国老年教育发展的开端。经过 30 多年的发展，目前全国共有各级各类老年大学及老年学校 6 万多所，在校学习者多达 800 万人，形成了省（部）、市、县、乡、村五级老年教育办学网络，实现了从无到有、从传统教育到现代化教育的过渡转型。我国老年教育发展大体经历了以下几个阶段。

（一）初创起步阶段（1983—1987）

我国老年教育是伴随着干部离退休制度而产生、发展起来的。在 20 世纪 80 年代初期，随着我国改革开放步伐加快，各种新生事物不断涌现，需要大批年富力强的干部走上岗位，而现实情况是，新中国成立以来的各级领导班子出现较为严重的老化现象，因此，妥善安排新老干部有秩序地实行适当交替就成为一项重大的任务。对此，中共中央于 1982 年正式发布《关于建立老干部退休制度的决定》，标志着我国正式废除了领导干部职务终身制。离退休干部退休制度的实施，使得一大批老干部从工作岗位上退了下来。随之，他们出现了不同程度的孤独感和失落感，如何充实他们的退休生活并满足其精神需求，就成为一个亟待解决的现实问题。面对这种形势，1983 年，我国第一所老年大学——山东省红十字会老年人大学正式成立，这也标志着我国老年教育事业的发端。此后，全国各个省市纷纷成立了老年大学，这个阶段是我国老年教育的起步阶段。

这一阶段的老年教育具有以下特点：老年大学的整体数量偏少，学员人数不多，学校设施较为简陋；老年大学学员主要以退休的老干部群体为主，学员类型单一；教学内容相对简单，以康乐为主，课程类型较少，以卫生保健、书法、绘画为主要内容；授课方式单一，没有统一的教学大纲。这一时期的老年教育内容简单，主要是为离退休老年人提供了一个休闲活动的场所，老年教育处于初创起步阶段。

（二）探索发展阶段（1988—1994）

1988 年 12 月，经国务院批准，中国老年大学协会正式成立。中国老年大学协会是组织全国各地老年大学（含地方老年大学协会和老年学校）开展协作与交流的全国性非营利社会组织，承担着沟通、联系全国老年大学及学校的职责。老年大学协会的成立标志着我国老年教育体系的建立，从而使老年教育在终身教育体系中确立了自身地位。截至 1988 年底，全国老年大学已有 900 余所，在校学员 13 万人。这表明我国老年大学及老年教育组织逐步健全和完善，同时标志着我国老年教育事业步入一个新的发展阶段。1994 年 12 月，《中国老龄工作七年发展纲要（1994—2000 年）》由当时的国家计划委员会、民政部、国家教育委员会、中国老龄问题全国委员会等十个部门联合下发执行。这是我国第一个全面规划老龄工作和老龄事业发展的重要指导性文件，为我国老年教育指明了方向。

这一阶段的老年教育具有以下特点：老年大学的整体数量逐渐增多，学员人数逐步增加；老年大学的学员类型有所增加，老年大学的招生对象由离退休干部扩展到退休工人、教师等等；教学内容逐渐丰富，课程类型有所增加；授课方式逐步多样化。这一时期的老年教育围绕着老有所学、老有所为、老有所乐的总目标逐步推进，老年教育处于探索发展阶段。

（三）快速发展阶段（1995—2009）

1995 年到 1996 年，全国人大常委会相继颁布了《中华人民共和国教育法》和《中华人民共和国老年人权益保障法》，明确规定了各级政府应加强组织领导，办好各类老年学校，还要建立和完善终身教育体系。这些规定为老年教育提供了法律依据和保障，有力地推动了老年教育事业的健康稳定发展。政策的推动使老年教育进入了快速发展阶段。1996 年，中国老年大学协会提出了"增长知识，丰富生活，陶冶情操，促进健康，服务社会"的办学宗旨和原则。1999 年 10 月，全国老龄工作委员会成立。2000 年 8 月，中共中央、国务院颁布了《关于加强老龄工作的决定》，要求各地重视老年教育事业的发展，并兴办各类老年学校。2002年，党的十六大首次提出构建终身教育体系、建设学习型社会的要求，标志着老年教育事业正式纳入党和国家的工作体系之中。

这一阶段的老年教育具有以下特点：老年大学的整体数量急剧增加，学校规模不断扩大，学员人数骤然增长；老年大学的学员类型不断增加，有退休干部、退休职工、退休教师等；老年教育延伸到了社区、农村，老年教育的范围进一步扩大；教学内容逐渐多元化，课程类型不断增加，开设了更多符合老年人兴趣和需要的课程。这一时期，相关部门颁布了许多关于老年教育的法律文件，在国家层面上推动了老年教育的发展，各地的老年大学积极响应，老年教育事业取得了显著成效。

（四）科学发展阶段（2010—）

2010 年 7 月，国务院发布了《国家中长期教育改革和发展规划纲要（2010—2020 年）》，明确指出"重视老年教育"以及"基本形成全民学习、终身学习的学习型社会"。这是党和国家首次将老年教育纳入国家教育的整体规划，标志着中国老年教育进入科学发展阶段。2011 年 9 月，国务院印发了《中国老龄事业发展"十二五"规划》，提出应"加强老年教育工作""扩大各级各类老年大学办学规模"。2012 年 12 月，第十一届全国人民代表大会常务委员会第十三次会议修订《中华人民共和国老年人权益保障法》，规定"老年人有继续受教育的权利""国家发展老年教育，把老年教育纳入终身教育体系，鼓励社会办好各类老年学校，各级人民政府对老年教育应当加强领导，统一规划，加大投入"。

这一阶段的老年教育具有以下特点：老年教育越来越受到社会各界的重视，老年大学的数量稳步增长，学校规模不断扩大，学员人数持续增加；老年教育的理论研究和教材编写水平不断提高，更加注重全面管理化建设；老年教育在课程设置、师资队伍建设、教学内容、教学管理等方面进行了全面规范，教学与管理体系更加完善；逐步将提高老年人的综合素质和服务社会相结合，从而促进老年人的全面发展。在这一阶段，老年教育在各方面均取得了突破性的发展和进步，国家更加注重和鼓励老年学校的发展，并将"科学发展观"这一理念融入老年教育的各项工作之中，从而使老年学员的精神文化需求得到一定程度的满足，得到了社会的广泛认可。

回顾老年教育的发展历程，我们发现，虽然我国老年教育起步较晚，但社会需求大，发展迅速。总结下来，可概括为"四个形成"：（1）形成了全方位、多层次、多学科、多功能、开放式的老年教育体系；（2）形成了独具特色的老年教育课程体系；（3）形成了老年学校教育、社会教育、远程教育相结合的教育模式；（4）形成了省、市、县、乡、村五级社区老年教育的网络。同时，在党和国家相关政策法规的引导下，老年教育吸引了社会各界的广泛参与，实现了跨越式发展。30多年来，我国老年教育始终坚持以广大人民群众的实际需要为出发点，努力促进老年人的全面发展，从而实现"老有所学、老有所为、老有所乐"的总目标，使老年教育成为引领终身教育体系建设的主导力量。

二、我国老年教育存在的问题

自1983年以来，我国老年教育取得了不少成绩，但仍处于发展阶段。就目前的情况来看，老年教育的实施存在若干问题有待解决。

（一）国家注重政策的导向作用，忽视对立法保障机制的建设

发展老年教育需要在法制层面上加以保障，这一点已经被许多发达国家的老年教育发展所证明。我国非常重视政策的导向作用，出台了一系列"纲要""决定"以及"规划"等政策性文件，指导老年教育的开展和实施。总体而言，这些纲领性文件在保障老年人受教育权等方面相对笼统，在现实工作中缺乏可操作性，且强制性和威慑力较弱，使得老年教育在诸多方面得不到强有力的法律保障，阻碍了我国老年教育事业的进一步发展。

（二）行政主管部门多，管理体制尚不健全

目前，我国老年教育处于多头管理的状况，管理权归属问题尚不明确，老年教育的主管部门包括文化和旅游部、组织部、民政部、教育部以及老龄办等，因此，老年教育就处于各部门都有所涉及但又没有明确界定的边缘化位置。还有一些地区的老年教育直接由政府部门主管。这就造成了纵向管理不便，横向沟通不便，老年教育的资源分散。同时也没有组建专门的统筹协调机构，明确老年教育主管部门。

（三）老年教育办学主体单一，经费投入不足

当前，我国老年教育的办学主体较为单一，主要依靠国家和政府，大多是公办性质的老年大学，在很大程度上不被企事业单位、社会组织、民间团体所重视。老年教育办学主体的单一性对其经费来源及筹措方式产生了直接影响，限制了教育经费的多渠道筹措。我国老年教育的经费大多靠政府拨款，但实际上许多地区并未将老年教育经费纳入政府的财政预算之中，加之老年大学的自我造血功能较差，导致老年教育经费投入严重不足。

（四）老年教育覆盖面窄，且城乡、地区资源分布不均

首先，目前老年教育覆盖面较窄，供需严重失衡。据《2019年度中国老龄事业发展统计公报》显示，2019年全国65岁及以上老年人口达到11883万人，全国各类老年大学及老年学校共6万多所，在校学习者约800余万人，占全国老年人口的比例只有6.7%。许多地区都是依靠老年大学及公益性街道老年学校开展老年教育，受到场地、经费等条件限制，许多老年人难以获得继续教育的机会。

其次，我国老年教育城乡资源分布不均。城市拥有着大量优质的老年教育资源，且硬件设施较为完备，而农村老年教育的资金投入则非常少，甚至部分偏远地区没有获得任何资金投入，老年教育资源相对贫乏。老年教育地区资源分布不均主要体现在东部发达地区资金投入较多，资源设备较为完善，老年教育事业的发展相对较好，而中西部地区资金投入较少，老年教育事业发展较为滞后。

（五）教育内容相对陈旧，教材供给不足、缺乏创新

目前，我国老年教育的内容主要以休闲和养生为主，涉及美术、声乐、书法、摄影、养生、计算机、英语和文学欣赏与写作等方面，旨在增强老年人的身体素质，培养他们的兴趣爱好。但总体上内容相对陈旧，未能加强课程、项目的研发以适应当前社会发展。此外，还忽略了教育内容的实用性，专业化程度不高。老年教育的主要目的是通过老有所学，从而实现老有所乐和老有所为，而当前的教育内容无法准确反映老年人的需求以及社会对老年人的要求。

（六）课程缺乏特色，学习形式单一

我国老年大学的课程设置没有统一标准，老年大学在开设课程时，大多会参考其他学校，且往往一成不变，总体上缺乏特色，没有考虑到不同水平老年学习者的实际需要，课程设置未能体现层次性。此外，我国老年教育的教学形式较为单一，偏重于课堂的理论说教，与现实生活的结合较少。我国老年大学主要采用以教师为主的教学模式，强调教师的主导作用，注重系统知识的传授以及课堂教学的规范化，但缺点也显而易见，忽视了老年学习者的自主性、差异性。鉴于老年人阅历丰富、理解能力强，但记忆力相对较弱的特点，除课堂教学外，应重视

社会实践、研学旅行等形式。

（七）社会对老年教育重视不够，群体参与度不高

在成人教育领域，社会更为关注青壮年教育，却忽略了老年教育，大众普遍缺乏对老年教育的重视，民间团体和组织参与老年教育办学的意识薄弱，甚至不少人将老年教育视为可有可无的存在。加之多数老年人自身对老年教育的认识不足，认为老年教育是奢侈的，尤其是偏远地区文化程度较低的老年人。这样的传统观念阻碍着老年教育的进一步发展。对于养老问题，我们不能仅仅关注物质层面，更应该注重精神养老、文化养老。

三、我国老年教育的展望

在未来，老年教育将随着中国社会人口老龄化的不断加深而发挥日益重要的作用。随着社会的发展和进步，我国老年教育将朝着普及化、社区化、远程化、规范化和国际化的方向发展。

（一）老年教育发展的普及化

老年教育将逐步呈现平等性、社会性和开放性，这是经济发展和社会进步的结果，也是老年教育顺应时代潮流的具体体现。首先，终身教育思想对于老年教育的贯彻有一定影响，同时"全纳教育"理论要求教育应普及并覆盖到老年人，老年群体有权参加继续教育。其次，随着社会文明发展和经济水平提高，老年人基数不断增加，对教育产生需求的地域也越来越广泛。因此，老年教育未来会朝着普及化的方向发展。

（二）老年教育发展的社区化

1. 老年教育的社区化是"以人为本"思想的具体体现

很多老年人采取居家养老的方式，因此老年教育的地点应设在他们居住地的社区。老年教育社区化就是将社区作为基层办学地点，便于老年人就近入学，使更多的老年人消除地缘障碍并参与其中，真正做到了想老年人之所想、帮老年人之需。

2. 老年教育的社区化有助于老年教育网的系统构建

构建老年教育网络，是普及老年教育的重要举措之一。在社区中进行推广教育，有利于推动老年教育发展及老年教育网络形成。同时，老年教育的社区化有助于推动社区精神文明建设。由此可见，社区化是老年教育发展的必然趋势。

（三）老年教育发展的远程化

远程教育是实现教育现代化的重要手段。随着社会经济发展和科技进步，越来越多的现代化教学手段被引入老年教育之中。除了传统面授外，老年人还可以

通过电视、广播和网络等形式进行学习，打破时间和空间限制，老年人可根据实际情况自主选择教学方式。如今，各种各样的移动终端设备更是层出不穷，老年人可以通过手机、平板电脑等进行移动学习，极大地丰富了老年教育的学习方式。

在网络信息时代，移动信息技术成为老年教育的重要技术支撑。随着社会发展与变革速度加快，老年人将面临越来越多的挑战，比如，应如何更好地融入这个时代。老年教育的远程化可以帮助老年人改变传统的认知方式，更新他们的固有观念，使他们感受到信息时代所带来的便捷性。未来，应将传统教育与远程网络教育有机结合，发挥彼此的优势和特点，更好地为老年教育服务。

（四）老年教育发展的规范化

所谓没有规矩不成方圆，只有将老年教育纳入法律保障之中，老年教育才能够更加规范、有序地开展。同时，老年教育应在课程设置、师资队伍建设、教学内容、教学管理等方面进行全面规范，健全管理机制并建立质量监控与评估体系，以保障老年教育的健康发展。应进一步完善老年教育的法制建设，加强老年教育的规范化管理，从而更好地推动和指导老年教育的发展。

（五）老年教育发展的国际化

由于经济水平、政治制度、生活习惯等方面的不同，各国老年教育形成了不同的发展模式和发展路径。我国的老年教育经过 30 多年的发展，形成了具有中国特色的发展模式和发展路径。今后，我们应不断学习和借鉴其他国家老年教育的先进经验，以促进我国老年教育水平的提升，推动老年教育的国际化进程。

总之，我国老年教育的发展要顺应时代发展的潮流，利用多种媒体手段更新教育方式，并以社区教育为主要渠道，逐步实现老年教育的普及化和规范化，同时不断学习和借鉴其他国家老年教育的发展经验，以促进我国老年教育水平不断提升。

参考文献

[1] 叶忠海. 老年教育学通论 [M]. 上海：同济大学出版社，2014.

[2] MCCLUSKY H Y. Education：background issues [J]. Educational Needs，1971（2）：3-35.

[3] MOODY H R. Liberal education for the older adult [J]. International Journal of Continuing Education & Training，1974：N/A.

[4] 李旭初，刘兴策. 新编老年教育学词典 [M]. 武汉：武汉大学出版社，2009：240.

[5] 黄富顺. 成人教育导论 [M]. 台北：五南图书出版公司，2000：134.

〔6〕孙连越，张鸣. 世界老年教育的发展现状与趋势〔J〕. 成人教育，2003（4）：44-46.

〔7〕高志敏. 成人教育社会学〔M〕. 石家庄：河北教育出版社，2006.

〔8〕郎沃斯. 终身学习在行动：21世纪的教育变革〔M〕. 沈若慧，译. 北京：中国人民大学出版社，2006：12.

〔9〕FRIEDMANN E A, Havighurst R J. The meaning of work and retirement〔M〕. Chicago：University of Chicago Press，1954.

〔10〕CUMMING E, HENRY W E. Growing old：The process of disengagement〔M〕. New York：Basic Books，1961.

〔11〕HAVIGHURST R J. Successful aging〔J〕. The Gerontologist，1961，1（1）：8-13.

〔12〕NEUGARTEN B L. Personality in middle and late life：Tmpirical studies〔J〕. Social Service Review，1965，39（3）：364-365.

〔13〕ROSE A M. The subculture of the aging：A topic for sociological research〔J〕. The Gerontologist，1962，2（3）：123-127.

〔14〕RILEY M W, JOHNSON M E, FONER A. Aging and society. Vol. 3：A sociology of age stratification〔M〕. New York：Russel Sage Foundation，1972.

〔15〕朗格朗. 终身教育引论〔M〕. 周南照，陈树清，译. 北京：中国对外翻译出版公司，1985：16.

〔16〕陈琦，刘儒德. 当代教育心理学〔M〕. 北京：北京师范大学出版社，2007：203.

〔17〕黄富顺. 各国高龄教育〔M〕. 台北：五南图书出版公司，2008：21.

■ 后 记

成人教育学的建立颇为曲折。早在 1833 年即由德国文法学校教师亚历山大·卡普首先提出成人教育学（Andragogik）的概念，后因"教育科学之父"约翰·赫尔巴特的杯葛而沉寂了近一个世纪。1924 年这一概念再获新生，至上世纪五六十年代成人教育学体系已经大致完成。六十年代以后，由于联合国教科文组织提倡"终身教育""学习化社会"等理念，许多国家开始构建各具特色的成人教育学理论体系。

终身教育、终身学习业已成为世界潮流，各个国家均给予极大的重视，并积极推广、发展。我国为适应人的全面发展及社会不断进步的需要，于 1986 年召开了第一次全国成人教育工作会议，这是我国成人教育发展进程中的里程碑，经过 30 余年的发展，我国成人教育已取得了较大的成就。

作为终身教育体系中的重要一环，成人教育在世界范围内日益受到重视，无论是具体实践还是理论建构，都是以成人教育领域为中心开展起来的。国内外成人教育的理论与实践迫切需要进行总结，以进一步推进终身教育与学习化社会的发展。目前，我国各个高校大多设有成人教育学院，不少学院还有研究生学位点，但可供研读的成人教育学教材或专著却不多见，本教材正是基于这种学术现状组织编写的。

本教材为陕西师范大学 2018 年度研究生教育教学改革研究项目（教材建设项目），内容共分为五大部分。"绪论"对成人教育学的发展历程进行简要介绍；"基本理论篇"包括成人发展与教育论、成人教育参与论、成人教育形态论、成人学习理论（上、下）、成人教育研究论，旨在对成人教育学的基本问题进行探讨；"管理保障篇"包括成人教育科学管理、成人教育专业建设与课程研发、成人教育质量保障，介绍了成人教育的管理、建设与保障相关问题；"实践探索篇"就成人教育实践中的成人高等教育的转型、现代企业培训的发展以及社区成人教育的探索等问题进行研究；"专题讨论篇"聚焦成人学习者中的弱势群体，主要选取了基层中小学教师、进城务工人员、老年人等三类人群，就其各自所属的教师教育、农民工教育和老年教育进行探讨。

本教材由董雁担任主编，各章执笔人分别为：

董　雁：绪论，第一章，第二章，第四章，第五章，第六章

李　娟：第七章，第八章，第九章

张　菡：第三章

李恩艳：第十章

押　男：第十一章，第十五章

刘邓可：第十二章

田　璐：第十三章

徐盟盟：第十四章

最后由董雁对教材各章进行修改、统稿，史志谨负责审校。

本教材能够出版，承蒙陕西师范大学研究生教材建设项目经费资助，陕西师范大学出版总社有限公司慨允出版，同时得到了陕西师范大学远程教育学院的大力支持。薛东前教授、史志谨教授均给予莫大帮助，在此表示衷心感谢。因个人能力有限，勉强完成此教材的组织编写，疏漏之处，敬请国内外专家学者赐予指正。

董　雁

2021 年 3 月